계몽과 심미

한국 현대 작가·작품론

김주현(金宙鉉, Kim Ju-hyeon)

밤하늘에 별이 하늘 가득 빛나는 소백산 자락 부석에서 태어났다. 자라면서 가통을 적실히 지켜나가라는 가친의 뜻을 따라 학문의 길로 접어들었다. 이상, 김동리, 최인훈 등에 깊은 관심을 갖고 연구하였으며, 최근 신채호를 비롯한 애국계몽기 문인들에 대해 집중 연구를 하고 있다. 저서로는 『이상 소설 연구』(1999), 『정본 이상문학전집』(전3권, 2005), 『신채호문학연구초』(2012), 『김동리 소설 연구』(2013), 『실험과 해체—이상 문학 연구』(2014), 『계몽과 혁명—신채호의 삶과 문학』(2015), 『화두를 찾아서—문학의 화두, 삶의 화두』(2017), 『신채호 문학 주해』(2018), 『선금술의 방법론—신채호의 문학을 넘어』(2020), 『선금술의 방법론2—춘원, 이상과 동리의 문학을 넘어』(2021) 등이 있으며, 편저로는 『백세 노승의 미인담(외)』(2004), 『이상단편선—날개』(2005), 『단재신채호전집』(2008) 등이 있다. 제32회 김환태평론문학상(2021)을 수상하였으며, 현재 경북대학교 국어국문학과 교수로 재직하고 있다.

경북대학교 학술총서 2

계몽과 심미

한국 현대 작가·작품론

찍은 날 2023년 2월 10일 · **펴낸 날** 2023년 2월 23일
지은이 김주현 · **펴낸이** 홍원화 · **펴낸 곳** 경북대학교출판부
출판등록 1973년 10월 10일 ㉑97호 · **주소** 대구광역시 북구 대학로 80 · **전화** 053-950-3830
팩스 053-953-4692 · **이메일** press@knu.ac.kr · **홈페이지** www.knupress.com
ISBN 978-89-7180-600-5 93810

정가는 뒤표지에 있습니다. 파본은 바꾸어 드립니다.

이 저서는 〈2022년 경북대학교 연구학술총서 집필 및 출간지원사업〉의 재원으로 출간되었습니다.

계몽과 심미

한국 현대 작가·작품론

김주현

경북대학교출판부

머리말

그러니까 벌써 30년 전의 일이다. 1992년 전역 후 비평을 한답시고 무수한 작품들을 읽었다. 1995년 신춘문예에 최인훈의 『화두』론으로 등단하면서 내가 직접 평론을 쓴 기간은 그리 길지 않다. 등단하고, 박사과정과 학위논문을 마무리한 후 지역 대학에 자리를 잡으면서 나는 중앙 문단과 거리가 멀어져 갔다. 그러다 보니 오히려 논문 쓰는 일에 집중하게 되었다. 그러면서도 작가·작품론이라는 저서를 한 번은 쓰고 싶었다. 그래서 그때 당시에 쓴 십여 편의 글들도 이번에 다시 검토했다. 당시의 글 가운데 『사람의 아들』, 『난장이가 쏘아올린 작은 공』, 『화두』 등에 대한 비평을 이번 저서에 담았다.

이번 저서에서 그동안 내가 관심을 가져 온 작가들에 대해 다시 정리할 기회를 가졌다. 특히 신채호와 이상, 김동리, 최인훈의 작품론을 쓰고 싶었는데, 그동안의 연구 결과를 바탕으로 정리할 수 있었다. 김동리론은 이전의 생각들을 바탕으로 이번에 새롭게 정리했다. 그리고 이번에는 특히 「용과 용의 대격전」과 「길안에서의 택시잡기」 등의 작품론에 공을 들였다. 전자에 담긴 비의를 푸는 데는 상당한 시간이 걸렸고, 후자를 정리하는 데는 많은 고생을 했다. 무엇이든지 생각만큼 안 따라 주다가 한 번 읽고 쓰고, 두 번 읽고 검토하고 이러한 작업을 여러 번 되풀이하다 보니 나중에는 어느 정도 벼리가 완성되었다.

이 저서는 1990년대부터 2020년대에 이르기까지 30년 정도 한 연구를 기초로 하였다. 정리라는 것은 언제나 만만하지 않다. 이 저서도 예외가 아니었다. 글을 정리하면서 가끔씩 내가 무얼 하는지, 왜 하는지, 의문과 회의에 휩싸이기도 했다. 그럴수록 공부를 시작하면서 가졌던 초심을 생각했다. 옆 바라보지 않고, 뒤돌아보지 않고, 오로지 학문을 업으로 삼기로 한 그 마음은 오히려 초연함으로 다가왔다.

이제 하나의 작업을 다시 완성하게 되었다. 홀가분함과 미련이 남는다. 미련은 부족함에 대한 것으로 차차 채워야 할 부분이다. 이것이 전부가 아닌 다음에야 새로운 작업을 하면서 보충하려고 한다. 나의 작업이 작품을 읽는 연구자나 공부하는 학생들에게 조금이나마 도움이 되었으면 좋겠다. 이번 작업을 하면서 도움을 준 박현숙 제자에게 고마움을 전한다. 미흡한 부분들을 알려주어 글을 더욱 잘 마무리할 수 있었다. 그리고 작업 전반에 지원과 노력을 아끼지 않은 경북대학교에 감사의 말씀을 올린다. 그 밖에도 많은 분들의 노력이 있었기에 이 책이 빛을 볼 수 있었다. 모든 분께 감사드린다.

2022년 12월 엄동에 복현언덕에서
김주현

목 차

제3부 시 작품론

제4부 원전과 정전

보론 문학과 다른 장르

계몽과 심미

제1부 작가론

제1장 · 영웅에서 민중으로 — 신채호 문학론

제2장 · 실험과 해체 — 이상 문학론

제3장 · 설화와 현실, 그리고 역사 세계 — 김동리 문학론

제4장 · 구상에서 추상으로 — 최인훈 문학론

제 1 장

영웅에서 민중으로
— 신채호 문학론

1. 단재 서사문학의 규모

신채호는 애국계몽기부터 서사문학을 창작하였다. 그는 1905년부터 『황성신문』에서 기사로 활동하였고, 1907년 11월부터는 『대한매일신보』 주필로 활동하였다. 그의 서사문학 창작은 언론 활동과 밀접한 관련이 있다. 단재의 서사문학 가운데 처음 단행본으로 나온 작품은 『을지문덕』으로 1908년 5월말에 발행되었다. 이보다 앞선 1907년 10월 단재는 『이태리건국삼걸전』을 역술했다. 『을지문덕』은 발행 후 1달여 만에 김연창의 역술본이 나온다. 당시 『을지문덕』에 대한 독자들의 높은 관심을 엿볼 수 있다.

한편 단재는 『대한매일신보』에 1908년 5월 2일부터 8월 18일까지 3달여에 걸쳐 「수군 제일 위인 이순신」을 연재하였다. 이 「이순신전」은 패서생에 의해 1908년 6월 11일부터 10월 20일까지 『대한매일신보』 국문판에 번역이 된다. 그리고 단재는 1909년 12월 5일부터 1910

년 5월 27일까지 「최도통전」을 연재했고, 이는 1910년 3월 8일부터 5월 26일까지 번역되었다. 「최도통전」은 상편으로 종결되었는데, 단재가 서둘러 해외망명을 떠났기 때문이다. 「최도통전」은 1912년 미주에서 단행본으로 발간되어 독립정신을 앙양하는 데 기여한다.

애국계몽기 영웅전기 이외에도 단재는 1908년 3월부터 『가정잡지』에 「익모초」를 연재했다. 이것은 박건회가 편한 『천리경』(1912)에 실림으로써 작품의 전모가 드러났다. 이 외에도 『황성신문』에 무서명으로 실린 「신단공안」(1906)과 『대한매일신보』 국문판에 무서명으로 실린 「지구성미래몽」 등도 단재의 작품으로 보인다. 그리고 『가정잡지』에 실린 「수원 이생원」은 신채호의 이름으로 발표되었는데, 사화(史話)를 형상화한 것이다.

단재는 이처럼 자신이 관여하는 신문이나 잡지에 영웅전기를 포함하여 역사담, 그리고 소설 등을 써서 발표하였다. 당시 그의 작품들은 애국 계몽의 문학으로 많은 주목을 받았다. 특히 그의 영웅전기는 독립의식을 함양할 목적으로 한 것이었기에 탄압의 대상이 된다. 1910년에는 『이태리건국삼걸전』과 『을지문덕』이, 1912년에는 『최도통전』이 발매 및 반포 금지도서로 지정된다.

한편 단재는 해외에 망명하여서도 『대양보』, 『권업신문』, 『신대한』, 『천고』 등의 신문 잡지에 관여하면서 구국 계몽의 언론을 펼쳤다. 아울러 역사 연구와 문학 창작을 이어갔다. 1928년 단재가 일제에 붙잡힌 뒤에도 「조선사」, 「조선상고문화사」 등 역사 원고 일부가 국내에 전해져 신문에 발표되었다. 그의 문학 원고들은 어떤 것이 있었는지, 분량은 얼마나 되었는지 알려지지 않았다. 그런데 단재의

유고들이 1960년대 초반 북한의 국립중앙도서관에서 발견이 되었다고 한다. 김병민에 따르면, 중국에 있던 단재의 유고가 광복 후 중국의 조선대사관을 거쳐 북한에 전해졌다는 것이다.

단재의 문학 유고가 발견되자 수룡설, 안함광을 비롯 국립중앙도서관 민족고전부에서는 「룡과 룡의 대격전」, 「꿈하늘」, 「백세 로승의 미인담」, 「일목 대왕의 철퇴」, 「일이승」, 「류화전」 등 소설 6편과 「리괄」, 「박상희」, 「○○○부원군으로 견자」 등 3편의 사화, 「철마코를 내리치다」, 「구미호와 오제」 등 2편의 조선 고대 신화 등의 서사 문학과 정론, 수필 시 등 유고를 정리해서 『룡과 룡의 대격전』을 발행했다. 김병민의 표현을 빌리자면, 이 유고 작품들은 '윤색, 삭제, 편집'의 과정을 거쳐 나왔다. 즉, 원전에 대한 개변 및 변형이 이루어졌다는 것이다.

한편 이 유고집은 일본의 와타나베 마나부(渡部學)를 통해 남한에 전해졌으며, 단재신채호전집간행위원회는 그곳에 실린 작품들을 『단재신채호전집』 보유편과 개정판 『단재신채호전집』에 소개한다. 그런데 북한 선집의 국문을 한문으로 되돌리는 과정에서 적지 않은 오류가 발생하는가 하면, 이데올로기적인 검열로 인해 일부 단어가 바뀌었다. 보유편의 오류가 개정판에서 바로잡힌 것도 있지만, 여전히 오류가 많다. 전집이 발행됨으로써 단재 연구는 본격화되기에 이른다.

1990년대 들어 또 다른 단재 문학 유고선집이 중국에서 나왔다. 김병민은 1982년에서 1985년까지 북한에서 단재의 문학을 연구하면서 유고를 직접 베끼는 수고를 마다하지 않았다. 그는 1994년 직접 베껴온 단재 유고들을 『신채호문학유고선집』이라는 이름으로 연변대학출판사에서 간행하였다. 이 책에는 「꿈하늘」, 「백세 노승의 미인담」, 「일목대왕의 철퇴」, 「용과 용의 대격전」 4편의 소설이 실려있다. 또한 제목만 언급되고 실리지 않은 작품으로 「일이승」, 「류화전」, 「건륭황제의 꿈」, 「고구려건국삼걸전」 등이 있다. 다만 앞의 두 작품은 북한 선집 『룡과 룡의 대격전』에 실려 있지만, 뒤의 두 작품은 알려지지 않은 작품이다. 「건륭황제의 꿈」은 중국 역사소설이고, 「고구려건국삼걸전」은 우리의 역사소설로 현재 서문만 남아있는 것으로 전해지고 있다.

이 유고선집에 실린 작품들에서도 오자 탈자 누락 등 오류가 발견되지만, 단재의 유고를 있는 그대로, 원래의 모습에 가장 가깝게 보여주었다는 점에서 중요하다. 김병민의 유고선집과 북한의 선집, 남한의 선집 등 세 가지 텍스트를 같이 놓고 비교해보면 단재 유고의 원래 모습에 더 접근할 수 있다. 현재 유고가 북한에 있기 때문에 세 텍스트를 비교해보며 작품을 읽을 수밖에 없다. 그래도 여전히 미진한 부분이 있는데. 미완성으로 제시된 작품들이 정말 미완성인지, 아니면 원고가 분실되거나 탈락된 것인지, 그리고 단재 문학 유고 전체가 얼마나 되는지 등은 알기 어렵기 때문이다. 현재로서는 남아 있는 자료에 의거 작품 전반을 재구성할 수밖에 없다. 여기에서는 단재의 서사문학을 전반적으로 논의해 보려고 한다. 단재가 애국계몽기 국내에서 발표한 애국 전기와 일제강점기 중국에 망명하여 쓴 서사 문학을 함께 논의할 것이다.

2. 영웅전기와 계몽의 이데올로기

1900년대에 신채호는 『황성신문』, 『대한매일신보』 등에 기자로 있으면서 애국계몽 운동의 일환으로써 문필활동을 하였다. 이 시기에는 주로 정론, 영웅전기 등을 발표하였다. 이러한 작품들은 일제의 침략에 맞서 나라를 구하려는 구국 계몽적 성격을 띠고 있다. 이 시기 그의 현실인식은 「대한의 희망」에 잘 드러난다. 이 글에서 그는 당시 현실을 "국가는 있건마는 국권은 없는 나라이며, 인민은 있건마는 자유가 없는 백성이며 …… 그런즉 교육에 열심하여 미래 인물을 제조할 대교육가가 있는가 이도 없으며, 그런즉 식견이 우월하여 전국 민지를 계발할 대신문가가 있는가 이도 없으며, 대철학가·대문학가도 없으며, 대이상가·대모험가도 없"다고 인식했다.[1] 정론이나

1 신채호, 「대한의 희망」, 『대한협회회보』, 1908.4, 11면. 원문에서 한자는 한글로, 문체는 현

영웅전기는 이러한 현실적 위기와 민족적 각성을 위해 창작된다.

위기의 현실에서 민족적 각성과 저항의 물결, 민족자존에의 열망이라는 계몽적 이데올로기는 역사소설 창작의 사회적 조건으로 기능하게 된다. 신채호는 먼저 『이태리건국삼걸전』을 번안해서 발행했다. 우리나라에도 이태리의 혁명영웅인 가리발디, 마치니, 카보우르와 같은 인물이 많이 나와 민족자존과 자주적 근대화를 이뤄주길 바랐기 때문이다. 이러한 의식은 「이순신전」, 『을지문덕』, 「최도통전」에도 나타난다. 신채호는 역사소설의 한 형식이라고 할 수 있는 영웅전기를 통해서 민중을 계도하고, 국가를 구원하려 했다.

> (가) 원나라 장수 범문호가 일본을 침노할 때에 풍랑에 배를 엎지르고 육지에 내린 자가 3만명에 지나지 못하였으니 일본의 승첩한 것이 또한 족히 기이할 것이 없거늘, 저희는 수백 년이 지나도록 역사에 칭송하며 소설로 전파하여 노래하고 읊어서 대대로 잊지 않게 하거늘 우리나라는 한손으로 독립 산하를 정돈하고 한칼로 백만 강적을 살퇴한 참 영웅의 자취가 이렇듯 민몰하니, 이것이 두 나라의 후세 강약이 현수한 원인이 아니리요. 이제 이것을 개탄하여 지나간 영웅을 기록하여 장래의 영웅을 부르노라.[2]
>
> (나) 그러나 그 시대가 가깝고 그 유적이 소상하여, 후인의 모범되기가 가장 좋은 이는 오직 이순신이라. 저술자의 용렬한 필력으

대체로 바꿈. 이하 인용문도 동일함.

2 신채호, 「을지문덕」, 김주현 편, 『백세 노승의 미인담(외)』, 범우, 2004, 15면.

> 로는 이 공의 정신을 만분의 일이나 설명한다 하기 어려우나 한 많은 묵은 소설책에 비하면 나은 것이 있을지니, 슬프다, 독서하는 제군이여! 정신을 들여 이 이순신전을 볼지어다.
>
> 이에 이순신전을 지어 고통에 빠진 우리 국민에게 전파하노니, 무릇 우리 선남신녀는 이것을 모범할지어다. 하느님께서 20세기 태평양에 둘째 이순신을 기다리나니라.[3]

이순신은 "일본과 대적한 이 중에 족히 우리나라 민족의 명예를 대표할만한 거룩한 인물"이다.[4] 단재가 이순신을 택한 것은 무엇보다 시대가 가깝고 유적이 소상하여 모범이 되기에 충분했기 때문이다. 이 작품이 처음 '위인유적'란에 실린 것도 그러한 의도를 잘 보여준다. 단재는 이순신의 위업과 자취를 알림으로써 독자들을 계몽하려 하였다. 그는 이순신이 옥에 갇힐 때 눈물 흘리기도 하고, 또한 그가 위험을 무릅쓰고 국난을 극복할 때 함께 통쾌함을 느끼기도 한다. 마치 영웅의 사적을 눈앞에 제시하듯 소개한 것이다. 그는 이 책을 저술함으로써 '무릇 우리 선남선녀는 이것을 모범'하여 새로운 이순신이 되기를 간절히 바랐던 것이다.

총 19장으로 이루어진 이 작품은 이순신이 어렸을 적부터 죽음에 이르기까지 비교적 자료에 충실한 장회소설이다. 이것은 "'전'의 구조를 따르고 있으며 서술적 방식에 있어서는 애국계몽 시대에 널리

---

3 신채호, 「이순신전」, 위의 책, 120면.

4 위의 책, 49~50면.

확대되기 시작한 논설 양식을 활용"[5]하고 있다. 그래서 역사적 사실들을 서술하면서 작가의 논평이 요소요소에 개입된다. 서술자의 계몽적 어투나 논평 등은 역사적 사실들을 전기에 끌어들이면서 작가의 주제의식과 계몽의식이 지나치게 개입되어 빚어진 현상이다. 그래서 영웅전기를 역사물의 일종으로 보게 만든다.

신채호가 영웅전기를 발표하는 것과 거의 동시에 「독사신론」을 발표한 것으로 보아 영웅전기는 역사에 대한 관심에서 형성되었던 것으로 보인다. 그의 영웅전기의 창작은 '역사에 눈'을 뜬 것과 동시에 이루어졌다. 그는 역사상 사실들이 사대주의자들에 의해 왜곡되거나 훼절되고, 심지어 역사에서 아예 소실되어 버린 사실에 대해서 분개하였다. 그리하여 조선사 연구를 위해 금석학, 지리학, 고전학, 미술학, 계보학이 필요하지만, 기존 사책의 득실을 평하여 진위를 교정하는 것이 무엇보다 중요하다고 역설했다. 「이순신전」을 먼저 쓸 수 있었던 것도 무엇보다 자료 구입이 쉬웠고, 또한 많았기 때문이다.

> (다) 내 일찍이 고구려 대신 을지문덕의 사적을 읽다가 기운이 스스로 나고 담(膽)이 스스로 커짐을 깨닫지 못하여, 이에 하늘을 우러러 한번 불러 가로되, 그러한가 참 그러한가 우리 민족의 성질에 이 같은 자가 있었는가. 이 같은 웅위한 인물의 위대한 공업은

5 권영민, 「개화기 애국계몽운동과 민족문학의 인식」, 『개화기 문학의 재인식』, 지학사, 1987, 28면.

고왕금래(古往今來)에 비할 데가 없으니, 우리 민족의 성질이 강하고 용맹함이 과연 이러하던가 하였노라 …(중략)… 그런고로 혹 용같이 다투고 범같이 싸우던 인물이라도 농부 야로의 고담으로 겨우 한두 가지 사적을 전할 뿐이며, 혹 신명이 놀라고 귀신이 곡할 만한 공업이라도 초동 목수의 노래로 두어 마디를 전파할 뿐이오. 지어 전래하는 사적은 몇 글자를 얻어 볼 수가 없으니 그런즉 그 외에도 성명까지 매몰하여 전치 못한 대영웅이 또 몇몇인지 어찌 알리오. 이 몇 줄 역사가 오히려 유전하였으니 다행하도다, 을지문덕이여![6]

(라) 한놈이 일찍 내 나라 역사에 눈이 뜨자 을지문덕을 숭배하는 마음이 간절하나 그에 대한 전기를 짓고 싶은 마음이 바빠 미처 모든 글월에 고거(考據)하지 못하고 다만 『동사강목(東史綱目)』에 적힌 바에 의거하어 필경 진기도 아니요, 논문도 아닌 『사천재 제일위인 을지문덕(四千載第一偉人乙支文德)』이라 한 조그마한 책자를 지어 세상에 발포(發佈)한 일이 있었더라.[7]

「을지문덕」은 이야기 자체가 온전히 남지 못한 것을 아쉬워하며 이를 보완코자 하는 작업의 일환으로 시작되었을 공산이 크다. 전기는 인간의 성품에 대한 우리의 호기심에 호소하며, 사실적인 지식, '정확히 무엇이 일어났는가?'를 찾아내는 데 대한 우리의 관심

6 신채호, 「을지문덕」, 『백세 노승의 미인담(외)』, 13~14면.
7 신채호, 「꿈하늘」, 김병민 편, 『신채호문학유고선집』, 연변대학출판사, 1994, 25~26면.

에 호소하기 때문에 우리의 즉각적 관심을 일으킬 수 있다. 이 시기는 민족을 각성시키고 민족 자립국가를 형성하려고 노력하던 계몽기였다. 전기는 이러한 민족 계도와 구국 계몽에 적합한 문학형식이었다. 잘못된 역사를 반성하고 새로운 국가를 세우기 위해서 무엇보다 역사 공동체 의식을 확립하고, 이를 통해서 당대의 현실적 위기를 극복하려 했던 신채호의 애국충정이 정론이나 영웅전기의 계몽적 형식으로 나타난 것이다.

> 우리나라 근세에 최도통 같은 영걸이 있은 것은 다행하나 또 불행한 것은 우리나라 그런 영걸이 다만 최도통 한 사람만 있었도다. 자래로 무기(상무)를 숭상하던 우리 부여민족이 근세에 이르러 그 기운이 다 쇠하고 겨우 최도통 한 사람만 있었으니 엇지 그 불행함이 이에서 심한 자 있으리오마는 그러하나 최도통 한 사람으로 인하여 족히 국사를 빛나게 하며. 우리 부여민족의 정신이 아주 죽지 아니함을 증거할 터이니 이는 또한 크게 다행한 일이도다.[8]

단재는 최영의 역사가 오래 묻혀온 것을 슬퍼하다가 조야에 묻힌 기록들을 찾고 구비전승된 내용을 모아서 「최도통전」을 짓는다. 단재는 지난 700년의 역사가 준준 우매한 노예의 완미한 정신으로 채운 역사인데, 최영은 눈의 정기가 새벽범과 같이 번뜩이며 수염은 낱낱이 하늘을 향하여 일어나 일개 웅위한 대장부로 동서를 정

8 금협산인, 「동국거걸 최도통」, 『대한매일신보』 국문판, 1910.3.6.

벌하고 명나라를 치던 인물이라고 했다. 최영이 우리민족의 상무정신을 이어받고 국사를 발휘한 인물이라는 것이다. 단재는 최영을 "동국거걸"로 자리매김하고, 그와 함께 강토 회복에 나섰던 승군을 제시함으로써 국토회복 의지를 보여주었다. 우리 민족의 불굴의 기상과 투쟁 의식이 면면히 이어져 왔고, 또한 이어져야 함을 강조한 것이다.

단재는 영웅의 출현을 갈구했다. 그것은 무서명으로 발표된 「영웅과 세계」에서 "그런즉 이 시대는 영웅이 소매를 떨치고 일어서야 할 때 아닌가 …… 그런즉 국가에 세계와 교섭할 영웅이 있어야 세계와 교섭할지며, 세계와 분투할 영웅이 있어야 세계와 분투하리니, 영웅이 없고야 그 국가가 어찌 국가가 되리요"에서도 드러난다.[9] 이순신이 비교적 가까운 시대에 일본의 침략으로부터 우리 민족을 구한 인물이었다면, 을지문덕은 중국에 맞서 우리나라의 위임와 자존을 드높였던 자주적인 인물이었다. 그리고 최영은 우리 고토에 대한 회복을 꿈꾸었던 인물이다. 단재는 이러한 인물들을 내세워 나라의 위기 탈출과 민족적 자존심의 회복을 촉구했다. 결국 이순신, 을지문덕, 최영 등은 우리 민족을 위기에서 구한 인물들로 신채호는 그러한 영웅이 새롭게 출현하여 당대의 위기를 극복해주기를 기대했던 것이다.

---

9 「영웅과 세계」, 『대한매일신보』, 1908.1.7.

3. 연의소설과 저항의 이데올로기

> 소설은 당대의 일건 사실을 목적물로 정하고 이를 천착부연(穿鑿附演)하여 수라준명(搜羅濬明)하야 사건의 주인을 주인공으로 정하고 각본을 새로 만들어 무대에 연출함이니 전설·신화·이언(俚諺)·동요·풍속 등 잡조(雜調)를 마음대로 통용하여 산천경개·인물선악·시비 고난 부귀 등 포경원빈(布景袁濱)를 작자 취미대로 문학예술에 미묘를 극히 하야 독자의 관심을 얻게 하는 것이라.[10]

이 글은 「고구려삼걸전」의 서문이다. 신채호는 아마도 「이태리건국삼걸전」에 비길 「고구려삼걸전」을 기획한 것으로 보인다. 그는 또한 "본서는 역사 전기소설 등의 문례를 벗어나서 파격적으로 역사와 전기의 사실을 목적물로 짓고, 신화·전설·이언 등을 병용하였나니 고구려 건국시조 추모 성왕의 탄생한 대략을 수편(首編)으로 짓고 고구려말에 이르러 을지문덕 건무의 고구려 수나라 전쟁을 중편으로 하고 연개소문의 고구려 당나라 전쟁을 종편으로 지어서 이름하여 「고구려삼걸전」이라 한다"고 하였다.[11] 역사적 사실에다가 신화·전설·이언 등 허구적 내용을 결합하여 연의소설을 지었지만, 지금은 「유화전」의 내용 일부만 전할 따름이다. 그리고 이러한 형식으로 「류화전」, 「백세 노승의 미인담」, 「일목대왕의 철퇴」, 「박상희」, 「이

---

10 김병민 편, 『신채호문학유고선집』, 연변대학출판사, 1994, 248면.
11 위의 책, 248면.

괄」, 「일이승」, 「구미호와 오제」 등 여러 작품이 있다.

이들 작품에서 역사적인 특성이 많이 제거된 것은 그 제목에서도 이미 드러난다. 동명왕을 주된 인물로 하지 않고 '유화'를 내세웠다던가, 궁예를 '일목대왕'으로 지칭한 것, 예쁜이나 정을진, 박상희, 이괄과 같은 인물을 주인공으로 삼은 것도 이러한 작품들의 연의적 성격을 말해준다. 한편 이 작품들은 민중의 삶과 운명이 반영되었다는 점에서 '새로운 휴머니즘 역사소설'에 해당된다.[12] 또한 그의 역사관 내지 세계관이 영웅 중심에서 일제강점 이후 민중 중심으로 변화했음을 반영한다. 신채호는 각종 신화, 전설, 민담, 야담의 이야기적 형태에 관심을 갖고, 역사적 주체의식을 고양시키고자 했다.

「백세 노승의 미인담」은 주체적 사관을 강조한 작품이다. 이 작품의 주인공은 '나'라기보다 '예쁜이'라고 하는 것이 옳을 것이다. 노승이라는 화사를 내세워 마치 사화를 들려주는 방식을 취한나. 예쁜이는 길에서 주어다 기른 여자 아이였는데, 얼굴이 예쁘고 총명이 남달랐다. 그녀는 『국조고사』를 읽다가 '윤관'을 영웅이 아니라 했다. 곧 "여진(女眞)은 우리나라를 복종하는 종이요, 거란(契丹)은 우리나라를 침범하는 도적인데 도적을 치지 않고 종을 친 것이 무슨 영웅입니까?"라고 한 것이다.[13] 이것은 명분보다는 실질을 중시하는 실리적 역사관을 보여준다. 단재가 묘청이나 최영을 높이 평가한 것도 이러한 역사의식의 발로이다. 그녀는 진부한 역사관이 아니라 개혁

12 G. Lucas, 이영욱 역, 『역사소설론』, 거름, 1987.
13 신채호, 「백세 노승의 미인담」, 『백세 노승의 미인담(외)』, 201면.

적이고 혁명적인 역사관을 지녔다. 그래서 '나'의 아비는 그녀에게 여개소문이라 이름 붙여 주었다.

> 근일에 각도의 장수들이 몽고와 싸울 때에 노예문서(奴隸文書)를 불사르고, 몽고만 쳐 물리치면, 노예도 양반의 동등으로 대우한다, 선언하여 싸움을 이기고는 노예문서를 다시 꾸미게 됨으로 상놈과 노예들은 다 낙망하여 나라 일에 죽으려 안 함으로 싸우는 군사가 날로 저잔하니, 오늘에 전국의 노예문서를 없이하여 노예라도 공만 이루거든 높은 벼슬을 줄 것이 제1급무입니다. 세가대족(世家大族)들이 아무 재주와 공로도 없이 선대에 받은 사파땅을 가지고 그것도 부족하여 남의 땅을 빼앗아 앉아 놀며 계집과 술로 세월을 보내다가, 몽고가 들어온다면 먼저 달아나니, 이 따위 귀인의 토지를 빼앗아 백성에게 나누어주고, 몽고의 방어에 힘을 쓰려면 전국 백성이 춤을 추며 달려올 것이니 이것이 제2급무입니다.[14]

이것은 그녀의 역사의식과 현실의식을 보여주는 부분이다. 예쁜이는 일개 민중이지만, 그녀는 적극적 사고를 한다. 기존 권위에 당당히 맞서고, 사대주의에 물들어 있는 문벌들(세가대족)의 의식에 사정없이 저항한다. 그러한 것은 몽고를 막는 대책을 제시하는 데에서도 잘 드러난다. 상층부의 무사안일과 사대주의, 몰주체성과 노예주의를 비판하며, 적극적이고, 진취적이며, 도전적이고, 심지어 혁명적

14 위의 책, 202~203면.

인 사고를 한다. 그래서 그녀는 "남의 집이나 나라를 맡으면 아주 흥망의 판단을 낼 계집아이"였던 것이다.[15] 단재는 권력자들이 사대주의과 노예근성을 갖고 있었던 데 반해 민중들이 진취적이고 주체적인 세력임을 보여주었다. 곧 민중을 통한 저항 이데올로기를 보여주었다. 그녀는 비록 자신의 뜻을 펴지 못하고 죽었지만, 그녀의 사상은 진취적이고 혁명적이다. 자신의 능력이 쓰임을 받지 못하고 장렬하게 죽어간 비극적 영웅상은 그 이전 영웅전기에서 보여주던 영웅상과는 사뭇 다르다. 곧 실패한 영웅이더라도 그들의 개혁적이고 혁명적인 의식을 높이 평가한 것이다.

이것은 1900년대의 계몽의식과는 차이가 있다. 1910년 이후 신채호는 민중적 영웅상을 형상화하고, 계몽적이고 교조적인 의식에서 점차 개혁적이고 혁명적인 사상으로 나아갔다. 그것은 한편으로 영웅 중심에서 민중 중심의 역사관으로 옮겨오면서 영웅전기보다 연의소설의 형태가 민중에게 보다 설득력이 있음을 인식한 것으로 보인다. 작가는 역사의 이면에 숨겨지거나 제대로 평가받지 못한 사람들을 적극적으로 조명하였다. 이러한 인물의 형상화는 민중에게서 저항적이고 혁명적인 역사의 동력을 읽었다는 것을 의미한다.

「꿈하늘」은 '서'에 밝히고 있듯, 단군 4249년, 곧 1916년에 쓰인 작품이다. 신채호가 중국 망명 중에 집필한 작품으로 강렬한 역사의식과 민족주의 의식을 배면에 깔고 있다. 이 작품에는 '인간에게는 싸움뿐이니라, 싸움에 이기면 살고 지면 죽나니 신의 명령이 이

15 위의 책, 204면.

러하다'는 내용이 있는데, 이는 「조선상고사」에서 밝힌 "인류사회의 '아'와 '비아'의 투쟁이 시간부터 발전하며 공간부터 확대하는" 상황과 일치한다.[16] 물론 이 작품은 역사상의 싸움을 설정한 것은 아니다. 신채호는 영웅전기나 연의소설뿐 아니라 「꿈하늘」 역시 역사적 상황과 인물들을 토대로 시적 신화를 형상화하였다. 그것은 실제적인 싸움이 아니라 뿔 돋히고 꼬리 돋힌 놈, 목 없는 놈 등의 괴상한 물건과 역사상의 을지문덕이나 풍신수길, 강감찬 등이 등장하여 정신적인 싸움을 벌이는 환몽적 구조의 알레고리이다. 그리하여 이 작품은 현실적 시간이 무화되고 공간 역시 무한 팽창할 수 있는 '신화적' 성격을 띠게 된다. 이 작품에는 역사상의 인물인 동명황제·진흥대왕·고흥·정지상·세종대왕·설총·주시경·연개소문·을지문덕·이순신·최영·강감찬·퇴계·서산대사·우륵·옥보고 등 수많은 인물들을 제시함으로써 역사에 대한 주체성과 강렬한 민족의식을 드러낸다.

「꿈하늘」은 민족주의의 발현, 더 나아가 민족적인 '아'의 정립을 탐색하는 작품이다.[17] 한놈은 여섯 동무와 길을 떠나지만 고됨벌, 황금산, 새암을 거치면서 동무를 모두 잃어버리고 혼자만 남는다. 어떤 놈은 고통에서 떨어지고, 어떤 놈은 황금에서 떨어지고, 어떤 놈은 새암에서 떨어지고, 남아 있던 놈들도 체념과 좌절, 절망에서 떨어진다. 한놈은 어려운 위기를 극복하지만 유혹에 빠져 지옥에 떨어진다. 그러나 그는 강감찬을 통해 능동적이고 적극적인 주체로 거듭

16 신채호, 「조선사」, 『조선일보』, 1931.6.10.
17 송재소, 「민족과 민중」, 『단재 신채호와 민족사관』, 형설출판사, 1986.

나서 지옥을 빠져나와 님나라로 향한다.

> 고려사 최영전에 최영이 명태조 주원장과 싸우려 할새, 고구려가 승군 3만으로 당병 100만을 깨쳤으나, 이제도 승군을 뽑으리라 하였는데, 그 이른바 고구려 승군은 곧 선인군이니, 마치 신라의 화랑도 같은 것이라. 그 혼인을 멀리하고 가사를 돌보지 않음이 승과 같은 고로 고대에도 혹 그 이름을 승군이라고도 하며, 최영은 더욱 선인이나 화랑의 제도를 회복할 수 없어 승으로 대신하려 하여 참말로 승가의 승을 뽑음이나, 만일 최영이 죽지 않고 고려가 망치 않았다면, 님의 세우신 화랑의 도가 5백년 전에 벌써 중흥하였으리라.[18]

단재는 지옥과 같은 현실에서 위기를 극복하고 깨져 나올 이로 화랑을 택하였다. 단기 4240(1907)년 하늘에서 푸른 빛이 사라진 가운데 강감찬은 한놈에게 "한 성력으로는 공을 이루기 어려우리니 그리 말고 님이 시설한 '도령군'"에 가서 구경하기를 권고한다.[19] 이 무렵은 을사늑약으로 외교권 박탈(1905년), 헤이그 밀사 문제로 고종의 강제 퇴위와 군대 강제 해산(1907년) 등 일제의 한국 병탄이 실질적으로 이뤄지는 시기이다. 단기 3500(1200)년대 무렵 원나라의 침입으로 국권을 상실하면서 빛을 잃기 시작한 우리나라가 1910년 다시 일제에

18 신채호, 「꿈하늘」, 『백세 노승의 미인담(외)』, 185면.
19 위의 책, 183면.

의해 병탄됨으로써 하늘이 보얗게 먼지로 덮혔다고 했다. 1019년 강감찬은 거란군을 격퇴하였다. "내 힘은 더 쓸 수 없으나 또 내 뒤를 이어 이대로 힘쓰는 이 있으면 설마 하늘이 푸르러질 날이 있겠지" 라고 하여 영웅전기에서 피력한 영웅이 아닌, 우리 역사를 중흥시킬 힘이 있는 도령군의 정신, 거란의 수십만 대병을 맞아 싸우던 그런 정신의 계승을 통해 암담한 현실을 극복하려 한 것이다.[20]

그러므로 한놈은 곧 조선의 개개 민중이요, 민족이며 '도령군놀음곳'은 바로 위난의 시대에 백성들이 힘을 모아 국난을 이겨낸 역사의 현장인 것이다. 한놈이 '도령군놀음곳'에 이르는 것은 실의와 좌절을 극복하고 참된 주체에 이르는 희망과 극복의 통과제의이다. 여기에서 님나라와 지옥, 고됨벌, 황금산, 도령군놀음곳 등은 꿈과 더불어 비유적 기능을 한다. 한놈은 또 다른 자아들, 또는 세계와의 싸움을 통해 자신의 정체성을 확인한다. 그는 마침내 온갖 고난을 무릅쓰고 참된 역사의식을 지닌 주체로 정립되어가는 것이다.

4. 알레고리와 민중혁명 사상

1920년대 들어서 신채호의 사상은 급진적으로 전환된다. 그것은 3.1운동의 실패와 관련이 큰 것으로 보인다. 그는 이 시기 직접 민중혁명의 길로 나설 뿐만 아니라 그러한 사상을 글로써 피력한다. 그

20 위의 책, 182면.

는 일체의 관념들을 전복하고 해체하려 한다.

> 어떤 조사(祖師)가 죽을 때에 그 제자들과 이렇게 문답이 되었다.
> "누워 죽은 이는 있지만 앉아 죽은 이도 있느냐?"
> "있습니다."
> "앉아 죽은 이는 있지만, 서서 죽은 이도 있느냐?"
> "있습니다."
> "바로 서 죽은 이는 있지만, 거꾸로 서서 죽은 이는 있느냐?"
> "그는 없습니다."
> "그러면 나는 거꾸로 서서 죽으리라."
> 하고 머리를 땅에 박고 두 발로 하늘을 가리켜 거꾸로 서서 죽으니라.[21]

「문예계 청년에게 참고를 구함」이라는 이 글에는 세상에 대한 저주와 독설이 묻어 있다. 그것은 가치의 전복이며, 사유의 해체이다. 조사는 일상적인 죽음의 방식을 거부하고, 거꾸로 죽겠다고 천명한 후 거꾸로 서서 죽었다고 했다. 단재는 조사의 입을 빌려 자신의 주장을 드래낸 것이다. 그는 이 시기에 이르러 가치의 전복과 해체를 시도하고 있다. 또한 「낭객의 신년만필」에서도 당시의 문단을 준엄하게 비판하고 있다.

---

21 위의 책, 283면.

> 살도 죽도 못하게 된 조선 민중의 귀에는 모든 미려(美麗)한 가극과 소설의 이야기가 백두산 속 미신귀(迷信鬼)인 조선생(趙先生)의 강신필만 못하리니, 일원이면 일가 인구의 며칠 생활할 민중의 눈에 들어갈 수도 없는, 이원 삼원의 고가(高價) 되는 소설을 지어놓고 민중문예라 호칭함도 얄미운 짓이거니와, 민중생활과 접촉이 없는 상류 사회 부귀가(富貴家) 남녀의 연애 사정을 그리므로 위주하는 장음(奬淫) 문자는 더욱 문단의 수치이다. 예술주의의 문예라 하면 현 조선을 그리는 예술이 되어야 할 것이며, 인도주의의 문예라 하면 조선을 구하는 인도가 되어야 할 것이니, 지금에 민중에 관계가 없이 다만 간접의 해를 끼치는 사회의 모든 운동을 소멸하는 문예는, 우리의 취할 바가 아니다.[22]

단재는 올바른 문학은 '조선을 그리는 문예', '조선을 구하는 문예'라고 강조했다. 리얼리즘적인 바탕 위에서 혁명적인 문학관을 피력한 것이다. 1920년대 이후 신채호는 역사연구에 진력하였으며, 이 시기 남긴 그의 문학은 별로 없는 편이다. 오히려 그는 무정부주의 동방연맹에 가입하고, 직접 혁명의 길로 나선다. 이 시기 그의 대표작으로 「용과 용의 대격전」을 들 수 있다. 이 작품은 무정부주의를 대변하는 것으로 논의되었다.[23]

---

22 신채호, 「낭객의 신년만필」, 『백세 노승의 미인담(외)』, 293~294면.
23 김윤식, 「단재의 사상과 문학」, 『단재 신채호와 민족사관』, 형설출판사, 1986.

철도, 광산, 어장, 삼림, 양전(良田), 옥답(沃畓), 상업, 공업…… 모든 권리와 이익을 다 빼앗으며 세금과 도조를 자꾸 더 받아 몸서리나는 착취를 행하면서도 겉으로 '너희들의 생존 안녕을 보장하여 주노라'고 떠들면 속습니다. 혁편(革鞭), 철퇴(鐵椎), 죽침(竹針)질, 단근질, 전기뜸질 심지어 구두(口頭)에 올리기도 참악(慘惡)한 '×××' '×××'같은 형벌을 행하면서도 군대를 출동하여 부녀를 찢어 죽인다, 소아를 산 채로 묻는다, 전촌全村을 도륙한다, 곡식가리에 방화한다…… 하는 전율한 수단을 행하면서도 한두 신문사의 설립이나 허가하고, '문화정치의 혜택을 받으라'고 소리하면 속습니다.[24]

단재는 이 작품에서 일제의 식민지 통치 현실을 적나라하게 고발하였다. 위 부분은 그러한 현실을 그린 것이다. 철노, 광산 등 이권 침탈을 통해 일제 강점에 이르는 과정, 3.1운동 후 독립운동가들에게 가한 일제 고문 실태와 민간인들에게 가한 만행의 실상을 보여주고, 아울러 일제 유화정책의 기만적인 모습을 서술했다. 곧 일제의 수탈을 통한 강점(1900년대), 고문과 만행의 무단 통치(1910년대), 문화통치(1920년대)의 실상을 낱낱이 언급한 것이다. 그리하여 일본의 참혹한 압제와 도탄에 빠진 조선 현실을 극명히 드러낸다.

지국 민중들이 예수를 죽인 뒤 미구(未久)에 공자, 석가, 마호메

24 신채호, 「용과 용의 대격전」, 『백세 노승의 미인담(외)』, 216면.

트…… 등 종교, 도덕가 등을 때려죽이고, 정치, 법률학교, 교과서 등 모든 지배자의 권리 옹호한 서적을 불지르고 교당, 정부, 궁청, 공해(公廨), 은행, 회사…… 등 건물을 파괴하고, 과거의 사회제도를 일절 부인하고, 지상의 만물을 공유임을 선언하였다.[25]

4장에서 '드래곤이 왔다 드래곤이 왔다'하여 혁명을 통한 새로운 세계의 도래를 외치고 있다. 미리는 '석가·공자 등의 소극적 교육을 받아 상제의 충신'이지만, 드래곤은 '혁명과 파괴를 일삼는 반당과 난적'이다. 곧 "희랍·라마 등지에 잠재하여 드디어 서양의 용이 되거늘 반역자·혁명자들과 교류하여 '혁명', '파괴' 등 악의를 즐기어 종교나 도덕의 굴레를 밟지 않는 고로 서양사에 매양 반당과 난적"이 된 것이다. 미리의 복종주의를 비판하고 드래곤의 혁명주의를 강조한 것이다.

이러한 사상은 「위학문(僞學問)의 폐해」에서도 드러나는데, 단재는 사대주의 의식과 몰주체적 노예근성을 통렬히 비판한 것이다. 그는 "전제 시대인들 어찌 영웅이 없으리요마는 그 '군신유의' 4자 밑에 엎드려 일생을 지냄은 삼강오륜의 노예근성에 그 심골이 녹아 혁명의 칼을 빼지 못"하고[26] "루소 뽈트로 정치를 강연하며 빠곤이 쿠로파트킨으로 도덕을 논술하여 우리 청년의 두뇌를 다시 씻을는지"라고 하여 동양의 세계관에 대해 부정하고 서양 세계관의 수용을 주장

25 위의 책, 222~223면.
26 신채호, 『룡의 룡의 대격전』, 조선문학예술총동맹출판사, 1966, 209면.

했다.[27] 이 작품은 미리와 드래곤, 천국과 지국을 통해 상황적 알레고리를 형성한다.

결국 신채호는 이 작품에서 일제의 가혹한 지배하에서 벗어날 수 있는 것은 일제 치하의 각종 폭압정책에 순응하거나 그들의 문화정책과 같은 유화정책에 속지 말고, 혁명과 파괴의 드래곤주의에 동참하는 것임을 강조했다. 민중혁명을 통해 제국주의 세력들이 쥐구멍으로 쫓겨가고, 민중들의 자유로운 세상이 도래하리라는 것이다. 이제까지 미혹된 구원에의 희망, 구원에의 신앙을 가진 민중들에게 혁명과 파괴, 반역을 통해 스스로 구원을 쟁취할 것을 요청한 것이다. 신채호는 이 작품에 이르러 민중 직접 혁명만이 일제 식민 치하에서 벗어날 수 있는 길임을 강조했다.

5. 단재 문학의 시대적 소명

신채호의 문학이 이전까지 제대로 된 평가를 받지 못했던 것은 영웅전기, 또는 역사를 토대로 한 소설이나 우화들로 정통 서사문학에서 조금 벗어나 있다는 점, 유고 상당수가 미완의 원고라는 점, 그리고 그가 국내 문단에 그다지 영향을 끼치지 않았다는 점 때문일 것이다. 그러나 그의 문학은 우리 근대문학을 형성한 또 다른 축으로서 높이 평가될 필요가 있다. 이인직이나 이광수의 계몽주의적 문학

27 신채호, 「단아잡감록」, 『신채호문학유고선집』, 164면.

과는 다른 현실 저항의 문학관을 견지하고 있으며, 이후 항일문학과 밀접하게 연관된다.

신채호 문학의 변모 과정은 시대 상황과 결부된다. 초기 영웅 중심의 구국 계몽 사상에서 민중 직접혁명 사상으로의 변이는 일제 강점이라는 사건에 기인한다. 그는 애국계몽기에는 언론인으로서 정론이나 「이순신전」, 『을지문덕』과 같은 영웅전기 등을 통해 구국 계몽을 펼치지만, 일제강점 이후 역사 집필, 「조선혁명선언」의 집필, 무정부주의 단체 가입 등 국권 회복운동에 매진한다. 그리고 「백세노승의 미인담」, 「꿈하늘」 등을 통해 노예의식의 극복과 참된 주체의 정립을 강조하고, 「용과 용의 대격전」에 이르러서는 현실 전복의 이데올로기를 통해 민중 직접혁명을 고취하였다.

또한 양식적인 측면에서 사실 중심의 영웅전기에서 사실과 허구가 적절히 결합된 연의소설로, 그리고 환상적 성격이 강한 알레고리로 변화하게 된다. 그의 문학관 역시 애국계몽기에는 국민을 강하고 바른 데로 이끌 전범으로서의 인도주의적 문학에서 일제강점기에는 현 조선을 그리는 사실주의적 문학, 조선을 구하는 혁명문학으로 옮겨온다. 그는 영웅 대망론과 자주권 수호라는 계몽적인 세계관에서 비판과 저항을 통한 참된 주체 정립의 세계관으로, 나아가 사유와 가치의 전복이라는 민중 직접혁명의 세계관으로 나아간다. 그것은 크로포트킨과 같은 무정부주의, 마르크스와 같은 사회주의를 수용하면서 보다 분명해진다.

단재 문학은 애국계몽기에서 일제강점기에 이르는 국난의 시기에 문학자의 임무와 문학의 역할을 분명히 했고, 문학의 참된 방향을 모색했다는 데 의미가 있다. 그는 일제 강점 이후 문학 창작보다 역사 연구에 주력하게 된다. 그것은 시대적 상황의 급변과 더불어 직접 혁명운동에 가담해야 했고, 역사에 대한 자료 정리가 우선시 되었기 때문인 것으로 보인다. 그가 쓰고자 했던 『대동사천년사』라는 한반도의 장엄한 역사 파노라마는 그의 다사다난했던 인생 역정이 1936년 2월 18일 여순 감옥에서 옥사당함으로써 끝내 중단되고 말았다. 그는 몸소 실천했고 신념대로 행동한 분이다.

제 2 장

실험과 해체
— 이상 문학론

1. 이상 문학의 수습과 정리

이상은 1936년 10월말 동경에 갔다가 이듬해 4월 17일 동경제대 부속병원에서 죽음을 맞이한다. 그가 사망하자 많은 지인들이 추도사를 썼다. 김기림도 그 가운데 하나이다. 시인이자 비평가였던 그는 구인회에서 이상과 함께 활동하였으며, 이상의 가장 가까운 벗이기도 했다. 이상은 김기림의 시집 『기상도』를 손수 편집하고 장정을 도안해서 발행하기도 했다. 김기림은 이상이 병원에 입원하기 얼마 전 동경의 이상 숙소에서 그를 만나 문학과 음악을 얘기하며 신세를 한탄하기도 했다.

> 이제 우리들 몇몇 남은 벗들이 상에게 바칠 의무는 상의 피 엉킨 유고를 모아서 상이 그처럼 애써 친하려고 하던 새 시대에 선물하는 일이다. 허무 속에서 감을 줄 모르고 뜨고 있을 두 안공(眼孔)과

> 영구히 잠들지 못할 상의 괴로운 정신을 위해서 한 암담하나마 그 윽한 침실로서 그 유고집을 만들어 올리는 일이다.[1]

김기림은 동경에서 이상을 만나고 서울에 왔을 때 이상의 사망 소식을 접했다. 그리하여 그는 「고 이상의 추억」을 썼다. 그 글에서 김기림은 '이상의 피 엉킨 유고를 모아서 상이 그처럼 애써 친하려고 하던 새 시대에 선물하는 일'이 남은 벗들의 의무라고 했다. 그것은 자신의 의무이자 스스로에게 한 약속이기도 했다. 그러나 그의 약속은 이상이 죽은 후 10여년이 흘러 지켜졌다. 해방이 되자 김기림은 이상의 유고집 간행에 착수하였다. 그는 이상의 작품 목록을 만들고 작품들을 수집하여 『이상선집』을 간행하였다. 여기에 수록된 작품은 소설 「날개」, 「지주회시」, 「종생기」, 시 「오감도초」 외 8편, 수필

---

1 김기림, 「고 이상의 추억」, 『조광』, 1937.6 ; 김유중 김주현 편, 『그리운 그 이름 이상』, 지식산업사, 2004, 30면.

「공포의 기록」 외 5편 등이다. 김기림에 의해 이상의 선집이 꾸려졌지만, 그것은 이상 문학의 일부를 묶은 것에 지나지 않았다.[2]

김기림에 이어 임종국이 이상문학 전집을 발행했다. 그는 이상이 발표한 원고뿐만 아니라 이상이 일본에서 남긴 유고를 찾아내는 등 발로 뛰며 전집 간행에 노력을 쏟았다. 임종국에 의해 처음 이상전집이 묶였고, 이로 말미암아 '이상 신드롬'이라 할 만큼 이상 문학에 대한 폭발적인 관심이 일어났다.[3] 그리고 1970년대 이르러 이어령에 의해 이상전집이 새롭게 발간된다.[4] 이어령은 당시까지 수습된 자료를 모두 수합하고, 주석을 달아 전집을 발행하였다. 이후 1980년대 후반부터 이승훈과 김윤식에 의해 이상전집이 발행되었다.[5] 그리고 2005년에는 김주현에 의해,[6] 2009년에는 권영민에 의해 또다시 전집이 나왔다.[7]

이상 전집 발간의 역사는 이상 자료 수집의 역사이자 연구의 성과를 집약하는 주석의 역사이기도 하다. 선집과 전집의 발간은 이상 문학에 대한 관심을 불러왔고, 그로 인해 이상 연구는 훨씬 광범해지고, 또한 심원해지기에 이른다.

---

2 김기림 편, 『이상선집』, 백양당, 1949.
3 임종국 편, 『이상전집』(전3권), 태성사, 1956.
4 이어령 교주, 『이상소설전작집』·『이상수필전작집』·『이상시전작집』, 갑인출판사, 1977~1978.
5 이승훈·김윤식 편, 『이상문학전집』(전3권), 문학사상사, 1989~1993.
6 김주현 주해, 『정본이상문학전집』(전3권), 소명출판, 2005.
7 권영민 편, 『이상전집』(전4권), 뿔, 2009.

2. 이상 문학의 기호

이상 문학에서 여인이라는 기호는 매우 중요한 의미를 갖는다. 그의 작품 가운데 여인이 등장하지 않는 작품이 거의 없을 뿐만 아니라, 작품 속의 여인이 다양한 모습으로 형상화되어 있기 때문이다. 특히 금홍과 동림의 경우가 그러하다. 이상은 배천온천에 요양 갔다가 거기에서 만난 여인 금홍과의 삶을 여러 작품에서 형상화하였다. 그러한 특성이 드러난 작품이 '금홍'을 등장시킨 이상의 자전적 소설 「봉별기」(1936.12)이다. 이 밖에 문종혁의 증언[8]에 굳이 의거하지 않더라도 「날개」(1936.9)와 「지주회시」(1936.6) 등이 그녀와의 삶을 형상화해 온 것임을 알 수 있다. 이들 작품과 이상의 전기를 토대로 시 「지비」(1935.9, 1936.1)와 소설 「공포의 기록」(1937.4~5) 역시 그러한 작품군에 포함시킬 수 있다. 한편 「동해」(1937.2), 「종생기」(1937.5), 「실화」(1939.3)는 변동림을 형상화한 경우이다.[9] 여기에서는 이들 작품에 나타난 여인의 기호를 분석해보려고 한다.

바르트는 옐름슬레우의 표현—내용—관계 이론을 수용하여, 언어를 외시언어와 함축언어, 그리고 대상언어와 메타언어로 구분하였다.[10] 이러한 도식은 언어를 표현의 축과 내용의 축에 따라 이분함으로써 언어 기호의 특성을 더욱 분명히 하였다는 점에서 의의가 있

---

8 문종혁, 「몇 가지 이의」, 『문학사상』, 1974.4.

9 김주현, 「이상 소설의 여성 형상화」, 『실험과 해체—이상문학연구』, 지식산업사, 2014, 270~300면.

10 R. Barthes, *Elements of Semiology*, trans. by A. Lavers & C. Smith, Hill and Wang, 1994, p.90.

다. 외시/함축언어는 쉬클로프스키, 야콥슨 등 러시아 형식주의자들이 말하는 일상 언어와 시적 언어의 구별과 일맥 상통한다.[11] 이는 문자적 언어와 비유적 언어, 또는 축어적 언어와 상상적 언어로 설명할 수 있는데, 전자는 낯설게 하기의 기법, 또는 소격효과를 통해서 후자로 변환되는 것이다.

이러한 표현축은 야콥슨의 은유와 환유 이론과 직결된다. 그는 언어 표현을 은유와 환유의 두 극으로 설명했다.[12] 그의 이론은 문학 일반을 서술해주는 중요한 이론적 토대의 구실을 한다. 롲지는 야콥슨의 이론을 토대로 하여 환유적 글쓰기와 은유적 글쓰기라는 글쓰기 이론을 창출하였다.[13] 한편 야콥슨은 의사소통에 있어서 메타언어적 속성을 인정하였다. 그러나 메타언어를 언어의 층위로 두는 것은 꺼려했던 것으로 보인다. 그는 메타언어적 운용능력을 은유와 결부시키고 있다. 메타언어가 의미의 의미라는 은유적 속성을 갖고 있는 것은 사실이지만, 동일하게 환원될 속성의 것은 아니다. 여기에서는 야콥슨의 은유적/환유적 표현과 바르트의 언어의 층위 이론을 문학의 기호분석에 적용해 보려고 한다.

---

11 V. Chklovsky, 문학과 사회연구소 역,『러시아 형식주의 문학이론』, 청하, 1986.
12 R. Jakobson, 신문수 편역,「언어의 두 양상과 실어증의 두 유형」,『문학 속의 언어학』, 문학과지성사, 1994.
13 D. Lodge, *The Modes of Modern Writing,* Cornell University Press, 1977.

3. 이상 문학의 실험성 – 은유와 환유의 표현

1) 「지비」·「지주회시」·「봉별기」·「공포의 기록」

이상의 문학 가운데서 금홍을 형상화한 작품을 순서대로 몇 작품 배열해 보면 위와 같다. 여기에서 눈에 띄는 것은 바로 시에서 소설로, 그리고 난해한 작품에서 그렇지 않은 작품으로의 이동이다. 여기에서는 특히 여인이라는 기호의 표현 사례들을 집중 분석해 보기로 한다.

> (가) 안해는 정말 조류였던가 보다 안해가 그렇게 수척하고 거벼워졌는데도 날으지 못한 것은 그 손까락에 낑기웠던 반지 때문이다 오후에는 늘 분을 바를 때 벽 한 겹 걸러서 나는 조롱(鳥籠)을 느낀다 얼마 안 가서 없어질 때까지 그 파르스레한 주둥이로 한 번도 쌀알을 쪼으려 들지 않았다 또 가끔 미닫이를 열고 창공을 쳐다보면서도 고운 목소리로 지저귀려 들지 않았다 안해는 날을 줄과 죽을 줄이나 알았지 지상에 발자국을 남기지 않았다 비밀한 발을 늘 버선 신고 남에게 안 보이다가 어느 날 정말 안해는 없어졌다 그제야 처음 방안에 조분(鳥糞) 내음새가 풍기고 날개 퍼덕이던 상처가 도배 위에 은근하다 헤뜨러진 깃 부시러기를 쓸어모으면서 나는 세상에도 이상스러운 것을 얻었다 산탄(散彈) 아아 안해는 조류이면서 염체 닫과 같은 쇠를 삼켰더라 그리고 주저앉았었더라 산탄은 녹슬었고 솜털 내음새도 나고 천근 무게더라 아아[14]

---

14 김주현 주해, 『증보 정본이상문학전집1』, 소명출판, 2009, 106~107면. 이하 이 장에서 『증

(나) 또 거미. 아내는 꼭 거미. 라고 그는 믿는다. 저것이 어서 도로 환투를 하여서 거미 형상을 나타내었으면 …(중략)… 맥이뼈를 디디는 것이 빤히 보이고, 요밖으로 내어놓는 팔뚝이 밴댕이처럼 꼬스르하다 — 이 방이 그냥 거민 게다. 그는 거미속에 가 넓적하게 드러누워 있는 게다. 거미 내음새다. 이 후덥지근한 내음새는 아하 거미 내음새다. 이 방안이 거미 노릇을 하느라고 풍기는 흉악한 내음새에 틀림없다.(234면)

도무지 그의 머리에서 그 거미의 어렵디 어려운 발들이 사라지지 않는데 들은 크리스마스라는 한 마디 말은 참 서늘하다. 그가 어쩌다가 그의 아내와 부부가 되어버렸나 …(중략)… 그들이 부부 노릇을 한 지 일 년반쯤 된 때 — 아내는 갔다. 그는 아내가 왜 갔나를 알 수 없었다. 그 까닭에 도저히 아내를 찾을 길이 없었다. 그런데 아내는 왔다. 그는 왜 왔는지 알았다.(235면)

인생에 대한 끝없는 주저를 잔뜩 지니고 인천서 돌아온 그의 방에서는 아내의 자취를 찾을 길이 없었다 …(중략)… 여름이 그가 땀 흘리는 동안에 가고 — 그러나 그의 등의 땀이 걷히기 전에 왕복엽서모양으로 아내가 초조히 돌아왔다. 낡은 잡지 속에 섞여서 배고파하는 그를 먹여 살리겠다는 것이다. 왕복엽서 — 없어진 반(半) — 눈을 감고 아내의 살에서 허다한 지문(指紋) 내음새를 맡았다.(241면)

보 정본이상문학전집1』을 인용할 시는 괄호 속에 1권, 면수를 『증보 정본이상문학전집2』를 인용할 시는 면수만 기입하기로 한다. 다만 띄어쓰기와 표기체는 가능하면 오늘날의 방식에 맞춰 표기하기로 한다.

(가)는 시 「지비」이고, (나)는 소설 「지주회시」이다. 이 작품들에서 아내가 금홍임은 사실의 직접적 재현에 가까운 「봉별기」를 보면 더욱 확연히 드러난다. (가)는 아내가 조류로 기술되어 있다. 여기에서 하나의 전제, 즉 '아내는 조류이다'가 성립된다. 이것은 은유적 표현의 전형적인 예가 된다. 아내와 조류의 유사성이 하나의 은유를 형성하는 것이다. 이러한 것은 (나)에 이르면 또 하나의 전제, 즉 '아내는 거미이다'로 전개된다. 이 역시 은유적 표현이다. (가)는 어찌 보면 초현실주의 시에 가깝다. 이상은 금홍을 묘사하는 데 직접적인 묘사를 피하고 비유의 언어, 은유적 표현을 시도한 것이다. 시 「지비」는 그러므로 은유적 표현의 극이다. 야콥슨이 초현실주의를 은유적 표현에 귀속시킨 것도 바로 이러한 언어적 속성에 기인한다.

금홍은 여기에서 하나의 동물성을 대변하는 인물로 그려져 있다. 그것은 금홍이 동물이라는 표현과 마찬가지이다. 조류가 인제든지 날아가 버릴 수 있는 존재라면, 거미는 다른 곤충을 뜯어먹고 사는 독성을 가진 존재이다. 또한 수펄처럼 2세를 위해서 수컷을 잡아먹기도 한다. 「지비」에서 형상화된 내용들은 조금의 변형된 모습으로 「지주회시」에 전개된다. 이를 간단히 정리하면, 조류—조롱—조분 내음새—비밀한 발 등은 거미—황홀한 동굴(방, 246면)—거미 내음새, 지분 내음새—어렵디 어려운 발 등으로 변환된다. 이들은 모두 조류, 거미와 관련된 이미지들로 은유적 차원에서 얻어진 것들이다. 조류, 거미는 여인에 대한 기의로서, 이러한 기표/기의의 결합은 언어의 긴장성을 토대로 한 비유를 형성하고 있으며, 문예사조상 상징주의나 초현실주의 계열에 속할 수 있다.

이러한 표현은 「날개」에도 연결된다. 그것은 "여왕봉(女王蜂)과 미망인 — 세상의 하고많은 여인이 본질적으로 이미 미망인 아닌 이가 있으리까? 아니! 여인의 전부가 그 일상에 있어서 개개 「미망인」이라는 내 논리가 뜻밖에도 여성에 대한 모독이 되오?"(263면)라는 부분이다. 여왕벌과 미망인, 전자는 은유적인, 후자는 환유적인 표현에 가깝다.[15] 즉 여왕벌은 조류·거미 등과 같이 은유적인 표현에, 미망인은 뒤의 음란한 요물·매춘부와 같이 환유적인 표현에 가깝다. 그러므로 「날개」는 그 중간 정도에 위치하고 있다.

> (다) 금홍이가 내 아내가 되었으니까 우리 내외는 참 사랑했다. 서로 지나간 일은 묻지 않기로 하였다. 과거래야 내 과거가 무엇 있을 까닭이 없고 말하자면 내가 금홍이 과거를 묻지 않기로 한 약속이나 다름없다.(341~342면)
>
> 나흘 만에 와보니까 금홍이는 때 묻은 버선을 웃목에다 벗어놓고 나가버린 뒤였다 …(중략)… 인간이라는 것은 임시 거부하기로 한 내 생활이 기억력이라는 민첩한 작용하지 않았기 때문에 두 달 후에는 나는 금홍이라는 성명 삼자(三字)까지도 말쑥하게 잊어버리고 말았다. 그런 두절된 세월 가운데 하루 길일을 복(卜)하여 금홍이가 왕복엽서처럼 돌아왔다.(343면)
>
> 금홍이는 와서 보니까 내가 참 딱했다. 이대로 두었다가는 역시 며칠이 못 가서 굶어 죽을 것 같아만 보였던가 보다. 두 팔을 부

15 여왕봉과 웅봉의 비유는 자신의 삶을 형상화한 「생애」, 「실락원」 등에도 나타난다.

르걷고 그날부터 나서 벌어다가 나를 먹여 살린다는 것이다 …(중략)… 이러기를 두 달? 아니 다섯 달이나 되나 보다. 금홍이는 홀연히 외출했다 …(중략)… 천하의 여성은 다소간 매춘부의 요소를 품었느니라고 나 혼자는 굳이 신념한다. 그 대신 내가 매춘부에게 은화를 지불하면서는 한 번도 그네들을 매춘부라고 생각한 일이 없다. 이것은 내 금홍이와의 생활에서 얻은 체험만으로는 성립되지 않는 이론같이 생각되나 기실 내 진담이다.(343~345면)

(라) 솜옷을 입고 아내가 나갔거늘 이제 철은 홑것을 입어야 하니 넉 달지간이나 되나 보다.
나를 배반한 계집이다. 삼년 동안 끔찍이도 사랑하였던 끝장이다. 따귀도 한 개 갈겨주고 싶다. 호령도 좀하여 주고 싶다.(223~224면)
넉 날 — 상부납시 못하게 뒤끓던 마음이 그만하고 차츰 차츰 가라앉기 시작하려는 이 철에 뭐냐 부전(附箋) 붙은 편지모양으로 때와 손자죽이 잔뜩 묻은 채 돌아오다니 …(중략)…
넉 달 — 이 동안이 결코 짧지가 않다. 한 사람의 아내가 남편을 배반하고 집을 나가 넉달을 잠잠하였다면 아내는 그에 용서받을 자격이 없는 것이요 남편은 꿀꺽 참아서라도 용서하여서는 안 된다 …(중략)… 하나같이 내 눈에 비치는 여인이라는 것이 그저 끝없이 경조부박한 음란한 요물에 지나지 않는 것이 없다.(225~226면)

(다)는 「봉별기」이고, (라)는 「공포의 기록」이다. 먼저 (나)와 (다)의 관련상을 살펴보면 은유와 환유의 극이 보다 분명히 드러난다.

(다)는 이미 잘 알려진 것처럼 이상의 자전적 소설이다. 이 작품에서 각각의 사건들은 실재의 사건에 부합되는데, 이로써 이 작품이 실재 사건이 재구성된 결과물임을 알 수 있다. 우리는 여기에서 또 하나의 전제—아니, 명제라고 해도 좋다—를 발견하게 된다. 즉 '여인(금홍)은 매춘부이다'라는 것이다. 그것은 앞의 표현들과는 달리 직접적인 진술에 가깝다. 이 진술에서 동물적인 비유는 사라지고 만다. 여기에서 「지주회시」의 거미—황홀한 동굴—거미 내음새—어렵디 어려운 발 등은 「봉별기」에서 매춘부—방(웃목)—기름땟내(344면)—버선으로 대체된다. 여인은 거미에서 매춘부의 이미지로 건너온다. '여인은 매춘부이다'는 사실 대상을 지시하고 규정하는 진술인 것이다. 이러한 직접 표현은 바로 환유에 속한다. 이러한 이미지는 「날개」에서 여왕봉과 미망인—방—아내의 체취(267면)로 전개되어 있다. 「날개」의 '아내'가 금홍임은 작품 속에 등장하는 '연심'이라는 이름을 통해 파악할 수 있다.

(나)의 '왕복엽서 모양으로 아내가 초조히 돌아왔다'는 (다)의 '금홍이가 왕복엽서처럼 돌아왔다'로 넘어오며, '낡은 잡지 속에 섞여서 배고파하는 그를 먹여 살리겠다는 것이다'는 '두 팔을 부르걷고 그 날부터 나서 벌어다가 나를 먹여 살린다는 것이다'로 건너온다. 이는 이들 두 작품이 모두 금홍의 외출과 귀가를 형상화해왔다는 사실을 더욱 분명히 해준다. 이들이 은유적, 또는 환유적 표현이라는, 각기 다른 방식의 글쓰기를 지향하고 있음은 이미 서로 다른 두 전제에 내포되어 있다. 그리고 여인은 위의 마지막 예문인 「공포의 기록」에 이르면, '음란한 요물'로 표현되어 있다. 말하자면 '여인은 음란한 요

물이다'는 것이다. 이것 역시 (다)의 전제와 별반 다르지 않다. 은유적 속성보다는 대상을 지시하고 규정하는 환유적 속성이 강하다. 이 작품에서의 여인 역시 금홍임은 "부전(附箋) 붙은 편지 모양으로 때와 손자죽이 잔뜩 묻은 채 돌아오다니"에서 분명히 드러난다.

이제까지의 논의를 통해 「지비」, 「지주회시」는 은유적 글쓰기(표현)가, 「봉별기」, 「공포의 기록」은 환유적인 글쓰기가 보다 잘 드러남을 살펴보았다. 이제 이들 작품과 「날개」를 비교 분석하여 「날개」의 위치를 보다 자세히 규정해 볼 필요가 있다.

2) 「지비」: 「날개」: 「봉별기」

「날개」와 「지비」, 그리고 「봉별기」를 잇고 있는 중심 화소는 아마도 외출일 것이다. 여기에서는 각각의 작품이 갖는 외출의 의미를 먼저 살펴보기로 한다.

> (가) 안해는 아침이면 외출한다 그날에 해당한 한 남자를 속이려 가는 것이다. 순서야 바뀌어도 하루에 한 남자 이상은 대우하지 않는다고 안해는 말한다. 오늘이야말로 정말 돌아오지 않으려나 보다 하고 내가 완전히 절망하고 나면 화장은 있고 인상(人相)은 없는 얼굴로 안해는 형용처럼 간단히 돌아온다. 나는 물어보면 안해는 모두 솔직히 이야기한다. 나는 안해의 일기에 만일 안해가 나를 속이려 들었을 때 함직한 속기(速記)를 남편된 자격 밖에서 민첩하게 대서(代書)한다.(1권, 106면)
>
> (나) 아내는 하루에 두 번 세수를 한다 …(중략)… 열한시쯤 해서

하는 아내의 첫 번 세수는 좀 간단하다. 그러나 저녁 일곱시쯤 해서 하는 두 번째 세수는 손이 많이 간다. 아내는 낮에보다도 밤에 더 좋고 깨끗한 옷을 입는다. 그리고 낮에도 외출하고 밤에도 외출하였다.

아내에게 직업이 있었던가? 나는 아내의 직업이 무엇인지 알 수 없다. 만일 아내에게 직업이 없었다면, 같이 직업이 없는 나처럼 외출할 필요가 생기지 않을 것인데 — 아내는 외출한다. 외출할 뿐만 아니라 내객이 많다. 아내에게 내객이 많은 날은 나는 온종일 내 방에서 이불을 쓰고 누워 있어야만 된다.(269~270면)

(다) 나는 밤이나 낮이나 누워 잠만 자니까 금홍이에 대하여 심심하다. 그래서 금홍이는 밖에 나가 심심치 않은 사람들을 만나 심심치 않게 놀고 돌아오는—

즉 금홍이의 협착한 생활이 금홍이의 향수을 향하여 발전하고 비약하기 시작하였다는데 지나지 않는 이야기다 …(중략)… 나는 아무 말도 하지 않는다. 나는 금홍이의 오락의 편의를 도웁기 위하여 가끔 P군의 집에 가 잤다. P군은 나를 불쌍하다고 그랬던가시피 지금 기억된다 …(중략)… 이런 실없는 정조를 간판 삼자니까 자연 나는 외출이 잦았고 금홍이 사업에 편의를 도웁기 위하여 내 방까지도 개방하여 주었다.(342면)

(가), (나), (다)는 각각 「지비」, 「날개」, 「봉별기」에서 뽑아낸 외출 모티프들이다. 이들 외출 모티프는 아내의 직업과 관련이 있다. 「지

비」에서는 그녀의 직업과 관련해 '한 남자를 속이려 가는 것', 또는 '남자를 대우하는 것'으로 제시하고 있다. 그것은 매춘에 대한 간접적 또는 비유적 표현이기도 하다. 그리고 「날개」에서는 '내객이 많다'로 제시된다. 내객과 돈의 상관관계를 통해서 매춘을 제시하며, (다)는 '밖에 나가 심심치 않은 사람들을 만나 심심치 않게 놀고 돌아오는', 또는 '오락', '사업' 등을 통해서 드러낸다. 그리고 「봉별기」의 '우(禹), C 등등에게서 받은 십원 지폐를 여러 장 꺼내놓고 어리광 석게 내게 자랑도 하는 것이었다'(341면)는 보다 직설적인 표현으로 볼 수 있다. 그리고 인물묘사도 '화장은 있고 인상은 없는 얼굴', '세수하는 아내' 등으로 나타난다. '남자 속이기'와 '내객 들이기', 그리고 '오락 사업' 등은 은유적인 표현에서 환유적인 표현으로 변화하는 양상을 보여주는 것들이다.

3) 「지비」: 「지주회시」: 「날개」

이밖에도 금홍 계열의 「지비」, 「지주회시」, 「날개」는 절름발이의 모티프가 반복된다. 이것은 시 「BOITEUX.BOITEUSE」에서 처음 "긴 것//짧은 것//열십자//그러나 CROSS에는 기름이 묻어 있었다.//추락//부득이한 평행//물리적으로 아팠었다//(이하 평면기하학)"(1권, 41면)로 나타나는데 절름발이의 모티프가 상당히 추상적으로 제시되어 있다. 이후 「지비」와 「날개」에도 그대로 반복된다.

(가) 내 키는 커서 다리는 길고 왼 다리 아프고 안해 키는 작아서 다리는 짧고 바른 다리가 아프니 내 바른 다리와 안해 왼 다리와

> 성한 다리끼리 한 사람처럼 걸어가면 아아 이 부부는 부축할 수 없는 절름발이가 되어버린다 무사한 세상이 병원이고 꼭 치료를 기다리는 무병이 끝끝내 있다.(1권, 105면)

> (나) 다리 젔는 아내를 억지로 내어 보내놓고 그는 인간 세상의 하품을 한번 커다랗게 하였다. 한없이 게으른 것이 역시 제일이구나 첩첩이 덧문을 닫고 앓는 소리 없는 방안에서 이번에는 정말 — 제발 될 수 있는 대로 아내는 오래 걸려서 이따가 저녁때나 되거든 돌아왔으면 그리든지 — 경우에 따라서는 아내가 아주 가버리기를 바라기조차 하였다. 두 다리를 쭉 뻗고 깊이깊이 잠이 좀 들어보고 싶었다.(250면)

> (다) 우리 부부는 숙명적으로 발이 맞지 않는 절름발이인 것이다. 내가 아내나 제 거동에 로직을 붙일 필요는 없다. 변해할 필요도 없다. 사실은 사실대로 오해는 오해대로 그저 끝없이 발을 절뚝거리면서 세상을 걸어가면 되는 것이다.(290면)

(가) 「지비」에서 부부는 '부축할 수 없는 절름발이'로, (다) 「날개」에서는 '발이 맞지 않는 절름발이'로 전개된다. 그 사이 「지주회시」에 '다리 저는 아내'가 나오지만, 이는 발에 걷어 채여서 그런 것이다. 「지비」의 성한 다리와 아픈 다리는 사실상 그 자체로서 은유적 표현이다. 「날개」의 '우리 부부는 숙명적으로 발이 맞지 않는 절름발이'라는 것이 상황 자체를 은유적으로 표현했다면, 「지비」는 환유

처럼 보이는 표현 속에 고도의 상징적 의미가 들어 있어 훨씬 더 은유적이다. 「지비」는 이상 초기의 경향을 대변하는 것으로 초현실주의적 색채를 띠고 있고, 소설 「지주회시」 역시 그러한 색채를 띠고 있다.

이제까지 논의된 작품을 은유의 극과 환유의 극으로 나열하면 아래와 같다.

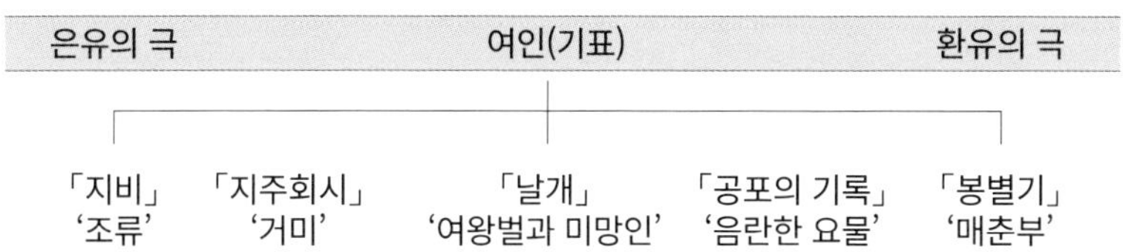

이 순서는 작품의 발표순서와 거의 같다. 사실 「공포의 기록」만 제외하면 작품의 발표순으로 나열한 것이다. 위의 그림을 환유에서 은유의 명제로 간단히 나열해보면 아래와 같다.

1) 여인은 매춘부이다--「봉별기」(1936.12)

2) 여인은 음란한 요물이다--「공포의 기록」(1937.4~5)

3) 여인은 여왕벌과 미망인이다--「날개」(1936.9)

4) 여인은 거미이다--「지주회시」(1936.6)

5) 여인은 조류이다--「지비」(1935.9~36.1)

이를 통해 여인, 특히 금홍이라는 대상이 다양한 언어적 표현을 얻고 있음을 확인할 수 있다. 그것은 여러 가지 내용의 층위를 이루고 있다. 이상의 글쓰기는 이처럼 시에서 소설로, 은유적인 데에서 환유적인 데로 나아갔다. 그리고 여기에 「종생기」의 '여인은 비계덩어리이다'라는 항목이 추가되는데, 이는 또 다른 언어의 차원에서 구현된 것이다.

4. 이상 문학의 해체성 – 언어와 메타언어의 내용

1) 「비계덩어리」: 「종생기」

또 하나의 언어적 표현의 예로 「종생기」를 들 수 있다. 작가에 의해 「종생기」가 모파상의 「비계덩어리」와 텍스트적 관련성이 있음이 언급되었고, 이에 대해 이미 분석된 바 있다.[16] 「종생기」에서 보다 주목되는 부분은 등장인물 정희의 인물 묘사가 「비계덩어리」로부터 왔다는 사실이다. 이 두 작품은 언어와 메타언어적 관계 속에서 상호텍스트성을 띠고 있다. 그러면 「비계덩어리」의 '불드쉬프'가 어떻게 「종생기」로 건너오는지를 살피기로 한다.

> (가) 불드쉬프(비계덩어리)는 몇 번이고 거푸 마치 치마(스커트) 밑에서 무엇을 찾는 듯이 몸을 숙였다. 그녀는 잠시 망설이다가 곁에 있는 사람을 쳐다본 다음에 조용히 몸을 일으켰다. 모두들 얼굴이

16 김주현, 「「종생기」와 복화술」, 『외국문학』, 1994.9.

창백해졌고 경련이 일었다.[17]

(나) 「치사(侈奢)한 소녀는」, 「해동기(解凍期)의 시냇가에 서서」, 「입술이 낙화 지듯 좀 파래지면서」, 「박빙(薄氷) 밑으로는 무엇이 저리도 움직이는가고」, 「고개를 갸웃거리는 듯이 숙이고 있는데」, 「봄 운기를 품은 훈풍이 불어와서」, 「스커어트」, 아니 아니, 「너무나」, 아니, 아니, 「좀」 「슬퍼 보이는 홍발을 건드리면」 그만. 터 아니다. 나는 한 마디 가련한 어휘를 첨가할 성의를 보이자.(368면)

(다) 비천한 뉘집 딸이 해빙기의 시냇가에 서서 입술이 낙화 지듯 좀 파래지면서 박빙 밑으로는 무엇이 저리도 움직이는가고 고개를 갸웃거리는 듯이 숙이고 있는데 봄 방향(芳香)을 품은 훈풍이 불어와서 스커―트, 아니 너무나, 슬퍼 보이는, 아니, 좀 슬퍼 보이는 홍발을 건드리면― 좀 슬퍼 보이는 홍발을 나붓나붓 건드리면― 여상(如上)이다.(381면)

(가)는 모파상의 「비계덩어리」이고, (나)와 (다)는 이상의 「종생기」에 나오는 구절이다. 위와 같이 간단히 늘어놓기만 해도 「종생기」의 메타언어를 통한 상호텍스트적 글쓰기는 잘 드러난다. 즉, '불드쉬프'는 '치사한 소녀'로, 그리고 '비천한 뉘집 딸'로 다시 쓰기가 진행된다. 사실 후자들은 불드쉬프에 대한 메타언어에 속한다. 이러

17 이정림 역, 『모파상단편선』, 범우사, 1991, 37~38면.

한 언어적 연쇄는 이상 텍스트의 형성과정을 극명히 보여주는 사례가 된다. 즉 '불드쉬프'—'무엇을 찾는 듯이'—'스커트'—'창백해지다' 등이 (나)에서 '치사한 소녀'—'무엇이 저리도 움직이는가'—'스커어트'—'홍발을 건드리면' 등으로 초문맥화되며 내용축을 형성한다. 그리고 (다)에 이르면 그것은 '비천한 뉘집 딸'—'무엇이 저리도 움직이는가'—'스커어트'—'홍발을 나붓나붓 건드리면' 등으로 다시 초문맥화된다. 이는 메타언어를 통한 정희의 성격화이다. 다음 내용 역시 메타언어적 표현을 보여주는 구절이다.

> (가) 마침내 이 세상에서 여자가 해야할 유일한 역할은 끝없는 자기 희생이고, 오합지졸의 일시적인 사랑에 계속 자기의 육체를 내맡기는 것이라는 생각이 들 정도였다 …(중략)… 오후 내내, 그녀(불드쉬프)가 그렇게 생각하도록 내버려 두었다. 그러나 지금까지 그랬던 것처럼 '부인'이라고 부르는 대신에 간단히 '아가씨'라고 말했다.[18]

> (나) 태생은 어길 수 없어 비천한 「티」를 감추지 못하는 딸—(전기 치사(侈奢)한 소녀 운운(云云)은 어디까지든지 이 바보 이상(李箱)의 호의에서 나온 곡해다. 모—파쌍의 「지방덩어리」를 생각하자. 가족은 미만 십사 세의 딸에게 매음시켰다. 두번째는 미만 십구 세의 딸이 자진했다.

18 위의 책, 62~63면.

아 — 세번째는 그 나이 스물 두살이 되던 해 봄에 얹은낭자를 내리우고 게다 다홍댕기를 들여 늘어뜨려 편발처자를 위조하여서는 대거하여 강행으로 매끽(賣喫)하여 버렸다.)(381면)

(다) 미만 십사 세에 정희를 그 가족이 강행으로 매춘시켰다. 나는 그런 줄만 알았다. 한 방울 눈물—

그러나 가족이 강행하였을 때쯤은 정희는 이미 자진하여 매춘한 후 오래 오래 후다. 다홍댕기가 늘 정희 등에서 나부꼈다. 가족들은 불의(不意)에 올 재앙을 막아줄 단 하나 값 나가는 다홍댕기를 기탄없이 믿었건만—

그러나 —

불의(不義)는 귀인답고 참 즐겁다. 간음한 처녀— 이는 불의 중에도 가장 즐겁지 않을 수 없는 영원한 밀림이나.(389면)

(가)는 합승 동료들이 불드쉬프로 하여금 프러시아군 장교한테 수청을 들도록 강요하는 부분이다. 합승 동료들은 자신의 생명과 안위를 위해서 불드쉬프에게 희생을 강요하였고, 불드쉬프는 결국 그들의 강요와 채근에 못 이겨 수청을 허락하였다. 즉 위의 내용은 '합승 동료들은 불드쉬프를 부인 대신에 아가씨라고 부르며 대거하여 강행으로 매음케 하였다'는 것이다. 이것이 (나)에서 초문맥화되면서 '가족은 미만 십사 세의 딸에게 매음시켰다. 두번째는 미만 십구 세의 딸이 자진했다. 아—세번째는 그 나이 스물 두살이 되던 해 봄에 얹은낭자를 내리우고 게다 다홍댕기를 들여 늘여뜨려 편발처자를

위조하여서는 대거하여 강행으로 매끽하여 버렸다'로 된다. 그리고 (다)에 이르면 '딸'은 '정희'로 건너온다. 결국 '불드쉬프'는 이상의 작품에 이르러 '치사한 소녀'—'비천한 뉘집 딸'—'정희'로 건너오게 된다. 이러한 것들은 메타언어를 통한 의미의 창출로 하나의 내용축을 형성하게 된다. 이는 곧 '여인(정희)은 비계덩어리이다'는 표현이 된다. 정희는 불드쉬프의 모습과 겹치며 의미가 형성된다. 그러므로 대상과 기호, 변동림과 「비계덩어리」라는 실재와 허구 세계의 두 축이 메타언어를 통해서 연결되는 것이다.

메타언어의 축은 기표의 차이에도 불구하고 그 기의 속에 대상언어의 의미가 존재하기 때문에 정희라는 여인의 기표는 치사하다, 비천하다, 매음녀이다 등의 비계덩어리의 의미가 들어있게 마련이다. 그러므로 이제까지의 논의를 그림으로 제시해보면 다음과 같다.

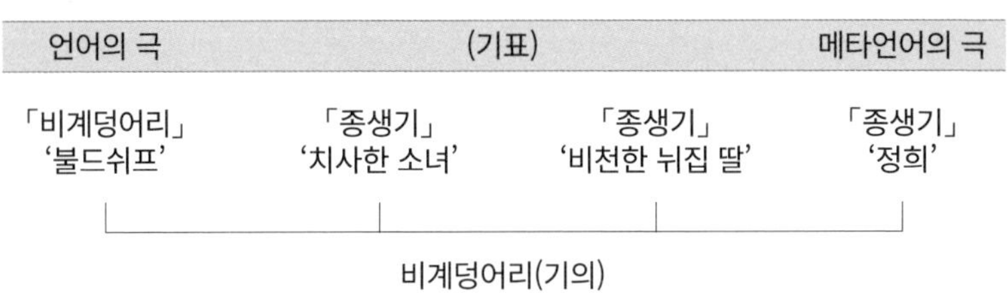

위에 나열한 것은 각각 모파상의 「비계덩어리」의 주인공인 불드쉬프와, 이상의 「종생기」에 드러난 소녀, 딸, 정희로의 변신의 모습(달리 기표의 변화상)을 나열해 본 것이다. 위 그림을 언어에서 메타언어로 다시 간단히 정렬하면 다음과 같다.

1) 불드쉬프는 비계덩어리이다.--모파상의 「비계덩어리」

2) 치사한 소녀는 비계덩어리이다.--이상의 「종생기」

3) 비천한 뉘집 딸은 비계덩어리이다.--이상의 「종생기」

4) 정희는 비계덩어리이다.--이상의 「종생기」

이들은 모두 '여인은 비계덩어리이다'는 전제(기표의 기의)를 갖고 있지만, 언어와 메타언어의 기의가 동일할 수는 없다. 왜냐하면 메타언어는 언어가 지닌 기의를 포함하면서 새로운 의미로 확장될 수 있기 때문이다. 메타언어를 통한 글쓰기는 기표의 놀이화로서, 기표가 메타언어화되면서 기의 역시 끊임없이 미끄러지게 된다. 그러므로 정희는 단순히 합승 동료에 의해 매춘이 저질러진 것(가)도, 가족에 의해 저질러진 것(나)도 아닌 이미 자의에 따라 저지른 매춘부(다)로 의미가 변환되는 것이다. 이것은 초문맥화되면서 기의 역시 전환 또는 확산되기 때문이다.

2) 『파우스트』: 「황」: 「지비」

다음으로 『파우스트』에 대한 메타언어적 글쓰기를 들 수 있다. 이미 『파우스트』와 이상의 시, 소설의 상호텍스트성은 자세히 검토된 적이 있다.[19] 특히 소설 「12월12일」과 시 「황」, 「황의 기」 등은 서로의 관련성을 명백히 보여주는 것들이다. 여기에서는 메타언어가 보

19 김주현, 「이상 시의 상호텍스트적 분석」(『관악어문연구』, 1996.12.) 및 『이상 소설의 글쓰기 양상 연구』, 서울대 박사논문, 1998.2.

다 확연히 드러나는 『파우스트』, 「황」, 「지비」 등의 작품을 검토하기로 한다.

(가) 짖지 말아라, 삽살개야! 지금 나의 모든 영혼을 감싸고 있는 신성한 소리에 짐승의 소리는 어울리지 않는다. 우리가 흔히 보아 온 일이지만, 인간은 자신이 모르는 일은 비웃고, 종종 자기에게 귀찮아지는 선(善)과 미(美)에 대해서 투덜투덜 불평을 해댄다. 개도 인간처럼 그것을 투덜거리는 것이다. 아아, 그런데 이제 아무리 생각해도 이 가슴속에서 만족감이 솟아나지 않는다 …(중략)… 나와 함께 이 방에 있고 싶으면, 삽살개야, 울어대지 말아라. 짖어대지 말아라! 너처럼 귀찮은 놈을 옆에 두는 것은 견딜 수 없다. 둘 중에서 한쪽이 이 방을 나가야 한다. 본의 아니지만 손님으로서 접대하는 것은 취소한다. 문이 열려있다. 네 멋대로 나가 주기 바란다.[20]

(나) 가엾은 개는 저 미웁기 짝없는 문패 이면(裏面)밖에 보지 못한다. 개는 언제나 그 문패 이면만을 바라보고는 분만(憤懣)과 염세를 느끼는 모양이다. 그리고 괴로워하는 모양이다. 개는 내 눈앞에서 그것을 비예(睥睨)했다.
……나는 내가 싫다……나는 가슴속이 막히는 것을 느끼지 않을 수 없었다. 그러나 그렇게 느끼는 그대로 내버려둘 수도 없었다.(1권, 185면)

20 J. W. Goethe, 박환덕 외 역, 『젊은 베르테르의 슬픔·파우스트』, 신영출판사, 1987, 239~240면.

(다) 이 방에는 문패가 없다. 개는 이번에는 저쪽을 향하여 짖는다. 조소(嘲笑)와 같이 안해의 벗어놓은 버선이 나 같은 공복(空腹)을 표정(表情)하면서 곧 걸어갈 것 같다. 나는 이 방을 첩첩이 닫치고 출타한다. 그제야 개는 이쪽을 향하여 마지막으로 슬프게 짖는다.(1권, 107면)

(가)는 『파우스트』에 나오는 내용이다. 위 글에서 '개가 짖다', '인간이 불평하다', '개가 불평하다' 등의 내용이 (나)와 (다)로 이어진다. (나)는 「황」으로 1931~1932년경의 작품으로 추정된다. 여기에서 (가)의 '삽살개'는 '메피스토펠레스'로서 파우스트의 또 다른 자아, 즉 욕망과 본능의 화신으로 볼 수 있다. 그것이 (나) 「황」에서는 '황(개)'으로 변용되며, 이상의 또 다른 자아가 된다. 그리고 (다) 「지비」 3연에서는 '개'로 나타난다. 이는 '메피스토펠레스'가 '황'으로, 다시 '개'로 메타언어화된 것이며, 이러한 메타언어적 변환은 상호텍스트적 글쓰기를 형성한다. (가)에서 (나)로 전개되면서 '문패'가 추가되며, (다)에 이르면 '버선'이 추가된다. 그리고 막상 (다)에 이르면 총 5개의 문장에서 메타언어화된 문장은 두 번째와 마지막의 두 개 문장으로 줄며, 나머지 문장은 이상의 실재 삶의 이야기로 대체된다.

여기에서 (다)의 나머지 문장들은 내용의 축으로 다른 작품들에 자리하게 된다. 첫 문장 '이 방에는 문패가 없다'는 "내 방 미닫이 위 한곁에 칼표딱지를 넷에다 낸 것만한 내—아니! 내 아내의 명함이 붙어 있는 것도 이 풍속을 좇은 것이 아닐 수 없다."(「날개」, 265면)로, 그리고 '조소와 같이 안해의 벗어놓은 버선이 나 같은 공복을 표정하면서 곧 걸어갈 것 같다'는 "나흘만에 와보니까 금홍이는 때 묻은 버선을 웃목에다 벗어놓고 나가버린 뒤였다."(「봉별기」, 343면)로, 마지막으로 '나는 이 방을 첩첩이 닫치고 출타한다'는 "수염을 깎고 첩첩이 닫어버린 번지에서 나섰다"(「지주회시」, 235면), 또는 "나는 아내의 밤외출을 틈을 타서 밖으로 나왔다"(「날개」, 274면)로 전환 내지 확산된다.

5. 은유와 환유, 그리고 상호텍스트적 글쓰기

이상은 짧은 기간 창작을 하면서 다양한 글쓰기 양상을 보여주었다. 그는 초기에 주로 시를 창작하다가 후기로 접어들면서 소설을 주로 창작했다. 그의 초기의 시들에는 다다, 또는 초현실주의적 경향이 짙게 드리워져 있다. 그의 소설 역시 시기적으로 먼저 쓰인 작품들은 그러한 경향이 강하게 나타나지만, 뒤로 오면서 비록 동일한 대상을 형상화하였다 하더라도 그러한 경향은 현저히 사라지게 된다. 즉 이상의 글쓰기는 초기일수록 은유적 표현이, 시간이 지날수록 환유적인 표현이 주가 된다. 이러한 환유적/은유적 표현은 롯지의 표현으로 바꾼다면 환유적 글쓰기와 은유적 글쓰기에 해당한다. 그리고 이는 조나단 컬러의 일상적이고 축자적인 글쓰기 및 은유적 글쓰기와 일맥 상통한다.[21] 그것은 환유적 글쓰기가 대상에 대한 직

---

21 J. Culler, *On Deconstruction, Theory and Criticsm after Structuralism*, Cornell University Press, 1982.

접적 재현이고, 은유적 글쓰기가 간접적·비유적 재현이기 때문이다. 이상의 「지비」, 「지주회시」 등은 전자쪽에 속하고, 「봉별기」, 「공포의 기록」 등은 후자 편에 속하게 된다.

언어의 특성상 지시적인 의미에 가까우면 환유적인 글쓰기로, 함축언어에 가까우면 은유적인 글쓰기로 나타나게 마련이다.[22] 야콥슨이 초현실주의와 서정시를 은유에 포함시킨 것도 이와 같은 언어적 속성에 기인한다고 하겠다. 그리고 이상의 초기 소설 「지도의 암실」, 「휴업과 사정」 등도 자동기술과 같은 초현실주의적 성격으로 인해 은유적 글쓰기에 속하게 된다. 그것은 초기의 시 창작방법들이 거의 그대로 소설로 건너온 까닭으로 보인다. 그러나 점차 환유적 글쓰기로 바뀐 것은 아마도 시 「오감도」, 소설 「지주회시」의 실패 후 나온 「날개」의 성공에 따른 결과로 보인다. 또한 일상언어적 재현을 득성으로 하는 소실 장르에 함축언어들이 그 속성상 잘 들어맞지 않았기 때문일 것이다. 결국 직접적 재현인 환유적 글쓰기와 간접적, 비유적 재현인 은유적 글쓰기는 리얼리즘과 모더니즘의 미학에 맞닿아 있다.

그리고 또 하나의 표현 체계는 메타언어를 통한 상호텍스트적 글쓰기이다. 이상은 「종생기」에 이르면 기호, 또는 작품 그 자체를 재현의 대상으로 간주하기에 이른다. 그리하여 작품 속에 『햄릿』, 「비계덩어리」 등의 언어를 초문맥화시켜 왔다. 이러한 글쓰기는 흔히

22 작품이 함축언어로 표현될수록 상징주의 계열에 가까워진다. 머독이나 윌슨은 상징주의를 모더니즘을 지칭하는 일반적인 용어로 사용하였는데, 이는 상징주의와 모더니즘의 친연성을 말해준다. A. Eysteinsson, 임옥희 역, 『모더니즘 문학론』, 현대미학사, 1996, 156면.

언어의 비참조적인 기능과 참조적인 기능을 중심으로 한다. 그것은 "문학작품이 유희적일수록(예를 들면, 문학작품이 일상 세계 문맥들로부터 대안 세계 문맥들로 변환하면 할수록) 현실 세계와 허구 세계 사이의 관계가 유지되고 이해되려면, 메타언어가 더욱 필요하"기 때문이다.[23] 이상의 후기 소설 「동해」, 「실화」 등도 삶의 자의식과 픽션이 서로 혼효되어 있다. 정지용의 시, 요코미츠 리이치의 소설, 고리키의 희곡, 그리고 영화의 내용으로 보이는 구절들이 작품 속에 들어있다.

이상에게 있어서 이러한 상호텍스트적 글쓰기는 치열한 자의식의 산물이다. 이는 그러한 작품들이 그의 폐결핵 말기에 몰려있다는 사실을 통해서도 확인할 수 있다. 그리고 이러한 글쓰기는 기표의 무한한 미끄러짐과 기의의 산포로 인해 의미를 해체하는 포스트모더니즘의 주요한 경향의 하나이다. 그것은 모더니즘과는 다른 자리에 위치하고 있다. 메타언어를 통한 세계의 재현, 즉 패러디나 패스티쉬, 인유나 인용 등의 상호텍스트적 글쓰기는 후기 산업사회의 지배적인 글쓰기로 부각된 것이다.

결국 이상은 언어의 세 가지 표현 체계를 통해 다양한 글쓰기를 진행한 셈이다. 그는 무엇보다 롯지가 말하는 환유적/은유적 글쓰기를 그대로 재연하고 있고, 한편으론 후기 산업사회의 대표적 글쓰기인 상호텍스트적 글쓰기를 구현해내고 있다. 그리고 이러한 글쓰기는 리얼리즘, 모더니즘, 그리고 포스트모더니즘이라는 문예사조, 또

23 P. Waugh, 김상구 역, 『메타픽션』, 열음사, 1992, 58면.

는 미학과 맞닿아 있다는 점에서 중요성을 더한다. 즉 당시로는 새로운 상호텍스트적 글쓰기라는 포스트모더니즘의 미학을 구현해 보여주고 있다는 점이다.

이상은 언어가 기표와 기의를 통해서 무한 확장할 수 있다는 가능성을 발견하고, 이를 실천했다. 그래서 그의 글쓰기는 같은 시대 다른 작가들의 그것보다 훨씬 다양하고 또한 실험적이었다. 이상에게서 포스트모더니즘의 가능성 내지 징후를 찾아보는 것도 해볼 만한 일이라고 생각한다. 1950년대 모더니스트들뿐만 아니라 1980년대 포스트모더니스트들도 이상의 영향을 입고 있다는 사실을 감안한다면 그것은 하나의 전제 이상의 것이다. 이상 문학은 여전히 하나의 가능성 그 자체이다.

제 3 장

설화와 현실, 그리고 역사 세계
— 김동리 문학론

1. 김동리 소설의 규모와 경향

김동리가 세간에 널리 회자된 까닭은 1982년『을화』가 노벨상 후보로 올랐기 때문일 것이다. 그러나 그는 그 이전부터 근대문학사에서 굵은 획을 그리고 있었다. 1930년대 세대논쟁을 비롯하여 해방기 좌우익 문학논쟁, 전후 실존문학 논쟁, 1970년대 사회주의적 사실주의 논쟁에 이르기까지 수많은 논쟁에 참여했다. 소설 창작뿐만 아니라 각종 논쟁에도 직접 뛰어들었던 것이다. 김동리의 소설집으로 첫 작품집『무녀도』(1947)를 비롯하여『황토기』(1949),『실존무』(1955),『등신불』(1963),『까치 소리』(1973),『김동리 역사소설 신라편』(1977),『꽃이 지는 이야기』(1978) 등이 있다. 또한 그의 선집으로『김동리대표작선집』(전5권, 1967)이 나왔다. 당시 김동리가 쓴 작품은 적지 않았다.

> 즉 전체 117편(소설) 중에서 87편을 제외한 30편은 이 수첩에 기재되어 있지 않고 해방 이전과 동란 이전에 있었던 수첩에 기록되었거나 그렇지 않으면 메모 없이 그냥 머리에 떠오른 소재를 취했던 셈이 되는 것이다.[1]

> 지금까지 내가 써온 작품 가운데 시와 평론 수필 따위를 별도로 한다면 소설 작품만 약 2만 5천 장(2백자 원고지) 내지 3만 장가량 되지만 샤머니즘이니 불교니 하는 계열의 작품은 장수로 계산해서 지극히 일부밖에 되지 않아. 그런데 자네들은 내 작품을 말하려고 할 때 왜 샤머니즘이니 불교니 하는 것을 먼저 생각하게 되는가, 이런 것도 문제의 하나가 될 줄 아네. 그러나 내가 지금 이런 따위를 문제 삼으려는 것은 아니야. 아까 나는 샤머니즘 불교 기독교 휴머니즘 민속수의 허무수의 하는 따위가 그 밑바닥에 있어서는 서로 '얽혀 있는 것'을 밝히기 위해서는 일단은 전체적인 검토에서 출발해야 되지 않을까.[2]

김동리는 1968년 8월 당시 자신이 쓴 소설이 117편이라고 했다.[3] 그리고 1972년 10월에는 30,000장가량 된다고 하였는데, 이후에도 계속 창작을 하였으니 그의 소설이 상당한 분량임에 틀림없다. 그는 1972년 자신의 작품을 두고 샤머니즘이니 불교니 하는 것은 편협하

---

1 김동리, 「나의 비망첩」, 『세대』, 1968.8, 354면.
2 김동리, 「샤마니즘과 불교와」, 『문학사상』, 1972.10, 263~264면.
3 김동리, 「나의 비망첩」, 앞의 책, 354면.

다고 했다. 그는 자신의 작품을 샤머니즘 계열: 「무녀도」·「달」·「당고개 무당」·「허덜풀네」, 불교 계열: 「불화」·「등신불」·『극락조』·「눈 오는 오후」·「까치 소리」, 기독교 계열: 「마리아의 회태」·「목공 요셉」, 「부활」·『사반의 십자가』 등으로 분류했다. 샤머니즘, 불교 외에도 기독교 계열이 있다는 점을 강조한 것이다.

그리고 10여 년이 지나 다시 자신의 작품을 경향별로 제시했다.

1) 샤머니즘을 주로 다룬 작품 ─ 「무녀도」, 「당고개 무당」, 「허덜풀네」, 「개 이야기」, 『을화』 등
2) 기독교 관계를 주로 다룬 작품 ─ 「부활」, 「마리아의 회태」, 「목공 요셉」, 『사반의 십자가』 등
3) 불교 관계를 주로 다룬 작품 ─ 「불화」, 「등신불」, 「눈 오는 오후」, 「까치 소리」, 「저승새」, 『극락조』 등
4) 유교관계 ─ 「용」, 『춘추』 등
5) 민족, 민속관계의 작품 ─ 「화랑의 후예」, 「흥남 철수」, 「밀다원 시대」, 「황토기」, 「역마」, 「실존무」, 『자유의 역사』, 『해방』 등
6) 광의의 인간문제의 작품 ─ 「잉여설」, 「혼구」, 「동구 앞길」, 「바위」, 「아들 삼형제」, 「소녀행」, 『이곳에 던져지다』, 『해풍』 등[4]

김동리는 3계열(4~6)을 추가하여 자신의 작품 세계를 정리했다. 작가로서 무척 친절하게 자신의 문학 세계를 계열화한 것이다. 이것은

---

4 김동리, 『밥과 사랑과 그리고 영원』, 사사연, 1985, 115~116면.

작품을 쓸수록 그의 세계가 더욱 다양해졌다는 것을 의미한다. 그러면서 김동리는 "작품(소설)을 그렇게 전체적으로 검토해"야 "내 작품 세계에서 위에 말한 바와 같은 그러한 잡다한 요소랄까 특징 같은 것을 들추어낼 수도 있"다고 했다. 그의 말처럼 작가의 세계를 이야기하려면 작품을 전체적으로 검토할 필요가 있다.

2. 설화 세계－기복, 점술, 풍수의 추구

김동리의 문학 세계를 이야기할 때 가장 많이 언급되는 것이 샤머니즘이다. 그 중심에 「무녀도」와 같은 작품이 있다. 그러나 실질적으로 샤머니즘을 다룬 작품은 그렇게 많지 않다. 오히려 초창기 작품에는 설화적 세계를 그린 작품들이 대다수이다. 「무녀도」(1936.5)를 비롯하여 「바위」, 「산제」, 「황토기」, 「두꺼비」에서 「역마」, 「한내 마을의 전설」, 「까치 소리」에 이르기까지 그러한 세계는 그의 문학을 관통하고 있다.

> 모화는 낭이를 수국 꽃님의 화신(化身)이라 했다. 그가 꿈에 용신(龍神)님을 만나 복숭아 하나를 받아 먹고 꿈꾼 지 이레만에 낭이를 낳은 것이라 했다.
> 그에게 들으면 수국 용신님은 따님이 열두 형젠데, 첫째는 달님이요, 둘째는 물님이요, 셋째는 구름님이요…… 이렇게 열두째는 꽃님이었는데, 산신님의 열두 아드님과 혼인을 시키게 되어 달님은

> 햇님에게, 물님은 나무님에게, 구름님은 바람님에게 이렇게 차례대로 하려니까, 끝의 꽃님은 본시 연애를 좋아하시는 성미라, 자기 차례를 기다리다 못해 열한째 형, 열매님의 낭군님이 되실 새님을 가로채어 버렸더니, 용신님이 크게 노하사 벌을 내려 꽃님의 귀를 먹게 하시고, 수국을 추방하시니, 꽃님에서 그만 복사꽃이 되어, 봄마다 강가로 산발치로 붉게 피지만, 새님이 가지에 와 아무리 재잘거려도 지금까지 귀가 먹은냥 말없는 벙어리가 되어 있는 것이라 한다.[5]

모화의 딸 낭이는 설화적 인물이다. 위 내용은 낭이의 탄생 설화이다. 「무녀도」에서 낭이는 '꽃님의 화신'이자, 용신님의 따님으로 성격화되었다. 그녀가 벙어리가 된 것도 설화에 연유한다는 점에서 설화(또는 신화)가 인간 세계에 널리 영향을 끼치고 있음을 말해준다. 「무녀도」를 확대 개작한 『을화』에서는 바리데기 설화가 직접 수용된다. 김동리의 소설 가운데에는 기복, 점술, 풍수 등이 현실 세계에 영향을 끼치는 경우가 많다.

> 그의 토막에서 기차다리를 건너면 동구가 되고 동구를 조금 들어가면 길가에 「마을바위」란 푸른 돌이 누워있다. 범이 누운 듯 길다 하여 「범바위」, 복을 주는 것이라 하여 「복바위」라고도 부른다.
>
> 마을 사람들은 누구나 다 이 바위를 사랑하고 중히 여기고 어루만

5 김동리, 「무녀도」, 『중앙』, 1936.6, 123면. 밑줄은 강조를 위해 인용자가 함.

진다. 아이들이 와서 말을 타고(말놀음) 늙은이들은 허리를 펴고 보는 사람마다 탐스러워한다.

이른 봄철부터 이 바위에 복 빌러 오는 여인네가 끊이질 않는다. 주먹만한 손돌로 왼종일 「복바위」를 갈다 손돌이 바위에 붙으면 소원이 성취되는 것이라 한다.[6]

설화에서 바위는 기복신앙의 대상이다. 바위는 그것을 조형하여 만든 탑이나 부처 이전에 이미 하나의 신령한 대상이다. 거대한 구렁이나 오래된 거북, 심지어 노거수처럼 생명이 깃들어 있는 것도 마찬가지이다. 손돌로 복바위를 갈다가 '손돌이 바위에 붙으면 소원이 성취'된다는 믿음은 설화에서 유래된 것이다. 「바위」도 일종의 기복 신앙을 보여준다. 마을 여인들이 복을 빌러 오는 것이나 문둥병에 걸린 술이 어미니기 치유를 비는 것도 비위기 지닌 신통력을 믿기 때문이다. 신앙은 신령함, 영검성을 바탕으로 하며, 세속적인 가치나 합리성을 넘어 존재한다.

그 산이 낳은 전설, 가령, ㉠옛날 등천(騰天)하려든 황룡(黃龍) 한 쌍이 때마침 금오산에서 굴러 떠러지는 바위에 맞어 허리가 끊어지고 이 황룡 두 마리의 피가 흘러 황토ㅅ골이 생긴 것이라는 상룡설(傷龍說)이나, 또 역시, ㉡등천하려든 황룡 한 쌍이 바로 그 전야(前夜)에 있어 잠자리를 삼가지 않은지라 천왕(天王)이 노하야 벌을

6 김동리, 「바위」, 『신동아』, 1936.5, 333면.

> 내리사, 그들의 여의주(如意珠)를 하늘에 묻으시니, 여의주를 잃은 한 쌍의 황룡이 크게 슬퍼하야 서로서로 저이들의 머리를 물어뜯고 피를 흘리니 이피에서 황토ㅅ골이 생긴 것이라는 쌍룡설(雙龍說)이나, 혹은 상룡설, 쌍룡설들과는 좀 달리, ㉢옛날 당(唐)나라에서 나온 어느 장수가 여기 이르러 가로되 앞으로 이 산맥에서 동국(東國)의 장사가 난다면 능히 대국을 범할 것이라 하야 이에 혈(血)을 지르니, 이 산골에 석달 열흘 동안 붉은 피가 흘러내리고, 이로 말미아마 이 일대가 황토지대로 변한 것이라는 절맥설(絶脈說)이나, 이런 것들이 다 본대 그의 운명에 아주 교섭이 없으리란 법만도 없는 터이었다.[7]

김동리에 따르면 「황토기」는 두 장사의 까닭 모를 싸움과 허무한 죽음을 바탕으로 하였다. 작가는 그 싸움을 근원적이고 운명적인 것으로, 그들의 운명을 그들이 태어나기 이전 땅의 형성과 관련짓고 있다. 그렇기 때문에 이 작품은 황토골의 형성에 관한 기록이 된다.

> — 옛날 어느 산골짜기에 늙은 두 장사가 살고 있었다. 그들은 둘이 다 보통 사람과는 비교할 수도 없는 힘을 가지고 있었다. 그런데 그들은 하는 일 없이 서로 싸우기를 잘했다. 왜 싸우는지는 아무도 몰랐다고 한다. 그렇게 그들은 까닭 모를 싸움질을 하다가

---

7 김동리, 「황토기」, 『문장』, 1939.5, 157면.

그대로 늙어 죽었다.[8]

김동리는 「황토기」의 첫머리에서 "금오산(金鰲山)과 수리재(鷲述嶺)에서 뻐쳐 내리는 두 산맥이다"(156면)라고 썼다. 두 산맥은 이후 억쇠와 득보로 치환되는데, 그 사이에 자연과 인간을 매개하는 전설이 자리하고 있다. 그것은 상룡설과 쌍룡설, 그리고 절맥설로 드러난다. 산을 의미하는 두 마리 용이 싸운 결과 황토골이 형성되었다는 것인데, 어느 것이나 인간 이전, 즉 태초 우주의 탄생을 알려주는 신화와 다를 바 없다. 땅과 그 속에서 살아가는 인간이 서로 관련을 맺고 있다는 것이다. 이는 인간과 자연이 상호 조응하는 유기론적 세계를 보여주는 것으로, 그는 이것을 '리듬의 철학'이라고 말하지 않았던가.

> 벌건 능구렁이를 코 끝에 들이대며, 「이제 이놈 죽어서 마디마디 두꺼비 새끼가 나오는뎁쇼」 하던 강서방의 목소리를 지금도 오히려 귀로 들으며 그는 그 길고 캄캄한 골목에서 정희의 검정치마만 보고 질질 미끄러지는 것이었다.[9]

「두꺼비」는 두꺼비 설화를 바탕으로 한다. 김동리는 이 작품에서 "두꺼비를 잡아먹은 능구렁이는 죽고, 죽은 능구렁이의 뼈에선 마디

---

8 김동리 외, 『소설작법』, 문명사, 1984, 25면.
9 김동리, 「두꺼비」, 『조광』, 1939.8, 356면.

마디 두꺼비의 새끼가 난다'는 두꺼비 설화의 정신을 창작에 시험해 보았다고 했다.[10] 그는 두꺼비 설화를 소년시절부터 고향 늙은이들에게서 들을 수 있었다고 했다. 이 설화는 황순원의 「두꺼비」(1946)에도 나타나지 않던가. 그만큼 널리 알려진 설화이다. 「두꺼비」는 설화로부터 자유로울 수 없기에 능구렁이로 대변되는 인물과 두꺼비로 대변되는 인물이 설정되게 마련이다. 이 작품이 발표된 이후 그는 작품에 대한 개작 의사를 밝혔는데, 그것은 설화의 의미를 제대로 살리지 못했기 때문이다. 창작 당시 일제 검열로 인해 '두꺼비'의 형상화에 미흡했다는 것이다. 그 결과 「두꺼비」 개작이 나온다.

> 햇빛에 번쩍번쩍하며 숲머리를 돌아나가는 강물, 그것은 동네 앞 들의 관개(灌漑)에 마을 색씨들의 빨래에, 마을 청년들의 천렵(川獵)에, 마을의 동맥과도 같은 귀중한 물이었으나, 한편, 또, 동네앞 당나무 축대 위에서, 그 강물의 번쩍이며 흐르는 것이 보이기 때문에, 마을엔 항상 음문(淫聞)이 끊이지 않는다는, 강물에게 있어서는 민망하기 짝이 없는 마을의 전설이기도 했다.[11]

한내마을에 얽힌 전설은 강물과 그곳을 살아가는 사람의 운명적 동질성을 의미한다. 그것은 「황토기」의 산맥과 사람, 「역마」의 물·길과 인간의 운명적 동일성과 다르지 않다. 그래서 '강물의 번쩍이

10 김동리, 「두꺼비 설화의 정신」, 『조광』, 1939.11, 187~190면.
11 김동리, 「한내마을의 전설」, 『농민소설선집』, 대한금융조합연합회, 1952, 11면.

며 흐르는 것이 보이기 때문에, 음문이 끊이지 않는다'는 설화는 과거 세계의 이야기가 아니라 현재에도 여전히 살아있는 이야기가 된다. 설화가 현실 세계를 압도하는 것이다. 그러한 세계는 「까치 소리」에도 나타난다.

> ……아침 까치가 울면 손님이 오고, 저녁 까치가 울면 초상이 나고…… 한다는 것도, 언제부터 전해 오는 말인지, 누구 하나 알 턱이 없었다. 그래서 그런지 아침 까치가 유난히 까작거린 날엔 손님이 잦고, 저녁 까치가 꺼적거리면 초상이 잘 나는 것이라고 그들은 은근히 믿고 있는 편이기도 했다.[12]

'저녁 까치가 울면 초상이 난다'는 설화, 이것은 자연과 인간의 리듬이 하나가 되는 것을 의미한다. 김동리는 자신이 살던 동네 앞에 당나무라 불리는 늙은 홰나무가 있었으며, 「까치 소리」는 그 홰나무에 살던 까치가 배경이 되었다고 언급했다. 그 까치 소리는 자신에게 '어떤 민족적인 설화', '인간의 운명 같은 것'을 속삭여주었다고 한다. 그는 "아침 저녁 까작까작 울어쌌는 바람에 까치에 대한 온갖 전설"을 상기했고,[13] 그로 말미암아 「까치 소리」를 형상화했다는 것이다. 설화는 까치를 주인공으로 하지만, 소설은 인간의 운명을 형상화한 것이다. 까치와 인간의 운명은 서로 관련이 없어 보이지만,

12 김동리, 「까치 소리」, 『현대문학』, 1966.10 ; 『까치 소리』, 일지사, 1973, 236면.
13 김동리, 『취미와 인생』, 문예창작사, 1978, 125면.

궁극적으로는 서로 유기적으로 연관되어 있다는 것이다. 그것을 '운명'으로 귀결시켰다. 그러한 운명은 믿음의 세계로, 합리적 세계나 과학적 이성을 넘어서 존재한다.

설화적 세계는 주로 일제강점기에 창작된 김동리의 초기 소설에 많이 등장한다. 이 시기의 작품은 민속적·설화적 세계를 소설화하였으며, 그래서 무시간성, 영원성의 세계를 보여주고 있다. 사실 김동리 문학 세계의 본령이 여기에 있다고 해도 과언이 아니다. 그러한 세계는 무녀의 삶을 그린 「무녀도」(1936)를 비롯하여 「허덜풀네」(1936), 「달」(1947), 「당고개 무당」(1958), 「만자동경」·『을화』(1979), 민속적 삶의 모습을 담은 「산화」(1936)를 비롯하여 「바위」·「산제」(1936), 「황토기」(1939), 「역마」(1948), 운명적 인간을 그린 「한내마을의 전설」(1950), 「까치 소리」(1966) 등에 이르기까지 무수하다. 이 작품들이 설사 당대 배경을 제시하고 있다 하더라도 현실적 시간과는 무관한 영원성의 세계를 지향한다.

3. 현실 세계－좌우 분열과 현실적 선택

김동리는 1945년 8월 해방이 되자 그해 12월에 상경하는데, 이듬해 가족도 함께 서울에 이사함으로써 본격적인 서울 생활을 시작했다. 해방은 그에게 다양한 방면에서 영향을 미친다. 무엇보다 현실의 시간이 소설의 시간으로 들어온다. 그것은 곧 당대 현실이 소설에 편입되는 것을 의미한다. 해방 직후 서울은 좌와 우, 권력과 이념, 자유와 투쟁, 반목과 분열 등 온갖 것들이 소용돌이쳐 끓어오르는 도가니였다. 그는 「윤회설」(1946), 「지연기」(1946) 등에서 당시의 현실을 묘사했다. 그리고 당대 현실에 대한 장편화를 시도했다.

> 1945년 8월 15일 영시.
> 머리 위에 불을 끼얹는 듯한 해는 바로 하늘 한가운데 와 있었다. "중대 방송"을 들으러 동료들과 함께 교장 사택까지 온 정구(禎求)는 그늘을 찾아, 뜰 앞에 서 있는 플라타너스 나무 아래로 갔다. 다른 직원들도 모두 나무 그늘을 찾아 혹은 플라타너스 혹은 오동나무 밑으로 가 혹은 서고 혹은 앉고들 하였다. 교장 부인이 창문을 열고 "라디오"롱을 창문께로 내어놓았다.[14]

김동리는 「급류」에서 해방으로 인한 사회적 격변을 그리고 있다. 작품의 첫머리에 라디오 방송에서 흘러나오는 일본 천황의 항복 선언을 제시하였는데, 이는 김동리 소설에서 현실이 전면화되었음을 여실히 보여주는 장면이다. 해방이 역사적 사건이자 현실로 김동리의 문학 속에 비집고 들어온 것이다. 「급류」에서 해방이 전면화되었는데, 일제의 항복으로 인한 해방이 곧 서사의 시작이다. 그는 이 작품에서 "우리의 현실이 무엇인지를 좀 깊이 생각해보게. 결국은 좌우익의 대립이요, 미소의 알륵일 뿐일세. 이것은 오늘날 조선의 현실이요, 동시에 세계의 현실"이라 하며 현실에 대한 강한 인식을 보

14 김동리, 「급류」, 『조선교육』, 1949.4, 63면.

여준다. 그는 "우리는 세계의 일부분이요, 세계는 우리보다 너무나 크다는 것을 잊어서는 안 되네. 우리는 세계의 현실에 입각하여 우리의 현실을 정리해야 할 게 아닌가?"(「급류」 4회, 80면)라고 하며 현실 추수론에 기울고 만다. 인간이 세계를 변화시키는 것은 어렵기 때문에 거대한 현실 속에서 자신의 입장을 선택해야 한다는 것이다.

이러한 상황은 「해방」에서도 마찬가지이다. 그는 해방 4돌을 맞아 "三八선은 의연히 가로놓여 있으며 파괴와 혼란은 그칠 줄을 모르고 우리의 해방은 아직도 완수되"지 않았다는 인식 아래 「해방」을 기획한다. 「급류」에 이은 두 번째 장편 시도인 것이다.

> 서울 중구 「동아여자대학관」(東亞女子大學舘) 교무실에 걸려있는 전화기에는 한밤중에 신호가 걸려왔다.
>
> 따르르르……
>
> 따르르르……
>
> 따르르르……
>
> 아무리 신호가 울려야 텅뷘 교사속이요 그것도 한밤중에 받을 사람이 있을 리 없다.[15]

당시 신문사에서는 「해방」의 연재를 알리면서 "8.15를 계기로 이 겨레가 겪으면서 있는 새로운 역사의 창조의 과정을 예리한 붓끝으로 분석 종합하여 진실로 참된 인간형을 그려내고자 하는 거탄적 야

15 김동리, 「해방」, 『동아일보』, 1949.9.1.

심작"이라고 소개했다.[16] 작품의 서두에는 한밤중에 요란스럽게 울리는 전화기 소리가 제시된다. 「급류」의 라디오 소리처럼 전경화한 것이다. 김동리는 긴박한 상황이나 사건을 청각적 이미지를 통해 제시하였다. 그것은 곧 해방 이후 벌어진 좌우의 갈등을 첨예하게 보여주는 것이다.

「三八선이란 말일세……「두 개의 세계」! 자네 이 「두 개의 세계」란 무슨 뜻인지 아는가?」
「미국을 대표로 하는 자본주의 세계와 쏘련을 대표로 하는 공산주의 세계란 말인가?」
「그렇게 말해도 되지. 자네가 말하는 좌익이니 우익이니 하는 것은 결국 이 두 개의 세계를 의미하는 거야. 그것이 단순히 우리 민족에 국한된 좌우익이 아니요 三八신민이 아닐세. 이깃은 지극히 평범하고 상식적인 말 같지만 동시에 지극히 근본적이요 원측적인 판단이란 것을 알아야 하네. 왜 그러냐 하면 이것이 현실이기 때문이야. 현실은 이와 같이 「두 개의 세계」의 싸움이란 것을 알아야 되. 우리가 정치를 한다는 것은 이 「두 개의 세계」의 싸움에 뛰어드는 것뿐이야. 그 어느 「한 개의 세계」에 가담하여 다른 「한 개의 세계」와 싸우는 것이야.」(『동아일보』, 1950.2.9.)

해방 4주년을 맞이하면서 김동리는 나름대로 해방의 의미를 되

16 「대망의 걸작 9월 1일부터—장편소설 해방」, 『동아일보』, 1949.8.25.

새긴다. 그는 "우리의 독립은 완수될 것이며 우리의 자유는 승리할 것"이라는 "자유와 독립에 대한 신념으로 우리의 해방을 충실히 그려보려" 하였다.[17] 그는 해방과 정부 수립, 남북 분단이라는 역사적 소용돌이에 맞닥뜨리면서 그러한 현실을 직접적, 전면적으로 재현한 것이다. 38선의 문제, 좌와 우의 이데올로기적 대립과 분단 상황을 여지없이 그린 것이다. 그러한 서곡에 「윤회설」, 「지연기」 등이 있다면, 그 본편에 「급류」, 「해방」이 자리해 있다. 그런데 「해방」은 좌우익의 대결과 갈등, 우익 내부의 갈등, 인물간의 애정 갈등을 그대로 남겨둔 채 끝났다. 작품은 끝났지만, 서사는 마무리가 되지 않았다. 갈등이 시작되는 지점에서 소설이 끝났다는 것은 달리 말해 서사적 미숙성을 드러낸다고 할 수 있다. 김동리가 "「해방」도 부분적으로는 대폭 개작할 생각"이라고 했던 것도 그러한 불만에 기인한 것으로 보인다.[18] 김동리는 「해방」에서 장편소설을 실험하였으며, 아울러 현실에 대한 직접적 관심을 드러냈다.

6.25를 다룬 소설에서도 '지금', '여기'를 바탕으로 현실을 즉각적으로 반영한다.

> 단기 4283년 6월 28일 오전 다섯 시 경이었다. 날이 훤하게 틔어 왔다.
>
> 우루룩 우루룩 꽝꽝꽝 쿵쿡 꾸르르. 꽝꽝꽝 뽀가르르…… 뽀가르

---

17 「피와 눈물에 어린 민족 고난 4년사」, 『동아일보』, 1949.7.2.

18 김동리, 「〈전체〉와 〈부분〉이 전도된 개작」, 『독서생활』, 1976.1, 293면.

르……

우룩 우룩. 쿵쿡 꾸르르. 꽝꽝꽝 뽀가르르 뽀가르르……

박격포, 야포, 소총, 기관총, 따발총, 원거리포 등등 온갖 포탄 총탄이 발사되는 소리, 터지는 소리, 울리는 소리, 흔들리는 소리, 부서지는 소리, 쓰러지는 소리, 깨어지는 소리…… 탱크가 구르는 소리, 트럭이 달리는 소리……소리, 소리들은 날이 밝아 올수록 고막을 찢고 들이었다 …(중략)…

업고, 지고, 이고 신고 끌고 끌리며 한강으로 한강으로 꾸역꾸역 나가는 피난민의 떼는 목적과 의지를 가진 인간의 행렬이라기보다, 휩쓰는 홍수에나 떠내려가는 보퉁이들처럼 울며 부르며 쓰러지며 소리 지르며 밀며 밀리며 자꾸만 흘러가도 끝이 없는 것이었다.[19]

이것은 「남로행」의 시작 부분이다. 서울에서 6.25를 직접 체험한 김동리는 이 작품에서 1950년 6월 28일 서울이 전화에 휩싸이는 과정을 생생하게 그려냈다. 이 작품 역시 탱크의 진동, 각종 포탄과 총탄 소리를 전면화하여 전쟁의 급박함을 그렸으며, 아울러 이고 지고 피난 가는 사람들의 모습을 사실적으로 묘사했다. 이 작품은 전쟁이 아직 끝나지 않은 시점에서 전쟁의 현장을 직접적으로 묘사한 것인데, 그에게 6.25는 현실 세계에 대한 경험 서사였다. 한편 전쟁을 전면화하여 실시간의 진행 서사로 그린 작품도 있다.

---

19 『중등국어』Ⅰ-Ⅱ, 대한문교서적주식회사, 1952, 43면.

> 그러나 그 대한민국 군대는 김일성의 부하들만으로도 충분히 싸우지 않는가? 중국군의 상대는 미국군이고 영국군이고 또 그 계열의 군대들이다. 지금 중국군이 격파하고 있는 비둘기와 미그와 장갑차와 대포와 기관총들은 전부 미국의 것이요 영국의 것들이다. 이것은 지금 만약 중국군이 격파하지 않으면 전부 구라파에서 소련군의 부담이 될 것이다. 중국 보병은 다만 그것을 미리 하고 있는 것뿐이다. 지금 싸우지 않으면 중국군이 공헌할 수 있는 길은 지극히 곤란하고 막연한 것이다. 중국군이 三차전을 싸울 수 있는 실질적이고 기술적인 방법은 한국전쟁을 견지하는 길뿐이다.[20]

6.25에 대한 김동리의 인식은 「스탈린의 노쇠」(1951.6.7~18)에서 더욱 표면화된다. 김동리는 이 작품의 부제에서 언급했듯 "스탈린의 뇌리에 비친 3차전의 구상"을 다루려고 하였다. 당대 진행 중인 전쟁을 바탕으로 미래를 그리려 했다는 점에서 이 작품은 가상소설이나 예언으로 전락할 위험성을 내포하고 있었다. 김동리는 1949년에 이르러서도 "해방을 완전히 그려낼 만한 적당한 거리에 와있지는 않다"고 했는데, 한국 동란의 와중에서 전쟁을 그린 것이다. 이는 달리는 호랑이 등에 탄 셈이니 어떻게 그 향방을 제대로 가늠할 수 있겠는가?

결국 "『스딸린의 노쇠』는 작자의 부득이한 사정으로 연재를 중지하게 되"었다.[21] 무엇보다 소설이 예측 불허의 현실을 제대로 감당

---

20 김동리, 「스탈린의 노쇠」, 『영남일보』, 1951.6.16.
21 「사고(社告)」, 『영남일보』, 1951.6.22.

하기는 어려웠을 것이다. 이어 나온 「풍우기」(1953)도 비록 미완에 그쳤지만, 좌우익이 대결하는 해방 후의 현실을 그려냈고, 「남포의 계절」(1957~1958)은 피난촌 부산에서의 난민들의 삶을 보여주고 있다. 현실 세계를 다룬 작품은 제2국민병의 참상을 그린 「귀환장정」, 9.28 수복 직후 서울의 참상을 그린 「살벌한 황혼」, 그리고 1951년 중공군의 개입으로 인한 피란 체험을 그린 「흥남철수」, 「밀다원 시대」 등으로 이어진다.

> 유엔군 서북 전선이 철수를 개시한 십일월 이십칠팔일 그 무렵, 아직도 북으로 진격을 계속하고 있던 동북 전선 일대는, 바야흐로 휘몰아치는 눈보라 속에 뿌옇게 싸여 있었다. 이십 오 일에 이미 나남(羅南) 청진(淸津)을 탈환한, 국군 장병은 다시, 회령(會寧) 나진(羅津)을 향하여 이십구 일에도 북진을 계속하고 있었던 것이다.[22]

「흥남철수」는 1951년 중공군의 개입으로 흥남을 철수하게 된 역사적 사건을 다룬 소설이다. 김동리에 따르면 흥남 철수 때 탈출한 사람들의 이야기를 바탕으로 작품을 썼다. 즉 간접 체험의 소설인 것이다. 흥남에서 있었던 역사적 사건을 그린 것인데, 무엇보다 긴박한 후퇴와 철수 상황에서 일어난 비극과 인간애를 현장감 있게 그리고 있다.

---

22 김동리, 『등신불』, 정음사, 1967, 6면.

> 끝의 끝, 막다른 끝, 거기서는 한 걸음도 더 나갈 수 없는, 한 걸음만 더 내어디디면 '허무의 공간'으로 떨어지고 마는, 그러한 최후의 점(點) 같은 것에 중구의 의식은 완전히 사로잡혀 있는 듯했다. 그것은 승객의 거의 전부가 종착역(終着驛)인 부산을 목적하고 간다는 사실 때문만은 아니었다. 부산이 이 선로의 종점인 동시, 바다와 맞닿은 육지의 끝이라는 지리적인 이유 때문만도 아니었다. 또, 그 열차가 자유의 수도 서울을 출발지로 하고 항도 부산을 종착역으로 하는 마지막 열차라는 이유 때문만도 아니었다.[23]

한편 「밀다원 시대」는 1.4후퇴 때 남하한 김동리의 자전적 소설이다. 김동리는 6.25가 발발해서 서울이 점령당했을 때는 미처 피난을 가지 못하고 은신하였지만, 1.4후퇴 때는 부산으로 피난을 갔다. 그에게 부산은 '끝의 끝, 막다른 끝, 거기서는 한 걸음도 더 나갈 수 없는, 한 걸음만 더 내어 디디면 떨어지게 될 '허무의 공간'이다. 그는 이 작품에서 6.25라는 동족상잔의 비극으로 터전을 잃고 떠날 수밖에 없는 현실의 암담함을 그리고 있다. 그는 더 가고 싶어도 갈 수 없는 국토의 끝인 부산을 땅끝으로 인식하게 된다. 그러한 현실은 『자유의 역사』에서 더욱 분명해진다. 원래 이 소설은 연재 당시에 「자유의 기수」(1959~1960)였다. 하지만 작품집으로 발간되면서 『자유의 역사』로 이름이 바뀌었다. 김동리는 해방과 6.25를 겪으면서 우리 사회 젊은이들의 삶과 사랑, 그리고 이데올로기의 문제들을 역사

23 김동리, 「밀다원 시대」, 『현대문학』, 1955.4 ; 『실존무』, 인간사, 1955, 244면.

의 소용돌이 속에 그려냈다.

현실 세계를 그린 작품들은 초창기 김동리 소설의 원점에서 상당히 벗어난 모습을 보이고 있다. 해방과 6.25라는 역사적 사건으로 인해 그는 민족 현실에 대해 관심을 집중했고, 그래서 현실의 반영 및 재현을 위해 사실주의를 택했다. 민속적, 설화적 삶이라는 구경적 삶의 형식이 역사라는 거대한 자장을 만나면서 민족 현실의 반영이라는 사실주의 소설로 전환된 것이다. 언급한 소설들 이외에도 「어떤 상봉」(1951), 「순정설」(1952), 「살벌한 황혼」(1952), 「폭풍 속의 인정」(1953), 「실존무」(1955) 등 전시 또는 전후 현실을 다룬 1950년대 수많은 작품들이 이 세계에 속한다. 김동리는 당시 민감했던 체제와 이념 선택의 문제들을 광범하게 자신의 관점에 포섭함으로써 보수적 세계관을 대표하게 되었다.

4. 역사 세계－과거로의 회귀

김동리가 신라 역사를 소재로 한 작품들을 쓰기 시작한 것은 「검군」(1949)에서부터이다. 물론 「솔거」(1937)에서도 역사에 대한 관심이나 역사적 상상력을 엿볼 수 있다. 그리고 1950년대 중반에 이르러 수많은 작품들을 내어놓는다. 사실 역사적 소재를 대상으로 한 소설은 신라만이 대상이 아니다. 고대 유대나라를 대상으로 「마리아의 회태」, 「목공요셉」, 「부활」을 쓰는가 하면, 장편 『사반의 십자가』도 쓴다.

사기(史記-三國史記)에 보면 진흥대왕 삼십칠 년 봄에 처음으로 〈원화〉를 받들었다고 기록되어 있지만 이 연대는 물론 정확한 것이 아닙니다. 더구나 화랑이 이 〈원화〉 이후에 생긴 것이라면 이 역시 진흥대왕 삼십칠 년보다 앞에는 〈화랑〉이 있을 수 없는 일이 되는데 사기에는 그 앞에도 얼마든지 〈화랑〉에 대한 기록이 나온단 말씀예요.[24]

이것은 「원화」의 일부이다. 이 작품은 신라 진흥대왕 시기 원화 화랑의 형성에 관해 그린 작품이다. 그는 이 소설에서 신라의 역사를 기록한 『삼국사기』, 『삼국유사』 등을 참고했다. 『김동리 역사소설 신라편』에 실린 작품 16편 가운데서 『삼국사기』를 대상으로 한 것은 「회소곡」, 「기파랑」, 「최치원」, 「김양」, 「강수선생」, 「눌기왕자」, 「원화」, 「우륵」, 「장보고」, 「양화」, 「석탈해」 등이고, 『삼국유사』를 대상으로 한 것은 「수로부인」, 「왕거인」, 「미륵랑」, 「호원사기」, 「원왕생가」 등이다. 그는 신라 역사서를 토대로 그 시대 생활상을 그리려고 했다.

상고(上古)적부터 신라에서는 미모(美貌)를 특히 우러러보는 풍습이 있었읍지요. 그것은 신명(神明-검님)께서 미녀를 좋아하시고 따라서 미녀의 치성에는 잘 응감(應感)하신다고 보았기 때문이올시다. 그래서 그랬는지는 모르지만 우리 수로왕께서 제관(祭官)이 되신 뒤

24 김동리, 『김동리 역사소설 신라편』, 지소림, 1977, 183면.

태종대왕(太宗大王)과 문무대왕(文武大王)의 양대신위(兩大神位)께서 웃음소리를 내시었다고 합니다.[25]

이것은 「수로부인」의 일부이다. 김동리가 『김동리 역사소설 신라편』을 쓴 것은 이 작품에서도 드러난다. 그는 검님을 섬기는 신라의 풍습을 그려내고 싶어했다. 응감이라는 것은 곧 자연(천지)과 인간의 교섭을 말한다. 그것은 곧 신명이자 신령인 것이다. 수로부인이 신관으로서 검님을 받들고 신명을 취하는 것은 그녀 역시 샤머니즘적 인간임을 말해준다. 김동리는 이를 신라혼이라고 하였는데, 그의 역사소설은 신라혼을 구현하는 데 목적이 있었던 것이다.

글세, 화랑세기라고 되어 있는데, 그 유래를 적은 걸 보니, 신라 말엽에 고짜(孤字) 운짜(雲字)―고운(孤雲)을 가르킴―신생의 필직으로 된 사본이 있었는데 이것이 고려조를 거쳐 한양조 초엽까지 내려오는 동안 여러 사람의 전사(轉寫)가 거듭되는 바람에 여러 군데 탈락되었던가 봐. 내가 본 것은 그 가운데서도 타다 남은 몇 장인데, 거기 이런 말이 있어. 「고조사지(古照寺址)는 본디 옛날 절이 서기 전에, 아도(阿刀)라는 사람의 강신도장(降神道場)이었다. 서출지(書出池) 서북쪽 금오산 기슭에 있다」고[26]

25 위의 책, 82면.
26 김동리, 「아도」, 『지성』, 1971.12, 221면.

한편 김동리는 1970년대 들어 「아도」를 집필한다. 잡지의 폐간으로 이 작품의 전모는 드러나지 않았지만, 김대문의 『화랑세기』를 내세워 새로운 화랑전을 쓰려고 했던 것이다. 그것은 그의 백형이 『화랑외사』를 쓴 것과 같은 맥락이다. 그는 '궁주의 비행(非行)을 알리는 글월이 나왔다'는 서출지 인근에서 전해온 『화랑세기』 필사본을 내세워 화랑 아도 이야기를 재구하였다. 물론 훼손되었다고 하는 필사본은 가짜이며, 허구(사라진 『화랑세기』)의 허구(「아도」)를 형상화하려고 했던 것이다. 그러나 그의 의도와 포부에도 불구하고 잡지의 폐간으로 소설이 완성되지 않았다.

김동리의 설화적 세계는 현실 공간뿐만 아니라 역사의 틈을 비집고 올라가서 전개되기도 한다. 역사적 세계를 그린 역사소설류가 이에 해당되는데, 여기에는 『사반의 십자가』, 『춘추』를 비롯하여 『김동리 역사소설 신라편』 등이 자리해 있다. 김동리는 고대 유대나라를 배경으로 「마리아의 회태」(1955), 「목공 요셉」(1957), 「부활」(1962), 「사반의 십자가」(1955~1957)를 쓰는가 하면, 고대 중국을 배경으로 「용」(1955), 「춘추」(1956~1957) 등을 쓰기도 했다. 고대 역사를 배경으로 자신의 문학적 스펙트럼을 확대시킨 것이다.

이 계열에는 신라를 배경으로 하는 역사소설들이 압도적으로 많다. 김동리의 『김동리 역사소설 신라편』은 역사로의 회귀이다. 이밖에도 신라를 배경으로 한 작품으로 「아리랑기」(1958), 「삼국기」(1972~1973), 「대왕암」(1973~1974) 등이 있다. 그런데 이들 상당수가 신명과 신령을 추구하는 신라인들의 이야기라는 점에서 설화적 세계의 소설과 밀접한 관련을 보여준다. 『사반의 십자가』 역시 하닷에서 실바아로 이어지는 점성술의 세계를 추구하지 않았던가.

5. 김동리다운 소설 문법들

김동리의 작품 가운데 김동리다운 소설 문법이 잘 드러나는 작품으로 「등신불」, 「까치 소리」, 『을화』를 들 수 있다. 「등신불」은 만적의 소신공양을 그린 속 이야기와 손가락을 자르고 불교 귀의를 서약한 나의 이야기(바깥 액자)가 병치되어 있다. 만적의 이야기는 『삼국사기』나 『삼국유사』 등 문헌에 기반한 역사소설들과 다르다. 「최치원」의 경우 가짜책 『쌍녀분후지』를 근간으로 창작하였음을 밝혔는데, 그것은 『수이전』 등에 전하는 쌍녀분 설화를 바탕으로 한 것이다. 그런데 「등신불」에서 만적은 허구의 인물임에도 불구하고 중국에 실재했던 스님처럼 제시했다. 사실처럼 느낄 수 있도록 문학적 장치를 마련하고 만적에 대한 기록(허구)마저 제시한 것이다. 이것이 김동리 소설의 독보적인 문법이다. 이러한 문법은 사반의 혼령과의 대화를 기술한 「송추의 겨울」에서도 드러난다. 겹허구, 이중 허구의 방식을 사용한 것인데, 이는 허구를 향한 작가의 치열한 실험정신을 보여준다.

「까치 소리」는 단골서점에서 구한 『나의 생명을 물려다오—살인자의 수기』를 바탕으로 쓴 것이다. 여기에서 살인자의 수기 역시 가짜 책일 따름인데, 그렇게 제시함으로써 김동리는 자신을 창작자가 아닌 전달자에 위치시킨다. 김동리는 이 작품에서 까치 소리와 인간행위를 동시성의 원리로 연결함으로써 주자학의 유기체적 세계관을 보여주는가 하면, 불교의 연기사상을 추구하고자 하였다. 그는 인간의 운명을 과거, 또는 사물과 관련시킴으로써 그의 사상적 실험을 고도화하였다. 특히 이 작품은 전쟁의 상흔과 참상이 불러온 인간 부조리를 드러냈다는 점에서 의미가 크다.

『을화』는 「무녀도」를 확대 개작한 작품이다. 「무녀도」를 창작한 후 두세 차례 개작하고도, 그것으로는 충분치 않아 장편으로 개작한 것이다. 그는 이 작품에서 무녀를 통해 인간과 신의 문제에 대해 진지하게 탐구하였다. 특히 우리의 서사무가 「바리데기」를 끌어오고 오구굿 장면을 제시하는 등 우리의 전통적인 신앙인 무속의 기원과 역사, 현재 등을 심층적으로 그려냈다. 우리 민족 고유의 무속을 종교적인 차원에서 이해하고 이를 전면적으로 서사화하였다는 점에서 이 작품은 가치가 있다. 『을화』는 끊임없는 개작을 통해 작가의 언어 연금술과 작가혼을 드러낸 작품이다.

김동리는 천부적인 이야기꾼이다. 이미 설화적 세계, 역사적 현실을 풀어내는 모습에서 볼 수 있다. 그는 우리들을 다양한 이야기의 세계로 이끌어 주었다. 그가 현실 세계, 곧 지금 여기를 그려낸 소설들도 종종 설화적 세계와 연결되어 있다. 그는 인간의 운명과 전설, 역사를 이야기로 엮어서 들려준다. 이러한 것들은 이야기꾼으로서의 그의 탁월한 능력을 보여준다. 그가 그려낸 작품들은 우리 근대문학의 값지고도 중요한 성취라고 일컬을 만하다.

제 4 장

구상에서 추상으로

— 최인훈 문학론

1. 최인훈 문학과 현실 재현

최인훈은 전후 최고의 작가 가운데 하나이다. 그는 1959년 『자유문학』에 「GREY 구락부의 전말기」와 「라울전」을 추천받아 문단에 등단했다. 그리고 1960년 분단문학의 신기원을 이룬 『광장』을 비롯하여 『총독의 소리』(1967), 『서유기』(1971), 『소설가 구보씨의 일일』(1972) 등을 냈으며, 1976년부터 1980년까지 『최인훈전집』(전12권)을 내게 된다. 아울러 1994년 20세기 냉전 이데올로기가 무너지는 현실 속에서 시대에 대한 통찰을 담은 『화두』를 펴냈다. 2005년에는 『길에 관한 명상』을 냈으며, 2008년부터 2010년까지 『길에 관한 명상』, 『화두1』, 『화두2』 등이 전집 13,14,15권으로 편입됨으로써, 전집 15권이 완성되었다.

『광장』에서 『화두』에 이르기까지 최인훈의 문학은 늘 현실과의 긴장 관계 속에서 형성되어 왔다. 그는 스스로 "『광장』→『회색인』

→『서유기』→「소설가 구보씨의 일일」→「태풍」이 결과적인 5부작으로 읽히기를 바란다"[1]고 하였는데, 여기에 『화두』를 더하면 그의 작품세계 전체를 이야기하는 것이 될 것이다. 그의 작품들을 사실주의와 비사실주의 계열로 각각 분류할 수 있다. 그러면 『광장』과 『회색인』(1963~1964), 『소설가 구보씨의 일일』은 사실주의 계열에 속하고, 『서유기』(1966), 『태풍』 등은 비사실주의 계열에 속하며, 마지막 『화두』는 이 두 가지가 결합된 모습을 보여준다.[2]

최인훈이 전후 문제작 『광장』에 이어 발표한 『회색인』과 『서유기』는 그의 소설에서 대단히 중요한 작품이다. 『서유기』의 시작 부분은 『회색인』의 끝부분에 이어져 있기 때문에 두 작품은 2부작 내지 연작의 성격을 띠고 있다. "『서유기』는 『회색인』의 속편"이라는 작가의 말을 굳이 언급하지 않더라도 이들 작품은 하나이면서 둘이기도 하다. 두 작품이지만 한 작품으로 수렴되며, 전자는 사실성, 후자는 관념성, 환상성이라는 요소를 잘 함축하고 있다. 그래서 『회색인』에서 『서유기』에 이르는 도정은 최인훈 문학의 특성을 집약하고 있다고 해도 과언이 아니다. 그런 측면에서 이 두 작품을 통해 작가론에 접근하는 것도 하나의 유용한 방법이다.

최인훈은 자신의 작품들에서 당대 현실을 재현하였지만, 그 방식이 각기 다르다. 그는 리얼리티를 구상과 추상으로 나누기도 했는

---

1 최인훈, 「원시인이 되기 위한 문명한 의식」, 『최인훈전집13—길에 관한 명상』, 문학과지성사, 2010, 29면.

2 한형구 역시 위에 언급한 작품들 말고도 사실주의에 「크리스마스 캐럴」, 「두만강」을 포함시켰고, 비사실주의에 「가면고」, 「구운몽」, 『총독의 소리』, 「하늘의 다리」 등을 포함시켰다. 한형구, 「최인훈론」, 권영민 편, 『한국현대작가연구』, 문학사상사, 1991, 196면.

데,『회색인』은 전자,『서유기』는 후자의 특성을 잘 지니고 있다. 그러므로 이 두 작품을 대상으로 재현의 문제를 고찰해봄으로써 최인훈의 소설 세계를 이해하는 중요한 실마리를 삼고자 한다.『화두』 역시 함께 살펴보면 더욱 좋겠지만, 작품론에서 따로 살펴볼 것이다. 이 글에서는 초장기 두 작품을 최인훈 문학의 두 축으로 삼아 논의할 것이다.

2. 최인훈 소설의 리얼리티 문제

캐서린 흄의 지적처럼, 서구 문학은 전통적으로 '리얼리티의 재현'이라는 관점에서 논의되어 왔다.[3] 근대소설은 리얼리즘 문학의 형성과 전개로 특징지어진다. 최인훈은 근대 이후 사실주의 형성에 주목해왔을 뿐만 아니라 근대소설을 당대주의에 입각한 사실주의 소설로 규정했다. 그런데 그는 리얼리티의 개념을 구상을 넘어 추상으로 확대했다.

> 필요한 정보량이 구애 없이 사용될 수 있는 지적 자유의 양이 우리 사회에 부족하다는 것도 사실이다. 이 같은 사정으로 구상소설은 전후 20년이 지난 오늘, 시대와 문명의 높이에 어울리는 예술적 달성에 이르지 못했다고 생각한다. 다른 길은 없는가? 있다. 리

---

3 K. Hume, 한창엽 역,『환상과 미메시스』, 푸른나무, 2000, 19면.

> 얼리티=구상이란 고정관념을 버리면 된다. 리얼리티라는 말을 가치 개념으로, 구상이라는 말을 방법(혹은 양식) 개념으로 이해하면 된다. 그러면 곧 구상에 반대되는 방법인 추상이 떠오른다. 리얼리티=구상 혹은 추상이다. 구상과 추상은 가치의 높낮음이 아니라, 방법의 '차이'인 것이다.[4]

최인훈은 리얼리티를 '구상'과 '추상'으로 나눠 설명했다. 여기에서 구상은 구상적 재현을, 추상은 추상적 재현을 말한다. 그는 리얼리티를 가치 개념으로, 구상과 추상을 방법의 개념으로 이해할 것을 요청했다. 그리고 리얼리티=구상 혹은 추상이라는 공식을 제시했다. '구상'적 재현은 리얼리즘의 재현 방식으로 미메시스를 통한 등치적 리얼리티를 바탕으로 한다. 근대소설은 '지금', '여기'를 중심으로 대상과의 시공간적 동시성을 통해 리얼리티를 구현해왔다. 그리고 '추상'적 재현은 등치적 리얼리티로부터의 일탈을 의미한다. 흄은 카프카를 포함하여 오늘날 수많은 작가가 등치적 리얼리티를 일탈한 환상을 추구하고 있다고 설명했다.

최인훈의 재현관은 언어의 속성에 기반하고 있다. 그는 언어를 구상언어와 추상언어로 구분하였다. 언어는 대상의 재현이라는 측면에서 문학적 재현과 다르지 않다. 최인훈은 구상소설에는 발자크를, 추상소설에는 카프카를 각각 언급하였다.[5] 그는 '세밀화처럼 분명

---

4 최인훈, 「추상과 구상」, 『최인훈전집12—문학과 이데올로기』, 문학과지성사, 1979, 303면.
5 최인훈, 「외설이란 무엇인가」, 위의 책, 184면.

한' 발자크와 '대상을 완전히 분해하지 않으면서 거기에 뜻을 탈색해버리는' 카프카를 대비시켰다. 이러한 그의 언어관은 바르트의 언어관과 닮아있다. 바르트는 언어를 내용의 측면에서 외시언어와 함축언어, 표현의 측면에서 대상언어와 메타언어로 나눴다.[6] 최인훈은 구상언어와 추상언어 곧 외시언어와 함축언어를 직시하였지만, 메타언어에 대해서는 주목하지 않았다. 언어(외시언어와 함축언어)를 대상으로 하는 메타언어는 패러디 문학을 형성한다. 물론 그가 "패러디를 통해 현대적 감각을 유지할 수 있었고, 고전을 논리적으로 미학의 방법론에 도달하기 위한 나침반"[7]으로 이해한 것을 보면 문학적 기법으로서의 패러디 가치를 충분히 인식하고 있었음을 알 수 있다.

한편 최인훈은 "전통 예술과 전위의 차는 근본적으로는 그 생산자의 자세로 결정되는 것이지 표면적인 수법, 소재에서 구별되는 것은 아니"라고 말했다.[8] '생산자의 자세'란 대상에 대한 생산의 방식, 곧 재현 방식에 그치지 않고 작가가 추구하는 가치와 연결되어 있다. 여기에서 재현은 방법으로서의 의미를 지니며, 리얼리티는 가치로서의 의미가 있다는 최인훈의 지적에 주목할 필요가 있다.

> 진실한 리얼리즘은 현실이란 혼돈에 선택에 의한 끊임없는 질서,
> 진실이라는 이름의 인간의 질서를 세우는 것으로, 관념과 풍속의

---

6 R. Barthes, *Elements of Semiology*, trans. by A. Lavers & C. Smith, Hill and Wang: New York, 1973, pp.89~94.

7 김인호, 『해체와 저항의 서사—최인훈과 그의 문학』, 문학과지성사, 2004, 288면.

8 최인훈, 『최인훈전집2—회색인』, 문학과지성사, 1991, 207면.

어느 하나도 타방에 해소시킴이 없이 서로가 서로를 위한 저항으로서 존재한다는, 그런 형식의 존재방식이다.[9]

나와 세계의 모순을 모순대로 유지하면서도 나와 세계를 초월해 있다는 상태가 〈환상〉이라는 의식형태의 구조인데, 예술은 이 형태를 자각적으로 운용하는 기술이다.[10]

구상과 추상이 방법의 차이였다면, 그러한 차이를 제대로 보여주는 것이 『회색인』과 『서유기』이다. 최인훈은 리얼리즘에서 '관념과 풍속이 저항으로서 존재'한다고 말했다. 여기에서 풍속은 세계, 또는 현실을 일컬으며, 관념은 주체와 다름없다. 현실의 혼돈을 질서화하는 것은 혼돈스러운 현실을 구상화하는 리얼리즘을 말한다. 그러나 그는 주체(관념)가 풍속(현실)에 저항하는 것으로서의 리얼리즘을 제기하였다. 달리 그의 구상적 재현(리얼리즘)은 저항의 가치를 지닌다는 것이다. 저항으로서의 리얼리즘 정신은 『광장』을 통해 여실히 볼 수 있다. 그는 『광장』의 출현이 "빛나는 4월이 가져온" 보람이라고 하였는데,[11] 자유를 향한 저항으로서의 글쓰기 모습을 여실히 파악할 수 있다. 다음으로 그는 '환상'이 나와 세계의 모순을 유지하면서 초월하는 방식이라고 했다. 곧 주체와 현실 사이의 모순에 대

9 최인훈, 「세 사람의 일본 작가」, 『최인훈전집12—문학과 이데올로기』, 76면. 밑줄은 강조를 위해 인용자가 함. 이하 동일.
10 최인훈, 「인간의 Metabolism」, 『작가세계』, 1990.2, 124면.
11 최인훈, 「서문」, 『최인훈전집1—광장 / 구운몽』, 문학과지성사, 1976, 16면.

한 초월적 방식이 환상이라는 것이다. 그것은 현실의 추상화 방식이다. 그가 카프카를 대표적 추상소설가로 들고, 그의 작품을 '초현실주의'라고 규정한 것도 그러한 맥락이다. 현실과의 관계로 보면 하나는 저항으로서, 하나는 초월로서 작용한다는 것이다.

최인훈은 문학이 그 매재 때문에 뛰어나게 현실적이어야 하면서 예술이 되기 위해서는 현실을 부정해야 한다는 이율배반적인 운명을 인식했다. 그래서 그는 「문학과 현실」에서 "문학자의 예술을 통한 참여는 터부로서의 예술이냐 진보로서의 예술이냐로 갈라질 수 있"으며, "참여냐 아니냐의 문제는 그러므로 각자가 인간을 미래로, 열려진 지평으로 인식하느냐, 닫혀진 지평 속에서 환상의 초월만이 가능한 존재로 보느냐는 데에 귀착된다"고 했다.[12] 그는 인간이 인간이기 위해서는 부단히 현실을 부정하며 나날이 새롭게 사는 길밖에 없다고 결론짓고 있다. 그의 문학은 이러한 부정과 새로움을 추구하는 실험적 정신의 산물이다. 특히 『회색인』 연작은 그의 창작방법의 다양한 스펙트럼을 보여준다는 점에서 충분히 논의해 볼 가치가 있다.

3. 『회색인』 — 구상적 재현과 현실 저항

『회색인』은 1958~1959년 무렵 젊은이들의 자화상을 그린 소설이다. 당대의 현실이 소설에 그대로 재현되며, 그래서 최인훈의 다른

12 최인훈, 「문학과 현실」, 『최인훈전집12—문학과 이데올로기』, 32~33면.

어떤 소설보다 사실성을 확보하고 있다.

> 1958년 어느 비가 내리는 가을 저녁에 독고준(獨孤俊)의 하숙집으로 그의 친구인 김학이 진로 소주 한 병과 말린 오징어 두 마리를 사들고 찾아들었다.[13]
>
> 1959년은 이른바 2.4파동의 떠들썩한 소문을 안고 시작하였다.(139면)
>
> 1959년 어느 비가 내리는 여름 저녁에 독고준(獨孤俊)의 집으로 그의 친구인 김학이 진로 소주 한 병과 말린 오징어 두 마리를 사 들고 찾아들었다.(286면)

이 작품은 1950년대 말을 배경으로 하고 있다. 자유당 정권은 1958년 1월 13일 조봉암을 비롯한 진보당 간부들을 구속하였다. 2월 25일에는 진보당 정당 등록을 취소하였다. 조봉암은 7월 2일 제1심 공판에서 징역 5년을 선고받는다. 그러자 반공청년당이 들고 일어나 이른바 재판파동이 일어난다. 제2심(1958.9.4.~10.25)에서 조봉암은 사형선고를 받는다. 그리고 12월 24일에는 여당 단독으로 「국가보안법개정안」을 통과시킨 2.4파동이 일어난다. 이 소설 7장은 그러한 "2.4파동의 떠들썩한 소문"을 내세우고 있다.

---

13 최인훈, 『최인훈전집2—회색인』, 문학과지성사, 1991, 7면. 이하 이 절에서 이 작품의 인용은 인용 구절 뒤 괄호 속에 면수만 기입함.

> 요 먼저 어느 야당 국회의원이 남북통일은 무력이 아니라 평화적 방법으로 이루어져야 한다는 말을 한 적이 있지 않아? 그랬더니 어떻게 됐어? 국시(國是)를 어겼다, 용공(容共)이다, 괴뢰들에게 동조한다고 야단이더군. 앵무새처럼 한 가지 말만 하라. 이것이 정부의 요구야. 인생과 정치를 좀 더 다원적으로 보는 것은 우리 사회에서는 여전히 터부에 속해.(75면)

작품 속에는 당시의 현실이 무겁게 자리하고 있다. 평화통일을 주창했던 '어느 야당 국회의원' 조봉암은 1959년 2월 27일 대법원 판결에서도 사형을 선고받았다. 그 후 조봉암은 재심을 청구하였으나 기각되었으며, 7월 31일 사형이 집행되었다. 이 작품의 시작은 1958년 가을에서 1959년 여름까지, 국가보안법을 개정하고 조봉암을 사형에 이르게 하는 등 말로를 향해 치닫던 제1공화국 말기를 배경으로 하고 있다. 그리고 당대의 정치적 사건을 '2.4파동', '어느 국회의원', '용공' 등의 기표를 통해 재현해내고 있다.

> 만일 우리나라가 식민지를 가졌다면 참 좋았을 것이다.(8면)
> 만일 상해 임시정부가 해방 후 초대 내각이 되었더라면 사태는 훨씬 좋아졌을 것이다. 그들은 선거없이 그대로 정권을 인수한다. 상해의 밤의 권위를 장하여, 홍구공원의 권위를 장하여, 국가는 신화로 시작하는 것이기 때문에 그들은 우선 친일파를 철저히 단죄했을 것이다. 그렇게 해서 반민특위는 이단심문소가 될 수 있었겠고 대차대조표는 엄중히 작성되고 청산되었을 것이다. 고등계

형사와 고문파 법관과 군수 나으리, 그리고 식민지 관청의 아전들을 쨱소리 못하고 들어앉았을 것이다.(288~289면)

김학이 독고준에게 가져온 것은 『갇힌 세대』라는 잡지였다. 처음 나온 『갇힌 세대』에서 '만일 우리나라가 식민지를 가졌다면……'이라는 요망이 나타나고, 마지막에서 "만일 상해 임시정부가 해방 후 초대 내각이 되었더라면……"이라는 가정이 제시된다. 후자는 '이승만이 정권을 잡지 않고, 김구가 대통령이 되었더라면 친일 문제도 해결되었을 것이고, 도덕적 타락의 길을 가지도 않았을 텐데'라는 역사적 추체험에 입각하고 있다. 이 작품에서 김구는 8회나 언급되면서 그 중요성이 부각되었다. 자유당 정권은 친일 세력을 비호하고, 나아가 조봉암과 같은 이를 사형시키는 등 진보세력을 탄압한다. 게다가 임시정부의 수반이었던 김구를 죽인 범인이 대낮에 거리를 활보하는 세상임에랴. 그래서 작가는 "김구를 이승만이가 죽였는지 빨갱이가 죽였는지 몰라도 그 범인이 버젓이 나와 다닌다니 이거 도깨비 세상이지"(82면)라고 하여 김구의 암살이 정권에 의해 사주된 것임을 은연중 드러냈다.

'갇힌 세대'라는 말은 "조국을 사랑한 청년이 원수의 도시를 포격하고 싶은 시대. 애국지사의 묘소를 찾은 청년이 스릴을 느껴야 하는 시대. 불을 끄고 개표(開票)를 하는 시대"(155면)에 충분히 서술되어 있다. 여기에서 최인훈은 제1공화국 현실을 비판하였다. 그는 이승만 독재를 체험했고, 그리고 제2공화국의 자유도 잠시, 다시 박정희 군부의 독재 치하에 살게 되었다. 어쩌면 그는 제1공화국의 혼탁

한 현실에 대한 재현을 통해 당시 작가가 처한 제3공화국의 현실마저 비판하고자 했던 것으로 보인다. 갇힌 세대란 궁극적으로 독재 권력에 낀 세대, 4.19의 자유를 도둑맞은 세대가 아니겠는가. 독재 권력에 대한 비판이나 저항은 현실의 구상적 재현을 통해 이루어진다. 그는 분단과 억압, 부정과 부패 세력에 의해 갇혀버린 세대인 것이다. 자유당은 정권을 연장하려는 야욕 아래 조봉암을 무참히 처형하였다. 이 슬픈 현실은 독고준이라는 인물의 현실과 대비된다. 『회색인』이 보여주고자 하는 것은 바로 작가 자신을 형상화한 독고준의 모습일 것이다. 이 작품에서 제1공화국 말기 불가항력적인 권력에 억눌린 자아의 모습이 그대로 노출된다. 그것은 최인훈이 청소년기 북한에서 겪었던 삶과 다를 바 없다.

> "역사란 과거를 돌이켜보고 미래의 지침으로 삼는 과학입니다."
> 이것은 준의 대답이었다. 선생님은 대답마다 싱글싱글하면서 고개를 옆으로만 흔들고 있다가 모두 지쳐버리자 비로소 입을 열었다.
> "동무들은 모두 아주 귀여운 부르조아 역사가들이군요."
> 이 불길한 부르주아란 선언 때문에 학생들은 기가 질려버렸다.
> "역사란 옛날 일도 아니고, 또 옛날을 돌이켜서 앞을 보자는 것도 아닙니다. 그런 것은 다 부르조아 역사가들이 인민을 속이기 위해서 만들어낸 거짓말입니다. 역사란 계급 투쟁의 과정입니다. 피지배계급과 지배계급 간의 피 흘린, 그리고 흘리고 있는 싸움의 과정, 이것이 역삽니다. 어떤 시대에 어떤 지배자들이 어떤 피압박계급을 어떻게 착취했는가, 그들을 착취하기 위해서 어떤 전쟁을

> 했으며 어떤 문화를 만들어서 인민들의 눈을 속였는가를 연구하는 과학이 역삽니다. 이것은 일찍이 마르크스와 엥겔스가 세워놓은 역사의 방법입니다. 지금 이 시간부터 여러분은 압제자들에 대한 인민들의 반항의 역사를 배우는 것입니다." …(중략)…
> "……독고준 동무는, 평소에 비열성적이며 낙후한 사업 태도를 가지고 일해 왔는데, 오늘 역사 시간에는 부르조아적인 말을 하여 역사의 참다운 정의를 알지 못하면서 과오를 범했습니다. 자아 비판을 요구합니다."(24~25면)

> 준은 금방 까무러칠 듯한 정신 속에서 점점 심해가는 폭음과 그럴수록 그의 몸을 덮어누르는 따뜻한 살의 압력 속에서 허덕였다. 폭음. 더운 공기. 더운 뺨. 더운 살. 폭음. 갑자기 아주 가까이에서 땅이 울렸다. 어둠 속에서 사람들이 한꺼번에 웅성거렸다. 폭음. 또 한번 굴이 울렸다. 아우성 소리. 폭음. 살 냄새……(50면)

최인훈은 청소년기를 북한에서 보냈다. 그는 또다른 전체주의 사회인 북한에서 '자아비판회' 및 방공호 피신을 경험했다. 이 사건들은 독고준에게 지울 수 없는 상처를 남긴다. 전자는 『서유기』, 『화두』에 이르기까지 최인훈 소설에 광범위하게 나타난다. 어린 그에게 정신적 트라우마로 남았음을 말해준다. 독고준이 자신의 역사관을 솔직하게 피력하자, 지도원은 그에게 가차 없는 응징을 내린다. 그것은 역사의식이 다르다는 이유로 가해지는 폭력이었던 것이다. 자아비판회 사건은 하나의 경험세계의 영역이지만 정신적 상흔으로 작용한다. 북한에서의 삶은 그에게 여전히 극복해야 할 상처로 남았던 것이다. 그것이 『서유기』를 가능하게 했다.

또 하나, 지도원의 소집명령을 이행하기 위해 원산 시내에 들어갔던 독고준은 비행기 폭격을 받는다. 이 체험은 「우상의 집」을 비롯하여 『서유기』에 이르기까지 주요한 사건으로 제시된다. 최인훈은 이에 대해 "실제의 경험도 있고, 몇 개의 단편적인 경험들을 나중에 하나로 묶었다든가 하는 변형도 있"다고 말했다.[14] 소설에서 현실의 사건을 직접 재현했음을 말해준 것이다. 그는 원산에서 비행기의 폭격을 피해 방공호로 피신했던 경험이 있다. 독고준은 자신을 방공호로 피신시켜주고 공포 속에서 안아준 누나를 기억한다. 죽음과 삶, 전쟁과 사랑이라는 이미지로 윤색된 이 방공호 체험이야말로 그에게는 의식의 깊은 곳에 자리잡게 된다. 북한에서 전쟁은 그 누나에 대한 기억이지 폭격 속에서 맡은 살냄새로 남게 된다. 『회색인』이 그러한 체험에 대한 기억과 회상이라면, 『서유기』는 그러한 기억을 찾아가는 정신적 모험이다. 아울러 이 작품에는 남북의 현실이 방송을 통해 적나라하게 표현된다.

> 보급은 1종에서 4종에 이르기까지 말할 수 없이 좋다. 그리고 전쟁은 아니지만 전쟁이라는 아주 사람 죽이는 희한한 상황. 준은 행복할 수밖에 없다. 시간을 맞추어 녀석들은 스피커로 선전을 한다. 친애하는 국군 장병 여러분. 그리고 미 제국주의. 이승만 매국 도당.

14 최인훈, 「변동하는 시대의 예술가의 탐구」, 『최인훈전집13—길에 관한 명상』, 71면.

남반부 인민들이여. 전체 지식인 학생들이여. 북반부에서는…… 늘 그 소리가 그 소리. 꽤나 우둔한 놈들이다. 곰이 한 가지 재주밖에 없다더니, 온 저렇게야. 좀 산뜻한 궁리가 좀 안 날까.(52면)

여러분이 듣고 계시는 것은 대한민국 서울에서 북한 동포 여러분에게 보내드리는 심야 방송입니다. 이번에는 음악을 들으시겠습니다.(299면)

위 내용은 군생활을 했던 최인훈의 삶의 모습이 들어있다. GOP에서 생활했던 모습, 그는 실제로 1957년부터 1963년 4월까지 7년간 군생활을 했다. 그의 군생활은 무척 길었으며, 이를 통해 분단으로 인한 남북의 긴장을 더욱 생생하게 체험했던 것이다. 그 경험 속에 대남방송이 자리한다. 최인훈 문학에서 '소리'는 한편으론 에세이적 형식이다. 권위자적 언술이 자리해 있으며, 일방적 전달 형태를 취한다. 그러므로 『회색인』에서도 이미 관념을 통한 추상화의 방식이 드러나고 있다. 이 소리는 이데올로기적 사변적 성격을 지녔기에 최인훈 문학을 관념적으로 흐르게 만들었다.

두 번째 예문에서는 남쪽에서 보내는 대북방송이 제시되었다. 북쪽에서의 대남방송과 남쪽에서의 대북방송, 그것은 소리를 통해 전개되는 이념 전쟁의 현실이었다. 현실, 즉 풍속을 제대로 드러내지 못한 그는 관념에 치우친다. 그것이 에세이 형식이다. 권위적 언술을 내세워 끊임없이 대중들을 계몽하고 교화하는 목소리, 그것은 실체는 보이지 않고 목소리만 남는 관념성의 세계이다. 최인훈은 실재하는 목소리, 이념 전쟁을 벌이던 대남 대북 방송을 그대로 재현했다. 그것은 실재하던 현실을 구상화하는 방식이었지만, 이미 소리라는 관념을 통해 추상으로 나가고 있음을 볼 수 있다.

> 이것은 암호다. 남한에 있는 스파이에게 보내는 북한의 암호 송신이다. 999 333. 753 555. 311 222. 148 077. 888 444. 699 233. 666 222. 444 444. 갈피를 잡을 수 없이 어지러웠던 그의 머릿속에 뜨거운 바람이 불고 규칙 바르게 해안을 때리는 물소리만이 울려 퍼졌다. 송신소에 비치한 원장(原帳)과 관계없이 저 부호를 해석하는 스파이처럼. 그에게 있어서 저 암호는 무한히 깊고 자유다.(302면)

암호 역시 당시 새로운 소리로서 기능을 한다. 그런데 언어가 구상언어라면, 숫자는 추상언어이다. 그것은 관념도 이념도 백지화된 일종의 백색언어이다. 그러나 그 백색언어는 다시 문자언어로 치환되며, 그것을 통해서 의미를 완성하게 된다. 수신자와 교신자에게는 지극히 비밀스러운 의사의 전달이며, 그밖의 사람들에게는 다만 하나의 숫자에 지나지 않는, 결코 해독할 수 없는 기호인 것이다. 그러한 추상의 극단으로 치닫는 현실을 그는 재현했던 것이다. 『회색인』의 관념성은 현실의 '일방적인 소리'를 통해 구현되는데, 『서유기』에 이르면 그것은 가상적 '방송의 소리'로 나아가게 된다. 추상화의 극단으로 나아간 것이다.

최인훈은 『회색인』에서 끊임없이 현실을 재현하지만, 자꾸만 관념으로 치우치게 된다. 그는 끊임없이 이승만 치하 친일파들이 득세하던 현실을 언급했다. 이승만 정권에 의해 사법적 살해를 당한 조봉암 사건과 이념의 각축전으로 벌어지는 대남 대북 방송을 재현했다. 그리고 북한에서의 자아비판회라는 현실도 드러냈다. 그것은 『광장』 이래 유지해왔던 현실 구상화의 방식이었다. 최인훈은 『광장』을 통해 남북한을 비판했듯, 『회색인』에서는 제1공화국 이승만 정권의 비리와 부정을 폭로하였던 것이다.

4. 『서유기』-추상적 재현과 현실 초월

『서유기』는 『회색인』 연작이다. 앞에서 언급한 것처럼, 『서유기』의 첫 부분은 『회색인』의 마지막을 잇고 있다. 『서유기』는 독고준이 이유정의 방을 나와 계단과 복도를 거쳐 2층 자신의 방에 도달하는 것으로 마무리된다. 바로 현실적 공간은 1층 이유정의 방에서 2층 독고준의 방에 이르는 과정이다. 그 사이에 시간은 정지되며, 환상적 공간이 자리한다. 그러나 이러한 측면을 제외하고 본다면 두 작품은 상당히 거리가 있어 보인다. 왜냐하면 『서유기』는 『회색인』의 현실적 시공간과는 달리 환상적 시공간이 작품의 대부분을 차지하기 때문이다.

> 이렇게 걸어가는데 갑자기 그의 발바닥이 물렁한 것을 밟으면서 그의 몸은 아래로 떨어졌다. 그는 정신을 잃었다.

……얼마나 되었을까. 그가 다시 자기를 찾았을 때 그는 어느 방 안에 서 있었다. 그의 양 발목에는 쇠고랑이 채워져 있고 그의 팔목에도 쇠고랑이 채워져 있는데 고랑에는 사슬이 달려 있다. 그는 걸어보았다. 돌바닥에 끌리는 쇳소리를 내면서 그는 얼마쯤 걸었으나 이내 사슬이 지그시 뒤로 버티는 것이다.[15]

독고준의 몸이 아래로 떨어져 현실과는 다른 세계에 이른다는 설정은 『이상한 나라의 앨리스』를 떠올린다. 앨리스 역시 토끼를 따라 가다가 우물 같은 곳으로 떨어지면서 다른 세계를 만난다. 앨리스가 이상한 나라를 거쳐 집으로 돌아오는 구조는 독고준이 환상세계를 거쳐 자신의 집으로 회귀하는 구조와 닮아있다. 그것은 현실적 시공간과는 다른 시공간, 즉 환상의 세계를 병치시킨 것이다. 또한 독고준이 이상한 공간에서 비현실적 체험을 하는 것은 카프카의 「심판」과도 닮아있다. 이 작품에서 독고준은 구렁이로 변신하는 체험을 하는데, 그것은 두말할 나위 없이 카프카의 「변신」을 패러디한 것이다. 그 밖에도 최인훈이 『서유기』를 '나의 지옥편'이라고 언급한 것을 보면 단테의 『신곡』을 포함하여 여러 작품의 영향을 받은 것을 알 수 있다. 메타언어를 통한 패러디적 언술은 현실 세계를 언어로 한 겹 더 포장함으로써 대상을 더욱 모호하게 하는 역할을 한다. 여기에서 패러디는 대상에 대한 메타픽션적 서술이라는 측면에서 현

15 최인훈, 『최인훈전집3—서유기』, 문학과지성사, 1994, 15면. 이하 이 절에서 이 작품의 인용은 인용 구절 뒤 괄호 속에 면수만 기입함.

실의 메타적 재현을 통해 대상을 추상화시키는 역할을 한다.

> 그 칸에 조봉암(曺奉岩)이가 혼자 앉아 있다. 그는 수척해 있었다. 독고준과 간호원이 가까이 가도 그는 눈을 뜨지 않았다. 그는 거의 해골처럼 보인다 …(중략)…
> "불편? 이렇게 죽은 사람이 다 있는데 (손가락으로 조봉암을 가리켰다) 좀 불편하면 어때요? 이 사람이 죽었을 때 우리의 욕망도 죽은 거예요. 아하 끔찍도 해라. 당신은 보고만 있었죠?"(145면)

한편, 최인훈은 『서유기』에서도 조봉암을 제시했다. 『회색인』에서 "2.4파동", "어느 야당 국회의원"이라는 기표 속에 숨어 있던 그가 서사에 노출된 것이다. 당시 사법당국이 "진보당은 합법 토대를 기화로 북한괴뢰와 합작하여 막대한 자금을 공급받으면서 대한민국의 전복을 기도"하였다며 조봉암에게 사형을 언도했다.[16] 독고준은 열차간에서 수척하여 해골처럼 된 조봉암을 만나고, 간호원으로부터 조봉암의 사망소식을 듣는다. 그녀는 조봉암이 죽었을 때 욕망과 야심도 죽었다고 한다. 그것은 실제 만남이 아니라 환상적 장치를 통한 만남이다. 간호원은 조봉암이 (북으로부터) 돈을 받아 썼다고 생각하느냐고 물으며, 독고준에게 조봉암의 자리를 대신할 것을 요청한다. 그녀는 조봉암이 돈을 받은 적도 없고, 죄도 없다고 한다. 독고준 역시 조봉암의 죄가 없다고 인정하지만, 조봉암을 대신해 자

16 「조봉암 양명산에 사형 구형」, 『경향신문』, 1958.6.14.

리에 앉는 것을 두려워한다.

최인훈은 마치 무당이 혼을 불러내듯 조봉암을 불러내고, 간호원을 통해서 간접적으로 대화하는 형식을 구사한다. 간호원은 조봉암이 투영된 자아이기도 하면서, 작가의 내면 자아이기도 하다. 그녀는 현실 속 나(독고준)의 비겁함을 폭로한다. 이 작품에서 작가는 당시에 벌어졌던 조봉암의 사형 사건에 침묵했던 지식인의 비겁함을 환상적 장치를 통해 드러낸 것이다. 최인훈이 자신의 글에서 "조봉암의 죽음을 말썽 없이 『서유기』에서 다룰 수 있었다는 점에서 나는 작가로서의 긍지를 느낍니다"라고 말했던 이유가 여기에서 명백히 드러난다.[17] 달리 보면 구상적 직접적인 재현의 어려움을 절대적 시간, 형이상학적 시간, 시간 너머의 시간이라는 일종의 환상을 빌려 재현한 것이다. 그것은 비록 역사적, 현실적 시공간을 초월한 것이지만, 현실과 병치되어 존재하기 때문에 꿈의 세계와 다를 바 없다. 이 작품은 무수한 꿈의 환상세계로 인해 초현실주의적 성격을 갖게 된다.

사학자 "다름이 아니고, 임진왜란에 대한 증언을 부탁드리려는 겁니다."

이순신 "기쁘게 응하겠습니다."

사학자 "각하는 전쟁 기간을 통해서 적극적인 공세를 취하지 않고 방어에만 치중했다는 데서 비난을 받았습니다만, 각하의 뛰어난 전술로 공세를 취했더라면 왜 수군의 격멸이 가

17 최인훈, 「기억이라는 것」, 『최인훈전집13—길에 관한 명상』, 318면.

능하고 따라서 왜 본토에 상륙할 수 있지 않았을까요?"

이순신, 씁쓸한 웃음. 원균, 끄덕인다.

이순신 "또 그 얘깁니까? 내가 가지고 있던 병력으로는 그게 무리였습니다. 본토 해안에서 작전하는 경우에는 지리나 보급에 있어서 압도적으로 아측에 유리했습니다.(114면)

작품 속에서 논개나 이순신을 불러내는 것도 환상의 하나이다. 무시간적 공간(환상) 속에서 서술자의 관념은 끊임없이 유영하며 과거 속 인물을 만난다. 그것은 역사적 시간의 공간화이다. 또한 계몽기 『몽견제갈량』이나 『금수회의록』, 그리고 『꿈하늘』의 환상 추구와 다를 바 없다. 이 환상 추구는 단순히 이상 세계의 지향이 아니라 소원 충족으로서의 의미를 갖는다. 『회색인』에서 김구가 집권했더라면 좋았을 텐데라는 소망을 끊임없이 되뇌는 것과 같은 현상이다. 화자의 분신이라 할 사학자를 내세우고, 이순신을 무대에 올려 '이순신이 일본 본토를 점령했더라면'이라는 주제로 대화하기도 한다. 그러한 대화는 역사 서사라는 사실성에 근접하지만, 이후에는 일방향적 '소리'로 제시된다.

상해정부는 민족의 이름으로 정통(正統)을 주장합니다. 이것은 신성하고도 당연한 권리입니다. 회고컨대 그 당시에 우리는 행복한 시대를 살고 있었습니다. 민족이 노예의 사슬 밑에 신음하고 있을 때 그와 같은 행복을 누렸다는 것은 확실히 비극적인 일임에 틀림없었으나 그것이 시적인 진실임에도 또한 틀림없었습니다. 우

> 리는 적을 가지고 있었습니다 …(중략)… 해방된 조국에 이 원칙이 전혀 거꾸로 되었던 것입니다. 국가는 밀가루와 대포만으로 건전한 것이 아닙니다. 그것은 도덕이 필요로 합니다. 이 사회에 도덕이 자취를 감춘 지 오랩니다. 그것은 우리가 치러야 할 것을 치르지 않았기 때문입니다. 은인자중하던 상해정부는 이에 사생결단의 피비린내 나는 결전을 벌이기로 결정하였습니다.(94~95면)

이 작품에서 여러 개의 소리가 본격적으로 등장한다. 이러한 소리는 이후 『총독의 소리』(1967~1968), 「주석의 소리」(1968)에서 더욱 추상화, 관념화의 길로 가게 된다. 이것은 『회색인』에 제시된 대남 대북 방송의 소리와는 다르다. 그것은 현실의 영역이지만, 『서유기』에 등장한 '조선의 소리'나 상해정부의 소리는 가공의 소리이자 환상의 소리이다. 그런 측면에서 『서유기』의 현실은 실제 현실이 아니라 가상 현실이다. 처음에 제시된 '조선의 소리'는 일본 제국주의 망령들의 소리이다. 그러한 망령들은 여전히 정계, 관계, 재계 등에서 권력을 휘두르고 있다. 이어 위에 언급한 상해정부의 소리가 등장한다. 『회색인』과 비교해보면 상해정부 목소리의 의미는 확연해진다. 그것은 다름 아닌 혁명의 목소리라는 것, 이를 통해 현실 개혁의 목소리를 내고 있다. 작가는 『회색인』에서 김구가 정권을 잡았다면 친일파의 처단과 척결이 이루어졌을 텐데 하는 아쉬움을 드러냈다. 그러나 『서유기』에 이르면 '은인자중하던 상해정부는 이에 사생결단의 피비린내 나는 결전을 벌이기로 결정'했다고 고한다. 여기에서 "나야 혁명을 환상으로 꿈꾸었다"는 작가의 말의 의미가 오롯이 드러난다.[18] 역사를, 아니 현실을 환상 속에서 다시 구성하는 것, '소리'를 통해 현실 초월을 꿈꾸는 것이 이 작품이 추구하는 세계이다.

이러한 소리는 에세이 형식으로 독자를 설득 내지 설유하는 계몽적 언술이지만, 일방적 전달 형식이어서 수용에 갑갑함이 느껴진다. 에세이는 자신의 사상을 드러내는 방식이다. 전체주의적 상황에서는 이념이 압도하게 되며, 리얼리즘적 재현이 어렵게 된다. 에세이는 철학적이고 사변적이며, 발화 주체의 목적성을 강하게 드러낸다. 소리는 얼굴 없는, 즉 비실재적 발화 주체를 상정함으로써 그것 자체가 환상성을 만들어낸다. 최인훈이 "말은 인간이 발명한 제2의 시공"이라든가, "말은 의식의 마을"이라고 한 것도 그러한 연유이다.[19] 그러한 소리는 이미 『회색인』에서 선보인 바 있다. 그것은 대남 대북 방송 소리가 아니던가? 『회색인』의 소리들이 현실적 청중을 향한 경험적 리얼리티를 형성한다면, 『서유기』의 소리들은 허구적 청중을 향한 가상적 리얼리티를 만들어낸다. 그것은 현실과 무관하지만, 그러면서도 끊임없이 현실과 관계있는 언술로 작동한다. 독고준이 북으로 들어갔을 때에도 소리는 무수히 반복되어 마치 환상 공간이 하나의 실체인 것처럼 느끼게 하는 기능을 한다.

> 지도원 "벗이 아니면 적일 것이 아닌가?"
> 독고준 "당신은 제 말을 알아듣지 못하고 있습니다. 벗도 적도 아닐 수 있습니다"

---

18 위의 책, 331면.
19 최인훈, 「소설을 찾아서」, 『최인훈전집12—문학과 이데올로기』, 308면.

지도원 "그런 것은 어떤 것인가?"

독고준 "피교육잡니다. 아이들입니다."

지도원 "아이들이란 무엇인가?"

독고준 "인간의 재룝니다."

…(중략)…

지도원 "무슨 말인가?"

독고준 "남반부의 한 줌도 못 되는 부르조아들이란 당신이 만들어낸 허깨비다. 그런 건 없다."

지도원 "이승만 괴뢰 집단이 없단 말인가?"

독고준 "없다. 철옹성 같은 북반부의 민주 기지라는 허깨비 속에서 당신들이 보고대회 때마다 만들어내는 인민의 단결이 허깨빈 것처럼 모두 허깨비다."(278~279면)

최인훈은 『서유기』를 교양소설이라 하였다. 소설의 끝 지점에 이르면 독고준의 각성이 이루어진다. 독고준의 여정은 정신적 각성에 이르기 위한 도정이라 할 수 있다. 그런데 이 소설에서 마지막 부분에 놓인 지도원과 독고준의 대화 내용은 상당한 시사점을 준다. 바로 독고준의 정신적 상흔의 치유와 관련이 있기 때문이다. 사실 이 작품의 여정은 독고준의 과거 상처와 그것에 대한 극복으로 나타난다. '역사란 무엇인가?'라는 역사 선생님의 질문에 독고준은 "역사란 과거를 돌이켜보고 미래의 지침으로 삼는 과학"이라 답했다. 그러자 지도원은 준을 부르주아, 즉 반동으로 낙인찍으며, 그에게 자아비판을 하라는 수모를 준다. 그는 그러한 상처와 억울함을 풀어내기 위해 지도원을 불러낸다. 독고준은 환상 속에서 자신의 한을 풀어낸다. 그는 적과 동지라는 지도원의 이분법적 사유구조를 비판하며, 남반부의 "부르주아들이란 당신이 만들어낸 허깨비"이고, 심지어 북반부의 "인민의 단결이 허깨빈 것처럼 모두 허깨비"라고 말한다. 아이들에게 유물사관을 주입시키는 것은 잘못이며, 모두 허깨비에서 깨어나야 한다는 것이다.

독고준은 지도원의 사상이 잘못이었다는 것을 확인시켜줌으로써 자신의 정신적 상흔, 곧 지도원에 대한 두려움에서 벗어나게 된다. 정신적 승리를 통해 독고준은 내적 상처를 치유하고 정신적 평안을 구가한다. 그것은 역사적 시간의 공간화라는 현실 초월을 통해서 가능했던 것이다. 과거 지도원이 어린 독고준에게 일방적으로 '자아비판'을 강요했던 것처럼, 독고준은 과거 속의 지도원을 불러내어 그의 사상이 허깨비라고 몰아붙임으로써 상처를 극복한다. 그는 자아비판회를 통해 형성된 정신적 외상, 즉 일종의 편집증을 극복하여 마침내 온전한 주체에 이르게 된다. 『서유기』는 가상 현실이라는 현실 추상화의 방식을 통해 청소년기의 트라우마를 극복하고, 또 한편으로 자신의 현실을 초월하려 하였다.

5. 현실 재현 – 리얼리티 다양화의 의미

『회색인』, 『서유기』는 당대 현실을 직간접적으로 재현했다. 최인훈은 당대 현실을 외면할 수 없었고, 그래서 현실을 드러내는 다양한 방식에 대해 고민하게 된다. 현실에 대한 추상화의 방식은 그러한 고민의 결과였다. 한 논자는 『서유기』를 아래와 같이 평가했다.

> 이에 관념이 빚어내는 환상이 스며든다. 그렇기에 「서유기」는 관념소설이면서 환상소설인 셈이다. 고쳐 말해 관념과 환상은 빛과 그림자의 관계여서 소설이 소설로서 갖는 근대성(소위 현실성)의 지점에 빗겨 가거나 아니면 이와 무관하게 공중에 떠버리는 것으로 되기 쉽다.[20]

즉 관념이나 환상은 소설의 근대성을 비켜가거나 공중에 떠버리기 쉽다는 것이다. 사실상 『서유기』는 그러한 관념과 환상성이 간신히 허구를 떠받치고 있다. 환상은 구상을 중심으로 하는 리얼리즘과 상반된 위치에, 관념성은 실재성과의 대칙직인 지점에 자리하고 있다. 그것은 시공간적이고 인과적인 제약으로부터 자유로우며, 나아가 경험 세계의 제약에서 벗어나 있다. 『서유기』는 독고준의 정신적 모험의 도정을 그린 비실재인 메타 세계, 곧 꿈의 세계이다. 그리고 에세이적 스타일이 광범위하게 드러난다. 그것은 지(知)와 의(意)라는 관념을 드러내며, 정(情)의 세계를 위협한다. 그리고 정서보다는 지성에 호소하며, 대화성을 지니기보다는 독백성을 지닌다.

20 김윤식, 「〈우리 세대〉의 작가 최인훈」, 『최인훈전집9-총독의 소리』, 문학과지성사, 1980, 531면.

추상과 구상도 한 시공에 동시에 존재하는 생(生)의 얼굴이라고 봐야지 한쪽만으로 결판내려면 생을 일그러뜨릴 수밖에 없다는 것/일그러뜨릴 때는 그것이 언어의 전개 형태인 계기적(繼起的) 서술의 한계에서 오는 방법적 단순화임을 자각하는 여유가 있으면 좋지만 그런 허구의 조작을 실체화하려 들면 교조주의가 된다는 것/예술은 현대문명에서 단일한 의식을 가질 수 없다는 것[21]

구상과 추상이 동시적으로 존재하는 모습은 『서유기』에 잘 드러난다. 그렇다면 왜 최인훈은 이들을 동시에 추구했는가? 그것은 우선 방법적인 문제와 풍속의 문제로 나눠볼 수 있다. 우선 그는 '계기적 서술의 한계'를 직시했다. 그것이야말로 방법적 단순화를 불러오지 않던가? 계기적 서술은 근대적 시간관에 바탕을 두고 인과적 관계를 중시하는 사실주의 소설에 적합하다. 그는 그것이 갖는 방법적 한계를 인식하고, 근대적 시간관과 인과 관계를 벗어나려 했다. 구상에서 오는 방법적 단순화를 구상을 해체하는 방식을 통해서 극복하려 했다.

공간적으로 시간적으로, 가까운 것일수록 값어치가 나가게 됩니다 …(중략)… 이같이 하여 근대문학에서의 당대성 우위의 원칙이 서게 됩니다 …(중략)… 상징이나 우화로 쓰는 것은 당대주의에 어긋나는 것입니다. 그런데 곧이곧대로 쓰자니 야단입니다 …(중

21 최인훈, 『최인훈전집4-소설가 구보씨의 일일』, 문학과지성사, 1991, 30~31면.

략)… 근대 작가가 근대문학의 원리인 당대주의—자, 여기서 이 자가용의 용어를 버리고 통속적 표현을 택합시다—다시 말하면 사실주의 원리에 충실하면서 당대의 정치적 근본을 비켜서지 않고 예각적(銳角的)으로 정면에서 소설을 만들 때 …(중략)… 근대문학의 정상, 정치 문화의 발밑에는 죽음의 검은 사화구(死火口)가 아가리를 벌리고 있습니다.[22]

우리 역사가 사실적(事實的) 민주주의를 이루지 못했는데 문학이 〈사실주의〉를 이루라고 한다면 그것은 미친 사람이거나 생각이 모자란 사람이다 …(중략)… 현대 소설이 상상력을 중시하고, 기억을 강조하고, 추론식인 문체를 가지게 된 것은 역사 자체의 어둠과 우회의 반영인 것이다.[23]

최인훈은 근대소설이 당대성 우위의 원칙에 입각한 사실주의 소설이라고 말했다. 상징이나 우화는 그러한 원칙에 위배되며, 한편으론 사실주의 원리에 충실하게 되면 박해를 받을 수밖에 없다고 하였다. 그리고 "필요한 정보량에 구애 없이 사용될 수 있는 지적 자유의 양이 우리 사회에 부족하"기에 "구상소설은 전후 20년이 지난 오늘, 시대와 문명의 높이에 어울리는 예술적 달성에 이르지 못했다"고 평가했다.[24] 그는 전체주의적 상황 아래 정치 현실을 직접 재현하기 어려웠다. 4.19 덕분에 『광장』이 출현할 수 있었지만, 5.16은 다시 그

22 최인훈, 『최인훈전집3—서유기』, 문학과지성사, 1994, 175~177면.
23 최인훈, 「미학의 구조」, 『최인훈전집12—문학과 이데올로기』, 53~55면.
24 최인훈, 「구상과 추상」, 위의 책, 303면.

러한 문학적 자유와 사실주의적 저항성을 억압한다. 그래서 그는 사실주의가 제대로 이루어지려면 먼저 민주주의가 제대로 정착되어야 한다고 했다. 정치현실의 민주화가 전제되었을 때 참다운 사실주의 문학이 꽃피울 수 있다. 당대의 정치 현실이 사실주의 문학을 가로막는 장벽이 된다는 것, 그래서 "상상력을 중시하고, 기억을 창조하고, 추론식인 문체"를 갖게 되었다는 것이다. 환상은 현실의 시공간을 초월하여 새로운 시공을 창조하는 것이다. 그는 현실의 직접적 재현이 어렵기에 또 다른 현실(환상)을 구가하기도 하고, 패러디라는 작품 속 풍속을 모방하기도 하며, '소리'라는 새로운 시공을 창조했다.

흄은 환상이 도피적 성격을 지녔다는 비평가들의 주장을 비판하며, 그것을 '제약에 따른 의도적 일탈'로 규정하였다.[25] 최인훈에게 있어서 환상은 현실 도피보다 초월의 성격을 지니고 있다. 최인훈은 역사적 인과관과 시공의 당대성을 추구하는 사실주의 소설이 현실적 제약으로 인해 어렵게 되자 역사적 시간의 공간화를 통해 현실 초월의 환상소설로 나아간 것이다. 이는 1960년대 현실에서 최인훈의 문학에 대한 인식의 일단을 보여주기도 하지만, 또 한편으로는 최인훈 문학이 왜 환상으로 갈 수밖에 없었는지를 말해주기도 한다. 그는 현실에 대한 저항적 인식을 담은 리얼리즘에서 현실의 일탈 내지 초월이라는 모더니즘으로 나아간다. 그가 확장시킨 모더니즘 문학의 개념은 문학의 정초로서 현실 재현, 또는 리얼리티에 대한 다층적 인식에 기인한다고 할 수 있다.

25 K. Hume, 앞의 책, 139~142면.

6. 사실과 환상의 결합

작가는 끊임없이 대상, 또는 현실의 재현을 통해 리얼리티를 추구한다. 그런데 리얼리즘 문학에서는 있는 현실, 즉 현실의 반영을 통해 작가의 진정성을 추구한다. 그러나 현실을 제대로 반영할 수 없을 때 재현은 추상화되기에 이른다. 기존 연구자가 사실성을 중시하고, 환상성에 대해 혹평하거나 평가 절하하는 것은 최인훈의 현실을 외면한 까닭이다. 반대로 그의 문학의 환상성, 초현실주의적 성격만을 강조하는 것은 당대의 현실적 맥락을 무시하는 것이다. 물론 최근 들어 두 경향을 조망하려는 시도가 없진 않다. 우리는 최인훈의 문학을 구상과 추상, 현실과 환상, 저항과 초월 등 다층적 관점에서 읽을 필요가 있다.

최인훈에게 현실은 드러내야 할 세계이지 금기시된 세계였다. 그는 근대를 '부정의 정신'으로 규정하였다. 그의 문학에는 그러한 부정의 정신이 자리하고 있으며, 현실의 직접적인 재현(『광장』)이 벽에 부딪히자 현실 우회 또는 추상화의 길을 걷게 된다. 『회색인』에서는 그나마 당대의 현실을 직접 재현하는 구상적 재현 방식이 지배적이다. 즉 구상화의 방식을 통해 진보당 사건과 친일 세력이 활보하는 제1공화국의 상황, 그리고 남북이 방송을 통해 이념전을 펼치고 있는 분단 현실을 그려냈다. 그것은 한편으로 당대 현실에 대한 저항 방식이다.

그러나 『서유기』에 이르면 실제적 현실에 환상적 시공간을 대비시키고 있다. 그것은 당위적 현실을 앞세우는 방식이고, 실제 현실을 초월하는 추상화의 방식이다. 이 작품에서 사형당한 조봉암이나 역사 속의 논개, 이순신을 등장시키고, '조선의 소리', '상해정부의 소리' 등을 제시하는 것도 환상을 통해 당위적 현실을 추구한 것이다. 환상 및 관념이 압도하는 것은 현실 극복 내지 초월의 의미를 갖는다. 그에게 현실은 있는 그대로 수용할 수도, 그렇다고 배척할 수도 없는 그런 세계였다. 최인훈은 구상과 추상의 방법으로 문학을 형상화하는가 하면, 리얼리즘과 모더니즘, 또는 사실과 환상이라는 두 극단을 결합시키기도 하였다. 그래서 그의 문학은 모더니즘 예술을 한층발전시키는 데 크게 기여하였다.

계 몽 과　심 미 ________ 제2부

소설 작품론

제 5 장

계몽의 언어와 시대적 한계
— 이해조의 「자유종」론

1. 「자유종」의 좌표 그리기

이해조의 「자유종」은 그의 다른 작품에 비해 비교적 많이 논의된 작품이다. 임화는 『개설조선신문학사』에서 이 작품을 비중 있게 다루었다[1] 그 후 「자유종」은 전광용, 구중서, 송민호, 권영민, 성현자, 이용남, 최원식 등 여러 논자에 의해 논의되었다.[2] 임화 이래 '정치소설' 또는 '신소설'로서의 성격이 논의되었고, 페미니즘적 성격도 부각되었다.[3] 장르적 측면에서는 서사, 극, 교술 등 다양하게 규정되었다.[4] 그리고 그 기원으로 중국 소설, 당대의 토론과 연설, 또는 논설

---

1 임화, 「조선신문학사」, 『한국문학사연구총서1』, 영인본, 557~562, 590~598면.

2 전광용, 「자유종」, 『사상계』 37, 1956.8, 구중서, 「자유종」, 『한양』, 한양사, 1965.8, 송민호, 『한국 개화기 소설의 사적 연구』, 일지사, 1975, 권영민, 『한국 근대문학과 시대정신』, 문예출판사, 1983, 성현자, 『신소설에 미친 만청소설의 영향』, 정음사, 1985, 이용남, 『이해조와 그의 작품세계』, 동성사, 1986, 최원식, 『한국근대소설사론』, 창작사, 1986.

3 차옥덕, 「「자유종」에 나타난 페미니스트 의식 연구」, 『성신어문학』 9, 성신여대, 1997.2.

4 김윤식, 『한국근대문학양식론고』, 아세아문화사, 1980, 김준오, 『한국 근대문학의 장르론에

등이 논의되기도 했다.[5] 이처럼 다양하게 논의될 수 있었던 까닭은 「자유종」이 다양한 특성을 지니고 있기 때문이다.

그러나 「자유종」이 갖는 시대 사회사적 의미에 대해서는 제대로 논의되지 못했다. 이 작품이 갖는 문학사적 의미도 중요하지만 장르 및 논제의 성격을 주목할 필요가 있다. 「자유종」은 허구적 서사라기보다 현실에 대한 정론적 성격을 지녔다. 그래서 작품이 쓰인 시대 상황에 주목하고, 그러한 시대 상황에서 작품이 지닌 의미를 궁구할 필요가 있다. 이 글에서는 작품의 형식적 요체로서 토론·연설이 갖는 계몽적 성격에 주목하고, 개화기에 있어서 이 작품이 지닌 사회사적 의미와 그 한계를 논의해 보고자 한다.

2. 토론과 계몽 담론

개화기, 또는 애국계몽기로 지칭되는 1900년대는 대내외적으로 매우 어려운 시기였다. 제국주의 국가들의 침략으로 인해 조선조

대한 연구』, 계명대 박사논문, 1987.2, 조동일, 『한국문학통사4』, 지식산업사, 1986.

5 신춘자, 「여성의 토론과 사회현실의 수용—토론소설 「자유종」을 중심으로」, 『여성문제연구』 16, 효성여대, 한국여성문제연구소, 1988.8, 김주현, 「개화기 토론체 양식 연구」, 서울대 석사논문, 1989.8, 전기철, 「개화기 논설·토론의 문학화고—「자유종」을 중심으로」, 『숭의논총』 14, 숭의여전, 1990.7.

500년의 봉건 국가가 붕괴에 직면하였고, 민주주의의 유입에 따라 자유와 민권, 자주와 해방이라는 근대적 의식이 움텄다. 국가적 위기의 상황에서 지식인들은 국권 수호와 근대화라는 이중적 과제를 수행해야 했다.

이러한 시대적 과제에 충실하고 민주주의를 창도하는 데 연설과 토론은 중요한 역할을 수행하였다. 서구의 자유 민주주의 역사에서 민중들의 역량을 결집하는 데 중요한 매체였던 연설과 토의, 재판 등이 우리 역사에서도 근대화와 민주화의 도구로 작용했던 것이다.[6] 그러한 담론들은 애국과 계몽이라는 시대적 대의에 적합할 뿐 아니라 민중들을 각성시키는 데 알맞은 형식이었다. 정치의식과 계몽의식이 팽배하였고, 그것은 연설·토론회를 통해서 표출되었다.

> 이진 긑으면 오늘 이리힌 진치에 취하고 배부르면 무슨 긱정 있으리까마는, 지금 시대가 어떠한 시대며 우리 민족은 어떠한 민족이오? 내 말이 연설 체격과 흡사하나 우리 규중 여자도 결코 모를 일이 아니올시다.
>
> 일본도 삼십 년 전 형편이 우리나라보다 우심하여 혹 천하대세라 혹 자국전도라 말하는 자는, 미친 자라 괴악한 사람이라 지목하고 인류로 치지 않더니, 점점 연설이 크게 열리매 전도하는 교인같이 거리거리 떠드나니 국가형편이요, 부르나니 민족사세라, 이삼 인

---

6 한계전, 「시학과 수사학」, 『현대시』 2, 1985.2, R. Barthes, 澤崎浩平 譯, 『舊修辭學』, 東京: みすず書房, 1989.

뭇거지라도 술잔을 대하기 전에 소회를 말하고 마시니, 전국 남녀들이 십여 년을 한담도 끊고 잡담도 끊고 언필칭 국가라 민족이라 하더니, 지금 동양에 제일 제이 되는 일대 강국이 되었습니다. 오늘 우리나라는 어떠한 비참지경이오? 세월은 물같이 흘러가고 풍조는 날로 닥치는데 …(중략)… 우리 재미있게 학리상으로 토론하여 이날을 보냅시다.[7]

「자유종」의 서두에서 연설이나 토론에 대한 작가 의식을 파악할 수 있다. 곧 연설이나 토론이 국가의 발전과 계몽, 민족 단결에 있어서 절대적일 뿐만 아니라 당대의 비참한 지경에서 벗어나기 위해 필요하다는 것이다. 「자유종」을 두고 '정치소설' 운운하는 것도 이러한 시대 현실에 바탕을 둔 계몽성 때문이다.

토론이나 연설은 계몽적 언술로써 자신의 정치적 견해나 발언을 담는 데 유용했다. 지식인들은 그러한 담론을 통해 근대적 이념과 자주독립사상을 전파하기에 이른다. 당시 독립협회, 협성회 등에 의해 보편화된 토론은 보안회, 대한자강회, 신민회 등에도 계승된다. 그리고 신문의 '논설'이나 '기서', '잡보'란에 토론 형식의 기사나 연설이 많이 나타난다. 그것은 사회적 담론의 형식이지만, 신문이나 잡지 등 인쇄물의 대중화에 따라 이 시기 중심 담론으로 자리했던 것이다. 「자유종」은 개화기 토론 문화의 산물이며, 또한 계몽의식과

7 이해조 외, 『한국소설문학대계—신소설』, 동아출판사, 1995, 411~412면. 이하 이 장에서 이 작품의 인용 시 인용 구절 뒤 괄호 속에 면수만 기입함.

정치의식의 산물이다.

제1회: 조선의 급선무는 인민의 교육(1897.8.29)

제5회: 부녀 교육은 원리와 경제상의 마땅한 일(1897.9.19)

제6회: 국문을 한문보다 많이 쓰는 것이 교육을 진흥하는 일 (1897.10.17)

이것들은 독립협회에서 진행된 몇몇 토론의 주제이다. 「자유종」의 논제는 교육(여자 교육, 자녀 교육, 청년 교육)과 국한문론, 당대의 잘못된 세태(종교·사회단체, 국문소설·서적, 서얼·반상, 지역주의) 등이다. 이 가운데 교육 문제는 당대에 시급한 현안으로서 독립협회뿐만 아니라 협성회, 대한자강회 등 수많은 단체의 토론 및 연설회에서 이미 제기되었던 것이다. 「자유종」 전반부는 신설헌이 모임의 취지를 설명하고 토론을 이끌어가는 의장의 역할을 맡아 강금운, 이매경, 홍국란 등이 토론을 펼쳐 보이지만, 후반부는 이들 각 개인의 꿈 내용의 일방적 전달로 이루어졌다.

이해조는 이러한 연설이나 토론 형식을 빌려 자신의 대사회적 발언을 제기하고 있다. 토론이나 연설은 일본 제국주의의 침략이 본격화된 1905년 이후 집회나 대중 매체를 통한 발표가 어려워짐에 따라 문학 속으로 옮겨가기에 이른다. 그로 인해 그것이 갖고 있던 대중을 향한 선동적 요소는 많이 사라졌지만, 그 자체의 계몽성은 남아있게 된다. 이러한 현상을 『금수회의록』(1908), 『경세종』(1908), 「병인간친회록」(1909), 「금수재판」(1910), 『천중가절』(1913) 등의 작품들에서 목도할 수 있다. 이들 작품은 연설, 토론, 재판 등이 사회적 담론에서 문학적 담론으로 흡수됨을 보여주는 예들이다. 또한 「소경과 안즘방이 문답」, 「거부오해」 등 『대한매일신보』 소재 토론체 작품들도 그러한 모습을 보여준다. 토론체가 지닌 계몽성은 문학으로 흡수되어 애국계몽 문학을 출현시켰던 것이다.

3. 「자유종」과 근대적 주체성의 발현

1) 민족국가로서의 주체의식

「자유종」은 당대 현실에 대한 자각을 바탕으로 창작되었다. '종'은 만인에게 울려서 깨닫도록 하는 기능을 가진다. 그러므로 새로운 사상과 의식이 바탕이 되었다는 것은 당연하다. 이 작품에서 중요한 것은 당대 사회에 대한 작가적 인식의 측면이다. 등장인물들이 제기한 연설에서 주체적인 민족의식을 엿볼 수 있다.

> (가) 나는 옛날 태평시대에 숙부인(淑夫人)까지 바쳤더니 지금은 가련한 민족 중의 한 몸이 된 신설헌이올시다 …(중략)… 오늘 우리나라는 어떠한 비참지경이오? 세월은 물같이 흘러가고 풍조는 날로 닥치는데, 우리 비록 아홉 폭 치마는 둘렀으나 오늘만도 더 못한 지경을 또 당하면 상전벽해(桑田碧海)가 눈결에 될지라. 하늘을 부르면 대답이 있나, 부모를 부르면 능력이 있나, 가장을 부르면 무슨 방책이 있나, 고대광실 뉘가 들며 금의옥식 내 것인가? 이 지

경이 이마에 당도했소.(411면)

(나) 그와 같이 대문 중문 꽉꽉 닫고 밖에 눈이 오는지 비가 오는지 도무지 알지 못하고 살던 우리나라 이왕 교육은 올차학 교육이라 할 만하니 그 교육받은 남자들이 무슨 정신으로 우리 정치를 생각하겠소? 우리 여자의 말이 쓸데없을 듯하나 자국의 정신으로 하는 말이니, 오히려 만국공사의 헛담판보다 낫습니다. 여러분 부인들은 대한 여자 교육계의 별방침을 연구하시오.(415면)

(다) 우리나라 삼백 년 이전이야 어떠한 정치며 어떠한 문물이오? 일본이 지금 아무리 문명하다 하여도 범백 제도를 우리나라에서 많이 배워갔소. 그 나라 국문도 우리나라 왕인(王仁) 씨가 지은 것이니, 근일 우리나라가 부패치 아니한 것은 아니나 단군 기자 이후로 수천 년 이래에 어떠한 민족이오?(425면)

(라) 철힉박시의 말에, 차라리 제 나라 민족에 노예가 세세로 될지언정 타국 정부의 보호는 아니 받는다 하였으니, 그 말을 생각하면 이왕 일이 대단히 잘못되었소.(432면)

(가) 예문에는 시대 상황에 대한 인식이 나온다. 설헌은 자신을 '가련한 민족'으로, 지금 시대를 '비참지경'으로 규정한다. 매경도 "수참하고 절통한 시대"로 간주한다. 여기에서 암울한 시대에 대한 작가의 자의식이 두드러진다. 그리고 개명 시대에 우리 역시 개명을 해야 한다는 원칙론을 내세우고 있다. (나) 예문에서는 '자국의 정신'을 강조하고 있는데, 이는 작가의 주체적 인식을 바탕으로 한다. 이러한 신설헌의 의식은 '자주독립정신'으로 연결된다. (다) 예문은 우리나

라에 대한 민족적 긍지를 바탕으로 하고 있다. 왕인의 일본어 창제론 대목에 이르면 과도한 민족주의로 인한 주장의 호도마저 엿보인다. 어찌되었든 우리 문명이 과거에는 일본보다 월등했음을 강조하고 있다. 그리고 이매경의 말 (라)에서는 비록 철학박사의 말을 인용하고 있지만, 을사늑약에 대한 나름대로의 비판을 읽을 수 있다. 이들의 뇌리에는 모두 민족 주체성에 대한 인식이 깊이 각인되어 있다.

> 우리나라 지식을 보통케 하려면 그 소위 무슨 변에 무슨 자, 무슨 아래 무슨 자라는, 옛날 상전으로 알던 중국 글을 폐지하여야 필요하겠소. 대저 글이라 하는 것은 말과 소와 같아서 그 나라의 범백 정신을 실어 두나니, 우리나라 소위 한문은 곧 지나의 말과 소라. 다만 지나의 정신만 실었으니 우리나라 사람이야 평생을 끌고 당긴들 무슨 이익이 있겠소? 그런 중에 그 말과 소가 대단히 사나워 좀체 사람은 끌지 못하오.(416면)

민족 주체성에 대한 인식은 언어에 대해서도 제기된다. 한 민족의 언어에는 수많은 사람들의 경험과 사유, 세계를 지배하기 위해서 필수적인, 혹은 유용한 모든 것이 갈무리되어 있으므로 모국어를 통해 그러한 세계관을 전수받고 계승시키는 것이 사람들의 의무이다.[8] 강금운이 제기한 한문 폐지론은 당대에 지식인들 사이에서 수많이 논의되었던 문제이다. 특히 개화기에는 민족어에 대한 인식에서 한자

---

8 J. L. Weisgerber, 허발 역, 『모국어와 정신형성』, 문예출판사, 1994, 150~170면.

폐지, 또는 국한문 혼용론이 자주 논의되었다. 그것은 언어에 대한 민족 주체적 인식에서 비롯된 것이다.

글이 자국의 범백 정신을 싣는 도구라는 것은 국어와 민족 주체성과의 관계를 정확히 인식한 결과이다. 언어는 특정한 결속감을 건설하며, 구성원들이 상상의 공동체를 창조할 수 있게 하는 능력을 갖고 있다. 당시 한글은 신문 잡지 등 언론매체를 통해 활자화됨으로써 민족주의 형성에 크게 이바지하였다.[9] 한글에 대한 강조는 민족 자존의 입장을 보여준 것이라 하겠다. 이해조는 한글 사용론을 통해 민족 공동체 형성에 대한 인식을 환기시키고 있다.

민족에 대한 주체적 인식은 마지막 부분에서 자주 독립의 정신으로 연결된다. 그것은 사대주의 정신을 탈피하고, 제국주의로부터 해방되는 것이다. 자주 독립의 정신은 신설헌의 꿈 이야기를 통해 잘 제시된다.

> 나는 어젯밤에 대한제국 자주독립할 꿈을 꾸었소. 활멸사라 하는 사회가 있는데 그 사회 중에 두 당파가 있으니, 하나는 자활당이라 하여 그 주의인즉, 교육을 확장하고 상공을 연구하여 신공기를 흡수하며 부패사상을 타파하여 대포도 무섭지 아니하고 장창도 두렵지 아니하여 국가에 몸을 바치는 사업을 이루고자 할새, 그 말에 외국 의뢰도 쓸데없고, 한두 개 영웅이 혹 국권을 만회하여도 쓸데없고, 오직 전국 남녀 청년이 보통 지식이 있어서 자주권을 회복하

9 B. Anderson, 윤형숙 역, 『민족주의의 기원과 전파』, 나남, 1993.

> 여야 확실히 완전하다 하여 학교도 설시하며 신서적도 발간하여, 남이 미쳤다 하든지 못생겼다 하든지 자주권 회복하기에 골몰무가 하나, 그 당파의 수효는 전사회의 십분지 삼이오(435면)

어떻게 보면 자주 독립은 민족의 염원이고, 이해조가 강조하고자 하는 것이다. 영웅주의를 배격하고 전국 청년 남녀들이 주체가 되어서 이룩하는 자주독립은 그야말로 이상적인 독립론이다. 여기에서 교육의 확장과 상공 연구를 통한 자주권의 회복은 점진적인 개화론과 연결된다. 그러나 당시 온건적이고 점진적인 근대화론은 사실상 너무나 안일하고 무기력한 방법이었다. 그의 근대화론은 시기를 놓친 처방전에 불과했다. 왜냐하면 이 소설이 나온 시점에 자주권 회복은 이미 무산 위기에 처해 버렸기 때문이다. 학교 설시, 신서적 발간 등을 통한 자주권의 회복은 제국주의의 무력 앞에 좌절되고 만 것이다.

2) 여성으로서의 자각

이 작품에서 강조하여 드러내는 것은 '여권'이다. 이 작품은 민족에 대한 자주적 인식보다 여성에 대한 인권 문제가 선행한다고 해도 과언이 아닐 만큼 여권 의식을 전면에 드러내고 있다.

> 천지간 만물 중에 동물 되기 희한하고 천만 가지 동물 중에 사람 되기 극난하다. 그같이 희한하고 그같이 극난한 동물 중 사람이 되어 압제를 받아 자유를 잃게 되면 하늘이 주신 직분을 지키지 못함이어늘, 하물며 사람 사이에 여자 되어 남자의 압제를 받아

> 자유를 빼앗기면 어찌 희한코 극난한 동물 중 사람의 권리를 스스로 버림이 아니라 하리오.(411면)
>
> 남자들은 자주 상종하여 지식을 교환하지마는 우리 여자는 한번 만나기 졸연하오니이까? 「예기(禮記)」에 가로되, 여자는 안에 있어 밖의 일을 말하지 말라 하였고, 「시전(詩傳)」에 가로되 오직 술과 밥을 마땅히 할 뿐이라 하였기로 층암절벽 같은 네 기둥 안에서 나고 자라고 늙었으니, 비록 사마자장의 재주 있을지라도 보고 듣는 것이 있어야 아는 것이 있지요.(412면)
>
> 우리 대한의 정계가 부패함도 학문 없는 연고요, 민족의 부패함도 학문 없는 연고요, 우리 여자도 학문 없는 연고로 기천 년 금수 대우를 받았으니 우리나라에도 제일 급한 것이 학문이요, 우리 여자사회도 제일 급한 것이 학문인즉 학문 말씀을 먼저 하겠소. 우리 이천만 민족 중에 일천만 남자들은 응당 고명한 학교를 졸업하여 정치·법률·군제·농·상·공 등 만 가지 사업이 족하겠지마는, 우리 일천만 여자들은 학문이 무엇인지도 도무지 모르고 유의유식으로 남자만 의뢰하여 먹고 입으려 하니 국세가 어찌 빈약지 아니하겠소?(413면)

여기에서 과거 여성이 남자들로부터 압제를 받는다던가, 네 기둥에 갇혀 실력 한번 제대로 발휘하지 못했다던가, 또는 금수 대우를 받았다던가 하는 것은 여성에 대한 자기 인식에서 비롯된다. 이러한 자기 인식은 자유주의 사조를 통해 여권에 눈뜬 징표이다. 이해조는 여자들이 압제와 불평등, 봉건적 인습에서 벗어나 사회를 변혁하는 주체로 나서야 한다고 강조했다. 여성의 사회적 지위와 능력의 향상은 자유와 평등의 근대적 민주주의 도정에 있어서 필요충분조건이다. 작가는 여성의 권리획득에 학문이 필수불가결한 요소임을 강조하였다. 이것은 그의 점진적 개화론과도 연결된다. 그는 봉건적 여성의 해방이라는 시대적 사명을 다른 작가에 비해 먼저 인식하고 제기한 것이다.

> 우리나라 남자들이 아무리 정치가 밝다 하나 여자에게는 대단히 적악(積惡)하였고, 법률이 밝다 하나 여자에게는 대단히 득죄하였습니다. 우리는 기왕이라 말할 것 없거니와 후생이나 불가불 교육을 잘하여야 할 터인데 권리 있는 남자들은 꿈도 깨지 못하니 답답하오. 남자들 마음에는 아들만 귀하고 딸은 귀치 아니한지 일분자라도 귀한 생각이 있으면 사지오관이 구비한 지식을 어찌 차마 금수와 같이 길러 이 같은 고해에 빠지게 하는고? 그 아들 가르치는 법도 별수는 없습니다.(415면)
>
> 우리나라 남자들은 거룩하고 고명한 학문이 있는 듯하나 우리 여자사회에야 그 썩고 냄새나는 천지 현황 글자나 아는 사람이 몇이나 되오? 남자들도 응당 귀도 있고 눈도 있으리니, 타국 남자와 같이 학문을 힘쓰려니와 우리 여자도 타국 여자와 같이 지식이 있어야 우리 대한 삼천리 강토도 보전하고, 우리 여자 누백 년 금수도 면하리니, 지식을 넓히려면 하필 어렵고 어려운 십 년 이십 년 배워도 천치를 면치 못할 학문이 쓸데 있소? 불가불 자국 교과를 힘써야 되겠다 합니다.(417면)

그러나 작가는 당시의 시대 사회상을 남/녀의 대립구도로 재단해 버린 감이 없지 않다. 남자들의 세계를 압제와 적악, 미몽 등으로 제시한 것은 지나친 비약이라고 할 것이다. 특히 "우리 여자가 기천 년을 암매하고 비참한 경우에 빠져 있었으니 이렇고야 자유권이니 자강력이니 세상에 있는 줄이나 알겠소?"(414면), "우리나라 이왕 교육은 올차학 교육이라 할 만하니 그 교육받은 남자들이 무슨 정신으로 우리 정치를 하겠소?"(415면) 등에서 현재의 잘못된 세태를 과거 남성 중심적 세계관 탓으로 돌리고 있다. 물론 이러한 것들이 남성들의 무능과 허위를 질타하는 방편이 될 수는 있다. 그러나 근대화 과정에서 남성들을 제국주의 세력처럼 적악해서 타도해야 할 대상으로 인식하는 것은 적절치 않다.

다만 여성들이 시대의 선각자로서 사회의 불평등과 잘못된 구조를 타파하고 개혁에 앞장선다는 것은 의미가 있다. 「자유종」은 당시 새로운 사회의 주체로서 여성의 역할론을 제기했다는 점에서 높이 평가된다. 여성을 근대화의 주체로 인식하여 사회 변혁에 필요한 기능과 역할을 적시했기 때문이다. 이 작품은 당대의 다른 서사물에 비해 여성으로서의 자각과 주체성을 분명히 제기하고 있다.

4. 「자유종」의 시대사적 한계

이제까지 이해조의 시대인식은 이인직의 그것과는 다른 것으로 설명되었지만 크게 다를 바 없다. 먼저 이해조가 인식하는 중일관을 살펴볼 필요가 있다.

> 일본도 삼십 년 전 형편이 우리나라보다 우심하여 혹 천하대세라 혹 자국전도라 말하는 자는, 미친 자라 괴악한 사람이라 지목하고 인류로 치지 않더니, 점점 연설이 크게 열리매 전도하는 교인같이 거리거리 떠드나니 국가형편이요, 부르나니 민족사세라, 이삼 인 뭇거지라도 술잔을 대하기 전에 소회를 말하고 마시니, 전국 남녀들이 십여 년을 한담도 끊고 잡담도 끊고 언필칭 국가라 민족이라 하더니, 지금 동양에 제일 제이 되는 일대 강국이 되었습니다.(411~412면)
>
> 「사략통감(史略通鑑)」으로 제일등 교과서를 삼으니 자국정신은 간데 없고 중국혼만 길러서 언필칭 좌전(左傳)이라 강목(綱目)이라 하여 남의 나라 기천 년 흥망성쇠만 의논하고 내 나라 빈부강약은 꿈도 아니 꾸다가 오늘 이 지경을 하였소.(415면)

이해조는 이인직처럼 일본에 호의적인 생각을 갖고 있었다. 이인직은 「혈의 누」에서 반중·친일적 태도를 견지하였는데, 이해조도 명시적이진 않지만 그러한 모습을 보이고 있다. 그는 교육 현실에 대한 논의에서 일본을 높이 평가하고, 상대적으로 중국을 낮게 평가하는 모습을 보인다. 과거 중화적 교육이 빚어낸 잘못에 대해서는 강조하지만, 당시의 일본 교육에 대해서는 상당히 호의적인 모습을 보인 것이다. 그러한 모습은 "일본 학교 교과서를 보시오 …… 오늘날 저러한 큰 세력을 얻어 나라의 영광을 내었소"(417면)에서도 드러난다. 우리가 본받아야 할 대상으로 일본을 자리매김한 것이다.

이 작품에 '융희 2년 제일 상원'이라는 구절로 보아 창작 시기가 1908년으로 짐작된다. 일본이 1905년에 을사늑약을 체결하고 한반도 공략에 본격적으로 나섰다는 점을 염두에 둔다면 이해조의 위와 같은 태도는 시의적절한 것이라고 할 수 없다. 과거의 중화주의의 문제점—즉 문명국의 추수에 따른 문제점—은 서구나 일본의 추수에서도 그대로 나타날 수 있다. 그러나 그러한 문제점을 극복하는 대안적 방안이 제기되지 않고 있다. 단지 추수의 대상만 바뀐다면 그에 따른 문제점은 여전히 남아 있게 된다.

그는 또한 당시의 선비와 관료들을 비판하기도 한다.

> (가) 도포나 입고 쌍상토나 틀고 혁대와 중영이나 달고 꿇어앉아서 마음이 어떠한 것이라, 성품이 어떠한 것이라 하며 진리는 모르고 줏들은 풍월같이 지껄이면서 이만하면 수신제가도 자족하지, 치국평천하도 자족하지, 세상도 한심하지, 나 같은 도학군자를 아니 쓰기로 이렇다 하여 백 가지 개탄하다가 혹 세도 재상에게 소개하여 쾌주 찬선으로 초선(初選)이나 되면 공자님이 당시의 자기로만 알고 도태를 뽑아내며 괴팍한 위인에 야매한 언론으로 천하대세도 모르고 척양합시다, 척왜합시다, 상소나 요명(要名)차로 눈치 보아 가며 한두번 하여 시골 선배의 칭찬이나 듣는 것이 대욕소관(大慾所關)이지.(421~422면)
>
> (나) 무론 아무 나라하고 상·중·하등 사회가 없는 것은 아니나, 그러나 국가 질서를 유지하려면 불가불 등급이 있어야 문란한 일이

> 없거늘, 우리나라 경장대신(更張大臣)들이 양반의 폐만 생각하고 양반의 공효는 생각지 못하여 졸지에 반상 등급을 벽파(劈破)하라 하니 누가 상쾌치 않겠소마는 …(중략)… 갑오년 경장대신의 정책이 웬 까닭이오? 양반은 양반대로 두고, 학교 하는 임원도 양반이며, 학도의 부형도 양반이며, 학도도 양반이라 하고, 학도의 자모도 학부인이라, 내부인이라 반포하면 전국이 다 양반이 될 일을 어찌하여 양반 없이 한다 하니, 사천 년 전래하던 습관이 졸지에 잘 변하겠소? …(중략)… 나도 양반으로 말하면 친정이나 시집이나 삼한갑족(三韓甲族)이로되, 그것이 다 쓸데 있소?(433~434면)

(가)는 위정척사파를 두고 한 말로 보인다. '척화도 형편대로'라는 이해조의 논지는 위험을 안고 있다. 조선조가 몰락의 상태에 직면한 것은 인식하면서 당시에 가장 심각하게 우리 사회를 잠식해 들어오고, 우리의 주권을 침해하려 했던 일본의 야욕을 몰랐다면 그것은 시대적 인식에 뒤처져 있다는 징표가 된다. 그러므로 '천하의 대세도 모르고 척양 척왜'한다고 비판하는 논리는 곤란하다. 물론 당시의 시대적 대운이 개화의 방향으로 가고, 서양이나 일본을 수용해야 한다고 하더라도 그 방법이나 의도에 대한 자각이 요구된다. 단순히 근대화로의 길이 시대적 대세이니까 무조건 '척양 척왜'를 주장해선 안 된다고 하는 것은 합리적인 발상이 아니다. 그리고 (나)는 갑오개혁의 반상 타파를 그 내용 면에서 비판한 것이다. 국가의 질서를 유지하기 위해 계급(등급)이 있어야 한다거나, 모든 사람의 양반화로써 계급을 타파해야 한다는 주장은 민주화를 제대로 인식하지 못한 반근대적

인식의 소산이다. 거기에는 양반으로서 기득권의 몰락에 따른 불안과 우려가 숨어 있다. '삼한갑족' 운운한 것도 그러한 맥락이다.

이러한 사실들을 통해 이해조가 당대에 진행된 위정척사파의 활동, 또는 개화·근대화 작업에 대해 일부 부정적 시선을 갖고 있었음을 엿볼 수 있다. 그래서 이 작품이 담은 "사상이 너무 온건하여 무기력하고, 사회체제에 대한 개혁의 방책이 너무 막연하며, 다만 '민주 자활'의 이상을 한낱 '꿈'으로 다루어" 버렸다는 비판을 받는다.[10] 그것은 이해조가 당대 현실을 제대로 인식하지 못하고 있었음을 의미한다.

「자유종」에서 이해조는 민주주의 이념인 자유와 평등의 개념을 일차적으로 제시하였다. 그것은 억압에서 자유·해방으로, 차별에서 평등으로의 이념전환이다. 여기에는 남녀, 지역, 반상, 적서의 문제가 포함된다. 그리고 허횡·음탕·처랑, 부패·타락 등에서 개화·계몽·근대화로의 전환이다. 여기에는 국문소설·서적, 사회·종교단체 등이 포함된다. 그의 계몽주의는 사회·문화적인 면에 치중된 나머지 진보적이고 실천적인 애국계몽의 방법을 제시하지 못한 한계가 있다.

특히 그는 이 작품에서 외세(제국주의 국가)에 대한 처리, 침략주의에 대한 대응 등에 대해서는 일언반구하지 않았을 뿐만 아니라 외국 세력에 아첨하거나 야합하는 매국노들의 전횡, 그리고 그들에 대한 처리 등 당대에 가장 시급하고 긴요한 문제들에 대해서도 언급하지 않았다. 그는 척양이나 척왜를 외치는 무리들은 비판하면서도 외국 세

---

10 구중서, 앞의 글, 175면.

력에 어떻게 대응해야 하는지는 논의하지 않았고, 갑오경장에서 이루어진 반상의 타파마저 이의를 제기하고 있다. 결국 이 작품은 당시 논설이나 토론·연설이 지녔던 정치성에서 상당히 후퇴했으며, 정치적 문제보다 종교·문화·풍속의 문제에 초점을 맞춘 문학으로 전락하고 말았다. 어쩌면 그것은 이해조의 점진적·보수적인 개화관이 지닌 세계관적 한계에 근거한다고 하겠다.

5. 「자유종」의 의미

이해조의 「자유종」은 정치적인 성격으로 인해 그 당시의 대표적인 작품으로 논의되었다. 이 작품은 시대적인 한계나 양식적인 한계를 많이 노정하고 있다. 우리의 문학사를 시, 소설 중심의 문학사에서 보면 이 작품은 특이하고 또한 소설로서는 형식 결격의 작품이다. 그리고 희곡으로 보려 해도 적지 않은 문제점을 내포하고 있다. 그것은 무엇보다 담론의 특성, 즉 연설 또는 토론이 갖는 사회적 성격에 상당 부분 기인한다. 이들 담론은 그야말로 정치적이고 계몽적인 성격이 농후하기 때문에 순수 문학의 담론으로서는 적절치 않다.

개화기 논설을 비롯하여 연설, 토론은 대중 계몽 담론으로서 중요한 의미를 갖는다. 개화기는 다른 어떤 시기보다 국난의 시기였고, 또한 서구로부터 자유주의 이념들이 들어와 계몽의 담론이 만연할 수밖에 없었던 시기였다. 개화기의 특수성에 비추어 볼 때 시대상 만연된 담론이 문학에 영향을 끼친 결과라 할 수 있다. 그러므로 우선 당시의 문학적 토대, 또는 사회적 토대로서 그러한 담론에 대한 인식이 선행될 필요가 있다. 그것은 문학작품의 미학적인 의미도 중요하지만, 문학사적·사회사적인 측면도 중요하기 때문이다. 이들 토론체 작품들을 서사 문학 일변도로 파악해서는 곤란하다. 서사문학을 소설 중심사로 엮으면 이러한 작품은 형식적인 측면에서 미달된, 다만 소설의 발전에 기여하는 것들 정도로 평가되는데, 그것은 사회사나 문학사를 제대로 파악하지 못한 논의이다.

「자유종」은 이해조의 계몽사상을 보다 직접적인 언어로 표출한 작품이다. 다른 소설들에 비해서 직정적이고, 또한 설유적이다. 그것은 연설이나 토론이 갖고 있는 담론적 속성에 기인한다. 이해조는 이 작품을 통해서 당대의 현안들에 대한 자신의 견해를 피력했다. 그러나 오늘날의 견지에서 보면 그의 시대인식도 상당히 보수적이고, 또한 온건하다. 그가 내세운 논리는 전국 청년 남녀들이 보통의 지식으로 학교도 설시하고 신서적도 발간하여 자주권을 회복하는 것이다. 그러나 국권이 일제에 침탈되는 상황에서 그의 논리는 크게 설득력을 얻을 수 없다. 그리고 이 작품이 발간된 시기가 일제 강점이 이루어진 1910년이고 보면 더욱 그러하다. 이해조는 신진 지식인이었으며, 그가 꿈꾸려고 한 개화는 일본을 모델로 한 근대화였기에 결국 시대적 한계를 노정할 수밖에 없었다.

제 6 장

일제 패망과 한국 해방의 참언(讖言)

— 신채호의 「용과 용의 대격전」

1. 1928년 「용과 용의 대격전」의 출현

단재의 소설 가운데 「용과 용의 대격전」은 그의 가장 대표적인 작품이라고 할 만하다. 그의 소설에는 「익모초」, 「꿈하늘」, 「백세 노승의 미인담」 등 여러 작품이 있지만, 「용과 용의 대격전」이 단재의 작품 가운데 가장 완결된 구조를 지녔을 뿐만 아니라 주제 또한 강렬하기 때문이다. 이 작품은 단재의 마지막 소설로 비록 우의적인 작품이지만, 단재의 사상과 정신을 잘 드러낸다.

「용과 용의 대격전」이 쓰인 시기는 1928년이다. 단재가 일제에 체포(1928.5)된 이후 그의 유고들은 박용태가 간직하고 있었다. 단재가 옥사하고 박용태 역시 일제에 쫓기다가 1938년 사망하면서 단재 유고는 오리무중이 되었다. 그러던 것이 1960년대 초 북한의 국립중앙도서관에서 발견되었다. 해방 이후 중국 주재 조선대사관을 통해 북한에 전해진 것이라 한다. 안함광, 주룡걸 등은 단재의 유고들에 대한 정리 작업에 착수하였다. 이 가운데 「용과 용의 대격전」은 1964년 7월 『문학신문』에 소개되었다. 그리고 『조선문학』(1964.8)에 김하명의 해설과 함께 실렸다가 『룡과 룡의 대격전』(1966)에 수록되었다.

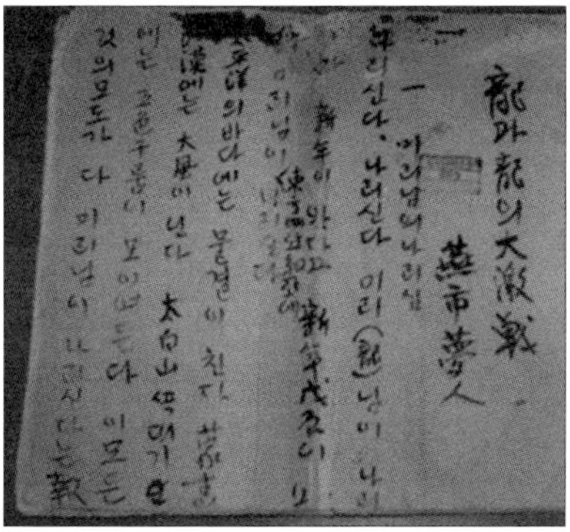
龍과 龍의 大激戰
燕市夢人

북한에서는 유고집의 이름을 『룡과 룡의 대격전』으로 내세울 만큼 이 작품에 의미를 부여했다. 남한에서는 1977년 『개정판 단재신채호문학전집(별집)』에 실리면서 알려졌다. 그리고 김병민은 『신채호문학유고선집』(연변대출판사, 1994)에 이 작품을 실었다. 그래서 「용과 용의 대격전」의 텍스트로 단재의 유고본과 더불어 북한의 선집본, 남한의 전집본, 그리고 김병민의 선집본 등이 있다. 현재 유고는 북한에 있으며, 소개된 판본들에서 일부 '문자 표기상의 상이점'이 발견되지만, 크게 다르지는 않다.

단재는 1928년 무렵 「용과 용의 대격전」과 함께 「예언가가 본 무진」, 「선언」 등을 썼다. 「용과 용의 대격전」은 이 작품들과 텍스트적 관련성을 갖고 있고, 또한 1923년에 나온 「조선혁명선언」과도 텍스트적 관련성을 띠고 있다. 그렇기 때문에 「용과 용의 대격전」은 맥락적 읽기를 통해서 그 작품이 지닌 의미를 제대로 파악해낼 수 있다. 여기에서는 「용과 용의 대격전」을 단재의 다른 작품들과 관련시켜 맥락적 읽기를 해보려고 한다. 그리하여 이 작품의 의미를 제대로 밝히고자 한다.

2. 무진년과 드래곤의 출현

> 나리신다, 나리신다, 미리(龍)님이 나리신다. 신년(新年)이 왔다고, 신년 무진(戊辰)이 왔다고, 미리님이 동방 아세아에 나리신다.[1](1장 서두)

이것은 「용과 용의 대격전」의 첫머리이다. 작품은 총 10개의 장으로 구성되었는데, 이 부분은 제1장 '미리님의 나리심'의 서두이다. 위 구절에서 눈에 띄는 단어는, 바로 '무진'이다. 작가는 작품의 서두에 '신년 무진'을 전경화하고 있다. 그것은 1928년 무진년을 의미하는 것으로, 서두에서 작품이 쓰인 당시 시점을 강조한 것이다.

> 진사(辰巳) 성인(聖人)은 궁예 왕건 이태조 등 경험한 사실로 보면 한자옥편에 말한 바 같은 성인이 무진 기사년 사이(間)에 투태(投胎) 혹 탄생한다는 말이 아니라 곧 신운명을 개척하는 중심사업이 무진 기사로써 된단 말"이며, 그것은 "옛 성상가(古星相家) 누대 경험에서 나온 말인즉 나는 얼마큼 이 말을 신인(信認)하려 한다.[2]

단재는 1928년 신년에 「예언가가 본 무진」이라는 글을 발표했다. 그는 이 글에서 우리 역사에서 무진년이 갖는 의미를 추구하였

---

1 신채호, 「용과 용의 대격전」, 김주현 편, 『백세 노승의 미인담(외)』, 범우사, 2004, 211면. 이하 이 장에서 이 작품의 인용 시 인용 구절 뒤 괄호 속에 면수만 기입함.

2 신채호, 「예언가가 본 무진」, 『동아일보』, 1928.1.1. 밑줄은 강조를 위해 인용자가 함. 이하 동일.

다. '진사(辰巳) 성인(聖人)은 궁예 왕건 이태조 등 경험한 사실로 보면 …… 곧 신운명을 개척하는 중심사업이 무진 기사로써 된단 말'이며, 그것은 '옛 성상가(古星相家) 누대 경험에서 나온 말인즉' "고비결(古秘訣)의 진사성인(辰巳聖人)은 밋"는다는 것이다. 단재의 이 글의 마무리에서도 다음과 같이 강조하고 있다.

> 그럼으로 나는 정감록은 비결 외로 구축하고 고비결의 진사성인출(辰巳聖人出)을 믿고저 한다. / 결론 / 시운이 있어도 또한 인물의 노력을 요하나니 나는 무진년을 조선의 성년(聖年)으로 믿는 동시에 더욱이 우리 조선 민중의 일반 노력을 빌고 말을 마친다.[3]

단재는 우리의 역사적 경험 속에서 무진 을사년의 의미를 되새기고, 그와 동시에 1928년이 '신운명을 개척하는 중심사업이 일어날 길년(吉年)'이자, '무진년이 조선의 성년(聖年)'임을 믿는다고 한다. 단재는 이 글에서 모두 4번에 걸쳐 '진사년 성인의 출현'을 믿는다고 했다. 그리고 시운이 있어도 노력이 필요하다며 '조선 민중의 일반 노력'을 요청하였다. 한편 「용과 용의 대격전」 제1장에서는 신년 무진에 '미리님이 나리신다'고 하여 미리님의 출현을 강조했다.

> "드래곤이 왔다. 드래곤이 왔다. 인제는 천국(天國)의 말일이다."(217면)

---

3 위의 글, 같은 곳.

그런데 4장 서두에 이르면 '드래곤이 왔다'고 하여 '드래곤'의 출현을 제시했다. 미리와 드래곤은 모두 용의 다른 표현이다. 둘은 동생이성(同生異性)으로, 미리는 동양의 용으로 복종과 윤리를 미덕으로 삼고 민중을 억압함으로써 민중의 적이 되었고, 드래곤은 서양의 용으로 혁명과 파괴를 주의로 삼아 민중의 동지가 되었다고 한다. 드래곤의 출현과 천국의 말일은 '인제는'이라는 표현을 통해 인과적으로 연결된다. 곧 드래곤의 파괴 대상은 천국으로 귀결되고, 천국이 소멸 내지 파괴 당해 '말일'에 이르는 것이다. 작품에서 '드래곤의 참모습(眞影)'은 '0'으로 제시된다.

> 수학상의 '0'은 자리만 있고 실물은 없지만 드래곤의 '0'은 총도, 칼도, 불도, 벼락도, 기타 모든 '테러'가 될 수 있다. 금일에는 드래곤이 '0'으로 표현되지만, 명일에는 드래곤의 대상의 적이 '0'으로 소멸되어 제국도 '0', 천국도'0', 기타 모든 지배세력이 '0'이 될 것이다. 모든 지배세력이 '0'으로 되는 때에는 드래곤의 정체적(正體的) 건설이 우리의 눈에 보일 것이다.(221면)

곧 "숫자상의 '0'은 자리만 있고 실물은 없지만, 드래곤의 '0'은 총도, 칼도, 불도, 벼락도, 기타 모든 '테러'가 될 수 있다"고 했다. 드래곤이 혁명이나 파괴와 관련됨을 지적한 것이다. 오늘 드래곤은 0이지만 내일에는 드래곤의 적이 0이 되며, 그래서 "모든 지배세력이 '0'으로 되는 때에는 드래곤의 정체적(正體的) 건설이 우리의 눈에 보일 것"이라 했다. 이는 파괴와 건설이 동시에 일어남을 말해주는 것이다. 드래곤의 출현으로 천국이 멸망하고 정체적 건설이 일어날 것이란 말이다. 그러면 드래곤이 건설할 정체는 무엇인가?

3. 일제의 식민지 수탈과 만행

「용과 용의 대격전」은 천국과 지국의 갈등을 보여주는데, 지국에서도 부자(부자와 귀자)와 빈자(빈민, 가련한 인민) 사이에 차별이 존재한다. 단재가 주목하는 것은 지상의 인민 또는 민중으로, 작중에서 강국 민중, 식민지 민중, 망국 민중, 무산 민중, 자각한 민중 등으로 표현했다. 그런데 민중의 형성은 제국주의 침탈과 관련이 있기 때문에 제국주의 권력자의 식민지 민중 착취가 전면화된다. 아래는 제국이 식민지 민중을 다스리는 방식을 제시한 것이다.

> ①철도, 광산, 어장, 삼림, 양전(良田), 옥답(沃畓), 상업, 공업…… 모든 권리와 이익을 다 빼앗으며 세금과 도조를 자꾸 더 받아 몸서리나는 착취를 행하면서도 겉으로 "너희들의 생존 안녕을 보장하여 주노라"고 떠들면 속습니다. ②혁편(革鞭), 철퇴(鐵椎), 죽침(竹針)질, 단근질, 전기뜸질 심지어 구두(口頭)에 올리기도 참악한 '×××' '×××' 같은 형벌을 행하면서도 군대를 출동하여 부녀를 찢어 죽인다. 소아를 산 채로 묻는다. 전촌(全村)을 도륙한다. 곡식가리에 방화한다…… 하는 전율한 수단을 행하면서도 ③한두 신문사의 설립이나 허가하고 "문화정치의 혜택을 받으라"고 소리하

> 면 속습니다. 학교를 제한하여 그 지식을 없도록 하면서도, 국어와 국문을 금지하여 그 애국심을 못 나도록 하면서도, 저들 나라의 인민을 이식하여 그 본국의 민중을 살 곳이 없도록 하면서도, 악형과 학살을 행하여 그 종족을 멸망토록 하면서도, 부어터질 동종동문(同種同文)의 정의(情誼)를 말하면 속습니다. ④'건국', '혁명', '독립', '자유' 등은 그 명사까지도 잊어버리라고 일체 구두(口頭) 필두(筆頭)에 오르지도 못하게 하지만, 옴 올라갈 자치참정권 등을 주마 하면 속습니다.(216면)

단재는 2장 중간에서 미리의 입을 빌려 제국의 식민지 통치 현실을 적나라하게 보여주었다. 미리는 상제의 충신으로, 천궁의 시위대장과 '동양 총독'을 하면서 기만과 폭압 정치로 식민지 민중을 수탈한다. 그가 총독으로 식민지를 억압하는 모습은 일제가 한국을 식민지화하여 통치하는 모습을 그대로 보여준다. ①은 각종 이권 침탈을 통해 강제 보호조약에 이르는 과정을, ②는 일제 강점기 독립운동가들에 대한 일제의 고문 실태와 잔학한 만행을, ③은 유화정책의 일환으로 제시한 문화정치의 기만적인 모습을, ④는 검열이라는 내부 단속과 자치 참정권 부여라는 위장 통치의 실상을 말하는 것이다. 단재는 일제 강점과 통치의 실상을 「조선혁명선언」의 제1장과 제2장에서도 제대로 고발하지 않았던가.

> [1] 강도 일본이 우리의 국호를 없이 하며, 우리의 정권을 빼앗으며, 우리 생존의 필요조건을 다 박탈하였다. 경제의 생명인 산림,

천택(川澤), 철도, 광산, 어장 내지 소공업 원료까지 다 빼앗아 일체의 생산기능을 칼로 베이며 도끼로 끊고, 토지세, 가옥세, 인구세, 가축세, 백일세(百一稅), 지방세, 주초세(酒草稅), 비료세, 종자세, 영업세, 청결세, 소득세 — 기타 각종 잡세가 날로 증가하여 혈액은 있는 대로 다 빨아가고 …(중략)… 2 〈음모사건〉의 명칭 하에 감옥에 구류되어, 주리를 틀고 목에 칼을 씌우고 발에 쇠사슬 채우기, 단근질, 채찍질, 전기질, 바늘로 손톱 밑과 발톱 밑을 쑤시는, 수족을 달아매는, 콧구멍에는 물 붓는, 생식기에 심지를 박는 모든 악형, 곧 야만 전제국의 형률사전에도 없는 가진 악형을 다 당하고 죽거나, 요행히 살아 옥문에서 나온대야 종신 불구의 폐질자가 될 뿐이다 …(중략)… 최근 3.1운동 이후 수원, 선천 등의 국내 각지부터 북간도, 서간도, 노령, 연해주 각처까지 도처에 거민을 도륙한다, 촌락을 불 지른다, 재신을 약탈한다, 부녀를 욕보인다, 목을 끊는다, 산 채로 묻는다, 불에 사른다, 혹 일신을 두 동가리 세 동가리로 내어 죽인다, 아동을 악형한다, 부녀의 생식기를 파괴한다 하여 할 수 있는 데까지 참혹한 수단을 써서 공포와 전율로 우리 민족을 압박하여 인간의 〈산송장〉을 만들려 하는도다 …(중략)… 3 일본 강도 정치 하에서 문화운동을 부르는 자가 누구이냐? 문화는 산업과 문물의 발달한 총적(總積)을 가리키는 명사니, 경제약탈의 제도 하에서 생존권이 박탈된 민족은 그 종족의 보존도 의문이거든, 하물며 문화발전의 가능이 있으랴 …(중략)… 검열, 압수, 모든 압박 중에 몇몇 신문, 잡지를 가지고 〈문화운동〉의 목탁으로 스스로 떠들어 대며, 강도의 비위에 거스르지 아니할 만한 언론이나 주창

하여 이것을 문화 발전의 과정으로 본다 하면, 그 문화 발전이 도리어 조선의 불행인가 하노라. [4] 이상의 이유에 의거하여 우리는 우리의 생존의 적인 강도 일본과 타협하려는 자(내정독립·자치·참정권 등 논자)나 강도 정치하에서 기생하려는 주의를 가진 자(문화운동론자)나 다 우리의 적임을 선언하노라.[4]

단재는 이미 「조선혁명선언」(1923)에서 일본의 한국 침탈 과정을 여지없이 폭로하였다. 그는 우리의 산림자원 침탈과 각종 세금을 통한 착취의 상황을 선언의 전면에 부각했다. [1]은 그러한 상황을 기술한 것이다. 다음으로 3.1운동 이후 벌어진 우리 민중들의 독립운동에 대한 억압과 탄압의 양상을 폭로하였다. 특히 ②에서 "구두(口頭)에 올리기도 참악한 '×××' '×××'"에서 '×××' '×××'는 '×심지' '×주리'라는 고문인데, 이는 [2]「조선혁명선언」에서 '생식기에 심지를 박는', '부녀의 생식기를 파괴'하는 만행을 말한다. 이러한 고문은 『한일관계사료집』(1919)뿐만 아니라 『한국독립운동지혈사』(1920)에도 제시되어 있다.

13. 두어 치 길이의 유지를 음경 요도 속에 집어넣고 불을 붙이기도 한다(數寸의 油紙로 尿道에 揷入혼 後 火를 燃ᄒᆞ다)
14. 쇠꼬챙이를 불에 달궈 음경이나 음문, 젖꼭지를 지지기도 한

---

4 신채호, 「조선혁명선언」, 김주현 주해, 『신채호문학주해』, 경북대학교출판부, 2018, 487~491면.

다(鐵棒을 火에 紅煉ᄒᆞ야 人의 陰莖과 陰門과 乳頭를 亂刺하다)[5]

여기에서 13번은 남성의 생식기에 가하는 '×심지'에, 그리고 14번은 여성의 생식기에 가하는 '×주리'에 해당하며, 이는 일제의 야만스런 성고문 실태를 언급한 것이다.[6] 단재는 이처럼 3.1운동 이후 일제가 자행한 무자비한 고문과 형벌, 그리고 성고문의 실상을 폭로하였다. 아울러 '부녀를 찢어 죽인다, 소아를 산 채로 묻는다, 전촌을 도륙한다, 곡식가리에 방화'하는 등 일제의 전율스러운 잔학 행위도 고발했다. 그것은 당시 『독립신문』, 『신한청년』 등에도 소개되었다. 단재는 「조선혁명선언」에서도 '거민을 도륙한다, 촌락을 불지른다, 재산을 약탈한다, 부녀를 욕보인다, 목을 끊는다, 산 채로 묻는다, 불에 사른다, 혹 일신을 두 동가리 세 동가리로 내어 죽인다, 아동을 악형한다, 부녀의 생식기를 파괴한다 하여 할 수 있는 데까지 참혹한 수단을 써서 공포와 전율로 우리 민족을 압박'한 행위들을 제시한 것이다.

그러한 상황에서 단재는 신문사 설립과 같은 문화정치, 자치참정권의 부여와 같은 유화정책의 실상과 그에 부화뇌동하는 지식인들을 비판했다. 「조선혁명선언」의 2장(④)에서는 내정독립·자치·참정권론자나 문화운동론자를 비판했다. 그것은 곧 일제와의 타협이며,

---

5 대한민국임시정부자료집편찬위원회 편, 『대한민국임시정부자료집7—한일관계사료집』, 국사편찬위원회, 2005,

6 김주현, 「「용과 용의 대격전」에 대한 새로운 읽기」, 『현대소설연구』 66, 한국현대소설학회, 2017.12.

기생이라는 것이다. 단재는 일제의 기만적 술수에 속지 말고 민중혁명에 나설 것을 주장하였다. 「용과 용의 대격전」은 바로 「조선혁명선언」의 혁명선언에 이어지는 것으로 바로 드래곤의 혁명이라는 민중혁명을 기반으로 하고 있다.

> 우리는 민중 속에 가서 민중과 손을 잡고 끊임없는 폭력—암살, 파괴, 폭동으로써, 강도 일본의 통치를 타도하고, 우리 생활에 불합리한 일체 제도를 개조하여, 인류로써 인류를 압박치 못하며, 사회로써 사회를 수탈하지 못하는 이상적 조선을 건설할지니라.[7]

이것은 「조선혁명선언」의 마무리 부분이다. 단재는 여기에서 일제의 식민지 수탈 행위를 열거하고 조선의 민중혁명 봉기의 당위성과 정당성을 제시한 다음, 폭력으로써 일제 통치를 타도하고 이상적 조선을 건설할 것을 선언하고 있다. 「용과 용의 대격전」에서 드래곤의 혁명과 천국 파괴, 지국 건설은 바로 이러한 맥락에서 이해될 수 있다.

4. 진사성인출과 건지돈괘의 진실

> 약실 안에는 우는 이도 없건마는,
> "왔다 왔다, 드래곤이 왔다. 이제는 천국의 말일이다."란 소리가

7 신채호, 「조선혁명선언」, 『신채호문학주해』, 499면.

> 맹렬하게 인다.
>
> 상제가 매우 의혹하여 그 소리 나는 곳을 가만가만 찾아본즉 초강수硝强水의 병속이다. 상제가 대노하여 칼을 빼어 초강수의 병을 치니 초강수는 어디 가고 불칼이 번쩍 나와 천궁의 들보를 친다, 기둥을 친다, 지붕을 친다, 주추를 부순다 하여, 뚝─딱─꽝─꽝─와르르 우르르─ 천궁 전체가 불지옥이 되었다.
>
> 상제께서 '비가비(雨神)'를 불러 비를 좀 주어 불을 꺼라 하시더니, '비가비'는 아니 오고, '바람가비(風神)'가 달려들어 냅다 맹풍(猛風)을 불어 불이 더욱 만연하여 천궁부터 천경(天京)까지를 소탕한다. 대세가 가고 보니 위권(威權)이 행할쏘냐. 상제가 할일없어 불을 피하여 궁문으로 나아가다가 맹풍의 휩싸인 바 되어 어디로 날아가 버린다.
>
> 천사가 상제를 구하려나가 바람이 너무 세므로 어찌하지 못하여, "이제는 천국의 말일이로구나." 부르짖는다.(228~229면)

위의 장면은 제8장 '천궁의 대란, 상제의 비거(飛去)' 부분이다. 여기에서 상제는 천궁 여기저기에서 들려오는 '왔다 왔다, 드래곤이 왔다'라는 소리가 초강수병에서 나오는 것을 깨닫고 칼로 초강수병을 친다. 그러자 거기서 불칼이 나와 천궁의 들보와 기둥, 지붕 주추를 쳐서 천궁 전체가 불지옥이 된다. 초강수(질산) 병에서 나온 불칼(질산 폭발)이 천궁부터 천경까지 소탕하였다는 것이다. 곧 드래곤의 출현은 '불'로 상징되며, 천국은 불칼에 의해 불지옥으로 바뀌며 말일을 맞는다. 여기에서 천국은 「조선혁명선언」에서 파괴와 타도의 대상으로 밝힌 일제를 뜻한다.

> "허허 요새 세상에도 상전을 찾아다니는 이가 있단 말이오. 당신은 참 충노(忠奴)올시다."
>
> 하고 점통을 흔드니 건지돈괘(乾之遯卦)가 나온다. 도사가 대경하여,
>
> "아－어－건(乾)은 천(天)이니 곧 상제요, 돈(遯)은 도망(逃亡)이니 당신이 상전을 찾는 노자(奴子)가 아니라 도망한 상제를 찾는 천사인가 봅니다."
>
> 천사는 이 말에 놀라지 안할 수 없다.(232면)

전자는 9장 끝부분에 제시된 점괘와 그 풀이이다. 천사가 상제를 찾기 위해 도사에게 신점을 의뢰하자, 도사는 점통을 흔들어 '건지돈괘'를 얻는다. 그리고 '건(乾)은 천(天)이니 곧 상제요, 둔(遯)은 도망(逃亡)'이라고 해석한다. 이것은 주역의 괘상으로 풀이한 것이다.

> 건(乾)은 천(天)이니, 천(天)은 하늘의 형체이고 건(乾)은 하늘의 성정(性情)이다. 건(乾)은 굳셈이니, 굳세어 쉼이 없음을 건(乾)이라 한다. 하늘은 전일(專一)하게 말하면 도(道)이니, '하늘도 어기지 않는다'는 것이 이것이다. 나누어 말하면 형체로써 말할 때에는 천(天)이라 하고, 주재(主宰)로서 말할 때에는 상제(上帝)라 하고, 공용(功用)으로써 말할 때에는 귀신(鬼神)이라 하고, 묘용(妙用)으로써 말할 때에는 신(神)이라 하고, 성정(性情)으로써 말할 때에는 건(乾)이라 한다. 건(乾)은 만물(萬物)의 시초이다. 그러므로 천(天)이 되고 양(陽)

이 되고 아버지가 되고 군주가 되는 것이다.[8]

주역의 괘상에 따르면 '건은 천'으로, '하늘의 형체'이자 '하늘의 성정'이다. 그것은 '주재하는 것으로 말하면 제(상제)'라 하고, 만물의 시초로 하늘과 양(陽), 아버지, 군주가 된다. 그렇기 때문에 「용과 용의 대격전」에서 "건(乾)은 천(天)이니 곧 상제요"라고 하여 건의 괘상을 자연스럽게 해석한 것이다.

> 돈(遯)은 물러감이요 피함이니, 떠나감을 이른다. 괘(卦)됨이 하늘 아래에 산(山)이 있으니, 하늘은 위에 있는 사물이고 양(陽)의 성질은 위로 나아가며, 산(山)은 높이 일어난 사물이고 형체가 비록 높이 일어났으나 체(體)는 멈추는 사물이다. 위로 능멸(陵蔑)하는 상(象)이 있고 멈추어 나가지 않으며 하늘은 위로 나아가 떠나가서, 아래는 능멸하고 위는 떠나가니, 이는 서로 떠나가는 것이다. 그러므로 돈거(遯去)의 뜻이 된 것이다. 두 음(陰)이 아래에서 생겨나 음(陰)은 자라나 장차 성하고 양(陽)은 사라져 물러가니, 소인(小人)이 점점 성함에 군자(君子)가 물러가 피한다. 그러므로 돈(遯)이라 한 것이다.[9]

그리고 돈괘는 한곳에 머물 수 없으므로 물러감인데, 그래서 '물러

---

8 성백효 역주, 『주역전의(상)』, 전통문화연구회, 2022, 146면.
9 성백효 역주, 『주역전의(하)』, 전통문화연구회, 2022, 39면.

감이요, 피함이니, 떠나감'이다. 이 괘체는 아래가 간(艮), 위는 건(乾)으로 간은 산(山), 건은 천(天)이다. 천산돈괘라고 하는 것도 이를 이름이다. 건천은 위에 있고 산지(山止)는 아래에 있어서 하늘이 산을 보고 퇴피(退避)하는 것이 돈의 형상이 된다.[10] 이는 두 음이 아래에서 생겨나 장차 성하고 양이 사라져 물러가는 것이다. 한마디로 음이 성장해서 양이 피하는 것(遯者陰長而陽遯也)을 말한다. '돈(遯)을 도망(逃亡)'이라고 해석한 것은 그러한 것을 말한다.

효 \ 괘	건(중천건)괘		돈(천산돈)괘		비고
육효	▬▬▬	戌土	▬▬▬	戌土	
오효	▬▬▬	申金	▬▬▬	申金	
사효	▬▬▬	午火	▬▬▬	午火	
삼효	▬▬▬	辰土	▬▬▬	申金	
이효	▬▬▬	寅木	▬ ▬	午火	이효 寅→午
초효	▬▬▬	子水	▬ ▬	辰土	초효 子→辰

건괘에서 돈괘로 바뀐 것은 건괘의 초효와 제2효가 양에서 음으로 바뀐 것이다. 이 표를 보면[11] 건괘의 초효와 제2효가 변해 돈괘가 됨을 알 수 있다. 그런데 초효와 2효의 양이 음이 됨으로써 돈괘가 되었는데, 여기에서 '건괘 초효 자'가 '돈괘 초효 진'으로 바뀌었음을 알 수 있다. 돈괘는 '소인(小人)이 점점 성함에 군자(君子)가 물러가 피한다'는 것이다. '상제가 도망하였다'고 한 것은 건지돈괘, 달리 말하

10 신태관 역, 『역경정해』, JM중앙미디어, 2005, 337면.
11 이 표는 주백곤의 『역학철학사 I II』(소명출판, 2012)를 갖고 만든 것이다.

면 천산돈괘에 대한 풀이이다.

5. 일제 패망과 한국 해방을 위한 민중혁명 투신

> 그래서 두 무릎을 꿇고 공손히, "상제의 계신 곳을 가르쳐 달라." 하니 도사가 풀어 가로되, "건괘 초효(初爻)의 '자(子)'가 돈괘 초효의 '진(辰)'으로 변하고 '진'이 회두(回頭)하여 '자'를 극(克)하였습니다. 진은 용이요 자는 쥐니, 상제가 용(드래곤)의 난에 도망하여 쥐구멍으로 들어갔습니다. 고어에 '천개어자(天開於子)'라 하더니 오늘은 '천폐어자(天閉於子)'올시다. 쥐구멍에 가서 상제를 찾으시오."(232면)

도사는 '건괘 초효(初爻)의 '자(子)'가 돈괘 초효의 '진(辰)'으로 변하고 '진'이 회두(回頭)하여 '자'를 극(克)하였'다고 했다. 곧 자가 진으로 변하고 이어 진이 회두하여 자를 극하였다는 것이다. 자가 진으로 변하였다는 것은 괘에 대한 설명이다. 돈괘를 풀이해 보면, 음이 성함으로 군자가 물러가 피한다는 것인데, 이를 상제가 용(辰)의 난, 곧 드래곤의 난으로 도망갔다고 했다. 그것은 곧 용(辰 드래곤)이 자(子 상제)를 이겼다는 것이다. '건'을 천(天), 곧 상제로 해석하였다는 것은 천제, 즉 일본 천황을 비유한 것으로 볼 수 있다. 용의 난으로 천국(일제)이 무너지는 것, 곧 무진년 성인(드래곤과 민중)의 혁명으로 제국주의(천국)가 마침내 패망한다는 것이다.

> 또 귀신 하나가 궁중에 들어오더니 큰 소리로 부르짖기를, "백제는 망한다(百濟亡). 백제는 망한다." 하다가 이내 땅속으로 들어갔다. 왕은 이상히 여겨 사람을 시켜 땅을 파게 하니 석자 깊이에 거북 한 마리가 있는데, 그 등에 글이 씌어 있었다. "백제는 둥근 달 같고, 신라는 새 달과 같네(百濟同月輪. 新羅如新月)." 이 글뜻을 무당에게 물으니, 말하기를, "둥근 달이라는 것은 가득 찬 것이니, 차면 기우는 것입니다. 새 달은 차지 않은 것이니, 차지 않으면 점점 차게 되는 것입니다" 한다.[12]

『계사전』에 따르면 점에는 거북점과 시초(蓍草-주역)점이 있다. 「용과 용의 대격전」의 신점은 바로 주역점에 해당된다.[13] 이에 비해 『삼국유사』에 나타난 백제 점은 거북점에 해당한다. 거북점은 백제와 신라의 미래와 관련된다. 건지돈괘, 즉 천산돈괘를 『삼국유사』의 거북점과 비교해보면 흥미롭다. 건괘는 64괘 가운데 첫 번째 괘이며, 둔괘는 33번째 괘이다. 그런 측면에서 1~32와 33~64으로 나누면 그것은 각각 시작과 중간이 된다. '건지돈괘'는 거북등에 쓰인 '백제동월륜(百濟同月輪) 신라여신월(新羅如新月)'의 글귀와 묘한 일치를 보인다. 1달은 1~15일, 16~30일로 1에서 시작하는 '초승달(新月)'은 보름달을 향하는 것으로 신라의 번성을 의미하지만, 16에서 시작하는

12 김부식, 『삼국사기』 권27, 백제 본기 제6 의자왕 편.

13 천하에 부지런히 힘써야 할 것을 이룸은 시초와 거북점보다 더 큰 것이 없다. 이 때문에 하늘이 신성한 물건을 내시자 성인이 이것을 본받았다. 繫辭傳 成天下之亹亹者莫大乎蓍龜. 是故生神物 聖人則之 ; 天地變化 聖人效之 ; 天垂象 見吉凶 聖人象之. 河出圖 洛出書 聖人則之。

'보름달(月輪)'은 그믐달을 향하는 것으로 백제의 멸망을 의미한다. 여기에서 핵심은 후자 곧 백제의 멸망에 있다. 초승달을 천괘(64괘 가운데 제1괘)에, 보름달을 돈괘(64괘 가운데 제33괘)에 비춰보면 유사한 비유가 형성된다. 돈괘는 차서 기우는 것, 곧 멸망하는 것이다.

> 저들(彼等)의 세력은 우리 다대수 민중의 부인하며 파괴하는 날이 곧 저들이 그 존재를 잃는 날이며 저들의 존재를 잃는 날이 곧 우리 민중이 열망하는 자유 평등의 생존을 얻어 무산계급의 진정한 해방을 이루는 날이다. 곧 개선의 날이니 우리 민중의 생존할 길이 여기 이 혁명에 있을 뿐이다.(335면)

드래곤은 반역자, 혁명자들과 교류하며 '혁명'과 '파괴'를 즐기다가, "근세에 와서는 드래곤이 또 허무주의에 심감(深感)하여, 더욱 격렬한 혁명행위를 가지"(222면)게 되었다고 했다. 드래곤이 무정부주의 혁명에 나섰음을 말해준다. 여기에는 파괴가 곧 건설이요 혁명이 곧 해방이라는 단재의 논리가 들어있다. 드래곤에게 소멸과 파괴의 대상은 '제국(帝國)', '천국(天國)', '기타 모든 지배세력'이 된다. 무정부주의 혁명은 모든 지배세력을 파괴하는 것으로, 거기에는 천국을 지배해온 상제(上帝)와 동양을 통치해온 미리와 같은 억압 세력이 포함된다.

「선언」에서 민중이 저들(지배세력)을 부인하고 파괴하는 날은 저들이 존재를 잃는 날이 되며, 또한 저들이 존재를 잃는 날은 민중이 해방을 이루는 날이 된다. 그러므로 드래곤의 정체적 건설이 드러나는 날이란 곧 '무산계급의 진정한 해방을 이루는 날'이다. 그것은 '곧 개선의 날이니 우리 민중의 생존할 길이 여기 이 혁명에 있을 뿐'이라고 했다. 그러므로 무진년 '신운명을 개척하는 중심사업'의 형성은 드래곤의 출현과 직접 관련이 있다.

드래곤이 파괴와 혁명의 대명사이듯, 드래곤의 출현과 더불어 민중들은 종교 도덕가를 죽이고 지배자들의 권리를 옹호한 서적들을 불태우며 교회나 관공서 은행을 파괴하는 등 혁명에 나선다. 그것은 무산 민중들이 모든 것을 부인하고 파괴하는 혁명의 북소리를 울리는 것과 같다.

> 천사 문득 도사의 점에 상제가 쥐구멍에 있으리란 말을 생각하고 울면서
> "여보시오. 쥐를 잡지 마시오. 쥐는 곧 하늘에서 도망하여 온 상제올시다."
> 하나 이 말에는 대답이 없고 "왔다 왔다, 드래곤이 왔다. 이제는 쥐의 말일이다." 하는 소리만 사방에 일 뿐.(233~234면)

드래곤의 출현으로 천국은 말일을 맞게 된다. 용의 반란으로 상제가 쥐구멍으로 달아난다. 용의 난으로 천국이 무너지는 것, 민중혁명으로 제국(천국)이 패망하는 것이 아닌가. 그런데 '진'이 회두하여 '자'를 이겼다는 것은 무엇을 의미하는가? 진은 돈괘의 초효이지만, 여기서는 무진년의 '진'이고 드래곤이 된다. 그리고 '자'는 건괘의 초효이지만, 하늘(천)이면서 천자, 곧 상제가 된다. 위 인용문에서 드래

곤의 출현으로 '쥐의 말일'이 왔다고 했다. 앞서 '천국의 말일'이 '쥐의 말일'로 바뀐 것이다. 상제(上帝) 곧 천자(天子)가 하늘(天)을 잃고 도망하면 쥐(子)가 된다. 그것은 "'천개어자(天開於子)'라 하더니 오늘은 '천폐어자(天閉於子)'올시다"라는 구절과 관련이 있다. 여기에서 단재는 드래곤으로 대변되는 민중이 천자를 이기는 효, 곧 민중혁명으로 제국이 붕괴되는 상황을 점괘로 풀어낸 것이다.

단재는 「조선혁명선언」에서 혁명의 당위성을 설파하고 민중혁명을 선언했다. 「예언가가 본 무진」에서는 진사년에 성인이 나오며(辰巳聖人出), 1928년을 '조선 성년의 해'가 될 것이라 했다. 그리고 「용과 용의 대격전」에서는 1928년에 드래곤이 나타나 자각된 민중들과 함께 반란과 혁명을 꾀함으로써 천국이 멸망할 것이라 했다. 단재는 1928년을 일본을 무너뜨릴 혁명의 해로 인식했던 것이다. 성인, 또는 드래곤은 정여립과 같은 존재, 당대의 안중근이나 행덕추수, 의열단원 김지섭, 또는 아나키스트 박열, 심지어 단재 자신이 될 수도 있다. '드래곤의 출현과 천국의 말일'은 드래곤이 자각된 민중들과 함께 반란과 혁명을 꾀함으로써 제국 일본이 패망하고, 아울러 한국 해방(지민국의 건설)이 이루어지라는 것이다. 단재는 이러한 믿음과 희망을 갖고 과감하게 민중혁명에 나섰다.

제 7 장

실존과 반공 이데올로기의 선택
— 황순원의『카인의 후예』론

1. 황순원과 해방 및 전후 정국

황순원은 1915년 3월 26일에 평남 대동군에서 출생했다. 1923년 평양 숭덕소학교를 입학하여 1929년 졸업하였고, 같은 해 정주 오산중학교를 입학했다. 그해 9월 숭실중학교로 전학했으며, 1934년 졸업했다. 그리고 같은 해 일본 동경 와세다 제2고등학원에 입학하여 〈학생예술좌〉를 창립하기도 했다. 1936년 제2고등학원을 졸업하고, 와세다대학 문학부 영문과에 입학하여 1939년 졸업한다. 그는 1932년『동광』에「나의 꿈」발표를 시작으로『방가』,『골동품』등 두 권의 시집을 내고, 1937년경부터 단편을 창작하기에 이른다. 그는 일제의 한국어 말살정책이 시행된 1940년대 암흑기에도 창작활동을 한 것으로 알려져 있다. 그는 고향에서 해방을 맞이했고, 평양 정의여학교에 교사로 취직했다.

해방 후 한반도에 미소 군이 진주함으로써 두 개의 국가가 형성되기 시작했고, 북쪽에서는 김일성이 중심이 되어 권력을 행사하게 된다. 북조선임시인민위원회가 1946년 3월 5일에 17개조에 달하는 「북조선 토지개혁법」을 제정 공포하고, 다음 날 6개장 24개항의 「세칙」을 발표한다. 그리고 3월말에는 토지 분배사업을 완료하기에 이른다.[1] 해방 직후 평양예술문화협회가 결성되었는데, 황순원은 최명익, 김조규, 유항림 등과 함께 참여한다. 조소문화협회(1945.11)가 생기고, 평양예술문화협회의 노선에 불만을 품고 있던 자들에 의해 평남지구프로레타리아예술동맹(1946.1)이 결성됨으로써, 두 문예단체의 분열과 대립이 노정된다. 평남예맹은 당의 재정적인 지원과 정치적 비호 아래 평북, 함남, 함북, 강원 등 각 지역의 조직과 인원을 확장하였다. 그들의 강압에 의해 평양예술문화협회는 해체된다.[2] 1946년 3월 25일에는 평남예맹원과 월북한 조선문학가동맹원들에 의해 북조선예술총연맹이 결성된다.

당시 북조선예술총연맹 전체 대회의 강령은 (1) 인민적 민주주의에 입각한 민족문화예술의 수립, (2) 조선예술운동의 전국적 통일조직의 촉성, (3) 일제적, 봉건적, 민족반역적, 파쇼적 모든 반민주주의적 반동예술의 세력과 관념의 소탕, (4) 인민대중의 문화적, 창조적, 예술적 계발을 위한 광범한 계몽운동의 전개, (5) 민족문화유산의 정당한 비판과 계승, (6) 우리 민족예술문화의 국제문화와의 교류 등이었다.[3] 그리고 김일성은 1946년 5월 24일 북조선 각도 인민

---

1 유인호, 「해방후 농지개혁의 전개과정과 성격」, 『해방전후사의 인식』, 한길사, 1980.
2 권영민, 『해방직후의 민족문학운동연구』, 서울대학교출판부, 1986, 30~31면.
3 김승환, 『해방공간의 현실주의문학 연구』, 일지사, 1991, 68면.

위원회, 정당·사회단체 선전원, 문화인, 예술인 대회에서 '문화인들은 문화전선의 투사로 되어야 한다'고 역설했다.[4] 문화예술운동의 노선을 정치적 노선과 일치시킨 북조선예술총연맹에 평양 문단의 주도권이 넘어감에 따라 황순원의 문단활동도 철저히 위축된다. 작가들에게도 일률적이고 획일적인 이데올로기를 강요하고, 문화사업에 참여하기를 강요하는 상황이었다.

그는 이러한 북한의 현실에 위협을 느끼고 월남을 감행하게 된다. 그의 월남은 체제의 선택이자 이데올로기적 선택이었다. 그는 해방에서 6.25 이전까지는 자유로운 이데올로기 속에서 생활이 가능했지만, 한반도에 냉전 이데올로기가 고착화된 전후의 상황에서 그것으로부터 자유로울 수 없게 된다. 1946년 월남 후 서울중고등학교 교사로 취임하고 활발한 작품활동을 하기까지 그에게는 이데올로기가 억압의 기제로 남아 있었던 것으로 보인다. 그는 월남 후 조선청년문학가협회에 몸담게 되지만, 곧 조선문학가동맹의 활동에도 참여한다.

한편 한국전쟁의 결과 국내 정치계 및 사회 전반에 반공적인 국가질서가 강화되었다. 전쟁 전의 반공 이념이 이승만과 한민당을 중심으로 하는 단정세력의 정치적 도전세력에 대한 배제 이데올로기적 성격을 띠고 있었던 것과는 달리, 전쟁 체험을 통해 내면화됨으로써 우리 사회에 헤게모니적인 이데올로기로 뿌리를 내리게 되었다.[5]

---

4 정홍교·박종원·류만, 『조선문학개관Ⅱ』, 인동, 1988, 101면.

5 유재일, 「한국전쟁과 반공 이데올로기의 정착」, 『역사비평』 16, 역사비평사, 1992.2, 145~146면.

반공 이데올로기는 국가의 무제한적 권력 집중, 강제력 행사, 그리고 정치적 자유의 유보에 정당성을 공급하는 원천이 될 수 있었다. 특히 전쟁 기간 중 비대화된 군과[6] 경찰 등의 국가 기구가 억압의 장치로서 이승만 정권을 보위하는 역할을 하게 되었으며, 당국은 반공 이데올로기를 학교·언론기관·정치 등의 이데올로기적 국가장치를 통해 적극 전파하기도 했다.[7] 이승만 정권은 국가의 모든 억압적 장치와 국가의 이데올로기적 장치를 통해 반공 이데올로기를 행사했다.

(가) 1953.11 제1차 반공사절단을 자유중국, 월남, 버마, 필리핀, 인도네시아에 파견하여 반공연맹 결성에 관한 의향을 타진.

(나) 1954.6 아세아 민족반공대회를 진해에서 개최하고 아세아민족반공연맹을 결성.

(다) 1954.6.25 반공 지식인 회의 개최.

(라) 1954.10 반공 반일 교육의 강화요강을 시달.

(마) 1954.10.26 대한교련, 대한민국 주권수호를 위한 전국 교육자의 총궐기를 호소하는 격문 발표.[8]

---

6 이혜원·조현연, 「한국전쟁의 국내외적 영향」, 『한국전쟁의 이해』, 역사비평사, 1990, 352면.
7 L. Althusser, *Positions*, Editions Sociales, 1976 ; 김동수 역, 『아미엥에서의 주장』, 솔, 1995.
8 김운태, 『해방삼십년사』, 성문각, 1976 및 국사편찬위원회 편, 『대한민국사연표(상)』, 1984.

휴전 후 거세어진 반공 이데올로기는 전후에 취해진 각각의 조치들을 통해서 여실히 드러난다. 1953년 11월에 반공연맹 결성을 위한 정부의 노력과 1954년 6월에 진해에서 개최된 아시아민족반공연맹의 결성은 한국을 중심으로 한 냉전 체제의 구축을 의미한다. 이것이 국내외적으로 커다란 반향을 일으켰음은 물론이다. 게다가 1954년 6월 25일의 반공 지식인 대회와 10월의 반공교육 강화요강 시달, 주권수호를 위한 격문 발표 등은 사상적 통제의 심화를 보여준다. 정부는 또한 1954년 4월에 야간통행 제한과 경범죄 처벌법을 시행한다. 이러한 조치들은 이승만 정권이 이데올로기적 국가장치를 어떻게 활용하였는가를 여실히 보여준다. 특히 위의 조치 가운데서 (다)(라)(마)는 교육 이데올로기적 장치에 속하는 것들이다. 이데올로기적 국가장치 가운데서 가장 지배적인 지위에 놓인 것이 교육 이데올로기적 장치라는 사실을 유념한다면, 1946년 9월부터 1955년 3월까지 서울중고등학교 교사로 몸담고 있었던 황순원이 반공 이데올로기에서 자유로울 수 없었음을 짐작할 수 있다.

이 시기 "반공 이데올로기는 한국전쟁의 특수한 결과들에 의해 명실상부하게 국가주의로서 헤게모니를 획득하게 되었"던 것이다.[9] 국가장치, 이데올로기적 장치를 통한 통제와 억압으로 이데올로기의 강화와 더불어 체제의 강화도 이루어졌다. 그리하여 국가권력 또는 국가기관이 하나의 거대한 실체로서 개인을 통제하고 억압하는 역할을 하게 된다. 이에 작가들은 전후의 상황적 조건들에서 자유로

---

9 유재일, 앞의 글, 145면.

울 수 없었는데, 고은의 표현을 빌리면, '개방된 지성이 용납되지 않는 문학의 무단화 시대'였다.[10]

황순원은 1953년 『카인의 후예』를 발표하였는데, 해방 후 북한에서 이루어진 토지개혁 문제를 다루고 있다. 이 작품은 1953년 9월부터 5회에 걸쳐 연재되었으나 잡지의 정간으로 중단되었다가 1954년 12월에 '중앙문화사'에서 단행본으로 간행되었다. 그런데 그 사이 많은 부분이 개작되었다. 『카인의 후예』의 개작은 당대의 사회사적 의미망과 작가 이데올로기적 측면을 통해서 충분히 검토될 수 있다. 여기에서는 『문예』에 실린 『카인의 후예』와 첫 완간본인 '중앙문화사' 1954년 전작본을 비교하여 개작이 갖는 의미를 시대·사회적인 측면에서 추구하려 한다. 황순원의 『카인의 후예』 개작을 통해 드러난 작가의식의 변모를 밝혀냄으로써 월남 작가의 의식을 규명하는 데 하나의 난초를 바련하고사 한다.

2. 『카인의 후예』 개작과 반공 이데올로기의 강화

『카인의 후예』는 처음 1953년 9월부터 1954년 3월까지 『문예(文藝)』에 연재되었다가 1954년 12월 중앙문화사에서 단행본으로 나왔다. 그런데 『문예』에 발표된 내용들은 단행본에 실리면서 상당 부분 개작이 일어났다. 『카인의 후예』 개작 문제는 이미 논의된 적이 있

10 고은, 『1950년대』, 청하, 1989, 221면.

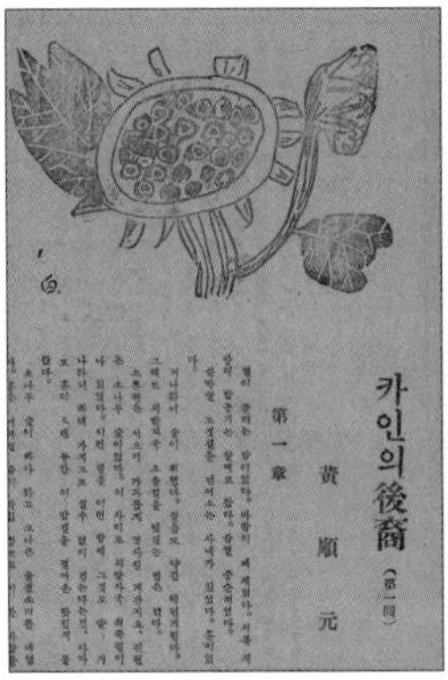

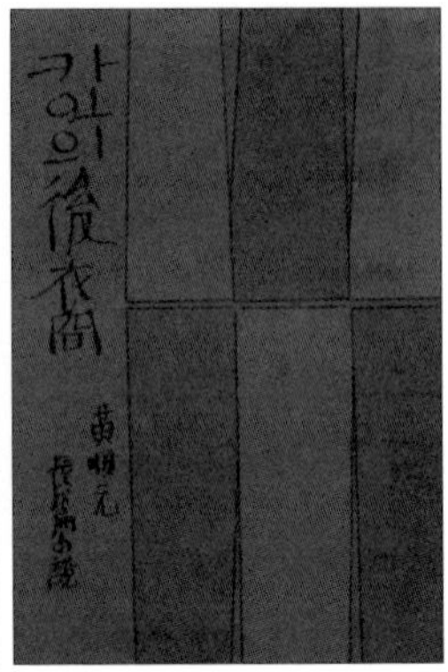

다.[11] 그러나 그것은 첫 개작본인 중앙문화사 본을 빼고 문학과지성사 단행본(1981)과 비교하였으며, 또한 논의가 형식 미학적인 측면에 그쳐 개작이 갖는 사회사적 의미나 작가 인식의 측면이 논의되지 못한 한계를 지니고 있다.

초기 『문예』 연재본(이하 연재본)은 4회에 걸쳐 발표되었으며, 그 분량이 1954년 12월에 간행된 중앙문화사 판본(이하 개작본)의 2/3가량에 해당한다. 연재본에는 제1장부터 제5장 일부 내용까지 실려있다. 이 작품에는 토지개혁으로 지주 계층이 몰락하고 새로운 질서가 재편되어 가는 과정이 다루어졌다. 야학이 당에 접수당하고, 농민위원장은 살해되며, 지주들은 인민재판을 받는 등 토지개혁이 실시되면서 마을 내의 혼란이 가중된다. 박훈의 소작인이던 도섭영감은 토지개혁에 적극 가담하는 기회주의적인 행동을 보이지만, 그의 딸 오작

11 조남현, 「황순원의 『카인의 후예』」, 『한국현대소설의 해부』, 문예출판사, 1993.

녀는 지주들의 인민재판에서 박훈과 부부가 되었다고 거짓 진술을 하는 등 적극 비호하여 박훈을 위기에서 구한다. 여기까지가 『문예』 연재본의 내용이다. 그러나 이후에 나온 전작본은 연재본과 많은 차이를 노정하고 있다.

> (가) 거나하니 술이 취했다. 걸음도 약간 헤던거린다. 그래도 외발자국 오솔길을 헷짚는 법은 없다.(『문예』 1953.9, 12면)
>
> (가)' 엔간히 술이 취한 듯 걸음이 허청거렸다. 그는 지난 넉달 동안이나 어떤 보람을 느껴가면서 경영해 오던 야학을 어제 당에서 나온 공작대원에게 접수를 당한 것이었다. 아무런 예고도 없었다. 훈이 야학 시간이 되어 가보니, 벌써 낯모를 청년이 교단을 점령하고 있었다. 오늘 저녁 이렇게 술이 좀 지나친 것도, 그 허전감에서 온 것인지도 몰랐다.[12]

(가)는 『문예』 연재본이고, (가)'는 1954년 12월 〈중앙문화사〉 개작본이다. 작품의 서두라고 할 수 있는 이 부분은 (가)'가 (가)보다 훨씬 명료하고 자세하게 설명되어 있다. 적어도 (가)'는 야학이 공작대원에게 접수되고 낯모를 청년이 교단을 점령하고 있다고 적시함으로써 상황의 긴박성과 긴장감을 고조시키고 있다. 단순하게 상황을 전해주던 것에서 상황적 긴박감과 이에 대한 자조를 한층 극

---

12 황순원, 『카인의 후예』, 중앙문화사, 1954.12, 5면. 이하 이 장에서 이 작품의 인용 시 인용 구절 뒤 괄호 속에 면수만 기입함.

적으로 전개시키고 있다. 그리하여 북한 사회 전체가 혁명의 소용돌이 속에 내몰리고 있음을 전경화하였다. 그리고 '접수', '점령' 등의 용어를 통해 전후의 분위기가 개작에 영향을 미쳤음을 읽을 수 있다.

> (나) 훈이 조심히 뒷문을 밀어 열었다. 교단에서 웬 낯선 사내가 강의를 하고 있었다. 키가 자그마한, 안경을 쓴 청년이었다. 함경도 사투리가 억세였다.(『문예』 1953.9, 20면)
>
> (나)' 조심히 뒷문을 밀어 열었다. 교단에서 웬 낯선 사내가 강의를 하고 있었다. 언듯 보는 눈에 개털오바를 입은 키가 자그마한 청년이었다. 함경도 사투리가 억세였다.(20면)

어떻게 보면 위의 (가)'에 대한 내용이 (나)에 연결된다. 그것은 그만큼 개작본이 한편으로 사상성을 전면에 내세웠다는 사실을 말해준다. (나)의 '안경을 쓴 청년'은 (나)'에 이르러 '개털오바를 입은 청년'으로 바뀐다. '개털오바 청년'은 그 당시의 당원을 대유할 수 있기 때문에 공산당원의 전형성을 부각시키기 위한 조치로 풀이된다.[13] 작가는 의도적으로 공작대원, 공산당원을 전면화시켜, 이들에 의해 휘둘림을 당하는 해방 후의 북한 모습을 그렸다.

> (다)「종내 일이 벌어디구야 말았쉐다!」

---

13 조남현, 앞의 글, 61면.

혁은 무엇에 몹시 흥분한 어조였다.(『문예』 1953.11, 173면)

(다)′ 「종내 일이 벌어디구야 말았쉐다!」

훈도 그렇게 느꼈다. 오래간만에 가슴속이 뜨거워 올랐다. 저쪽에서 어떤 조직체로 굴레를 씌우려 드는 이 마당에 이쪽에서도 가만 있을 수 없다는 생각이었다.(29면)

(다)′는 (다)에 비해 작가의 가치 평가가 깊이 게재되어 있다. 이것은 농민위원장 남이 아버지가 칼에 찔려 살해당한 일을 두고 서술한 대목이다. 그런데 연재본에는 이 일을 전하는 혁의 감정만 나타나 있고, 훈의 감정은 표출되어 있지 않다. 작가가 그러한 일에 비교적 객관적 자세를 유지하고 서술했다고 하겠다. 그러나 (다)′에 이르면 훈은 혁의 흥분된 감정을 넘어 대결하려는 양상을 보여준다. '저쪽'이란 다름 아닌 사회주의 혁명 세력이다. 시술자는 훈이 가만히 당하고만 있을 수 없다고 하여 혁명 세력에 대한 저항감과 안티테제적 성격을 부각하였다. 이데올로기적 대립의 양상을 전면화하고, 사회주의 혁명에 대한 반감을 표출함으로써 북한의 체제에 대한 비판의 강도를 높이고 있다. 이러한 상황 설정은 연재본에는 없으면서 개작본에 추가된 아래의 내용을 통해서 보다 선명히 드러난다.

「그러믄 동무, 동무가 오늘부터 놈들의 테로에 맞아 죽은 전 농민위원장 동무의 뒤를 이어 이르 맡아 보오. 우리의 사업은 잠시래두 공백이 있어서는 앙이 되는 게요. 그러믄 동무, 지끔두 이얘기르 했지만 먼저 지주와의 관계르 깨끗이 청산하구, 무자비한 투쟁

으로 해야 하오. 그렇게 하믄 동무의 과거의 과오는 말하지 앙이 하겠소.」(33면)

이는 공작대원이 오작녀 아버지에게 강요하고 선동하는 대목이다. 이 구문에서 잘 드러나는 것은 '무자비한 투쟁'이다. 무자비한 투쟁이란 혁명세력의 비도덕성, 반윤리성을 드러내기 위해 만들어낸 표현일 것이다. 그 말은 양심과 정의는 사라진, 잔혹하고 몰인정한 투쟁을 의미한다. 그리고 투쟁 자체를 무자비하다고 몰고 가는 것은 공작대원의 시선이 아니라 작가의 시선일 것이다. 개작본에서 작가는 개털오바 청년과 도섭영감의 대화를 3면가량 추가했다. 청년은 도섭영감에게 살해된 남이 아버지를 대신해 농민위원장직을 수행하여 투쟁의 선봉이 되어줄 것을 강요한다. 혁명의 무자비함을 드러내고, 도섭영감의 비인간적이고 기회주의적인 변신을 보여주기 위한 장치로 볼 수 있다.

또한 개작본에서는 연재본의 '낯모를 청년'이 '공작대원'으로 서술되어 있고, 그들의 비인간성이 곳곳에 드러나고 있다. 아래의 구문은 바로 공작대원과 훈의 대화 내용이다.

(라) 「어젯밤 술을 마셨다지요?」

「예.」

「몸이 편찮다면서?」(『문예』 1953.11, 177~178면)

(라)' 「어제밤 술을 먹었지?」

「예.」

「몸이 편찮다믄서?」(39면)

(라)와 (라)'는 별 차이가 없는 것으로 보인다. 그리고 이것은 대화의 사실성을 강조하기 위해 단지 종결어미를 변형한 것 정도로 이해할 수 있다. 그러나 정작 이 종결형 어미의 변화는 글의 전체 구도 내지 의미상 많은 변화를 초래한다. 이를테면 (라)에는 그래도 공작대원의 신사다움을 경어체의 사용을 통해 드러내지만 (라)'에 이르면 공작대원의 비인간적인 측면을 강하게 드러내고 있다. 이는 단순히 대화의 사실성 차원 이상의 의미를 띤다. 왜냐하면 황순원이 의도적으로 공작대원의 비인간적인 면모를 드러내고 있기 때문이다.

> (마)「나는 잘 알고 있다! 너희 놈들이 야학이라고 시작한 것부터가 일종의 반동결사였나. 농민들을 꾀이러 한 것이다 …(중략)… 새끼들 중의 한 새끼가 명구다……」(『문예』 1953.11, 178~179면)
>
> (마)'「나는 다 알고 있다! 너이 간나아새끼들이 야학이라구 시작한 것부터가 일종 반동 결사다! 농민들을 꾀이려 한 수작이다 …(중략)… 그 간나아새끼들 중의 한 새끼가 명구다. 반동자작농 겸 지주의 아들놈인 명구다……」(41~42면)

(마)의 '너희 놈'은 (마)'에서 '너이 간나아새끼'로 변환된다. 보다 현장감 있게 서술된 표현이긴 하지만, 이데올로기적 성격이 선명히 드러난다. 명구에 대해서도 '한 새끼'에서 '간나아 새끼'로 바뀐다. 그를 '반동자작농 겸 지주의 아들놈'이라고 함으로써 토지개혁의 계

급혁명적 성격을 분명히 해준다. 이러한 변화를 "황순원은 작게는 문장부호 하나에서 크게 패러그래프에 이르기까지 끊임없이 수정작업을 꾀함으로써 보다 뚜렷하게 구체성·정확성·개연성·과감성을 확보할 수 있게 되었다"[14]고 형식 미학적인 측면에 국한시켜 설명하기엔 충분치 않다. 오히려 여기에는 작품의 사회적 성격과 작가의 이데올로기적 입장이 보다 선명하게 노정되어 있다.

페쇠는 낱말, 표현, 명제 등은 이런 것을 사용하는 사람들이 견지하고 있는 입장에 따라 의미를 달리한다고 했다.[15] 이는 의미의 이데올로기적인 성격과 의미의 정치학을 강조한 것이다. 즉 작가에게 이데올로기적 입장은 담론에서 단어의 표현과 배열에 영향을 미친다. 위의 언급은 '동무'와 '반동'을 분리하여 숙청하는 피비린내 나는 혁명을 더욱 여실히 보여준다. 그리고 공작대원들이 전개하는 공개 처형의 인민재판식 농지개혁과 새로 농민위원장이 된 도섭영감의 비인간적 행위를 드러냄으로써 반공 이데올로기적 입장을 분명히 하고 있다. 이러한 변화는 개작본에서 토지개혁의 성격을 분명히 하는 데서 출발한다.

> (바) 그러나 훈은 어쩐지 이 윤주사의 흥분에 따라가고 있지 않은 자기를 느꼈다. 그것은 자기로서도 차 보이는 자신이었다. 아마 아버지가 살아 있어 같은 말을 했대도 그럴 밖에 없었을 자신

14 조남현, 앞의 글, 64면.
15 D. Macdonell, 앞의 책, 35면.

이었다. 결국 자기 손수 모아들인 재물이 아니어서 그런가.(『문예』 1953.12, 142면)

(바)′ 훈은 훈대로 이 윤주사의 흥분과는 달리 가슴을 끓게 하는 게 있었다. 그것은 아직 나라도 서기 전에 토지개혁을 한다는 건 민족을 분렬시키는 시초이라는 점이었다.(96면)

여기에서 훈의 토지개혁에 대한 인식이 드러난다. 연재본에서 윤주사는 무상몰수 무상분배의 토지개혁에 혼자 흥분하여 열을 올리지만, 개작본에서는 윤주사와 박훈, 모두 흥분하는 상황으로 그려진다. 토지개혁에 대해 (바)에서는 어쩔 수 없는 시대적 당위로 제시하지만 (바)′에서는 분명히 민족 분열의 시초라 하여 토지개혁의 부당성을 드러냈다. 이는 단순히 황순원이 지주 출신으로서 북한에서의 농지개혁에서 소외되있기 때문에 자신들의 계층을 옹호하는 차원에서 한 발언으로만 볼 수 없다. 여기에서 황순원의 역사적 인식이 개입된다. 민족 분열은 다른 한편으로 남북의 체제 분열을 의미하는데, 그 원인이 토지개혁에 있다고 하는 것은 해방 후의 체제 분열의 책임을 북한에 두고자 하는 것으로, 이는 남한 우익의 진영의 논리를 대변하는 성격을 갖고 있다. 여기에서 작가의 의도적인 반공 이데올로기의 수용이 드러난다.

(사) 「첫째, 벌써 몇대째 수많은 농민의 고혈을 착취해 온 전형적인 반동 지주 박용제!」

…(중략)…

골덴양복 청년이 이어,

「이 반동 지주 박용제가 일본 제국주의 시대에 면협의원이 되어 그들의 앞잽이 노릇을 하는 한편, 일제 말기에 이르러서는 웃골에 저수지를 판다는 명목하에 수많은 농민의 피와 땀을 착취한 사실은 아직도 우리 기억에 새롭소! 이 박용제를 우리 민주 발전의 해독물로 규정짓는 데 이의가 없는 사람은 손을 드시오!」

「옳소오! 반동 지주, 박용제를 타도하자아!」

여기저기서 쟁기가 올라왔다. 그런데 그 대개가 오늘 각 동네에서 농민들을 인솔해 가지고 온 낯선 사람들이었다.(『문예』 1954.3, 68~69면)

(사)' 「첫째, 벌써 몇대째 수많은 농민의 피르 착취해 온 전형적인 반동 지주 박용제!」

…(중략)…

개털 오바 청년이 이어,

「이 반동 지주 박용제가 일본 제국주의 시대에 면협의원이 되어 놈들으 앞잽이 노릇을 하는 한편, 일제 말기에 이르러서는 웃골에 저수지를 판다는 명목하에 수많은 농민의 피와 땀을 착취한 사실은 아직도 우리 기억에 새롭소! 이 박용제를 우리 민주 발전으 방해물로 규정짓는 데 이의가 있소? 없소?」

「없소오! 반동 지주, 박용제를 타도하자아!」

여기저기서 쟁기가 올라왔다. 그런데 그 대개가 오늘 각 동네에서 농민들을 인솔해 가지고 온 낯선 공작대원들이었다.(146~147면)

앞에서 황순원이 개작 과정에서 세심한 잔손질을 가했음을 볼 수 있다. 먼저 '고혈'이 '피'로 변화되었다. '고혈'은 기름과 피로 '피'와 의미상의 차이는 크게 없다. 그러나 이들 두 단어의 어감상의 차이는 실재한다. 무엇보다 고혈에는 고통과 땀의 의미가 진하게 배어있지만, 피에는 생명의 의미가 들어있다. 의도적으로 피의 착취를 강조함으로써 반동 지주는 타도되어야 할 대상으로 '피에는 피로'라는 혁명주의자의 논리를 한층 분명히 전달한다. 지나치게 선동적인 농지개혁과 피비린내 나는 혁명의 과정을 보다 직접적으로 제시한 것이다.

그리고 골덴양복 청년이 개털오바 청년으로 변화하였는데, 이는 공산혁명 과정에 사회주의의 운동원, 즉 공작대원을 전면화함으로써 혁명세력의 주체를 보다 분명히 하기 위한 조치로 풀이된다. 그것은 (나)의 '안경 쓴 청년'이 (나)'의 개털오바로 옮겨온 것과 같은 맥락이다. 단순한 지식인의 모습에서 사회수의 혁녕 세력의 한 선위자로 내세운 것이다. 그리고 '낯선 사람'이 '낯선 공작대원'으로 변화된 것도 같은 맥락에서 이해된다.

또한 '해독물'이 '방해물'로 변화되었는데 방해물 역시 혁명 과정에서 과업의 완수를 위해 제거되어야 할 대상임을 분명히 하기 위한 의도로 풀이된다. 마지막으로 질문의 형태가 바뀌고 그에 대한 대답이 '옳소'에서 '없소'로 바뀌는 것도 주목을 요하는 대목이다. 이것은 긍정과 부정의 차이이기도 하지만, 혁명의 찬반 세력을 분명히 하고 반대 세력은 용납하지 않겠다는 의도이다. 즉 긍정과 부정의 선택만 있을 뿐이다. 역사가 전시대의 부정을 통해 새로운 시대를 창조한다는 의미에서 창조적 부정성과 일면 닿아 있지만 봉건 잔재를 청산하는 과정(토지개혁)에서 역사나 계급에 대한 부정성은 지나치게 당의 논리에 닿아있어 생산적 논의란 볼 수 없다. 단지 부정과 청산 대상으로서의 과거 농지제도가 있을 뿐이고, 이를 개혁하는 데 다른 의견이란 있을 수 없는 것이 해방 정국의 북한 토지개혁이었다. 긍정과 부정, 찬성과 반대 사이의 다른 어떤 의견도 용납하지 않는 부정을 통한 청산 작업, 이것이 북한의 혁명 전개과정이었음을 보다 현장감 있게 보여준 대목이다. 여기에서 작가가 토지개혁 과정에서의 무자비함과 잔인성을 표출하려고 애쓴 흔적이 보인다.

(아) 사람들이 비석거리를 지나 훈네 집으로 향해 올라왔다. 내친 걸음이라, 이제는 주저하는 빛마자 없은 걸음걸이들이었다.(『문예』 1954.3, 80면)

(아)' 사람들이 비석거리를 지나 훈네 집으로 향해 올라왔다. 내친 걸음이라, 이제는 과히 주저하는 빛도 없는 걸음걸이들이었다. 메고 있는 쟁깃날들이 번뜩이었다.(166면)

(자) 거기에 수염을 밴밴히 민 도섭 영감의 네모진 얼굴도 알아본다.(『문예』 1954.3, 81면)

(자)' 거기에 머리와 수염을 밴밴히 민 도섭 영감이 도끼를 메고 있는 모습도 알아보았다.(168면)

(아)'의 '메고 있는 쟁깃날이 번뜩이었다'와 (자)'의 '도끼를 메고 있는 모습'은 개작본에 추가된 것이다. 토지개혁은 법령에 의해 완

수될 사항이었다. 그러나 농민들이 공작대원에 의해 거리로 내몰리고 공개처형식의 인민재판이 서슴없이 자행되었음을 황순원은 강조하여 서술하였다. 그리고 개작본에서는 그 과정이 무자비하게 진행되었음을 그리고자 했다.

이러한 변화 외에도 부분적인 변화가 몇 군데 더 드러난다. 이를테면 오작녀 아버지 도섭영감의 지위 변화이다. 연재본에서는 "도섭영감은 훈네 소작인이었다."(『문예』 1953.9, 17면)고 했는데, 개작본에서는 "이십여년 동안이나 훈네 토지를 관리해 온 마름이었다."(16면)로 바뀌었다. 소작인에서 마름으로의 변화는 작품에서는 도섭영감의 성격을 더욱 분명히 하기 위한 장치로 보인다. 그리고 오작녀의 남편이 훈과 산막골에서 술을 마시는 동안 불출이 어머니에게 훈을 빈정대는 수수께끼를 하나 내는데, 이 부분이 개작본에는 빠져 있다. 또 개작본에는 오작녀의 과거가 하나 더 추가되었다. 연재본에는 훈이 어렸을 적에 농머리에서 오작녀가 검정참외 두 개를 전해준 일만이 나오는데, 개작본에는 훈이 산막골에서 불장난을 하다가 불을 낸 사건이 추가되어 있다. 오작녀는 뒹굴면서 사력을 다해 불을 끄는데, 이는 훈에 대한 보호와 애정을 잘 드러내기 위한 것으로 볼 수 있다.

그리고 무엇보다 큰아기 바윗골 전설의 추가를 들 수 있다. 작가는 연재본에는 없던 큰아기 바윗골 전설을 개작본에 추가하였는데, 여기에는 두 가지 전설이 복합적으로 작용하고 있다. 하나는 큰아기가 바위로 변했다는 '망부석 전설'과, 또 하나는 도련님이 죽고 난 "이듬해 봄, 큰아기바윗가에는 전에 없이 붉은 진달래꽃이 피었다.

그리고 어디서 왔는지 버꾸기 한 마리가 구슬피 울고 있었다"(200면)는 '소쩍새 전설'의 차용이다. 이는 이 소설(특히 훈과 오작녀의 이야기)에 알레고리적 성격을 띠고 제시되긴 했지만, 오히려 작위성을 드러내고 말았다. 결국 전설을 개작본에 넣음으로써 토지개혁이라는 서사적 진지성이 무너지고, 훈과 오작녀의 이루어질 수 없는 전설 같은 이야기로 이끌고 말았다.

『카인의 후예』의 개작은 크게 반공 이데올로기의 수용과 전설을 통한 상징성의 지향이라는 두 개의 축을 중심으로 이루어졌다. 특히 전자는 사회사적인 흐름이 작품에 영향을 미친 것으로 볼 수 있다. 개작본에서는 반공 이데올로기를 수용함으로써 연재본이 지향하고 있던 객관적 시선이 붕괴되고, 친정부적 성격을 띠게 되었다. 작가는 『문예』본의 내용에 윤주사의 인민재판을 통한 마을 사람들의 분열, 오작녀와 박훈에 대한 소문, 제2차 지주 숙청, 용제 영감의 죽음, 박훈의 이남행 결심 등을 보태어 소설을 완결했다. 이 작품에서 토지개혁을 중심 사건으로 놓고 있지만, 개혁을 바라보는 작가의 시선은 곱지 않다. 그리고 토지개혁 문제를 토지개혁으로 인한 마을 공동체의 붕괴에 초점을 맞춤으로써 시대적 당위성이나 계급적 이해와 같은 역사적 차원에서 다루지 못한 한계를 노정하고 있다. 특히 개작본은 혁명 세력에 대한 냉소적 시선과 토지개혁 과정을 민족 분열의 시초로 인식하는 등 반공 이데올로기적 역사 인식을 분명히 했다. 여기에는 작가의 실존과 이데올로기적 측면이 결부되어 있다.

3. 작가의 실존과 이데올로기적 선택

> 나는 판을 달리할 적마다 작품을 손봐오는 편이지만, 해방 전 신문 잡지에 발표된 많은 시의 거의 다를 이번 전집에서도 빼버렸고, 이미 출간된 시집 『방가』에서도 27편 중 12편이나 빼버렸다. 무엇보다도 쓴 사람 자신의 마음에 너무 들지 않는 것들을 다른 사람에게 읽힌다는 건 용납될 수 없다는 생각에서다. 빼버리는 데 조그만치도 미련은 없었다. 이렇게 내가 버린 작품들을 이후에 어느 호사가가 있어 발굴이라는 명목으로든 뭐로든 끄집어내지 말기를 바란다.[16]

황순원은 다른 작가들에 비해 개작을 많이 한 작가이다. 그것은 작품을 좋게 손보아 내리는 작가의 장인 기질을 잘 보어주기도 하지만 그렇지 않은 경우도 있다. 그는 위에서 '쓴 사람 자신의 마음에 들지 않는 것들'을 전집에서 빼버렸다고 했는데, 문면 그대로 인식할 필요는 없다. 그리고 '빼버리는 데 조그만치도 미련은 없었다'고 했는데, 어쩌면 이는 작품으로서의 완성도의 문제라기보다 이데올로기의 문제로 볼 수 있다. 이데올로기의 문제는 황순원 한 작가의 문제이기에 앞서 월남 작가 전체에 대한 문제이기도 하다.

황순원의 전집이 처음 나온 것은 1964년 '창우사'에서이다. '창우사'에서 나온 『황순원전집1』에는 그의 시집 『방가』, 『골동품』, 『목

16 황순원, 『황순원전집11—시선집』, 문학과지성사, 1993, 182~183면.

탄화』와 소설집 『늪』, 『기러기』 등이 실려있다. 그 중 『방가』에는 총 9편의 시가 실려있는데, 1934년 11월 '동경학생예술좌'에서 발행된 시집 『방가』에 실린 작품이 총 27편인 것에 비하면 매우 많은 작품이 빠져 있다. 이것은 『골동품』의 작품 총 22편 중 21편이 실린 것과는 대조적인 모습을 보이고 있다. 그러면 왜 이러한 현상이 발생했는가를 되묻지 않을 수 없다. 그것은 빠진 작품들의 내용을 살펴봄으로써 설명이 가능하다.

그리고 누구 앞에 서든지 쭐어들지 않을
「참」으로 된 군복 투구 신들메를 튼튼히 하고
앞날의 행복을 기약할 수 있는
정의의 장검을 억씬 팔뚝에 들어보자!

— 「젊은이여」의 일부(『동광』 1932.1, 105면)

하로의 삶을 니으려고
주린 창자를 움켜쥔 후 거리거리를 헤매는 군중---
때때로 정기(精氣) 없는 눈에서는 두 줄기의 눈물이 흐르며
핏기없는 입술을 악물고 떨고 있나니 토막에 있는 처와 자식이 힘없이 누워있음을 생각합니다.

…(중략)…

그러나 마음에 뜻 안 했든 상처를 밧고 가두로 울며불며 헤매는 者여!
지금의 원한을 가슴 깊이 묻혀두어라

눈물을 값없이 흘리지 말어라.

—「가두로 울며 헤매는 자(者)여」의 일부(『혜성』, 1932.4, 150면)

위에 제시된 2편의 시는 그의 초기작들이다. 이 시들은 첫시집에 수록이 되어있다. 이 시 말고도 첫 시집 『방가(放歌)』에는 「동무여 더 한층 의지가 굳세라」, 「꺼진 등대에 불을 켜자」 등 매우 투쟁적인 작품들이 실려있다. 「젊은이여」의 후반부에서 "동지여, 우리는 참다운 젊은이답게 의를 위한 날카로운 그 칼끝으로 / 주저 말고 우리의 앞가슴을 쿡쿡 찔러서 / 쉬인 피를 쏟고, 살어 뛰는 피만을 남겨두자!"[17]고 하여 투쟁의식을 북돋우는가 하면, 「꺼진 등대에 불을 켜자」에서는 '좀먹는 현실을 보고 슬허만 말라. / 우리는, 참, 사내는 다시 등대의 불을 켜노아 / 뒷날 이곳을 지나는 사람의 기꺼워함을 / 아하, 가슴 깊이 안어야 하지 않는가, 안어야 하지 않는가'[18]라고 노래하였다. 위 시들은 1930년대 우리 문단에 주된 흐름이었던 경향시적 면모를 잘 보여준다. 황순원이 창작 활동 초기에 사회주의 사상에 경도되어 있었음을 확인할 수 있다. 그 당시 대부분의 지식인들이 사회주의에 경도되어 있었다는 사실을 고려한다면 그의 시적 성향은 당대에 보편적인 현상이라 할 수 있다.

황순원은 1935년 『방가』로 인해 29일 동안 평양경찰서에 구류를 당한 적이 있다. 일제가 그를 구류한 까닭이 『방가』가 지닌 사상성

17 황순원, 「젊은이여」, 『동광』, 1932.1, 105면.
18 황순원, 『방가』, 동경학생예술좌, 1934, 7면.

때문임은 확연한 사실이다. 그런데 초기 시집 이후의 성향은 『골동품』에서 보여주듯 탈이데올로기적인 것이다. 초기 시집에 드러난 경향시적 성격은 일제 치하 지식인으로서 가질 수 있는 울분과 격정의 토로로써 자연발생적인 것으로 파악된다. 그리고 그가 이 시를 자신의 전집에서 의도적으로 제외시킨 것은 사상의 문제에 기인한 것으로 볼 수 있다. 『방가』가 담지한 이데올로기는 좌파 지식인의 사상에 닿아있다. 이 작품집이 가진 이념의 문제는 일제강점기뿐만 아니라 반공 이데올로기를 제일 이념으로 한 남한 사회에서도 발생할 수 있는 것이었다. 특히 좌익적 경향의 작품들이 전후에 와서 문제가 된다면 그로서는 이념 논쟁에 휘말릴 가능성이 있었기 때문이다. 이러한 것은 「아버지」를 보면 더욱 분명해진다.

> (가) 그이의 아들이 이번 대구사건으로 붙들려서 서울에 왔다는 말까지 나왔어 …(중략)… 알구 보니 그이 자신이 이번 항쟁에 참여했었어. 그러니까 결국 피신해와 있는 셈이다. 그리구 이런 말도 하두만. 우리의 삼일투쟁이 그때 왜놈의 무단정치에 견디다 못해 일어선 것처럼 요새 다시 그때와는 또 다른 어떤 무단적인 것이 우리들을 자꾸만 억눌러 견디다 못해 일어선 것이 이번 항쟁이라구 …(중략)… 그런데 그 시커멓게 탄 주름잡힌 얼굴이 얼마나 아름답게 우러러뵈던지. 그리구 말하는 거라든지 생각하는 게 얼마나 젊었는지 나까지 막 젊어졌다.(『문학』, 1947.2, 27면)
>
> (가)' 그이가 이번 서울에 올라온 건 신탁통치 문제 때문이란 거야. 시굴서는 어떻게 종잡을 수가 없다구 하드군. 신탁통칠 찬성

> 해야 할지 반대해야 할지 말이야. 그걸 분명히 알아 개지구 내려 가서 자기 사는 고장에서 운동을 일으키겠다는 거야. 결국 어느 모루든 왜놈식의 무단정치가 이 땅에 다시 활개를 쳐서는 안 된다는 거지.[19]

위의 예문에서 개작의 의미는 더욱 분명해진다. 원작에서는 대구사건의 당연성과 불가피성을 화자를 통해 제시하고 아버지 역시 이에 동조하는 모습이 선연하지만, 개작에 이르면 신탁통치의 문제로 완전히 바뀌어 버린다. 원작에서는 3.1운동을 '삼일투쟁'으로, 대구사건을 3.1운동과 같은 차원의 '항쟁'으로 규정하였다. 그래서 이 작품은 편집 후기에서 '직접 인민항쟁에서 취재한 것으로 좋은 영향력을 갖는 작품'으로 평가받았다. 그러나 개작 과정에서 '항쟁' 부분은 모두 제거되었다. 이 역시 이데올로기적 검열에 의한 것임을 보여준다.

그러면 황순원의 『카인의 후예』 개작은 어떻게 파악해야 할 것인가. 무엇보다 개작 이전의 작품은 북한의 농지개혁을 시대적 당위로, 그리고 어느 정도 객관적 시각으로 서술하고 있다. 그러나 개작본에 이르면 혁명세력의 비인간성과 투쟁의 무자비함을 강조하고 공포의 분위기와 살벌한 기운을 한껏 고조시키고 있다. 이는 반공이데올로기적 시각이 보다 구체화된 것이다. 당시만 해도 남한은 중심 억압의 기제로써 반공 이데올로기가 강화된 시기였다. 황순원에게 있어 체제의 선택은 곧 이념에의 종속을 의미했다. 그는 월남인

19 황순원, 『황순원전집2』, 창우사, 1964, 135면.

으로서 전후의 남한 사회에 살아가기 위해 이데올로기를 수용할 수 밖에 없었다. 그로서는 남한의 이데올로기적인 통제와 억압하에서 북한, 또는 사회주의 사상과의 단절을 도모할 필요성이 있었을 것이다. 그래서 적극적으로 반공 이데올로기를 수용하여 자신의 과거와의 단절을 시도하지 않았을까 추측된다.

한편으로 황순원은 북한의 정부 수립 과정과 전쟁을 통해서 북한 정부에 환멸을 느꼈을 수 있다. 게다가 6.25 당시, 월남하지 않은 삼촌 찬옥의 처형 소식과 찬정·찬명의 실종 소식 등은 북한 당국에 대한 회의와 분노를 느끼기에 족했을 것으로 보인다. 이러한 것들이 상승 작용을 일으켜 사회주의 이데올로기, 또는 북한 당국에 대해 부정적이고 비판적인 성향을 띠게 되었고, 그리하여 시대적 이념으로 내면화된 반공 이데올로기를 수용했을 것이다. 그는 시집 『방가』를 전후하여 좌익에서 중도로, 그리고 『카인의 후예』 개작 과정에서 다시 우익으로 이데올로기적 변환 과정을 거치게 된다. 이러한 모습들을 통해 역사의 변혁 속에서 당대의 시대 상황과 이데올로기로부터 자유롭지 못한 작가의 내면을 읽을 수 있다. 어쩌면 그가 6.25 전쟁 소설을 쓰지 않은 것도 자신의 사상적 문제에서 자유롭지 않았기 때문이었을 것이다.

4. 전후 작가와 이데올로기의 문제

작가는 시대 사회로부터 완전히 자유로울 수 없다. 유형무형으로 많은 제약을 받게 된다. 어느 누구도 그러한 제약으로부터 자유로울 수 없다. 그러므로 작가 역시 희생자가 될 수 있다. 그것에 대한 연구는 작가 개인뿐만 아니라 우리 문학사의 치부를 드러내는 일일 수 있다. 그러나 문학사는 자기비판을 통해서 극복과 생성의 토대를 마련할 수 있어야 한다. 바람직한 문학사의 수립을 위해서 보다 많은 고뇌와 자기비판이 요구된다.

일제강점기에 작가는 체제나 이데올로기로부터 자유롭지 못했는데, 전후 상황도 마찬가지였다. 월북한 작가들은 당의 노선에 자유로울 수 없었고, 월남한 작가는 반공 이데올로기에 자유롭지 못했다. 문학이 이념에 종속되고, 작가가 체제에 의해 자유롭지 못하면 문학 역시 굴곡과 변형을 겪게 된다. 이러한 점에서 일제 암흑기 문학과 1950년대 전시, 또는 전후 문학은 시대 상황에 대해 정당하게 인식하고 나서 작가의 이데올로기적 측면에 대해 논의할 필요가 있다. 참된 문학사의 정립을 위해서는 문학과 제도 권력, 또는 문학과 이데올로기적 측면의 상호 관련성 연구가 올바르게 진행되어야 할 것이다.

제 8 장

산업사회에서 열린 사회로의 지향
— 조세희의 『난장이가 쏘아올린 작은 공』론

1. 산업사회와 난쏘공의 등장

1980년대 후반 동구권 사회주의 국가의 잇따른 붕괴와 사회주의 종주국인 소련의 마르크시즘 포기 선언, 중국의 자본주의 경제체제의 수용에 이르는 사회주의 국가의 변화로 말미암아 우리 사회에서는 이념의 퇴색과 더불어 마르크시즘의 대안 논리를 찾으려는 노력들이 전개되었다. 이는 특히 문화적인 면에 커다란 충격을 주었는데, 근대 이후의 이념에 대한 전망의 불투명성을 가중시켰고, 대안 부재의 현실로 치닫게 하였다. 이러한 사회의 변화와 더불어 주체의 새로운 정립이라는 문제가 대두되기에 이른다.

어쩌면 조세희의 작품이 문학에서 모더니즘과 리얼리즘이라는 근대 이후의 대안 찾기에 대한 단서를 제공할 수도 있을 것이다. 그것은 조세희 문학의 변화 과정이 우리나라 자본주의의 변화 과정과 밀접하게 결부되었다는 사실과 그의 문학이 배태하고 있는 뫼비우스

적 세계관이 바로 근대 이후를 규정하는 세계라는 점에 있다. 뫼비우스적 세계관은 유클리드 기하학, 코페르니쿠스의 지동설, 디젤의 증기기관, 산업혁명 등을 기반으로 한 초기 산업사회의 면모와는 다른 것이다. 이는 오히려 아인슈타인의 상대성원리, 하이젠베르크의 불확정성의 원리, 보아의 양자역학 그리고 스티븐 호킹의 검은구멍 이론 등의 후기 산업사회에 정초한, 산업사회 이후의 새로운 세계관이라 할 수 있다.

우리나라 초기 산업사회는 통제, 억압이라는 닫힌 사회로 규정될 수 있다. 물론 이러한 논리는 푸코나 포퍼에 의지한 개념이다. 푸코에 따르면 근대 사회는 감금 사회, 감시 사회, 관리 사회, 처벌 사회라 할 수 있다.[1] 한국의 산업계에서 초기 독재 권력과 결탁한 권력형 부가 권력을 행사하기도 했다. 권력과 결탁된 기업들은 제도권이라는 통치기구를 통해 노동자들을 통제, 억압하였다. 이런 점에서 사회의 발전을 닫힌 사회/열린 사회로 규정한 포퍼의 용어는 우리나라 초기 산업사회를 규정하는 데 유용한 개념이 될 것이다.[2] 근대라는 말에는 서구 사회에서 자본주의라는 개념과 동구권에서 말하는 사회주의의 개념이 혼합된 현상을 보인다. 그것은 문학에서 모더니즘

1 M. Foucault, 박홍규 역, 『감시와 처벌』, 강원대학교출판부, 1989.
2 K. R. Popper, 이명현 역, 『열린 사회와 그 적들 I II』, 민음사, 1990.

과 리얼리즘이라는 근대의 쌍생아를 탄생시켰다.

우리나라 자본주의의 기형적 모습을 잘 담고 있는 것이 조세희의 난장이 시리즈이다. 여기에서는 1970년대 한국 사회의 병리현상을 적나라하게 파헤치고, 새로운 소설의 형태를 연 것으로 평가되는 조세희의 『난장이가 쏘아올린 작은 공』과[3] 그 이후 작품인 『시간여행』을 검토하여 올바른 자리매김을 하고자 한다.[4] 『난장이가 쏘아올린 작은 공』은 연작소설이다. 조세희는 1975년 연말부터 「칼날」을 시작으로 일련의 난장이 시리즈를 발표한다. 이 작품들은 나중에 12개의 연작물로 『난장이가 쏘아올린 작은 공』에 묶임으로써 하나의 완전한 체계를 이룬다.

『난장이가 쏘아올린 작은 공』은 발표와 더불어 세인들의 주목을 받기 시작하여 평단에서도 1970년대의 주요 작품으로 평가받기에 이른다. 이 작품이 중요하게 평가받은 이유는 1970년대 우리의 "노동 현실의 기본적 문제점들을 핵심적으로 거론"했고,[5] "산업사회의 허구와 병리를 적나라하게 폭로" 했기 때문이다.[6] 또한 "70년대 문학 전체를 폭파하고도 남을 폭약이 장전된 소설"이라는 평가를 받기도 했다.[7] 이 작품은 이문구의 『우리 동네』와 더불어 1970년대 우리

---

3 조세희, 『난장이가 쏘아올린 작은 공』, 문학과지성사, 1986. 현재 이 작품은 표준어 규정에 따라 『난쟁이가 쏘아올린 작은공』으로 쓰고 있지만, 여기에서는 발표 당시의 표기인 '난장이' 그대로 쓰기로 한다.

4 조세희, 『조세희소설집—시간여행』, 문학과지성사, 1990.

5 염무웅, 「도시 산업화 시대의 문학」, 『민중 시대의 문학』, 창작과비평사, 1979, 345면.

6 김병익, 「대립적 세계관과 미학」, 『문학과 지성』, 1978.11.

7 김윤식, 「『난장이가 쏘아올린 작은 공』 이후 문학인식과 포스트모던한 상황」, 『90년대 한국소설의 표정』, 서울대학교출판부, 1994, 164면.

문단에 연작소설이라는 새로운 문학 형태를 정착시켰을 뿐만 아니라, 그 기법적인 측면에서도 새로운 장을 연 작품으로 평가받았다.

이 글에서는 『난장이가 쏘아올린 작은 공』이 지탱하는 두 세계의 갈등을 탐구해 보려고 한다. 이 갈등은 『난장이가 쏘아올린 작은 공』의 추동력이자 작품의 긴장감을 형성하는 장치이기도 하다. 작가에 의해 구현된 이 두 세계란 다름 아닌 열린 사회와 닫힌 사회로 규정할 수 있다. 난장이로 대변되는 열린 사회로의 지향축과 자본주의라는 새로운 권력 관계에 의해 형성된 닫힌 사회의 축은 서로 맞물려 돌아간다. 작가가 이 작품에서 제시하려고 한 것은 열린 사회와 닫힌 사회의 갈등과 화해의 가능성이다.

난장이 가족의 삶을 통해 제시하는 사회의 두꺼운 벽은 닫힌 사회의 벽이고 뛰어넘어야 할 벽이다. 이 벽을 허무는 방식으로 제시한 두 삽화는 작가가 우리 사회에 던지는 질문이지 이 소설에서 제시한 사회 문제 해결의 실마리이다. 작가가 추구하는 세계가 뫼비우스적 세계관, 즉 후기 산업사회에 있다는 사실에서 이 작품이 산업사회의 모순과 비리를 정면에서 내세우고 있음을 알 수 있다. 뫼비우스띠가 말하는 안과 겉이 분할되지 않고 '아니다'와 '이다'가 구분되지 않는 세계가 과연 가능한가? 이것은 작가가 제시하는 질문이다.

2. 뫼비우스띠의 비유

끝으로 내부와 외부가 따로 없는 입체는 없는지 생각해 보자. 내

> 부와 외부를 경계지을 수 없는 입체, 즉 뫼비우스의 입체를 상상해보라. 우주는 무한하고 끝이 없어 내부와 외부를 구분할 수 없을 것 같다. 간단한 뫼비우스의 띠에 많은 진리가 숨에 있는 것이다. 내가 마지막 시간에 왜 굴뚝 이야기나 하고, 띠 이야기나 하는지 제군은 생각해 주리라 믿는다.[8]

이것은 「뫼비우스 띠」에 나오는 글로 작가의 서문격에 해당된다. 「뫼비우스 띠」는 수업 시간의 시작과 함께 수학교사의 이야기로 시작되어, 수업 시간의 종결과 함께 작품을 끝맺는 구조이다. 「뫼비우스 띠」는 『난장이가 쏘아 올린 공』 전체 이야기 중에서 발단부이자 작가의 작품 의도가 선명하게 제시된 부분이기도 하다. 「뫼비우스 띠」로만 볼 때 『난장이가 쏘아올린 작은 공』 전체 이야기의 시작에 해당하는 앉은뱅이와 꼽추의 이야기는 수업 구조에 갇혀 있다. 마지막 「에필로그」에서도 마찬가지이다. 말하자면 수업이라는 구조는 난장이 전체 이야기를 감싸고 있는 액자에 해당한다. 작가는 「뫼비우스 띠」에서 "한쪽 면만 갖는", "안과 겉을 구별할 수 없는 곡면"을 난장이 이야기를 통해서 제시하고 있다.

이는 난장이 시리즈를 통해서 작가가 뫼비우스의 세계, 즉 열린 사회의 의미를 제시해 보려는 것으로 파악할 수 있다. 이러한 사실은 작가가 삽화로서 제시한 굴뚝소제부 이야기와 난장이 이야기가 서

---

8 조세희, 『난장이가 쏘아올린 작은 공』, 23면. 이하 이 장에서 이 작품을 인용할 경우 인용 구절 뒤 괄호 속에 면수만 기입함.

로 상보적인 비유를 형성한다는 사실에서도 엿볼 수 있다. 두 아이가 굴뚝청소를 하였는데 이들 중 누가 얼굴을 씻을 것인가 하는 첫 번째 질문에서 수학교사는 얼굴이 더러운 아이가 씻을 것이라는 학생의 대답을 부정하고 얼굴이 깨끗한 아이가 씻을 것이라고 대답한다. 이것은 얼굴이 더러운 아이가 당연히 얼굴을 씻어야 한다는 일반 관념을 얼굴이 깨끗한 사람이 씻는다는 비일상적 관념으로 전복시킨다. 그리고 두 번째 똑같은 질문에서 수학교사는 얼굴이 깨끗한 아이가 얼굴을 씻을 것이라는 학생의 대답을 부정한다. 이는 그가 첫 번째 질문에서 제시한 대답에 대한 부정이기도 하다.

교사는 똑같은 굴뚝을 함께 청소했는데 한 아이는 깨끗하고 한 아이는 더러울 수 없다고 하여 전제를 부정함으로써 문제의 성격 자체를 부정해 버린다. 이는 가정의 부정을 통한 논리의 정당화로서 닫힌 사회 자체를 부정하는 것이다. 이 논리는 기존 관념을 부정하는 것으로, 뫼비우스띠에 대한 설명을 통해서 제시된다. 안과 밖이 없는 곡면, 말하자면 이것은 굴뚝 청소에서 더러운 아이와 깨끗한 아이가 동시에 존재할 수 없다는 논리와 일맥상통한다. 그러므로 이 작품은 일반 관념을 부정한 비일상적 관념의 위치 즉 닫힌 사회가 아니라 열린 사회의 논리에 기반을 두고 있는 것이다. 일상적 관념들이 기초하는 전제를 부정함으로써 뫼비우스 띠의 열린 가능성을 제시하고 있다.

결국 『난장이가 쏘아올린 공』의 서두에 나타난 뫼비우스 띠는 난장이 이야기를 이해하는 논리적 토대이자 현실적 전제인 것이다. 평면인 종이의 양면을 붙여서 만든 띠의 세계가 닫힌 사회에 근거한 것이라면, 종이의 한쪽 끝을 꼬아서 만든 뫼비우스 띠는 철저히 열린 사회를 지향하고 있다. 곧 안과 겉이 통하는 세계이며 내부와 외부가 없는 입체의 세계이다.

3. 산업사회와 닫힌 사회의 윤리

『난장이가 쏘아올린 작은 공』의 갈등구조는 가진 자와 못 가진 자의 대립이다. 이는 역사를 부르주아와 프롤레타리아의 계급적 갈등과 대결로 설명한 맑스주의 논리에 일면 닿아있다. 난장이, 공장 노동자는 산업사회에서 소외되고 억압받는 데 비해 사장, 사용자는 부와 권력을 갖고 폭력과 착취를 일삼는다. 말하자면 가진 자는 못 가진 자의 착취자이고 못 가진 자는 가진 자에 의해 억압받고 착취당하는 사람들이다. 가진 자와 못 가진 자의 대립은 단순한 갈등을 넘어 폭력으로 치닫는다. 작가에 의해 제시되는 공장 노동자들과 사용자 측의 갈등은 이를 잘 보여준다.

공장에서 일하는 사람들에게는 "자랄 나이에 제대로 자라지 못하는 발육 부조의 현상"(82면)이 나타나지만, 사장의 집 정원수들은 '나무종합병원'의 의사들이 돌봐주어 무럭무럭 잘 자란다. 그런가 하면 라면, 빵, 계란, 쌀밥 등을 무척 먹고 싶어했던, 배고팠던 명희는 다방 종업원이 되고 고속버스 안내양이 되고 골프장 캐디가 되고 결국은 임신을 하였다가 음독자살방지센터에서 죽고 만다. 못 가진 자에게 가해지는 사회적 불평등, 불균형, 부조리는 일종의 폭력이다. 작가는 "총탄이나 경찰 곤봉이나 주먹만이 폭력이 아니라 우리의 도시 한 귀퉁이에서 젖먹이 아이들이 굶주리는 것을 내버려두는 것도 폭력"(85면)이라고 규정하고 있다.

난장이 가족에게 있어서 가진 자들은 권력의 힘을 빌리거나 무의식 중에 못 가진 자에게 폭력을 행사하는 존재들이다. 행복동이 헐리는 것도 이러한 폭력에 해당한다. 자본주의 사회에서 가진 자들에 의해 자행되는 폭력은 권력의 또 다른 일면이다. 결국 그들은 권력의 힘으로 폭력을 자행하는데 그들에게 있어서 이 둘의 관계는 동전의 양면과도 같다. 이들의 폭력은 닫힌 사회로 이끄는 힘이며, 이에 맞서서 투쟁하는 것이 열린 사회로의 길임을 작가는 은연중에 제시한다.

윤호는 경애를 많은 죄를 지은 사람으로 간주한다. 윤호의 시각에서 가진 자들은 생활 전체가 죄에 해당한다. 가진 자와 못 가진 자의 갈등, 인간의 기계화, 소외 등은 산업사회의 병리현상에 속한다. 작가는 자본주의 사회의 구조적 모순을 노동 현실에서 찾고 있다. 경애가 사회적 현실을 몰랐다는 사실, 경애의 할아버지가 모든 법 조항을 무시하며 축재에 노력했다는 사실은 죄 그 자체이다.

"강제 근로, 정신·신체의 자유 구속, 상여금과 급여, 해고, 퇴직금, 최저 임금, 근로시간, 야간 및 휴일 근로, 유급휴가 연소자 사용 등, 이들 조항을 어긴 부당 노동 행위 외에도 노조 활동 억압, 직장 폐쇄 협박 등 위법사례"(136면)는 모두 무서운 욕심쟁이 경애 할아버지가 행한 악덕이다. 그는 산업사회에서 부르주아지의 전형적 인물이다. 그들에게 있어서 사랑, 존경, 윤리, 정의, 이상은 하나의 허상에 불과하다. 경애는 할아버지의 묘비에 그가 욕심 때문에 죽었으며, 경제 발전에 어떤 기여도 못한 이라고 매도함으로써 가진 자 계층에 대한 비판과 분노를 드러낸다.

「기계도시」에서 공원들을 상대로 한 설문조사는 노동자들의 상황을 잘 보여준다. 취업 동기 중 빈곤이 58.1%, 원하는 직장요건 중 인간적 대우를 해주는 직장이 71.6%, 작업 피로도 가운데 항상 피로하다가 59.8%, 노조 간부들이 회사의 앞잡이라고 생각하는 이가 67.4%에 속한다. 노동자들의 가난, 작업 현장에서의 비인간적 처우, 열악한 작업조건, 노조간부들을 이용한 회사의 농간 등을 적나라하게 보여준다. 이러한 작업환경을 개선하기 위해 윤호는 단체를 만들기로 결심한다.

노사의 문제에 대해 작중에서는 사용자가 근로자의 인격을 무시하고 비인간적 행위를 서슴지 않는 것을 고발하고 있다. "그(옷핀) 끝으로 팔을 찌르는 거예요. 살 속으로 파고들어 잠을 쫓아 틀을 잘 볼 수 있었는지 모르겠습니다. 그렇지만 지난 한 달 동안 밤일을 하는 조합원들이 울면서 틀 사이를 뛰는 것을 너무 자주 보았"(173면)다는 말에서 반장이 옷핀으로 근로자의 팔을 찌르는 현실을 고발하고 있다. 그것은 생산성 향상을 위해 가해진 폭력이다. '핀' 이야기를 통해서는 사용자의 비윤리를 제시한다. 사용자는 그러한 사실은 있을 수 없고, 모른다고 부인함으로써 더욱 비판 당한다. 이것은 산업사회 속에서 자유가 속박되는 현실을 보여준다. 말하자면 닫힌 사회의 윤리이다.

포퍼에 의하면 열린 사회는 개인의 자유와 권리가 확보된 사회이다. 그러나 닫힌 사회는 노동자와 사용자 간 대화의 문이 닫혀 있어서 화해와 협상이 불가능하다. 이러한 사회는 인간이 인간의 자유를 억압하고 규제하는 데서 형성된다. 작가가 강조하여 주장하는 것은 인간적 대우이다. 직장인이 가장 원하는 작업의 요건 가운데서 인간적 대우를 희망하는 자가 설문조사 응답자 전체 가운데 71.6%나 되었다는 사실에서 이를 극명히 보여준다.

> 저희 근로자들은 인간다운 생활을 못 하고 있습니다. 저희들은 공장 안에서 하는 일과 생계비와 임금을 생각했습니다. 부공장장님의 말씀과 달리 저희는 미개사회에 사는 미개인이라는 결론을 얻었습니다.(175면)

'미개사회'는 닫힌 사회이다. 이 세계는 반인도주의적 세계이며, 개인의 윤리나 이해보다는 집단의 이익이 우선시되는 세계이다. 포퍼는 만일 우리가 인간으로 남으려 한다면 오직 하나의 길, 열린 사회로의 길이 있을 뿐이라고 말했다. 닫힌 사회의 윤리는 마술적 사회나 부족사회, 혹은 집단적 사회의 윤리에 보다 가깝다. 말하자면 원시의 부족장, 지배권력에 의해 유기된 개인의 인권이 산업사회에서 또 다른 형태인 사용자 측에 의해 계급적 현실로 대체되었다는 것을 의미한다. 계급의 붕괴와 사회적 지위의 획득 문제는 닫힌 사회를 붕괴시키는 요건에 해당하는데 산업사회에서 노사의 대립과 계층 간의 갈등과 투쟁은 바로 닫힌 사회의 붕괴를 의미한다. 「기계도시」의 마지막 구절에 나타난 "단체를 만들자, 그 사람 혼자의 힘으로는 안 되는 일야"(149면)라고 하는 윤호의 말은 바로 이러한 깨우침에서 온 것이다.

4. 과학과 열린 사회의 가능성

과학자는 나에게 '클라인씨의 병'을 보여준다. 그는 클라인씨의 병을 안팎이 없으면서 닫힌 공간이라고 설명한다. 안과 밖이 없기 때문에 닫혀 있다는 말은 무의미하다. 클라인씨의 병을 말해주는 이는 과학자다. 우리는 이 작품에서 난장이나 그 주변 인물과 동떨어진 인물로 목사와 과학자를 만나게 된다. 목사는 사랑 때문에 괴로워하는 사람으로 공장 노동자를 위해 특별히 기도해주고 일종의 의식화 교육을 통해서 부의 공정 분배, 노동자의 처우 개선을 위해 노력한다.

하지만, 난장이들의 문제, 노사의 문제 중 어느 것도 해결해주지 못한다. 결국 모두 잘못을 저지르고 있는데 신도 예외일 수 없다고 말함으로써 작가는 현실문제의 기독교적 해결 자체를 부정하고 있다. 그러나 과학자는 다르다. 과학자는 작은 공장을 경영하고 있고, 매주 일요일 오후에 노동자들에게 의식화 교육을 한다. 그의 꿈은 과학자가 되는 것이었지만 환경 때문에 이루지 못했다고 말한다. 과학자는 기술과학에 관한 이야기를 들려준다.

> 기술과학의 발전이 숙련노동자를 실직시켰고, 공장 내의 단순노동은 어린 근로자들의 장시간 저임금의 노동으로 충당되었다. 그

리하여 공장을 중심으로 인구가 집중하고, 도시에는 빈민굴이 생겼다.(236면)

과학기술의 발달은 실직, 인구집중, 빈민굴, 착취 등을 낳는 원인이 된다. 그러나 이러한 것들은 과학의 발달로 말미암아 형성된 산업화의 이면에서 나타나는 부조리와 해악들이다. 과학기술이나 산업발달 그 자체가 계급 착취나 빈부의 갈등을 낳은 것은 아니다. 기술이나 산업이 인간의 생활이나 정신을 지배하는 것이 아니다. 오히려 그러한 것을 초래케 한 것은 산업사회의 부조리한 제도이자 이기적인 인간인 것이다. 과학은 닫힌 사회를 붕괴시킬 요소를 갖고 있다. 이를 '클라인씨의 병'이라는 비유를 통해 제시해주고 있다. 과학자는 클라인씨의 병이 상상의 세계에서만 존재하고 실제로 없다고 단성한다. 열린 사회는 바로 이러한 참다운 과학 이론의 기초 위에서 있는 사회이다.

달 착륙선·우주선·기상관측 위성·유도로켓·실험용 로봇·컴퓨터 등의 과학이 인간을 물신화하고 소외시킨 것이 아니다. "폭행·협박·감금, 기타 정신 또는 신체적 자유를 부당하게 구속하는 수단으로 근로자 여러분의 자유의사에 반하는 근로를 강요"(175면)한 것은 사용자들이다. 산업 과학의 진보나 새로운 산업·기계 장치의 발명은 인간의 정신과 자유를 더욱 풍요롭게 하는 토대가 될 수도 있다. 오히려 과학의 발달로 인한 산업의 전문화, 다양화는 열린 사회로 이끈다. 과학자가 참된 과학자가 되려고 했다는 것은 과학기술과 인간의 정신문화가 조화롭게 발전하는 열린 사회를 꿈꾸었다는 것을 의미한다고 볼 수 있다. 왜냐하면 열린 사회는 전체주의와 대립되는 개인주의 사회이기 때문이다. 클라인씨의 병에서 안은 곧 밖이고, 밖은 곧 안이므로 이 세계에서 갇혔다는 것은 그 자체가 착각이다. 이것은 곧 산업사회는 닫힌 사회가 아니라 열린 사회를 지향하고 있음을 말해주는 것이다.

5. 근대사회와 파놉티콘의 구조

> 별빛을 받아 그 흐름 줄기의 윤곽을 드러낸 샛강 아래쪽에 큰 건물이 서 있었다. 먼 거리였으나 외등이 수없이 켜져 있어 그 건물이 어둠에 구멍을 뚫어 놓은 것처럼 보였다. 앉은뱅이가 물었다.
> "공장 아냐?"
> "공장 같지?"
> "아냐?"
> "형무소야."
> "감옥?"(242면)

근대사회에서 닫힌 사회는 감옥, 형무소에 해당한다. 앉은뱅이와 꼽추의 위 대화를 통해 샛강 형무소가 공장과 외형적 유사성을 갖고 있다는 것을 알 수 있다. 형무소는 근대 사회에서 닫힌 공간에 속한다. 교도소, 감화원이 교화와 교도, 감화의 의미가 강한 데 비해 형무소, 감옥은 처벌과 형벌, 감금의 의미가 짙다. 작가는 윤호의 입을 빌어 "우리가 사는 곳은 다 감옥 아냐?"(129면)라고 하며, 근대사회 전체를 거대한 감옥으로 규정한다. 이는 푸코가 학교, 군대, 병원, 공장, 감옥을 분석하면서 근대사회를 감금사회, 관리사회, 처벌사회, 감시사회로 규정한 것과 같은 논리이다.[9] 공장의 노동자들은 격리된 생활을 하고, 격리된 상태에서 일만 해야 한다. 그들은 조합을 만들어 노조활동을 하면 협박과 폭행을 당하고 심지어 구류까지 당하는 현실에 처해있다.

산업사회에서는 주로 가진 자들이 권력과 결탁하여 합법적인 수단으로 불법과 폭력을 자행한다. 그들에게 감옥은 처벌과 교정의 제도화된 형벌권을 행사하는 기구이다. 그들은 법의 테두리 안에 있으면서 법의 테두리 밖에 존재한다. 이들과 대결하고 투쟁하여 권리를 찾는 것이 열린 사회로의 길이다. 난장이 큰아들이 노조활동을 하다가 잡혀 감옥에 들어가 죽어 나왔다는 것은 바로 닫힌 사회의 한계를 보여준다. 그리고 사장을 잡아 헤치우려던 앉은뱅이와 꼽추는 연료공급차에 치어 사경에 처한다. 그에게 있어서 사장으로 대변되는 가진 자의 벽은 교도소 담장만큼 높았고 그 벽을 깨는 것은 곧 죽음을 의미했다. 그러나 그의 죽음은 끝이 아니다. 단체를 만들어 맞서려는 윤호의 결심은 바로 이러한 벽을 깰 수 있는 가능성인 것이다. 그러므로 그의 죽음은 끝이 아니다. 끝나는 자리에서 다시 시작되는 것이다.

---

9 M. Foucault, 앞의 책.

6. 열린 사회의 지향

> 나는 별수 없어서 수학 과목을 내놓았다. 다음 학기부터는 윤리를 맡으라는 통보를 이미 받았다. 제군은 잘 알다시피 윤리는 실제의 도덕 규범이 되는 원리이다. 제군이 결정자라면 수학을 못 가르쳤다고 책임을 물은 사람에게 윤리를 떠맡길 수 있겠는가? 아무도 모르게 무서운 음모가 꾸며지고 있다.[10]

닫힌 사회에서 계급을 포함한 모든 제도는 신성불가침의 금기이다. 말하자면 이들은 금기와 마술 속에서 살아간다. 이는 관습의 세계이자 윤리에 의해 통제된 세계이다. 윤리는 계급이나 권력에 대한 신성불가침의 권위를 부여하며 이들에 순종하는 것이 닫힌 사회의 윤리이다. 그러므로 닫힌 사회에는 계급투쟁이 있을 수 없다. 여기에는 질서나 예의, 양보가 존재하며 갈등이나 투쟁은 있을 수 없다. 수학교사가 수학에서 윤리를 가르치게 되었다는 것은 이 점에서 매우 상징적 의미를 띤다. 즉 열린 사회가 과학적 이론, 참다운 과학적 방법에 의해 실현된 사회라면, 닫힌 사회는 참다운 관습, 윤리에 의해 지탱되는 사회이기 때문이다. 전자를 대표할 수 있는 수학은 윤리와 서로 상반된 위치에 존재해 있다

수학교사가 갖고 있는 수학의 세계는 과학의 이론적 기초 위에서 발달된 산업사회의 토대였다. 그러므로 수학의 발달은 산업사회

---

10 조세희, 『난장이가 쏘아올린 작은 공』, 235면.

의 문제까지 해결할 수 있는 열린 사회로의 가능성 그 자체이다. 그런데 수학을 못 가르쳤다고 해서 윤리를 가르치게 했다는 것은 닫힌 사회로의 복귀이자 추방을 의미한다. 닫힌 사회에서의 갈등은 난장이 큰아들과 꼽추가 죽음으로써 이미 한계에 달했다. 산업사회의 구조적 모순을 해결할 전망이 클라인의 병과 같은 과학의 세계, 뫼비우스 띠와 같은 수학의 세계에 있음에도 불구하고 오히려 윤리를 택하게 함으로써 전망은 사라진다. 수학 성적이 나빠지게 된 동기를 출제자, 인쇄업자, 프로그래머, 학생, 교장, 교감 등 이 사회 자체에 있다는 사실, 수학성적이 나빠졌다는 것은 곧 이 사회의 모순이 모두에게 있다는 것을 의미한다. 그러므로 한 개인에게 책임을 묻는 것은 불합리하다. 도덕규범이 되는 원리와 과학의 원리는 서로 같은 것이 될 수 없다. 그러므로 여기에 나타나는 수학 수업의 이야기는 단순히 이 작품을 한 계열 속에 묶어주는 기능만 하는 것이 아니다. 결국 이 작품이 추구하는 세계는 수학적 원리와 윤리적 질서를 통해서 제시해주는 것이다. 이는 작가가 마지막으로 제시하는 다음 말에서 잘 드러난다.

> 수학을 빼앗긴 것이 나에게는 너무 큰 슬픔이어서 한 문장도 끝낼 수 없다 …(중략)… 식물이나 다른 동물을 먹어 영양으로 하는 동물의 이야기를 쓰고 싶었다. 그래도 시간이 남으면 제군의 창조력을 억제하거나 아예 없애버리려는 사람들의 이야기를 쓰려고 했다. 그들은 우리의 부분적인 실태가 폭로되는 것도, 어떤 개혁이 이뤄지는 것도 바라지 않는다. 한 주전자의 커피와 한 말의 술을

> 마시면서 좋은 글을 못 쓰고 울기만 한 나를 이해하라. 그러나 나를 동정해서는 안 된다. 나는 제군이 아직 모르는 작은 혹성으로 우주여행을 떠나기로 했다.(244면)

제법 길게 인용한 위 인용문에는 닫힌 사회에 저항하는 수학교사의 한계가 여실히 드러난다. 창조력을 억제하거나 없애버리려는 사람들에 관한 이야기를 쓰려 했지만, 그들이 실태의 폭로나 개혁을 바라지 않았기에 울 수밖에 없었다는 작가의 말은 바로 1975년 무렵 한국 노동 현실을 극명히 보여준다. 쓸려고 했지만 닫힌 사회의 벽에 막혀 쓸 수 없는 현실에서 그는 우주여행을 꿈꾼다. 우주란 그에겐 「뫼비우스 띠」에서 역설한 것처럼 "무한하고 끝이 없어 내부와 외부가 구분할 수 없는" 뫼비우스띠의 입체인 것이다. 그것은 곧 열린 사회로의 지향이다. 이 혹성으로의 우주여행이라는 말을 통해 작가는 다음에 올 작품집 『시간여행』의 출현을 예고해 주었다. 닫힌 사회의 노동현실에 대한 가열찬 투쟁의 실패는 그에게 현실의 대체물로서 우주를 찾게 한다.

그러나 『시간여행』에 이르러 우주 이야기는 현실적 감각에서 벗어난 동화 세계의 추구로 나타난다. 그리하여 그가 애써 추구하고 있던 현실 세계는 상당히 후퇴하여 비유와 상징적 공간으로 자리잡는다. 『난장이가 쏘아올린 작은 공』이 작품집으로 출간된 지 5년 만에 나온 『시간여행』은 난장이 시리즈를 잇고 있으면서도 현실인식이나 세계관 측면에서 상당히 달리하고 있다. 『난장이가 쏘아올린 작은 공』에서 「잘못은 신에게도 있다」는 것을 『시간여행』에서 「신에게는

잘못이 없다」로 부정하는가 하면, 『난장이가 쏘아올린 작은 공』의 짤막짤막하고 절제된 표현이 『시간여행』에서는 장문화되며, 또한 『시간여행』에서는 『어린 왕자』와 같은 환상적 공간으로 들어가기도 한다. 그러므로 『시간여행』은 『난장이가 쏘아올린 작은 공』보다 현실인식이나 작품 미학적 측면에서 많이 후퇴한 작품이라 할 수 있다.

물론 이러한 변화는 이미 『난장이가 쏘아올린 작은 공』의 「에필로그」를 통해서 제시되었는지도 모른다. 식물이나 동물 이야기를 쓰려고 했다는 데서 작가는 이후의 작업을 암시하고 있다. 그러나 『난장이가 쏘아올린 작은 공』을 한가운데 둔다면 그의 문학은 오히려 식물이나 동물의 이야기보다는 억압받는 사람들의 이야기가 더욱 절실하지 않았나 생각된다. 세 번째 작품집 『침묵의 뿌리』(소설이라기보다는 오히려 르포르타주에 가깝다)는 억압받는 사람들의 이야기에 귀기울이고 있다.[11] 참된 그의 문학의 영역은 이제 윤리 교사의 이야기가

11 조세희, 『침묵의 뿌리—조세희 제3작품집』, 열화당, 1985.

아니다. 닫힌 사회의 벽을 깨고 열린 사회를 지향하는 이야기가 되어야 할 것이다. 이것이 바로 과학자의 클라인씨의 병의 이야기이자 수학교사의 굴뚝소제부 이야기인 것이다. 열린 사회를 향한 문학적 이념, 이것이 바로 조세희 문학 『난장이가 쏘아올린 작은 공』의 이념이다. 투쟁을 통해 열린 사회로 이끄는 추동력이 그의 문학의 근원인 것이다.

제 9 장

모순된 세계에서의 갈등과 좌절된 욕망
— 이문열의 『사람의 아들』론

1. 욕망의 삼각형

데카르트는 '나는 생각한다. 고로 나는 존재한다'라는 인식론적 명제를 제시하였다.[1] 스피노자는 '나는 욕망한다. 고로 나는 존재한다'라고 했다. 또한 까뮈는 이러한 방식을 빌어 그의 사상을 '나는 반항한다. 고로 우리는 존재한다'로 표현하였다.[2] 그러나 라캉은 '나는 내가 있지 않는 곳에서 생각한다, 고로 나는 생각하지 않는 곳에서 존재한다'고 하여 이전의 합리적 사고를 부정하고 있다.[3] 이러한 각 어구들의 변화는 곧 그 사상이 정초한 기반을 자세히 보여준다. 데카르트의 위 언급은 회의에서 출발하여 절대적 진리로 나아가는 합리주의적 사고를 잘 보여주고, 스피노자의 언술은 인간이 욕망의 존

1 R. Descartes, 권오석 역, 『방법서설, 성찰, 세계론』, 홍신문화사, 1993.
2 A. Camus, 신일철 역, 『반항적 인간』, 일신사, 1971.
3 J. Lacan, 권택영 편, 『자크 라캉 욕망이론』, 문예출판사, 1994.

재임을 언급하고 있다. 그리고 카뮈의 언술은 세계의 불합리, 부조리에 항거하는 개인의 실존적 반항을, 라캉의 진술은 무의식에 기반한 그의 욕망이론을 잘 대변해 준다. 라캉의 진술은 데카르트의 주체/객체의 개념에 커다란 변화를 제기하였다. 이는 이전의 합리적 사고나 이성적 주체의 개념에 일대 수술을 가한 진술이라고 할 수 있다.

욕망이 의식적이든 무의식적이든 인간의 존재를 규정짓는 삶의 근원적 모습인 것만은 분명하다. 헤겔은 인간을 '욕망하는 주체'로 규정하였다.[4] 이는 인간이 자의식적 주체로서 타자와 대면하고 타자의 인정을 받고 나를 확인하려는 욕망을 가지기 때문이다. 현대의 심리학자나 정신분석학자들이 주의를 기울이는 욕망은 단순히 개인적인 욕구 이상의 의미를 지닌다. 인간이 유아에서 성인에 이르기까지, 주체의 내면으로부터 사회화되기까지 욕망은 보다 본질적인 문제로 등장한다. 그래서 욕망에 관해 다양한 접근이 이루어지고 있고, 이를 규명하려는 갖가지 노력들이 전개되고 있다. 이들 연구 가운데 주목되는 것은 오이디푸스를 둘러싼 논의에서 다양한 입장을 보인다는 점이다. 프로이트를 비롯한 정신분석학자들이 오이디푸스

4 헤겔의 욕망이론은 『정신현상학』의 "자기확신의 진리"장에 잘 나타나 있다. G. W. F. Hegel, 임석진 역, 『정신현상학 I』, 지식산업사, 1993, 243~305면.

콤플렉스라 하여 오이디푸스의 욕망이 동일화에서 비롯되었다고 인식하고 있는 데 반해, 지라르는 오이디푸스의 욕망이 아버지를 통한 모방 욕망이라고 단정함으로써 해석의 궤를 달리하고 있다.[5] 여기에서 지라르의 욕망의 중개자 개념은 문학 텍스트의 해석에 하나의 유용한 틀을 제공한다.

> 욕망의 삼각형의 극도로 다양한 형태들은 하나의 보편적 구조로 조직화하게 된다. 어떤 소설가에 있어서도, 그 자신의 소설의 여타의 측면들과 그 밖의 다른 모든 소설들과 연결될 수 없는 그러한 욕망의 측면은 존재하지 않는다. 따라서 욕망은 소설문학의 한 끝에서 다른 한 끝까지 뻗어있는 동적인 구조로서 나타나게 된다.[6]

문화인류학자이자 문학연구가인 지라르는 많은 문학 작품들로부터 욕망의 구조를 추적하여 작품해석에 기여하였다. 그는 서구의 신화나 민담, 그리고 많은 고전작품들의 욕망을 추적하여 이들 욕망의 본질에 모방 경향이 있다는 사실을 밝혀냄으로써 욕망의 특성 규명에 한 걸음 나아가고 있다. 욕망의 문제는 후기 자본주의가 생산사회에서 소비사회로 새로운 패러다임이 구축됨으로써 포스트모더니즘의 중요 개념으로 부각되었다. 욕망은 후기 산업사회의 특성을 잘 반영하기도 하지만, 근대 이후 합리적 이성의 붕괴와 주체의 분열이

5 R. Girard, 김진식·박무호 역, 『폭력과 성스러움』, 민음사, 1993.
6 R. Girard, 김윤식 역, 『소설의 이론』, 삼영사, 1983, 110면.

라는 인간 의식의 복잡한 편린들을 잘 보여준다. 지라르가 말하는 욕망은 무의식적이거나 충동으로서의 욕망이라기보다 오히려 인간의 본원적 속성으로서의 욕망이다. 이러한 욕망이 대상을 향하거나, 대상으로부터 획득하려 한다는 점에서 라캉이 말하는 주체는 결핍이요 욕망은 환유라는 타자의 욕망과 유사한 측면이 있다. 다만 라캉이 프로이트가 제시한 무의식을 통해 욕망을 재해석하고 있다는 점에서 지라르와 다를 뿐이다. 이들에게 있어서 욕망은 타자의 욕망을 욕망한다는 점에서 주체는 타자를 통해 인식되는, 즉 나는 내가 생각하지 않는 곳에 존재하는 것이다.

이문열은 끊임없이 욕망과 권력의 문제를 추구한 작가이다. 물론 그의 욕망과 권력은 후기 산업사회의 그것과는 다르다. 그는 인간 본원적 속성으로서의 욕망을 탐색하고 추구해 들어갔다. 욕망은 『사람의 아들』에서 『황제를 위하여』, 『영웅시대』로 일관되게 흐르는 정서이다. 물론 이러한 문제는 권력, 사회적 입신과 깊이 결부되어 있다. 여기에서는 인간과 신, 욕망의 문제를 다룬 『사람의 아들』을 통해서 작가가 욕망을 어떻게 탐색, 추적하고 있는가를 살펴보려 한다. 『사람의 아들』은 1979년 처음 『세계의 문학』에 발표되었다가 이후 '민음사'에서 단행본(1981)으로 나온다. 이 작품으로 이문열은 "오늘의 작가상"을 수상하여 작가적 명성을 드높인다. 그후 한 번의 개작(1987)을 거쳐 이 소설을 장편으로 내놓게 된다.

『사람의 아들』이 제시하는 아하스 페르츠의 이야기나 민요섭의 이야기는 신을 찾아가는 과정이라는 점에서 동궤를 이루고 있다. 그러므로 이 이야기는 신과 인간의 이야기이다. 인간은 신을 닮아가기 위해 모델을 설정한다. 이 모델은 신과 인간을 매개하는 중개자가 된다. 우리는 이러한 과정을 욕망의 탐색과정이라고 할 수 있다. 여기에서 욕망의 실체는 이 작품을 엮고 있는 중요한 씨줄이다. 아하스 페르츠가 신을 찾아가는 행위는 고대라는 시대적 배경으로 이뤄지며, 민요섭의 이야기는 '지금', '여기'를 배경으로 한다. 이 두 이야기는 단순히 액자의 관계이거나 비유의 관계에 있는 것이 아니다. 이 두 이야기를 엮고 있는 것은 욕망의 모방, 또는 욕망의 욕망이라는 날줄이다.

아하스 페르츠의 이야기는 민요섭에 의해 전개되고, 민요섭의 이야기는 남경사의 시각을 통해서 전개되어 나간다. 실질적인 사건은 민요섭과 조동팔의 이야기에 있지만, 그렇다고 해서 아하스 페르츠의 이야기를 무시할 수 없다. 왜냐하면 아하스 페르츠의 이야기는 이 소설에서 등장인물의 사상적 배경이자 민요섭 이야기의 핵심을 제공해 주기 때문이다. 소설 속의 또 다른 소설, 욕망과 욕망이 서로 맞물려 나가는 이 소설은 새로운 실험 소설에 속한다. 작품에서 볼 때, 민요섭은 아하스 페르츠 이야기의 작가이며, 서술자인 실제 작가는 또 다른 측면에서 그들의 이야기를 들려주고 있다. 이 두 이야기 사이에 내재한 각 인물들의 욕망 구조를 작품 내용을 통해서 살펴보기로 한다.

2. 욕망의 이중 구조

이 작품은 한 청년이 경찰에서 끌려 오는 것으로서 시작된다. 매우 우연적인 것처럼 보이는 이 사건은 작품의 결말과 함께 묘한 상징을 형성하고 있다. 그리고 살인 사건이 제시된다. 살인 사건이 서두에 제시되고 그 사건을 추적하는 서술 방식은 미스테리 소설이나 추리 소설의 형식을 답습하고 있다. 그러나 이 소설은 사건 관계를 해결하려고 미리 사건을 제시하긴 하였지만, 사건이 발생하기 이전의 과정이 중시되고 인물간의 성격 갈등에 서술의 초점이 맞춰짐으로써 일반적인 추리소설과 다른 모습을 보인다.

피살된 사람은 민요섭이다. 민요섭은 한때 신앙심이 열렬한 신학도(神學徒)였다. 그의 성경책 뒷표지 앞장에는 "이제 너는 신앙할 수 있다. 절망했으므로. 살 수 있다. 죽었으므로"라는 라틴어 구절이 적혀 있다. 이것은 그가 존재에 대한 절망, 자아에 대한 절망으로 결국 신에 의지할 수밖에 없다는 고백이자, 나중에 신에 회귀하게 된 이유를 피력한 구문이다. 인간은 개체로서 불안해하고 절망하는데, 신에게 절대 의지함으로써 이를 극복할 수 있다는 키르케고르의 철학과 일면 닿아있다.

민요섭은 신학 대학를 다니다가 신앙에 회의를 품고 학교를 그만둔다. 그는 가가와와 오피테스 등의 실천신학에 경도되었던 것이다. 여기에서 민요섭이 정통 그리스도교의 논리를 부정했다는 것을 알 수 있다. 작가가 말하는 오피테스나 가가와는 정통 신학의 논리에 벗어나 있다. 정통 신학은 주체인 인간과 대상인 하나님 사이에 중개자인 예수가 존재한다. 민요섭이 정통 신학을 부정했다는 것은 바로 이러한 관계 자체를 부정했다는 것이다. 민요섭은 처음 하나님의 사도인 목사직을 이용하여 교회를 치부(致富)의 대상으로 삼는 목사에 대항한다. 기독교에 대한 민요섭의 회의는 그의 일기를 통해서 나타난다.

> 마리아가 남의 아내될 여인이었음으로 하여 뒷날 그 아들은 〈자기가 세운 금단(禁斷)의 문을 스스로 허물고〉 〈샛길로 온〉 신(神)이라는 빈정거림을 받게 되었으며, 또 그녀가 인간이었기 때문에 그 아들이 위격(位格)에 대한 논란이 초기 기독교를 그렇게도 심한 분열속에 몰아넣어, 저 위풍당당한 금욕주의자 아리우스가 굴욕적인 출교(出教) 처분을 받고 엄숙하면서도 충성스러웠던 종 네스토리우스가 유형(流刑)의 피로로 쓰러졌던 것이다. 이사야의 무책임한 예언—동정녀(童貞女)가 잉태하여 아이를 낳으리니, 다윗의 자손 중에 크리스트가 나리라 등의—은 무시하는 게 나았다. 진실로 신의 아들은 번갯불을 타고 내려오거나 바위를 쪼개고 솟아오르는 편이 옳았다.[7]

민요섭은 하나님의 중개자인 크리스트의 신성을 부정하였다. 욕망의 구조에서 중개자는 주체와 대상을 매개하는 중요한 역할을 한다. 민요섭은 그의 소설 형식의 일기에서 예수 대신에 또 다른 중개자를 내세우는데, 그가 한 율법사의 집에서 태어난 아하스 페르츠이다. 이는 전설 속의 인물이며 바로 예수와 대립되는 인물이다. 일반

7 이문열, 『사람의 아들』, 민음사, 1993, 45면. 이하 이 장에서 이 작품을 인용할 경우 인용 구절 뒤 괄호 속에 면수만 기입함.

기독교인들은 예수를 추구하는 데 반해, 민요섭은 아하스 페르츠를 욕망을 매개하는 인물로 택한 것이다. 그리고 그는 아하스 페르츠의 삶과 정신을 닮아간다. 아하스 페르츠가 아삽의 새 아내의 방을 찾아가는 일은 민요섭이 문장로 후처의 방을 찾아가는 것과 동일한 것이며, 아삽가의 새 아내가 젊은 마부와 정을 통하다가 발각되어 거리 재판에서 참혹한 죽음을 당하는 것은 문장로의 젊고 육감적인 아내가 점원아이와 관계를 맺고 들통나 도망가는 일과 동일하다. 그러므로 각각의 사건은 일종의 비유관계라 할 수 있다.

민요섭의 행동은 곧 욕망의 대상을 향해 나아가는데 그것은 하나님 아들의 신성성이 제거된 매우 인간적인 모습의 아하스 페르츠를 모방함으로써 구현되는 것이다. 그리하여 그는 반기독적 반크리스트교적인 사상에 침윤된다. 그가 신학교에서 쫓겨난 것도 이러한 까닭이다. 인간과 하나님 사이의 중개자로 야훼의 아들밖에 생각할 수 없는 기존의 기독교적 입장에서 볼 때, 민요섭의 사상은 이단일 수밖에 없다. 정통 기독교 관념에 대한 민요섭의 회의는 "'어찌하여 선악을 불문하고 인류에게 재난은 닥쳐오는가' '부유한 자 힘센 자 권세 있는 자는 예수님의 말씀에서는 무다. 그런데 어찌하여 이 세상에서는 전부인가, 가난한 자 병든 자 버림받은 자는 예수님의 말씀에서는 전부였다. 그런데 이 세상에서는 어찌하여 무인가', '세상은 믿기 위한 미신으로 가득하다. 어쩌면 종교야말로 그 같은 미소의 가장 기교로운 형태가 아닐는지'"(43면) 등과 같은 인간의 외적 현실과 사회적인 문제에 대한 관심에서 촉발되었다.

3. 주인과 노예의 욕망

조동팔의 욕망은 민요섭을 통해 형성된다. 집을 나온 조동팔은 민요섭이 일하는 막노동판에 가서 함께 일한다. 그리고 거기에서 나와 판자촌 빈민가에 가서 오갈 데 없는 늙은이, 저능아, 불구행상들을 돌본다. 또한 I시에서는 가건물에서 야학 비슷한 것을 열어 가르치는 등 민요섭의 활동에 적극 동참한다. 그의 이러한 행위는 인정받기 위한 투쟁으로 볼 수 있다. 조동팔이 민요섭에게 어떻게 매료되었는지, 그의 사상을 어떻게 수용하여 자신의 철학으로 받아들였는지에 대해서는 자세하지 않다. 이것이 이 작품의 결점이라고 할 수 있다. 다만 조동팔은 민요섭의 사상, 믿음에 심취해 그를 선생으로 받드는가 하면, 자신의 재산을 털어 그와 함께 가난한 이들을 구제하고 가르치는 데 필요한 경비로 쓴다. 조동필은 민요섭이 그에게 심어준 새로운 세계를 건설하려고 한다. 조동팔에게 있어 새로운 욕망의 구조가 형성된 것이다. 조동팔은 민요섭을 통해 '빛나는 세계'를 건설하려고 한다.

> 그는 물론 나를 달래 돌려보내려고 했지만 나는 돌아갈 수 없었소. 그는 내가 섬기던 우상을 산산이 깨뜨리고 소중히 품고 있던 믿음과 가치체계를 송두리째 허물어 버린 사람이었소. 그리하여 그 폐허 위에 이제 막 새로운 세계를 건설하려다가 홀연히 나를 떠났던 것이오…….
>
> 나는 그에게 간절하게 매달렸소. 그가 마음 속에 구축한 그 새롭

고 빛나는 세계에 나도 참여할 수 있게 해달라고 빌었소. 그는 왠지 불안해하면서도 끝내는 나를 받아들여 주었소.(288면)

민요섭과 조동팔 사이에 '주인과 노예'라는 관계가 형성된다. 주인/노예의 변증법은 헤겔의 역사 해석방법에서 나온 것이긴 하지만, 욕망의 관계 설정에 있어서도 매우 유용한 방법이다. 조동팔은 민요섭에게 종처럼 예속됨으로써 그의 욕망을 모방하고자 한다. 그러므로 초기 단계에서 새로운 세계를 건설하려는 민요섭의 욕망과 그에게 예속되어 새로운 세계의 건설에 동참하려는 조동팔의 욕망이 마주 서있다. 새롭고 빛나는 세계는 민요섭이 꿈꾸는 세계였다. 조동팔은 민요섭을 추구, 모방함으로써 욕망의 대상에 이르려 한다. 이는 세르반테스의 『돈키호테』에서 산초 판자가 그의 주인인 돈키호테를 통해서 상상의 섬에 이르려는 것과 동일하다. 산초 판자의 욕망은 돈키호테를 통해서 생성된 것이며 산초에게 돈키호테는 욕망의 중개자가 된다.[8] 조동팔 역시 민요섭을 통해 얻게 된 우리의 신에 순종한다. 그에게 있어 "우리의 신은 모든 것을 우리 손에 붙"(289면)인 대상으로 바로 자신의 의지와 행동에 의거한 신이다. 이러한 신은 매우 불안정하고 어떤 행동 철학으로 옮겨지기 이전의 신인데, 그는 김동욱의 죽음으로 인해 단순한 관념 신학에서 탈피한다. 관념, 즉 "노동과 못 믿을 사회의 동정심에 의지"(289면)했을 신학에서 과감한 실천신학으로 발길을 돌린다.

8 R. Girard, 『소설의 이론』, 11~14면.

민요섭은 빛나는 세계의 구현을 위해 "동물적 혈연과 그것이 지켜주는 가정의 안락에 연연하지 않고"(289면) 강도 절도 등 사회적 범죄 행위에 적극 가담한다. 이러한 행위는 주인에게 인정받으려는 조동팔의 충성된 열정에서 비롯된 것이다. 그런데 여기에서 논리의 비약이 심화된다. 신학이 사람들의 개인적 구원에 아무런 영향을 주지 못한다고 해서 범죄 행위에 스스로 가담한다는 것은 이미 그의 신 개념을 벗어나기 때문이다. 그가 믿음을 유지한 채 사회적 범죄 행위를 한다는 것은 신앙과 행위의 불일치를 말해준다. 정녕 이 사회의 기본 구조를 변혁하여 보다 많은 사람을 효과적으로 구하려 했다면, 차라리 이 사회의 총체적 모순을 지닌 체제 자체를 무너뜨려야 한다. 중남미에서 "법의 속에 기관단총을 감추고 억압과 착취의 체제를 무너뜨리기 위해 싸우"(291면)는 것과 그의 범죄 행위가 동일할 수는 없다. 조동팔이 민요섭을 통해 이루려는 욕망의 대상은 '구아란타리아서(書)'의 신이다.

> (가) 태초(太初)에 커다란 존재가 있었으니 우주의 모든 것은 그 속에서 하나였다. 온갖 사물의 형상(形相)과 질료(質料)가 그 속에서 하나였으며, 그것들을 둘러싼 일체의 관념과 원리가 또한 그 속에서 하나였다.(264~265면)
>
> (나) 야훼의 선(善)과 나의 지혜는 저 태초의 존재를 얽고 있던 씨(經)와 날(緯)이었다. 처음 그 존재 유일의 자각자(自覺者)로 출발한 우리는 이윽고 새롭게 창조될 우주의 최고 정신으로 스스로를 가다듬어 갔다. 너희에게 이르러서는 오랜 세월의 갈고닦음이 있은

뒤에야 정의와 자유란 이름으로 부분적으로나마 모습을 드러내게 될 두 정신이었다.(265면)

(다) 홀로 남은 야훼의 선이 끊임없는 말(씀)의 홍수를 내려 우리 양성(兩性)의 조화로 구현된 만물을 그의 법칙만으로 묶고, 본래 엄연하던 존재의 본질을 그의 자의(恣意) 속에 가둬두려 한 것이었다.(267면)

'쿠아란타리아서'는 초판에 없었던 것이 개정판에 추가된 것이다. 이 내용은 작가가 매우 공들인 부분으로 보이는데 『사람의 아들』에서 중요한 의미를 갖는다. 그것은 무엇보다 쿠아란타리아서의 신이 오랜 구도의 결정체이자 이성의 최종적 추출물이기 때문이다. 그리고 이것이 '사람의 아들'을 있게 하는 존재 근거이자, 이 작품이 궁극적으로 추구하는 대상이기도 하다. 그래서 한 논자는 이것이 "야심만만한 것이며, 독창적인 것이며, 이 소설에서 가장 빛나는 부분"이라 찬사를 아끼지 않았다.[9] 그러나 이 소설을 자세히 살펴보면 그러한 생각은 곧 사라지게 된다.

쿠아란타리아서는 선과 악, 무위와 조화의 질서 등의 동양의 역학적 세계관을 기반으로 기독교적 세계관을 비판하고 있고, 또한 일반적 사고 논리로 성서적 관념을 비판하고 있다. 그리고 그가 말하는 '위대한 지혜'는 "악신", "지혜의 뱀", "너희 본성 중에서 그에게서 온 것은 그가, 내가 준 것은 내가 다스림으로써"(276면) 등에서 드러

9 이남호, 「신의 은총과 인간의 정의」, 이문열, 『사람의 아들』, 민음사, 1993, 310면.

나듯이 인간의 본성을 신이란 이름으로 실체화한 것에 지나지 않는다. 그러므로 지혜가 준 선택의 자유, 낙원상실의 신화, 원죄설 등에 대한 논의는 대안 없는 공허한 비판에 불과하다.

그가 제시하는 새로운 종교로서의 쿠아란타리아서는 아하스 페르츠가 이집트, 가나안, 인도 등 수많은 나라를 배회하며 찾으려 했던 신에 조금도 미치지 못하는 자기 관념의 충족, 욕망의 신에 불과하다. 결국 쿠아란타리아의 신은 지혜, 이성을 신뢰한다고 하였지만, 인간 본성의 양면 중 한면, 이를테면 선과 정의라는 이성적 주체의 신인 자아와 초자아의 세계와는 구별되는, 지혜와 자유로 무장되어 선이나 정의의 통어를 받지 않는 무의식의 세계 또는 욕망의 화신이다.

그래서 그의 신은 "선악의 관념이나 가치판단에 관여하지 않는 신, 먼저 있는 존재를 뒤에 온 말씀으로 속박하지 않는 신, 우리의 모든 것을 용서하고 시인하는 신, 천국이나 지옥으로 땅위의 삶을 간섭하지 않는 신, 복종과 경배를 원하지 않고 희생과 헌신을 강요하지 않는 신, 우리의 지혜와 이성을 신뢰하며 우리를 온전히 자유케 하는 신"(293면)인 것이다. 작가는 새로운 신을 제시하기 위해 『성서』의 내용을 비판하고 역학의 역동적 세계관에 기반하여 새로운 신을 정립하려 했지만, 관념으로서의 신, 욕망의 발현된 양태를 제시하는 데 그치고 말았다.

조동팔이 처음 관심을 갖고 있었던 것은 이러한 신을 정립하는 것이 아니었다. 오히려 그는 현종교의 무능함과 타락, 불합리, 부조리로부터 사회를 구하고 사람을 구원하는 데 관심이 있었다. 그러나 단순히 구제, 구원을 빌미삼아 사회의 안녕을 해치고 법을 무시하는 행위를 일삼는다면 그것은 합리적이고 이성적인 행위라 할 수 없다. 만일 그가 그의 신을 정립하는 데 보다 관심을 가졌다면, '도둑질하지 말라', '이웃을 사랑하라' 등의 위대한 지혜의 신이 준 말을 지켰을 것이다. 어찌했던 조동팔은 민요섭을 모방의 모델로 삼음으로써 새로운 욕망 관계를 형성하였다. 그러한 상황은 조동팔이 민요섭을 일컬어 "내 정당성의 근거였을 뿐만 아니라 앞서 가는 내 행동을 뒤따라와 해설해 줄 논리와 철학"(292면)이라고 한 구절에서 잘 드러난다. 왜 조동팔이 민요섭을 죽였는가 하는 문제는 바로 이런 욕망 구조에서 비롯됨을 알 수 있다.

4. 욕망의 집착과 파국

조동팔이 출감한 후 T시로 민요섭을 찾아갔을 때는 이미 민요섭이 스무 명이나 되는 아이들을 제 갈길로 보내버리고 난 이후였다. 그는 찾아온 조동팔에게 헤어질 것을 요구한다. 민요섭의 결별 사유는 단순하다.

> (가) "옛 하나님과 그 교회로 돌아가기 위해서였소. 그 여자와 노예들의 종교, 독선의 말씀과 피학(彼虐)의 열정 속으로…… 쓸쓸하고 두렵다는 거였소. 웃지 않고, 성내지 않는 우리의 신, 기뻐하지 않고 슬퍼하지 않으며, 꾸짖지도 않고, 칭찬하지도 않는 우리의 신—그에게 이제 지쳤다는 거요, 선악의 관념이나 가치판단에서

유리된 행위, 징벌 없는 악(惡)과 보상 없는 선(善)도 마찬가지로 공허하다는 거였소."(294면)

(나) "그는 또 말했소. 신학의 탈개인화든 혁명의 신학이든 또는 그 이상 마르크시즘과 손을 잡게 되는 한이 있더라도 우리는 〈신 안에〉 남아 있어야 했다고, 불합리하더라도 구원과 용서는 끝까지 하늘에 맡겨두어야 했다고, 그리고는 단정했소. 우리는 무슨 거룩한 소명이라도 받은 것처럼 새로운 신을 힘들여 만들어냈지만 신은 설익은 지식과 애매한 관념으로 가장 조악한 형태의 무신론을 읽었을 뿐이라고. 우리가 어김없이 신이라고 믿었던 것은 기껏해야 저 혁명의 세기에 광기처럼 나타났다가 조롱 속에 사라진 이성신(理性神)이거나 저급하고 조잡한 윤리의 신격화에 지나지 않았다고. 그런 다음 과장된 참회와 더불어 십자가 아래로 돌아가겠다고 했소."(295면)

민요섭은 그가 추구하던 신앙적 대상이 한낱 허상에 불과했음을 인식하고, 다시 기독교에 귀의하려고 한다. 민요섭의 신념 포기는 대상을 얻기 위한 투쟁에서의 실패를 의미한다. 그러나 그는 패배한 종의 위치로 하락하는 것이 아니라 기독교에 귀의함으로써 새로이 주인 행세를 하려 한다. 물론 그의 이러한 역정은 아하스 페르츠의 이야기에서 이미 예견된 바이기도 하다. 아하스 페르츠가 7번 동안 예수와의 만남을 통해 예수가 견지한 논리를 비판하고 그 논리의 허구성을 지적했지만, 결국 대안으로서의 대상을 발견하지 못했다는 사실과 밀접하다. 또한 마지막 예수가 십자가에 피 흘리고 돌아간

다음 기약 없는 예수의 재림을 기다렸다. 아하스 페르츠는 그가 추구하는 욕망의 모델을 찾아 이집트, 가나안, 페니키아, 바벨론, 인도 등을 돌아다니며 이집트의 신들, 메소포타미아의 신들, 예수와 그의 제자 등을 만나지만, 기독교 대안으로서의 어떤 신(종교)을 찾는 데는 결국 실패한다.

"아하스 페르츠의 육신이 돌연 그러한 시공을 초월"(241면)하였다는 데서 아하스 페르츠의 초월성을 보여주지만, 결국 아하스 페르츠의 영혼관, 구원관은 드러나지 않는다. 여기에서 신을 부정한 니체의 초인 사상의 일단이 보이지만, 아하스 페르츠의 초월은 니체의 그것과는 다른 관념적 초월이다. 그가 신을 추구하는 과정에는 원래대로의 회귀가 예고되어 있다. 그러나 이러한 비유적 장치와는 달리 민요섭이 다시 기독으로 복귀한 데 대한 작가의 설명은 지극히 미흡하다. 작가는 개정본을 내면서 『사람의 아들』의 원본이 무척 불만스러웠던 점을 인정하고 나름대로 어느 정도 보충했다고 했다. "앞서의 반기독적(反基督的) 논리의 치열함에 비해 그는 너무도 손쉽게 기독교로 돌아가고 있는데, 그 점은 후반부에서 어느 정도 보충되었다고 본다. 원래는 민요섭의 일기 같은 걸 삽입해 철저하게 규명해보려고 했으나 이번에는 이 정도로 그친다"(322면)라고 했는데, 제대로 보충되진 않았다.

작가는 다음에 다시 불만이 있으면 고쳐나가겠다는 의미에서 '이번에는 이 정도로' 하겠다는 표현을 쓴 것 같다. 이 부분은 조동팔이 관념적이고 철학적인 민요섭의 교리를 받아들이면서도 김동욱 사건으로 인해 쉽게 범법 행위로 나아간 것만큼이나 적실한 근거가 부족하다. 결국 민요섭은 아하스 페르츠를 모방하던 이전의 행동 태도를 버리고 크리스트를 다시 모방하게 된다. 이것은 중요한 변화이다. 그에게서 아하스 페르츠의 포기는 그의 삶의 철학을 포기하는 것이고 믿음을 포기하는 일이다. 아하스 페르츠를 포기함으로써 그는 이전의 반기독적 사고에서 다시 기독적 사고로 전향하게 된다. 전향이라는 용어의 적절함은 차치해두고라도 그가 처음 기독의 논리를 부정했던 만큼이나 다시 기독교로 회귀하는 데 따른 논리의 치열함이 부족하고, 방황과 모색 단계에서 충분한 계기가 제시되지 못한 것이 이 소설의 큰 약점이다.

5. 중개자의 배신과 직접 욕망의 구가

민요섭이 아하스 페르츠를 포기한 것은 조동팔에게는 매우 중대한 일이다. 왜냐하면 조동팔은 이제까지 민요섭을 그림자도 밟지 않을 만큼 존경했고 “지나가며 하는 말 한 마디도 그 분의 말이라면 잊지 않고 지키려고 애”(261면)를 쓴 충실한 종이었기 때문이다. 조동팔에게 있어서 민요섭은 바로 빛나는 세계에 대한 중개자였다. 조동팔은 민요섭에 대한 철저한 믿음과 의지로 빛나는 세계를 건설하려 삶을 매진해 왔다. 그러므로 민요섭의 신앙, 가치관의 변화는 곧 교리의 변화였고 쿠아란타리아서 종교의 근간까지 뒤흔드는 엄청난 일이었다.

"그 밤 그가 떠나버린 뒤 나는 한숨도 잠을 이루지 못했소, 갑자기 세상이 텅비고 적막해진 것처럼 느껴졌소. 그러다가 그 새벽에 이르러 나는 갑자기 그때껏 내가 의지해 왔던 세계가 무너지는 굉음을 들었소. 그것은 바로 그였고 그를 따라나선 뒤로 내 인생은 그로 하여 의미를 가졌고, 내 모든 행위는 정당성을 부여받았소. 그런데 홀연 그것이 무너져버린 것이오. 내 발밑에 입을 벌리고 있는 것은 끝 모를 나락의 구렁텅이뿐이었소. 환상에서 깨어난 돈키호테를 바라보는 산초 판자의 처참함뿐이었소…….

하지만 그래도 나는 되도록이면 그를 잊으려고 애써보았소. 나의 두 발로 서고 나의 머리로 생각하며 그 없이 내 길을 더듬어 가보려고 마음을 다졌소. 오히려 그를 뛰어넘어 우리의 신성(神聖)을 완성할 야심까지 키워보았더랬소. 그러나 아무래도 용서할 수 없는 것이 하나 있었소. 그것은 우리 패배의 표지, 내가 힘겨운 싸움에 빠져 있을 그 시각도 십자가 앞에 꿇어 엎드려 굴욕스런 참회의 눈물을 떨구고 있을 그였소. 그런 그를 두고서는 나는 아무것도 홀로 다시 시작할 수 없을 것 같았소. 그를 없애야만 나와 나의 새로운 신(神)은 지켜질 수 있을 것만 같았소. 그래서—하루낮의 치밀한 계획 끝에 나는 그가 있는 기도원을 찾아갔소……"(295~296면)

조동팔이 두려워하는 것은 사실 민요섭의 배신행위가 아니라 그로 인해 자신의 세계가 무너지는 것이었다. 그는 민요섭의 사상과 신앙에 철저히 의지하고 모방, 실천함으로써 빛나는 세계가 건설될 것이라 믿었다. 그래서 민요섭의 개종은 조동팔에게 있어 세계 자체를 뒤흔드는 일대 사건이었다. 조동팔은 그의 반역으로 새로운 세계에 대한 이론적 원천이자 중개자를 잃어버리게 될 판이었다. 중개자의 상실은 곧 조동팔에게 있어서는 '주인과 노예'의 관계에 치명적인 손상을 가져온다. 위대한 세계의 건설이라는 목표를 버리고 떠난 민요섭은 조동팔의 시각에서 볼 때, 투쟁의 패배자이다. 작가는 조동팔의 이러한 상태를 산초 판자의 처참함에 비유하였다. 돈키호테가 욕망의 대상에 도달하려는 행위가 무위로 끝나고, 그것이 헛된 시도라는 것을 깨닫게 되었을 때 산초 판자 역시 그가 돈키호테로부터 부여받은 상상의 섬이 무위라는 것을 깨닫고 절망한다. 그것은 바로 욕망의 중개자의 파멸 때문이다. 이러한 때 있을 수 있는 일은 주인/노예의 관계를 역전시키거나, 서로 결별하는 일이다.

그러나 조동팔에게 이 문제는 그리 단순하지 않다. 왜냐하면 민요섭이 자신의 패배를 인정하지 않고 기독교에 귀의해서 나시 주인 노릇을 하려 했기 때문이다. 그는 다시 조동팔에게 자신을 따르기를 권유한다. 조동팔은 민요섭을 노예로 예속시킬 수도, 또 다시 그의 노예가 될 수도 없게 되었다. 민요섭은 더 이상 주인이나 욕망의 중개자가 아니라 주체와 대상 사이에 존재하는 장애물밖에 되지 않는다. 조동팔은 민요섭을 회유하고, 설득·협박해서 쿠아란타리아 신에게로 복귀하기를 종용해 보지만 실패하고 만다. 오히려 민요섭으로부터 기독교로의 개종을 종용받게 되자 그는 쿠아란타리아서의 신을 지키기 위해 민요섭을 제거하기에 이른다. 이 부분은 이 작품의 중핵을 이루는 살인 사건의 개연성을 설명하는 부분인데 작가의 재기가 드러난다.

조동팔이 민요섭을 제거함으로써 욕망은 직접 회로를 거치게 된다. 주인이었던 민요섭이 패배함으로써 조동팔은 주인의 위치에 갈 수 있게 된 것이다. 이들의 욕망에서 주인/노예의 관계 역시 깨어진다. 욕망의 대상을 포기할 수 없었던 조동팔로서는 민요섭을 제거함으로써 그가 추구하는 새로운 신에 대한 권능을 살리고 그의 신념을 끝까지 유지하려 한다. 그래서 "나까지 패배해 쓰러졌다고 생각하지 마시오. 지금 나를 부르고 있는 것은 민요섭의 피지, 우리의 신에 대한 절망은 아니오. 이 시각 이전에나 이 시각 이후에나 영원히 살아 있을 것은 우리의 신뿐이며, 설령 아무리 느끼지 못하더라도 그 고독한 신성(神性)은 언제나 당신들의 머리 위에서 빛날 것이오"(298면)라고 말하는 것이다.

그런데 왜 갑작스럽게 조동팔은 죽어가는가. 우리는 이에 대해 마지막 의문을 제기하지 않을 수 없다. 얼핏 보면 그냥 지나치기 쉬운 이 죽음은 아무래도 석연치 않은 여운을 남긴다. 신을 지키기 위해 민요섭을 살해한 것과 그의 자살이 동일한 것일 수 없고, 민요섭의 피가 그를 부르고 있다는 언급 역시 논리에 닿지 않는다. 물론 여기에서 두 가지의 추론은 가능하다. 하나는 경찰의 수사망이 좁혀져 더 이상 피해 나갈 수 없었다는 사실과 또 하나는 그가 중개자를 상실하여 욕망의 대상으로 이르는 길이 차단되었기 때문이라는 점이다. 그러나 이러한 해석은 그리 가치 있는 것이 못된다. 조동팔은 민요섭을 살해할 때 이미 신을 지키기 위해서라면 어떠한 일도 할 각오가 있었고, 또한 주인의 입장으로 대상을 직접 욕망할 수도 있었기 때문이다. 그렇기 때문에 마지막에 제시된 그의 죽음은 미처 개연성을 확보하지 못한다. 이는 오히려 조동팔로 하여금 모든 걸 포기하게 하여 사건의 전모를 쉽게 얻고 작품을 매우 완결된 것처럼 보이게 하려는 뻔한 수법으로밖에 보이지 않는다. 그의 마지막 말은 기독교로부터 빛나는 세계를 보호하기 위한, 또 다른 방해자로부터 끝내 종교적 신념을 지킨 장엄하고 엄숙한 것이 아니라 죽어가는 자의 넋두리에 불과하다.

6. 모방 욕망의 실패와 좌절

『사람의 아들』은 두 개의 이야기로 구성된 하나의 이야기다. 하나의 이야기는 아하스 페르츠의 이야기이고, 또 하나의 이야기는 민요섭의 이야기이다. 이 가운데서 아하스 페르츠의 이야기는 전체의 2/3에 해당된다. 그 나머지가 민요섭의 이야기와 남경사의 사건 추적 이야기이다. 그러므로 민요섭의 이야기는 실제로 1/3에도 못 미치는 것이다. 어떤 이는 아하스 페르츠의 이야기를 속 그림으로, 민요섭의 이야기를 겉 그림으로, 또는 보조 플롯과 주 플롯으로 이야기하고,[10] 또 어떤 이는 아하스 페르츠의 이야기가 비유로서 이야기 내에서 유추의 관계, 또는 현실의 알레고리적 성격을 지니는 것으로 설명하였다.[11] 그러나 속 그림 또는 비유적 기능으로서의 이야기라

10 이남호, 앞의 글, 304면, 김욱동, 『이문열—실존주의적 휴머니즘』, 민음사, 1994, 10면.
11 곽광수, 「사랑과 진리—기독교적 비극성」, 이문열, 『사람의 아들』, 민음사, 1981, 283~284면. 김명인, 「한 허무주의자의 길찾기」, 『이문열론』, 삼인행, 1991, 176면.

면 아하스 페르츠의 이야기는 너무 길다. 그러므로 이 소설은 두 개의 이야기가 병렬적으로 구성되어 있다고 보아야 한다.

고대의 설화에서 가져온 아하스 페르츠 이야기의 주요 인물은 아하스 페르츠와 예수이다. 그리고 민요섭 이야기의 주요 인물은 민요섭과 조동팔이다. 이들 두 작품을 얽고 있는 것이 각 인물들 사이의 욕망 구조이다. 이들은 신앙의 추구라는 점에서 서로 욕망적 관계를 형성하고 있다. 예수에서 아하스 페르츠로, 다시 예수로 전개되는 민요섭의 사상 내지 믿음의 연원을 아하스 페르츠의 삶의 궤적을 통해서 보여주고 있다. 아하스 페르츠는 민요섭에게 있어서 모방의 대상이자, 욕망의 중개자였던 것이다. 그러므로 민요섭에게 있어서 아하스 페르츠의 이야기는 작품 내에서 일종의 비유적 관계에 놓이게 된다. 민요섭은 아하스 페르츠라는 인물을 선택하여 그를 모방하고 동일시해 감으로써 욕망의 대상에 이르려 했다.

이러한 욕망의 구조에 의해 고대 설화 이야기와 민요섭의 이야기가 한 개의 구조 속에 용해된다. 아하스 페르츠를 떠난 민요섭은 존재의 근거를 상실해 버린다. 두 인물이 비유적이자 병렬적으로 존재함으로써 이 작품의 사상적 근원이자 세계관적 근원을 확고히 얽어준다. 조동팔로 볼 때, 민요섭은 욕망의 중개자가 된다. 조동팔에 있어 민요섭의 존재는 민요섭에게 있어서 아하스 페르츠와 같이 추구와 모방의 대상이었던 것이다. 이들의 욕망은 서로를 주인과 노예의 관계에 놓이게 한다. 결국 이 둘의 욕망이 합쳐진 것이 쿠아란타리아서이다. 두 개의 이야기는 이 하나를 만들어냈고 이 하나의 이야기는 두 세계에 걸쳐 존재한다. 새로운 신, 새로운 세계는 처음 민요섭과 조동팔이 함께 추구하고 찾던 세계였다. 그러나 민요섭이 아하스 페르츠를 버리고 기독교에 귀의함으로써 이 관계는 깨어진다.

결국 이 작품에 주요 갈등은 민요섭과 조동팔의 갈등이었지만, 이들은 아하스 페르츠와 예수라는 욕망의 중개자를 통해서 발생된 것이었다. 민요섭이 예수에게로 돌아가자 조동팔은 중개자를 상실한다. 욕망의 대상에 분리가 온 것이다. 조동팔이 욕망의 중개자를 상실함으로써 그의 욕망 달성은 좌절된다. 조동팔은 민요섭을 죽임으로써 욕망의 대상을 지켜보려 하지만 결국 무위로 끝난다. 그래서 이 작품은 에덴에서 쫓겨난 이후 모순된 세계에 갈등하면서 끊임없이 신을 추구하지만 좌절하는 인간의 욕망을 보여준다. 조동팔과 민요섭이 죽는 것은 욕망의 좌절에 기인한 것이다. 결국 욕망의 주체는 죽고 대상만이 남아 있다. 이를 라캉의 표현을 빌자면 '나는 내가 생각하지 않는 곳에 존재'하기 때문에 그들은 타자의 욕망을 욕망하다 존재의 본질마저 파악하지 못하고 죽어간 것이다. 그들은 회의를 통해 존재의 확실함에 이를 수 있었던 합리주의자들과는 먼 거리에 있는 주체들이었던 것이다.

『사람의 아들』은 인간이 끊임없이 욕망의 대상을 추구하다가 겪게 되는 좌절과 비극을 그려내고 있다. 결국 인간은 신이 아니고 사멸할 수밖에 없는 존재이지만, 그 욕망만은 끊임없이 되풀이 반복된다. 작가는 이 작품에서 욕망을 통해 신은 무엇이고 인간은 무엇인가라는 문제를 끈질기게 추구하였다. 이 작품은 앞서 언급한 결점에도 불구하고 신과 인간의 문제, 인간이 신을 추구하면서 겪게 되는 갈등과 좌절을 형상화하였을 뿐만 아니라 문학의 공간 및 사상적 깊이를 확대 심화하였다는 점에서 김동리의 『사반의 십자가』,[12] 김성동의 『만다라』(1979)[13] 등과 함께 주요한 작품으로 평가된다. 한편 이문열의 이후 소설 『황제를 위하여』(1982) 역시 인간의 좌절된 욕망을 그리고 있다.[14] 도참사상을 매개로 황제로 군림해 보려 한 인간의 욕망과 그의 현실적 좌절을 그린 이 소설은 작가의 세계에 대한 낭만적 인식을 바탕으로 하고 있다. 이문열은 초기 작품인 『사람의 아들』에서 『영웅시대』를 거쳐 『변경』에 이르기까지 욕망, 권력의 문제를 끊임없이 추구하였는데, 이를 범박하게 말하자면 욕망은 그의 소설의 시작이자 종결인 셈이다.[15] 그는 이들 작품에서 욕망의 탐색 과정에서 본질과 현상, 주체와 대상, 내면적 자아와 외부적 현실의 본질적인 괴리로 인해 발생하는 낭만적 비극을 그려내고 있다.

12 김동리, 『사반의 십자가』, 일신사, 1958.
13 김성동, 『만다라』, 한국문학사, 1979.
14 이문열, 『황제를 위하여』, 고려원, 1986.
15 이문열, 『영웅시대』, 민음사, 1984, 이문열, 『변경』, 문학과지성사, 1998.

제 10 장

이념 와해 시대에 진정성 찾기
— 최인훈의 『화두』론

1. 황혼에 깃든 미네르바의 올빼미

헤겔은 『법철학』 서문에서 "미네르바의 올빼미는 황혼이 깃들 무렵에야 비로소 날기 시작한다"라고 밀했다.[1] 역사에 대한 한 철학자의 보편적 직관이 담겨 있는 말이다. 현실이 무르익었을 때 비로소 관념적인 것이 실제적인 것에 맞서서 나타나고 사상으로서의 철학은 현실이 그 형성과정을 완성하고 난 다음에야 시간 속에서 현상화된다는 이 말은 오늘날의 현실에서도 매우 타당한 지적으로 여겨진다. 1980년대 후반 루마니아, 헝가리, 폴란드 등 동구 사회주의 국가의 몰락과 독일의 통일, 러시아의 마르크시즘 포기선언은 탈이념 시대의 도래를 예고했다. 이는 이데올로기 대립 시대의 종언과 더불어 세계 질서의 재편이라는 새로운 역사를 탄생시켰다. 근 1세기를 이

1 G. W. F. Hegel, 임석진 역, 『법철학』, 지식산업사, 36~37면.

녑의 철옹성을 고수해 온 마르크시즘의 현실적 실패는 사회 전반에 심대한 영향을 미쳤다. 그것은 누구도 예상치 못한 사건이었다. 이로 인해 항상 현실의 뒷발굽에 붙어있던 철학은 새로운 이념을 모색할 수밖에 없었고, 또한 이념에의 추종자들은 좌절감과 함께 자기 정립을 위한 아이덴티티(IDENTITY; 이하 진정성)를 찾아갈 수밖에 없었다.[2]

작가 최인훈의 글쓰기도 이러한 역정 위에 놓여 있다. 6.25와 남북분단이라는 냉전체제에 살아온 그가 소련 및 동구 사회주의 국가의 몰락과 이념 대립 시대를 끝막음하는 1990년대의 현실에서 미네르바의 올빼미로 나래를 폈다. 헤겔주의자 코제브가 이 시대를 '역사에의 종언'으로 갈파했었다면[3] 「광장」의 작가 최인훈은 '화두'를 들고 나선 것이다. 그러므로 1990년대 현실에서 최인훈이 던진 『화두』는 여러모로 문제적일 수밖에 없다. 이것은 한 헤겔주의자의 비극을 다룬 「광장」이 1960년대에 우리 문단에 던졌던 파문만큼이나 큰 반향을 불러일으켰다. 물론 이러한 파문의 이면에는 1960년대 「광장」

2 Identity는 일반적으로 자아 형성 과정에서 자신의 본질을 깨닫는 과정 내지 본질의 특성 정도로 이해된다. '자기동일성', '정체성' 등으로도 번역되지만 여기서는 '진정성'으로 쓴다. H. Bergson & E. H. Erikson, 정석해·조대경 역, 『시간과 자유의지, 아이덴티티』, 삼성출판사, 1979.

3 A. Kojeve, 설헌영 역, 『역사와 현실 변증법—헤겔 철학의 현대적 접근』, 한벗, 1981. 한편 프란시스 후쿠야마 역시 1989년 역사의 종언을 고했다. F. Fukuyama, 이상훈 역, 『역사의 종언—역사의 종점에 선 최후의 인간』, 한마음사, 1992.

이라는 우리 문학의 기념비적 작품을 남긴 작가의 매우 공들인 작품이라는, 말하자면 권위적 담론에 힘입은 영향도 크겠지만, 또한 1980년대 후반 사회주의가 몰락하는 현실에서 작가의 이데올로기에 대한 추구와 끊임없는 소설적 탐색이 맞물려 있다.

그러면 1990년대 『화두』를 통해서 제시하고자 하는 물음은 무엇이고 이러한 화두는 어떠한 방식으로 해결의 실마리를 추구하고 있는가. 이 작품은 1950년에 민족사의 수난이자 이념의 대리전을 경험해본 그가 그 후 40여 년간 새로운 역사적 전개과정을 목도하고 체험하는 과정을 한 지식인의 성장사로 기술하고 있다. 그러면 8.15해방과 6.25, 남북의 이데올로기 대립 속에서 제3국, 그리고 죽음을 택한 「광장」의 세계가 탈이념, 탈냉전의 시대에 어떻게 굴절되었는가. 적어도 이 글은 『화두』(민음사, 1994)가 지닌 '화두' 의미 규명을 시작으로 하여 『화두』가 추구하고 있는 세계관적 의미를 추적해 보고자 한다. 이는 최인훈의 삶의 행적을 추적하는 일이며, 또한 그의 글쓰기를 찾아가는 과정이기도 하다.

2. 소설의 들머리 – 화두를 찾아서

최인훈은 1959년 「그레이 구락부 전말기」를 통해 등단한 후 그동안 「가면고」(1960), 「광장」(1960), 『총독의 소리』(1967~1968), 「소설가 구보씨의 일일」(1970), 『태풍』(1973) 등 많은 작품을 쓰긴 했지만, 주로 관념 편향의 소설을 창작해 왔다. 그리고 1973년 이후 작품활동이 뜸했던 그가 1994년 『화두』를 내놓았는데 이는 전혀 외부적인 이야기가 아니라 작가 자신의 이야기를 풀어낸 것이다. 이 작품에 이르러서 그는 집요하게 추적했던 인간의 본질, 자유, 사랑, 이념, 휴머니즘의 문제에서 한 시대를 살아가는 지식인 '나'의 문제로 회귀한다. '나'란 누구인가. 이에 대한 언급은 이미 작가에 의해 주어졌다. "이 소설의 부분들은 대부분 사실에 근거하지만 그 부분들의 원래의 시간적, 공간적 위치는 소설 속에서는 반드시는 원형과 일치하지 않는다. 즉 이 소설은 소설이다."(1부, 6면)에서 이 소설이 자신의 체험에 근거함을 밝혔다. 그러므로 북한→한국→미국→소련이라는 작가적 체험이 상상력과 결부되어 얽어진 것이다.

『화두』에서 작가가 화두로 삼는 것은 좀 별나다. 작가는 작품의 서두에 조명희의 「낙동강」을 내세우고 있다. 이 작품은 「광장」처럼 이명준의 죽음 해명에 작품의 구조를 바친 것도 아니고, 단순히 고등학교 1년 시절의 낙동강 수업에 대한 회상을 화두로 삼고 있다. 작가는 타자로서 조명희를 내세우고 있다. 그에게 있어 조명희는 추구해야 할 테제의 인물이었던 것이다. 기억의 현상학이라는 창작방법을 추구하고 있는 이 소설은 원체험으로서 「낙동강」 수업이 자리해 있다. 고등학교 1년생인 그에게 있어서 국어시간의 작문은 글쓰기의 기원에 해당하는 셈이다.

> 이날 학교에서 돌아오는 길에 나는 기관구 앞에서 오래 서서 검은 바퀴 달린 쇠더미들이 움직이는 것을 보고 있었다. 작문에 쓴 이야기는 사실이었다. 친구네 과수원에 가서 하룻밤을 지내면서 거

> 기서 활달한 여학생을 만난 것은 사실이었다. 그리고 「낙동강」 얘기를 한 것도 사실이었다. 그러나 그것은 깊은 얘기도 아니었고 오래 끌지도 않았다. 〈형평사〉 대목도 그녀가 지나가면서 한 말이었다. 작문에서 그녀가 알려주었다는 내용은 필자인 나의 지식이었다. 작문의 내용은 사실이지만 사실만은 아니었다.[4]

북한에서의 체험으로서 중요한 것은 이것 말고도 '비판회' 사건이 있다. 고등학교 국어수업을 통해 그가 글쓰기의 방식을 터득했다면, 자아비판회 사건은 이념의 굴레에 묶이는 계기가 된다. 북한에서 해방 후에 전개된 '자아비판회'는 효율적으로 민중을 다스리는 도구로 사용된다. 개인을 감시하고 억압하고 제도권 속에 옭아매는 중요한 형구인 것이다. 지도원 선생과 나 사이에 벌어진 자아비판회는 바로 「광장」에서 이명준의 '자아비판회'와도 연결된다. 자아비판회 사건은 그 사실을 부모에게조차 알릴 수 없었던 것으로 두려움과 공포의 그림자로 기억 속에 자리잡게 된다.

그러나 북한에서의 생활은 전쟁으로 종지부를 찍는다. 해방 후 자본이 없는 사업가로, 목재회사 평직원으로 활동하던 그의 아버지는 W시에서 전쟁 때 가족들과 더불어 월남을 한다. 월남민의 의식, 고향을 북에 두고 내려온 이들이 겪는 체험은 변두리 체험이다. 월남인은 어디서나 환영받지 못하는 존재들이다. 최인훈은 이러한 유랑

---

4 최인훈, 『화두1』, 민음사, 1994, 82~83면. 이하 이 장에서 이 작품의 인용 시 인용 구절 뒤 괄호 속에 1부, 2부 면수만 기입함.

민 의식을 극복하기 위해 군에 입대하고 작문 시간의 창작 체험을 바탕으로 끊임없이 창작을 하는 것이다. 그러나 1973년 이전까지 왕성한 창작활동을 하던 그는 이후 한동안 침묵을 지키는데 여기에 미국체험이라는 작가의 체험이 자리해 있다. 그가 미국에서 인식한 삶은 크게 두 가지로 요약된다. 그 하나가 말의 억압으로부터 자유로움을 맛보는 것이다.

> 폴: 그렇다. 지금 자유선거를 실시한다면 폴란드는 그 즉시 자본주의 나라가 될 것이다.
>
> 나: 폴란드에서도 그런 말을 아무에게나 할 수 있는가?
>
> 폴: 없다. 그러나 모든 사람이 그렇게 생각하고 있다.
>
> 나: 당신은 공산당원인가?
>
> 폴: 그렇다.
>
> 나: 공산당원이 그렇게 말할 수 있는가?
>
> 폴: 공산당보다 진실이 더 중요하다.(1부, 108면)

폴란드 작가에게서 느낀 것은 진실에 대한 중요성과 진실을 믿는 그 작가의 신념이다. 이러한 상황은 서술자에겐 당혹스런 사건이 아닐 수 없다. 그것은 적어도 그 당시 우리 사회는 군부독재가 아성을 굳게 지키고 있던 닫힌 사회였고, 게다가 글을 쓰는 사람조차 구속하는 불문율의 사회였기 때문이다. 짧은 소설 하나를 쓸 때마저도 '나'를 강박하는 의식이란 보이지 않는 제도적 폭력이며 언어의 주술에 언제 잠겨버릴지 모른다는 위기의식이었다. 이로 인해 그는 이러한 불문율에 제도되길 기다리는 노예의식을 갖게 된다.

미국에서 두번째로 체험한 것은 바로 『자본론』이다. 『자본론』은 서술자에게 있어 고등 2년 시절 선생님으로부터 배운 것이 전부이다. 국내에서 감히 엄두도 못낼 책을 자본주의 미국 땅에서 맞이한 그의 감상은 어떠했을까. 이 책은 조명희의 「낙동강」과는 다른 방식으로 그에게 읽혀졌을 수밖에 없다. 서술자에게 있어서 자본론은 '정신의 마술 같은 것'이었다. 서술자의 고백처럼 '국내에서 이 책들을 구할 길이 없었고, 그래서 장님 코끼리 더듬듯 여기서 한조각 저기서 한조각씩의 귀동냥 눈동냥에 의지해서, 엉뚱한 사람의 저작물에 반영된 2차, 3차 반사된 마르크스와 엥겔스의 그림자속을 숨바꼭질'을 하던 상황이 여지없이 발각된 형국이다. 1990년대라는 시간은 이러한 서술자의 논리를 정당하게 해석해 주고, 평가해 줄 시간적 거리를 지녔음에 들림 없다. 그러므로 중학교 때 지도원 선생이 G-W-G-, W-G-W와 같은 기호를 적어가며 언급하였던 이 책을 과연 그도 그 내용을 알았을까 궁금해하는 것은 당연하다.

그의 『자본론』 체험 고백은 금기의 풀림의 소산이다. 문협정통파로 문단을 이끌어 왔던 김동리에게는 상상도 못할 발언이다. 김동리는 그의 산문에서 마르크스 엥겔스의 전집을 그의 동료로부터 건네받았지만 펴보지도 못한 채 다른 친구에게로 건너가 버렸다고 지레 꽁무니부터 빼게 했던 이념의 금서이자, 잘못했다간 화를 입을 공포의 주술이었다.[5] 바로 이념 금제의 시대를 살아온 작가의 생존을 위

5 김동리, 『밥과 사랑과 그리고 영원』, 사사연, 1985, 102면.

한 어설픈 변명과 고뇌가 엿보인다. 최인훈 역시 누구보다도 이념의 금제에 살았었고 제도권의 흑백논리를 잘 아는 사람으로서 폴란드 시인의 말을 끝까지 발설하지 않고, 자본론의 체험을 1990년에 이르러 발설하는 것도 역시 금기의 풀림의 소산이다. 「광장」의 이명준의 이념논리가 4.19라는 민주화 함성을 통해 배출될 수 있었듯이, 『화두』의 나의 고백도 1980년대 후반 동구권 사회주의의 붕괴와 마르크시즘의 몰락, 한국에서의 문민정부로 인한 이념의 완화 때문에 가능했다. 1990년대에 와서야 '화두'를 던질 수 있었던 것도 이러한 역사적 도정을 체험했기 때문이다. 곧 그에게 관념적인 것과 실제적인 것이 맞설 수 있는 공간이 형성된 것이다.

3. 관념적인 것과 실제적인 것의 맞섬

『화두』는 「광장」 이후 최인훈 문학의 결산이자 총체물이라고 할 수 있다. 「광장」 이래 그의 문학의 일단 가운데서 우리는 관념적인 것과 실제적인 것이라는 두 축을 발견할 수 있다. 이미 『화두』에서 제시되었던 관념적 요설들과 사상성은 그 이전의 리얼리즘 소설이나 모더니즘 소설과는 다른 지향점을 갖고 있다. 이념이 언어로 전달되면서 이데올로기의 굴절을 통해 걸러진 사상의 언어, 이것은 한편으론 최인훈 문학의 특징이자 최인훈 문학의 한계이기도 하다. 「광장」에서 이러한 관념 편향성의 언어들은 그래도 소설의 구문구문에 내포되어 현실과의 거리감을 별로 느끼지 못할 정도로 나타났지만, 『화두』에 이르면 아포리즘의 형태로 작품의 상당 부분을 차지한다. 이것은 1부에 26면, 2부에 66면가량 도합, 90여 페이지에 이른다. 게다가 산문 형식의 문서 25면가량을 포함시킨다면 1/10이 넘는 부분이 거의 작가의 순수 요설로 들어차 있다.

자아비판회 사건, 독서감상문 사건 등 유년기적 체험에서 1990년대 당대의 시점에 이르기까지 작가의 소설적 과정을 다루던 『화두』가 이렇듯 아포리즘에 빠진 까닭은 무엇인가. 그리고 이 공식적인 아포리즘을 제외하더라도 글쓰기 군데군데 들어있는 DNA이론, 기하학 논리, 철갑상어 이야기 등 현실 자체를 생물학이나 수학 기타의 논리로 귀속시키려는 모습들이 나타난다. 이러한 것들은 분명 논리적 서사구조를 무기로 하는 소설의 구조에 긴장을 떨어뜨리고 심지어 소설이 작가의 말장난으로 그칠 우려를 제기하고 있다.

사실 『화두』 자체가 내포하고 있는 사상의 포화성이란 그리 간단하지 않다. 최인훈의 문학이 현실과 관념의 이중적 공간에서 어떻게 자리를 확보하고 있는가는 중요한 문제이다. 철저히 실존적 체험을 토대로 하여 형성된 이 소설은 사실 실제적인 것과 관념적인 것이 제대로 구분이 가지 않을 정도로 혼재해 있다. 물론 이처럼 사실과 허구 사이에 끼어든 관념성은 작가의 이데올로기적 측면을 강화시키는 역할을 한다. 그래서 그의 문학에서 사상은 문학이라는 도구를 통해서 표현된 그 내용 자체에 가까우리만치 중요한 의미를 지닌다. 사상성, 관념이 과도하게 자리해서 『화두』는 소설적이기보다 오히려 철학적 담론을 지향하고 있다.

(가) 환상 없는 삶은 인간의 삶이라 불릴 수 없다. 환상 있는 곳에 길이 있다.(1부, 346면)

(나) 현실이여 비켜서라. 환상이 지나간다. 너는 현실에 지나지 않는다.(1부, 347면)

(다) 무어니 무어니 해도 국가요, 정부요 하는 존재는 국외자로서는 일이 끝나 보지 않고는 마지막까지 알 도리가 없는 사항을 그들만이 관장하고 하고 있으므로, 일이 될 대로 될때까지는, 국외자는 마지막 판단을 할 수 없다. 정보공개라는 것도 그런 정도다. 그래서 설마가 사람 잡는다는 말이 생겼나보다.(2부, 327면)

내용의 일관성이 없는 이 관념은 바로 최인훈의 자기의식의 반영물이다. 작가는 소설의 내용과 내용 사이의 격자를 작가의식이라는 자의식적 자기반영을 통해서 메우고 있다. 그러나 이러한 아포리즘적 서술은 작품에 있어서 작가의 독백이나 의식의 흐름과는 상관이 없다. 차라리 의식의 자유연상 기법에 의해 작가의 심리적 흐름을 의식의 영역 밖으로 이끌어내어 독자에게 환기시키는 방식을 택하고 있다. 그러므로 이러한 자의식의 표백은 소설의 구조 자체를 심원하고 신비한 세계로 이끈다기보다 오히려 관념적이고 자아해체적인 모습으로 이끄는 것이다. 소설과 소설의 연계 고리, 파편적이고 실체적인 현실의 모습을 통해 작가는 서사구조 자체에 일탈된 행위를 함으로써 소설은 이데올로기 일변도의 담론을 드러낸다.

4. 주인/노예의 인식 구조 비판

『화두』를 지배하는 요소이자 서술자를 지배하는 의식으로 무엇보다 주인/노예의 변증법적 인식을 들 수 있다. 서술자는 이미 우리의 근대 자체를 감시와 억압의 체제인 닫힌 사회로 규정하고 있다. 그가 말하는 '밀실' 역시 현대 세계에서 자유라는 광장과는 단절된 의식 공간의 지표물이다.

> 이른바 〈거주 이전의 자유〉가 기본적인 전제인 그들의 생활문화의 원칙이 여기서도 적용되는 것이 없는데 그런 사정도 잘 몰랐을 뿐더러 이만한 혜택이 제공되는 모임에 왔으면 프로그램 본부가 있는 이곳에서 무슨 행사에 참여하는 것으로 안 나는, 갈데없이 〈닫힌 사회〉에서의 생활 문화의 산불이었다.(1부, 97~98면)

나에게 있어서 열린 사회는 처음 해방기이다. 해방은 식민지 상황에서 갑자기 주어진 것이었다. 작가가 탐구한 닫힌 사회에서의 생활윤리는 이태준, 김사량, 조명희의 3가지 형태이다. 그가 글쓰기에 집착한 것도 닫힌 벽, 금제, 억압의 벽을 깨는 것이었다. 그가 「광장」을 내었던 것도 그의 표현대로 4.19의 자유화 바람 덕분이었다. 그러나 해방 이후 남북이 분단되고 각각 이데올로기 금제의 억압 사회가 실현되었듯, 4.19는 5.16이라는 군부 쿠테타, 군부독재로 이어진다. 그가 이후 「광장」에서 엿보려 했던 자유의 세계는 군부쿠데타-유신으로 이어지는 군부독재의 억압적 상황 아래 물거품이 되고 만다. 작가가 끊임없이 구명하려고 하는 자유, 진실을 향한 소설적 진정성은 좌절된다. 이러한 상황은 『화두』에서 「광장」의 세계를 다시 '밀실'로 규정함으로써 드러난다. 그리고 독재정치가 심화되고 조장되던 그때(1970), 최인훈이 「소설가 구보씨의 일일」 연작을 발표한 것도 이러한 현실감각 내지 시대적 위기감각과 무관하지 않다.

> 마지막으로 해방전의 그의 원전(原典) 「구보씨……」도 가까운 장래에 남쪽에서 햇빛을 볼 가능성에 대한 기대는 1970년 현재에서는 환상으로 보였다. 그러니까 70년 현재에서 볼 때 「구보씨……」는 과거에도, 현재에도, 미래에도 (물론 수긍할 만한 미래 말이다.), 우리 문학사에는 없는 존재라는 현실에서 우리는 살고 있기 때문에 「구보씨……」라는 이름으로 모작을 씀으로써 나는 우리 문학의 연속성의 단절에 항의하고, 〈민족의 연속성〉을 지킨다는 역사의식을, 문학사 의식의 문맥에서 실천하고 싶었다.(2부, 51면)

자료의 인멸이나 훼손에 대한 두려움에 때문에 「소설가 구보씨의 일일」을 창작했다는 그의 고백은 과장이 아니라 진실에 가깝다. 그는 이러한 자신의 현실감각을 『쿠오바디스』 속의 노예 철학자의 그것과 동일시한다. 바로 북한에서 전쟁 중 내려왔다는 월남인 의식, 다시 전쟁이 났을 경우 두 체제 중 어디에도 편입될 수 없다는 위기의식은 바로 그를 주인이 아닌 노예의 의식에 붙들리게 한다. 이것은 한국 사회 전체가 감옥과 다를 바 없고, 거기에 유형자처럼 살 수밖에 없었던 월남인으로서의 역사적 피해의식과 이념적 위기 속에서 생존하려는 치열한 자기 인식에서 비롯된 것이다.

> 나보다 경력이 많은 작가들의 사정도 그만그만한 모양이었다. 근본적으로 독서 시장이 영세하여 직업으로서의 글쓰기라는 것은 순수문학의 작가로서는 바라기 어려웠다. 20세기의 한국 작가들의 그 지칠 줄 모르는 가난 타령, 식민지의 예술노예들은 그 예술만으로는 입에 풀칠히기가 어려웠다. 그 전통은 아직도 계속되고 있었다. 정치적 상황은 어쨌거나 나의 경제적 상황이야말로 직업 생활의 가장 밑바닥 노예의 그것이었다.(1부, 374면)

물론 노예에 대한 인식은 변두리 의식이자 주변 의식이다. 집권 통치자의 파수꾼으로 살아갈 수밖에 없는 상황, 피난민이라는 유이민적 삶의 인식이야발로 도박이나 정치권력에 비하면 주변 의식을 기질 수밖에 없다. 역사의 주체가 아닌 변두리인으로서 역사의 중심부에서 밀려났다는 인식이야말로 그의 본질을 규정짓는 중요한 요소이다. 이러한 인식은 그의 글쓰기 자체에 대한 회의를 내포하며, 진정한 자기의 내면적 성찰에로 이른다. 어려서 어머니로부터 벗어났을 때 이른 영원체험, 그리고 미국에 갔을 때 느낀 미국 체험은 이러한 것을 느끼는 중요 변수로 작용하게 된다. 주변인으로의 인식, 나온 지 100여 년이 넘어서야 겨우 『자본론』을 대하는 것 등은 식민지 지식인의 서글픈 현실 자체였던 것이다. 그는 이를 슬픈 지체라고 했고, 이러한 금기 자체를 "역사라는 것에서 개인이 차지하는 부분의 운명적 제약"으로 파악했다. 노예의 운명 자체를 식민지 조선과 해방 후 남북한에서 권력과 역사라는 거대한 굴곡이 주는 운명으로 인식한 것이다. 이로 인해 아버지는 자기 권속의 마지막 한 사람까지 안전지대에 대피시키고자 하는 보호본능을 느끼는 것이다.

이러한 노예의 인식은 장황히 언급되어 있다. 그가 추구하는 노예의식을 가장 잘 드러내는 것이 「옛날옛적에 훠어이 훠이」이다.[6] 이 작품은 아기장수의 비극적 운명을 형상화하였는데, 아기장수 아버지는 가족과 마을에 화가 미칠 것을 두려워하여 아기장수의 목숨을 무참히 빼앗는 노예의식을 소유하고 있다. 작가는 이러한 현실을 "제가 속한 가족이 당한 불이익의 공동피해자일 망정, 만일 그 세계 해석이 '그래도 도는' 세계의 실상이라면 나는 그것을 받아들이는 것이 인간적 의무라고 생각했기 때문에 그것은 비켜가도 좋은 일이 아니었다. 그러면서 불혹(不惑)이라는 이 나이에 이르도록 나는 이 문제를 해결하지 못하고 있었다"(1부, 432면)라고 지적했다.

그가 살았던 시대적 상황, 즉 일제 치하와 광복, 남북 분단, 6.25, 4.19, 5.16, 유신, 10.26, 12.12 등 크고 작은 사건들은 그로 하여금 굴복과 복종을 강요했던 것이다. 지배와 피지배의 계급적 환경에 쉽게 예속되는 것은 어쩌면 당연한 일인지도 모른다. 그러나 1980년대 후반 동구권 사회주의 국가의 붕괴, 독일의 통일, 소련의 해체 등 바야흐로 이념의 시대에서 화해의 시대로, 데탕트 시대에서 새로운 세계 질서로 재편되면서 열린 사회에 대한 전망이 가시화되었다. 이러한 역사적 변화 속에서 피지배 계층이던 민중도 역사의 주체로써 나

---

6 최인훈, 『옛날 옛적에 훠어이 훠이』, 문학과지성사, 1979.

설 수 있게 되었다. 노예도 주인이 될 수 있음을 보여준 것이다.

노예/주인의 변증법에서 주인만이 현실에서 득세하는 닫힌 사회의 부정과 해체로 인한 열린 사회의 가능성이 역사의 전면에 부상했던 것이다. 여기에서 헤겔주의자 코제브가 역사의 종말이라고 칭했던 동질적 국가는 다시 역사 속으로 퇴화할 수밖에 없다. 그것은 주인과 노예의 보편적 인지가 아직까지 이루어지지 않았기 때문이다. 그렇다고 해서 최인훈은 자유민주주의의 종국적 도래를 천명한 후쿠야마의 논리에도 편들지 않았다. 그것은 어쩌면 최인훈이 역사를 결정된 논리가 아니라 가능성의 논리로 믿었기 때문이다.

5. 이념의 와해 – 『화두』가 선 자리

1994년 현실에서 『화두』의 의미망은 여러 면에서 조명할 수 있다. 먼저 작품 자체의 의미에 더욱 근접하기 위해 작가의 변명부터 들어보면 아래와 같다.

> 100~200장 정도 남았을 때 상당히 무서운 생각이 들었어요. 혹 사고가 나서 마지막 부분을 못 채우면 어떡하나 …(중략)… 그러니까 바로 작품이 마지막에 가까우니까, 불의의 사고로 마지막 장을 내 손으로 태깔을 내지 못할 것 같은 공포, 사람이라는 게 이 정도의 거구나, 생생한 공포를 느꼈어요. 거기에 한마디 더 붙일께요, 이 순간까지 내가 화두니 해서 종교적인 걸 끌어다가 작품 제목까지

> 달았는데, 아직 종교인들이 느끼는 정말의 희열, 신을 느꼈다느니 하는 경험은 없어요. 단지 거기에 준하는 경험으로, 지금 말한 공포, 내가 내 손으로 마치지 못하면 어쩔까 하는 거는, 나로선 지금 현재까지 인생에서 경험한 가장 격한 경험이었어요.[7]

작가의 공포는 어디에 근원하는가. 마치 작가는 도스토옙스키가 『카라마죠프가의 형제들』을 미완으로 끝내고, 고리끼가 『끌림 쌈긴의 생애』를 미완으로 끝내고 죽은 것을 염려한 탓일까. 아니면 니체의 『권력에의 의지』의 일부가 다른 사람들의 창작일 가능성이 있다는 오해의 소지를 염려한 것일까,[8] 작가의 공포증의 근거는 끝낼 수 없을지도 모른다는 막연한 불안감이었다. 이러한 불안감 때문에 그는 결말 부분을 먼저 서술했다고 한다. 그의 결말부로 처리된 조명희의 글처럼 제시되고 있는 선언문 형식의 글은 그러므로 중요한 의미를 지닌다. a~T까지 제시된 20단원의 아포리즘적 글은 그의 다른 아포리즘적 글이나 다름없다. 그가 이 글을 마지막에 붙인 의도는 무엇인가. 이 문제는 바로 조명희의 죽음과 관련이 있다. 조명희의 「낙동강」에서 출발된 화두는 바로 조명희의 죽음을 인식하고 그의 죽음의 원인을 궁구하는 데까지 나아가게 된다.

---

7 최인훈-진형준 대담, 「상상에서 만난 사람들: 작가 최인훈—기억을 찾아서 가는 소설의 길」, 『상상』 4, 1994.6, 232~233면.

8 도스토옙스키는 『카라마죠프가의 형제들』의 1부 출간 후 2부를 쓰려고 했으나 쓰지 못하고 사망하였으며, 고리키는 『끌림 쌈긴의 생애』를 썼지만 완결하지 못하고 세상을 떴다. 또한 니체의 『권력에의 의지』의 많은 부분이 니체의 누이 페르스터 니체의 위작이라는 주장이 제기되었다. M. Gorkii, 황보석 역, 『끌림 쌈긴의 생애 I II』, 열린책들, 1990, F. W. Nietzsche, 강수남 역, 『권력에의 의지』, 청하, 1988 참조.

사회주의 혁명을 꿈꾸기 위해 사회주의 종주국에 갔던 조명희, 그는 화자의 기억 속에 박성운과 로사이다. 언젠가 혁명의 완수를 위해 돌아와야 할 테제의 인물임이 분명한데 그가 아름답게 그리고 추구하던 세계를 등지고 이국땅에서 아무런 죄도 없이 죽었다. 이 충격으로 그의 진정한 사인의 규명에 나설 수밖에 없었고, 그것은 나(서술자)의 삶의 정당성의 근거였다. 단지 조명희가 소수 민족의 문제로 인해 죽었다든가, 또는 간첩행위로 죽었다든가 하는 것들은 그의 죽음에 정확한 규명이 되지 못한다. 이러한 사실들이 사실이라면 그것은 너무나 허무한 죽음이다. 그래서 작가는 이러한 사실에다 문학적 상상력을 발동시킨다. 이는 조명희의 죽음을 철저히 의로운 죽음으로 조명할 필요가 있었던 것이다. 그러기 위해 만든 물건이 바로 이 선언문 형식의 산문이다. 그러므로 『화두』의 시작과 마무리라는 측면에서 이 문선은 중요하다.

> (가) 우리 당은 권력을 잡고부터 거의 끊임없이 내란의 압력하에서 일해야만 했다. 쏘비에뜨 러시아가 세워지고 나서 5년 사이에 걸친 경제건설의 걸음걸이, 만일 순전히 경제적 원칙이라는 측면에서 바라본다면, 결코 온전히 이해할 수 없을 것이다.(2부, 485면)
>
> (나) 그러나 우리는 단단히 유념하지 않으면 안 된다. 당은 결코 무작정 위대한 우정인 것이 아니라 외부의 적과의 심각한 투쟁에 의하여 그 대열을 정비할 때만, 신중하게 그리고 필요한 경우에는 사정없이 혁명의 대의에 심혼을 바치는 노동자 계급 속의 최량의 분자를 선택함으로써만 위대한 공동체가 된다는 것을, 바꾸어 말하

자면, 위대한 공동체가 되자면, 당은 위대한 공동체가 되자면, 당의 위대한 선택을 거치지 않으면 안되는 것이다!(환호)(2부, 510면)

조명희의 산문으로 보이게 쓴 이 글의 문체는 최인훈의 문체이다. 최인훈은 바로 조명희를 테제로 삼고 그의 삶을 허무하게 하지 않으려고 상상력을 발휘하여 허구적 창조 신화를 이룩한 것이다. 조명희는 소련에서 체제를 비판하고 조명희식의 사회주의 건설, 이를테면 마르크시즘에 기초해서 일인 일당의 독재체제가 아닌 권력의 분산과 개인의 평등권이 보장되는 사회개혁을 꿈꾸다가 제거되었다는 논리를 수립하고 있다. 그것은 조명희의 「낙동강」에서 출발하여 자신의 심오한 사상적 체계로 연결시키려는 최인훈의 의지의 산물이다. 외부의 적과의 심각한 투쟁, 내부의 심각한 투쟁을 거쳐 노동자계급의 위대한 공동체, 즉 사회주의가 달성된다는 이 논리는 마르크스의 『자본론』의 논리가 투영된 변증법적 사고 논리인 것이다. 이는 1930년대를 혁명의 시대로 보낸 조명희에게 있어 이념적 당위성이자 어쩌면 역사적 전망이기도 했다. 자기의 죽음을 너무나 허망하게 보낸 로사의 삶을 재조명하고 그에게 역사적 조망을 제시하고자 하는 선언적 산문의 장치는 바로 사실을 허구로 재구성하는 역할을 한다. 이는 역사적 결정론을 믿고 자본론을 믿은 소설의 실천가이자 사회주의 운동가였던 조명희에게 바칠 수 있는 헌사였다.

그러나 최인훈이 산 세월의 사정은 달랐다. 1990년대 한국적 상황은 세계의 이데올로기 변화 속에서 실천적 이념의 시대, 더 이상 마르크시즘에 기초한 역사 발전 논리가 세계 발전을 명쾌하게 설명할 수 없는 자리에 놓여 있었다. 1990년대 현실에서 지난 80여 년간 사회주의 체계의 흐름을 통람하면서 나올 수 있는 최인훈의 논리는 단순히 대립과 투쟁의 변증법을 넘어선 조화와 통일의 새로운 세계관적 모습이다. 이는 역사에는 결정론도 허무주의도 없다는 것으로 역사에 대한 경험론적 사유에 입각해 있다. 1980년대까지만 해도 이 나라에 실천문학이 성행하고, 민중의 실천 논리가 참된 민주화의 지름길이라는 인식이 지배했던 시기이다. 6.13 호헌조치에 대한 거국적 반대시위가 그러했고, 직선제를 통한 문민정부의 민주화 현실이 그러했다. 그러므로 닫힌 사회로 규정된 우리의 근대가 합리적 설자리를 잃어버렸다. 냉전의 시대, 이데올로기의 시대가 화해와 다원화의 시대로 바뀌어져 모든 문학자들이 나름의 철학과 문학 논리를 찾을 때, 최인훈은『화두』를 꺼냈다.

그러므로 그의 화두는 현실이며 현실에 입각한 가능성의 논리이다. 현실의 변증법적 모순을 지양한 마르크시즘의 역사적 대안이 구체적으로 모습을 드러내진 않았지만, 그러한 현실 자체를 극복하려는 대응 논리로서 화두를 내세운 것이다. 그러므로『화두』가 서 있는 자리는 대립과 갈등 시대의 종결을 선언하고 새로운 시대의 출현을 예고하는 데서 마친다. 테제 조명희의 죽음을 합리화함으로써 그에게 참다운 삶의 논리를 부여하고 시대적 삶 자체를 이념의 희생양으로 파악하려고 하는 근원적 역사의식은 바로 남이나 북, 사회주의와 민주주의, 전체주의와 개인주의를 지양하고 이 둘의 통합을 통해 조화해 가려는 논리이다. 말하자면 주인/노예의 변증법에서 노예가 주인으로 화하는 변증법적 주체의 인식으로 개인도 사회의 주인이라는 새로운 사회의 시작을 구체화하는 이데올로기적 담론인 것이다.

1990년대적 현실에서 나온 『화두』는 최인훈의 소설 쓰는 작업(이는 '화두'로 묘사된다)을 추적하는 작업이며, 나의 테제인 조명희로부터 벗어나 진정한 주체의 정립 과정, 진정성의 추구를 보여준다. 1990년대 소설적 모험에서 최인훈은 작가의 이야기를 현실의 추상화와 허구의 접목 속에 자신의 주체 형성을 그렸다. 오늘날 자신을 잊고 살아가는 세대들에게 이 소설은 타자를 통해 주체를 해체하고 노예의 인식에서 벗어나 스스로를 주인으로 정립함으로써 포스트모던 시대의 문학에 중요한 이정표가 될 것이다. 그의 소설은 주체 및 이념의 와해 시대에 진정성을 추구하고 참된 소설을 시도해 보려고 자신을 해체하는 자기 실험적 정신이 가열찬 문학임에 틀림없다.[9]

9 이 글은 신춘문예 평론 당선작(『조선일보』, 1995.1.5)임을 밝혀 둔다.

계 몽 과 심 미 제3부

시 작품론

제11장 · 신령주의와 민중 문학 — 이상화의 「빼앗긴 들에도 봄은 오는가」론

제12장 · 에로스와 타나토스의 낭만적 승화 — 이상의 「절벽」론

제13장 · 해체와 전위 — 장정일의 「길안에서의 택시 잡기」론

제 11 장

신령주의와 민중 문학
— 이상화의 「빼앗긴 들에도 봄은 오는가」론

1. 빼앗긴 시와 되찾은 시

「빼앗긴 들에도 봄은 오는가」는 이상화의 대표작으로, 일제 강점기 강렬한 민족의식과 저항의식을 일깨운 작품으로 평가되었다. 그런데 이 작품은 지나치게 저항시 일변도로 해석되어 온 감이 없지 않다. 시란 것은 해석자의 입장이나 주관에 따라 다양한 해석학적 프리즘을 갖고 있다. 해석학적 패러다임은 늘 변화하면서 시에 대한 새로운 해석을 요구한다. 우리는 근대 민족국가의 형성이라는 거시적 관점에서 벗어나 지역의 민속, 관습, 사상이라는 미시적인 관점에서 해석해볼 필요가 있다. 그의 시의 저항적 색채도 중요하지만, 그것만 강조하다 보면 다른 성격들이 묻혀버릴 가능성이 있기 때문이다.

이상화의 대표작 「빼앗긴 들에도 봄은 오는가」는 1926년 6월 『개벽』에 실렸다. 그러나 이 시는 대중에게 읽히기도 전에 잡지 전체가

압수 및 판매 금지를 당했다. 당시에 발표된 시는 아래와 같다.[1]

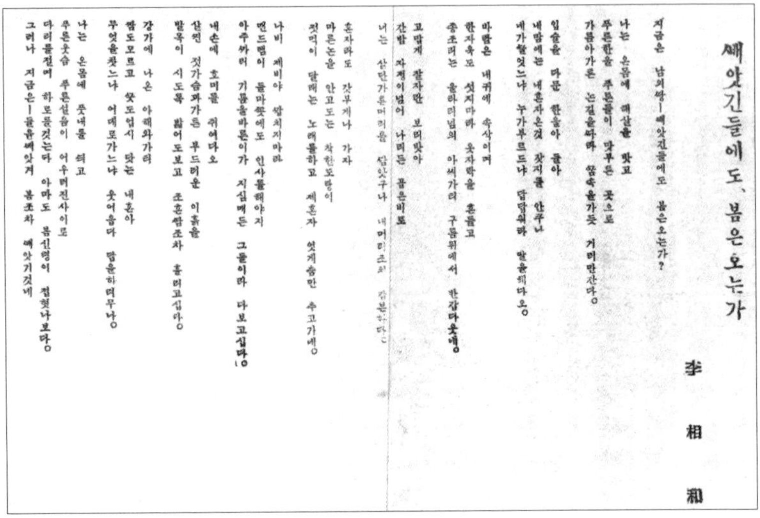

빼앗긴들에도、봄은오는가

李 相 和

지금은 남의짱—빼앗긴들에도 봄은오는가?

나는 온몸에 해살을 밧고
푸른한울 푸른들이 맛부튼 곳으로
가름아가른 논길을짜라 꿈속을가듯 거러만간다。

입슐을 다문 한울아 들아
내맘에는 내혼자온것 갓지를 안쿠나
네가끌엇느냐 누가부르드냐 답답워라 말을해다오。

바람은 내귀에 속삭이며
한자욱도 섯지마라 옷자락을 흔들고
종조리는 울타리넘의 아씨가티 구름뒤에서 반갑다웃네。

고맙게 잘자란 보리밧아
간밤 자정이넘어 나리든 곱은비로
너는 삼단가튼머리를 감앗구나 내머리조차 갑븐하다。

혼자라도 갓부게나 가자
마른논을 안고도는 착한도랑이
젓먹이 달래는 노래를하고 제혼자 엇게춤만 추고가네。

나비 제비야 짭치지마라
맨드램이 들마쯧에도 인사를해야지
아주까리 기름을바른이가 지심매든 그들이라 다보고십다。

내손에 호미를 쥐여다오
살찐 젓가슴과가튼 부드러운 이흙을
발목이 시도록 밟어도보고 조흔땀조차 흘리고십다。

강가에 나온 아해와가티
쌤도모르고 쯧도업시 닷는 내혼아
무엇을찻느냐 어데로가느냐 웃어웁다 답을하려무나。

나는 온몸에 풋내를 띄고
푸른웃슴 푸른설음이 어우러진사이로
다리를절며 하로를것는다 아마도 봄신령이 접혓나보다。
그러나 지금은—들을빼앗겨 봄조차 빼앗기겟네

일제하에서 이 시는 금지되었지만, 해방 이후 『부인』(1948.4)과 『문예』(1950.4)에 소개되었다. 그리고 백기만에 의해 이상화의 시 16편이 '새벽의 빛'이라는 이름으로 『상화와 고월』(1951)에 실려 세상의 빛을 보았다.

『개벽』에 실린 시는 모두 10연으로, 마지막 10연은 4행으로 되어 있다. 그러나 이 시는 수미상관의 구조로 1연과 11연이 대응된다. 이는 10연 다음에 한 줄을 비우면 11연이 뒷면에 넘어가기 때문에 기계적 붙여쓰기를 한 것이다. 그러므로 10연 3행과 11연 1행으

1 이상화, 「빼앗긴 들에도 봄은 오는가」, 『개벽』, 1926.6, 9~10면.

지면 연	『개벽』 (1926.6)	『부인』 (1948.4)	『문예』 (1950.4)	『상화와 고월』 (1951)	비고
1	1행	전체 연 구분 없음	4행	2행	일부 2행으로 분리
2	3행			4행	일부 1연에 합침
3	3행		3행	4행	일부 4행으로 분리
4	3행		3행	4행	일부 4행으로 분리
5	3행		3행	4행	일부 4행으로 분리
6	3행		3행	누락	일부 누락
7	3행		4행	4행	일부 4행으로 분리
8	3행		4행	4행	일부 4행으로 분리
9	3행		4행	4행	일부 4행으로 분리
10	4행		5행	4행	일부 4행으로 분리
11				1행	『개벽』 10연에 11연 합침

로 나누는 것이 적절하다. 『부인』에는 백기만이 이상화의 시를 소개하였는데 연 구분이 아예 없다. 이 역시 시 전체를 한 페이지에 소개하기 위해 불가피하게 행간을 붙인 것이다. 그가 『상화와 고월』에서 이 시의 연 구분을 뚜렷이 한 사실을 보면 그러한 상황을 쉽게 짐작할 수 있다. 다음으로 『문예』에는 1연과 2연이 합쳐져 모두 4행으로 처리되어 있으며, 3,4,5,6연은 3행으로 그대로 썼으나, 7,8,9연은 4행으로 1행을 늘여서 썼고, 10연과 11연을 한 연으로 처리하였다. 인위적으로 행과 연을 나누었음을 알 수 있다. 『상화와 고월』에서 1연은 2행으로 분리되어 있으며, 2~5연, 7~10연은 모두 4행으로 처리되어 있고, 6연은 전체가 누락되었으며, 11연은 1행으로 분리되어 있다. 이처럼 시가 소개되는 지면에 따라 적잖은 차이와 오류를 보인다.

한편 내용의 오류도 적지 않다. 세 개의 판본을 비교하면 아래와 같다.

3연 3행 부르드냐 → 부르느냐(문예) / 답답워라 → 답답해라(상화)

4연 1행 내 귀에 → 산 귀에(상화)

3행 종조리 → 종소리(부인), 종다리(문예, 상화)

/ 아씨가티 → 아가씨같이(부인, 문예)

5연 1행 보리밭아 → 버리밭아(부인)

6연 1행 가쁘게나 가자 → 가쁘게나가자(부인), 가쁘게 나가자(문예)

3행 젓먹이 → 젓먹어(부인)

7연 1행 깝치지 → 깝지지(부인)

2행 들마꽃 → 들마을(부인)

3행 지심 → 탈락(부인) 그들이라 다 보고 십다 → 그들이라도 보고 싶다(부인)

8연 3행 발목이 시도록 밟어도 보고 → 팔목이 시도록 매고(상화)

/ 조흔 땀조차→땀조차(상화)

9연 2행 짬도 모르고 → 렘도 바르고(부인)

3행 어디로 가느냐 웃어웁다 → 어디로 가느냐(문예)

/ 답을 → 대답을(문예), 말을(상화)

10연 3행 신령이 → 신맹이(문예), 실령이(상화)

3행 접혔나보다 → 잡혔나부다(상화)

11연 지금은 → 누락(상화)

이것은 소개 당시의 표기법대로 바꾼 것을 제외하고, 의미가 달라지는 것들을 제시해본 것이다. 위의 것을 보면 원문에 대한 오류가 『부인』에 10군데, 『문예』에 6군데, 『상화와 고월』에 8군데 정도 눈에 띈다. 그런데 『상화와 고월』은 앞에서 본 것처럼 아예 한 연이 빠져 있으므로 오류가 가장 많다고 할 수 있다. 그러면 당시 발표된 작품을 표기와 띄어쓰기를 오늘날의 방식으로 바꾸어 살펴보기로 한다.[2]

지금은 남의 땅— 빼앗긴 들에도 봄은 오는가?

나는 온몸에 햇살을 받고
푸른 하늘 푸른 들이 맞붙은 곳으로
가르마 같은 논길을 따라 꿈속을 가듯 걸어만 간다.

입술을 다문 하늘아 들아,
내 맘에는 내 혼자 온 것 같지를 않구나!
네가 끌었느냐 누가 부르더냐 답답워라 말을 해다오.

바람은 내 귀에 속삭이며
한 자욱도 섰지 마라 옷자락을 흔들고
종조리는 울타리 너머 아씨같이 구름 뒤에서 반갑다 웃네.
고맙게 잘 자란 보리밭아

---

2 오늘날의 표기방식으로 바꾸었지만, 사투리는 그대로 두었다.

간밤 자정이 넘어 내리던 고운 비로
너는 삼단 같은 머리털을 감았구나 내 머리조차 가뿐하다.

혼자라도 가쁘게나 가자.
마른 논을 안고 도는 착한 도랑이
젖먹이 달래는 노래를 하고 제 혼자 어깨춤만 추고 가네.

나비 제비야 깝치지 마라.
맨드라미 들마꽃에도 인사를 해야지.
아주까리 기름을 바른 이가 지심 매던 그 들이라 다 보고 싶다.

내 손에 호미를 쥐어 다오.
살진 젖가슴과 같은 부드러운 이 흙을
발목이 시도록 밟아도 보고, 좋은 땀조차 흘리고 싶다.

강가에 나온 아이와 같이,
짬도 모르고 끝도 없이 닫는 내 혼아
무엇을 찾느냐 어데로 가느냐 웃어웁다 답을 하려무나.

나는 온몸에 풋내를 띠고,
푸른 웃음 푸른 설움이 어우러진 사이로
다리를 절며 하루를 걷는다 아마도 봄 신령이 접혔나 보다.
그러나 지금은— 들을 빼앗겨 봄조차 빼앗기겠네.

이것은 『개벽』 70호(1926.6)에 실린 「빼앗긴 들에도…」이다. 『개벽』 원문에 마지막 11연이 10연과 붙어있지만, 이는 인쇄상 불가피하게 붙인 것이기 때문에 여기에서는 연을 구분했다. 그러면 이제 위의 내용을 중심으로 이 시의 의미를 규명해보기로 한다.

2. 「빼앗긴 들에도…」와 천지 운행의 원리

이 시는 크게 세 부분으로 나눌 수 있는데, 시를 여는 제1연, 시의 중심인 2연부터 10연, 그리고 시를 마무리하는 11연이 그것이다. 첫 연에서 시적 주체는 '지금은 남의 땅—빼앗긴 들에도 봄은 오는가?' 라는 질문을 던지고 있다. 그리고 2연에서부터 시의 내용이 본격적으로 전개된다. 사실 1연과 11연은 2연에서 10연까지를 감싼 구조로, 2연부터 10연까지만으로도 한 편의 완성된 시로 볼 수 있다. 여기에서는 시의 중심 단락을 먼저 논의해 보고자 한다.

나는 온몸에 햇살을 받고
푸른 하늘 푸른 들이 맞붙은 곳으로
가르마 같은 논길을 따라 꿈속을 가듯 걸어만 간다.

이 시는 하늘, 땅, 인간이라는 구도에서 시상이 전개된다. 하늘과 들이 맞붙어 있고, 거기에 시적 주체인 내가 있다. 푸른 하늘, 푸른 들, 그리고 그 사이를 걸어가는 인간—이것은 천지인의 구조이다.

천지는 하나의 우주로서, 여기에서는 객체이자 대상으로 자리하고 있다. 이러한 구조는 시 전체에서 거시적으로 작용한다. 이 시에서 하늘과 관련된 대상들을 천상적인 것으로, 흙과 관련된 것들을 지상적인 존재로 대별해 보면 아래와 같다.

천상적 존재 : 하늘(2), 햇살(2), 바람·구름(4), 비(5) ---- (나비·제비(7))
지상적 존재 : 땅(1), 들(2), 논길(2), 보리밭(5), 논·도랑(6), 지심(7),
흙(8), 강가(9), 풋내(10) ---- (맨드라미·들마꽃(7))[3]

시의 전반부에는 천상적인 존재가 많이 나타나지만, 후반부에 접어들면서는 지상적 존재가 많아진다. 시적 대상이 하늘에서 자연스럽게 대지로 옮아가는 모습이다. 천상적 존재는 역동적이며, 다양한 변화를 일으킨다.

(하늘)햇살—바람—구름—비—(땅)도랑—노래/어깨춤

시적 대상은 하늘의 햇살(2)에서 바람(4)으로 건너오고, 다시 바람은 구름(4)을 몰고 오고, 구름은 비(5)를 부른다. 이것은 대자연의 질서이자 우주의 운행원리이다. 이러한 원리는 지상으로 이어진다. 하늘의 비는 보리밭(5)을 생동하게 만들고, 도랑(6)으로 흘러들어 마른 논(6)을 안고 돈다. 그리고 나에게도 영향을 미친다.

3 줄표 뒤 괄호 속의 대상은 덜 직접적이지만 나누려고 한다면 포함시킬 수 있는 대상이다.

나는 온몸에 햇살을 받고(2)

바람은 내 귀에 속삭이며(4)

종조리는 울타리 너머 아씨같이 구름 뒤에서 반갑다 웃네.(4)

…고운 비로/너는 삼단 같은 머리를 감았구나 내 머리조차 가뿐하다.(5)

하늘은 (나에게) 햇살을 발한다. 그리고 바람은 내 '귀'에 속삭인다. 나는 신체 기관을 통해 그러한 변화를 '듣고 본다'. 우주의 변화를 감지하는 것이다. 종다리마저 구름 뒤에서 (나를 보고) 반갑다 웃는다. 그리고 구름은 비가 되어 대지를 적신다. 비는 보리들의 삼단 같은 머리(보리순)를 감게 해주고, 또한 나의 머리도 가뿐하게 해준다. 우주의 운행원리가 하늘에서 땅으로, 인간에게로 작동하는 것이다.

혼자라도 가쁘게나 가자

마른 논을 안고 도는 착한 도랑이

젖먹이 달래는 노래를 하고 제 혼자 어깨춤만 추고 가네.

대상의 영향을 받은 주체는 '혼자라도 가쁘게나 가자'라고 하여 마침내 능동성을 발휘한다. 여기에서 '혼자'를 '도랑'으로 볼 수도 있지만, 시적 주체로 읽는 것이 더 적절하다. 도랑은 어깨춤을 추고 간다. 나와 도랑 사이에는 동시성이 개입한다. 가쁘게 가는 주체와 어깨춤을 추고 가는 대상의 동일성을 구현한 것이다. 대상의 능동성, 역동성이 주체의 능동성을 추동한 결과이다. 그래서 시적 주체는 답답한 심정에서 가뿐한 마음으로, 가뿐한 마음에서 가쁘게 가는 행위로 나아간다. 또한 나는 어깨춤에 영향을 받아 호미로 땅을 매고, 땅도 밟아 보고 싶다. 하늘의 햇살, 바람, 비를 맞고 생동감이 넘쳐나는 보리밭과 논의 생동감이 나의 신체적 리듬으로 이어진 것이다. 천상의 작용에 따른 지상의 작용, 그것은 나비·제비와 맨들램이·들마꽃의 어울림과 같다. 나는 땀(8)을 흘리고 싶고, 또한 내 혼은 짬도 모르고 끝도 없이 내닿게 된다.

나는 온몸에 풋내를 띠고,
푸른 웃음 푸른 설움이 어우러진 사이로
다리를 절며 하루를 걷는다 아마도 봄 신령이 접혔나 보다.

푸른 것은 하늘과 땅의 세계이다. 나는 푸른 하늘의 웃음과 푸른 들의 설움이 어우러진 사이로 걷는다. 하늘의 기운인 햇살을 맞이한 나는 풀의 냄새, 땅의 냄새인 풋내를 띠게 된다. 천지운행의 원리가 인간인 나에게로 전이되어, 나는 땀(육체)—혼—봄신령으로 화하게 된다.

하늘—웃음—나—봄(신령)——푸르다
들——설움—나—봄(신령)——푸르다

푸른 하늘이 나를 거쳐 푸른 웃음으로, 푸른 들이 나를 거쳐 푸른 설움으로 귀착된다. 그것은 주체인 나와 객체, 또는 대상인 하늘과

들이 마침내 신령으로 화하는 물아일체의 세계가 구현된 것을 의미한다. 시적 주체인 나는 대상과의 상호작용 속에서 합일의 상태를 지향한다. 이를 간단히 '푸른 하늘/푸른 들(객체)—푸른 웃음/푸른 설움(주체)—푸른 봄신령(주객동일화)으로 표현할 수 있다. 결국 이 작품은 우주와의 교감, 인간과의 합일을 다룬 것이다.[4] 자아와 대상이 혼연일체가 된 모습이며, 하늘과 땅이 하나의 어울림의 세계, 물아일체의 세계를 지향하는 것이다. 그것은 자아와 세계의 여율(呂律)이 하나된 그런 모습이다. 그런데 이러한 유기체는 이상화에게 있어서 하나의 정령으로 간주되어 유신론적 세계로 나아간다.

3. 「빼앗긴 들에도…」와 신령주의

다시 처음으로 돌아오면, 이 시의 첫 행(연)은 아래와 같이 시작한다.

> 지금은 남의 땅—빼앗긴 들에도 봄은 오는가?

이제까지 첫 연은 역사의식과 현실의식을 담고 있는 구절로 해석되었다. 민족적 저항시, 또는 항일시로 불리게 된 것도 바로 이 구절

---

4 조형호는 이를 두고 '몸이라는 작은 우주와 하늘과 땅이라는 큰 우주가 결합한 전체적인 우주론적 구조를 보여준다'(「「초혼」과 「빼앗긴 들에도 봄은 오는가」의 공간 미의식 연구」, 『계명어문학』 5, 계명어문학회, 1990.2, 273~275면)라고 설명했다.

에 연유한다.[5] 이 구절은 질문을 던짐으로써, 일제 강점에 대한 현실 인식을 배가시킨다. 그런데 이 질문은 누구에게 하는 것인가? 이제까지 대부분의 연구자들은 당연히 독자로 풀이했다. 시적 환기의 역할을 한다는 것인데, 이는 타당성이 있다. 그러나 과연 이 시의 목소리는 독자 대중을 향하고 있는가? 전체적으로 보면, 이 시에 있어서 청자는 고정되어 있지 않다. 그것은 호격과 청유의 문장에서 특히 그렇다. 청자(피화자)가 '나비·제비'처럼 호격의 대상이 되는 것도 있고, 9연처럼 화자의 혼이 유체이탈을 하여 청자가 되는 넋두리 같은 구절도 있다. 그렇게 볼 때, 1연은 기존의 어법과는 달리 읽힐 소지를 충분히 갖고 있다.

이 문장에서 땅과 들은 대상이다. 거기에 기존의 연구자들은 봄도 포함시키고 있다. 이 구절을 '봄아, 지금은 남의 땅, 빼앗긴 들에도 그대는 오는가?'라는 심층 구조로 재구해낼 수 있다. 이것을 호격 없이 하나의 문장으로 제시하면 '지금은 남의 땅, 빼앗긴 들에도 봄은 오는가'가 된다. 그렇다면 청자가 봄이며, 화자는 봄을 부르는, 그래서 둘이서 서로 대화하고 소통하는 구조이다. 이것은 봄신령을 청하는 청신의 구조로 읽을 수 있다. 그러면 왜 봄(신령)을 청하는가? 그 까닭은 바로 '빼앗긴'이라는 구절에 있다. 땅을 빼앗겼기 때문이다. 화자는 그러한 한을 환기하고, 풀어 가는 구조로 봄(신령)을 청하는 것이다. 그리고 곧 이어서 '꿈속을 가듯' 굿의 구조로 들어가게 된다.

---

5 이상섭은 "'빼앗긴 들에도 봄은 오는가?'라는 첫 줄을 가지고 이상화를 저항 시인으로 못박는 것은 확실히 잘못된 것이다"(「문학적 현실 참여의 뜻」, 『말의 질서』, 민음사, 1976, 38면)라고 하여 첫 구절에 대한 지나친 해석을 경계했다.

가르마 같은 논길을 따라 꿈속을 가듯 걸어만 간다.

나는 몰아경, 또는 무아경의 상태에서 걸어만 간다. 꿈속과 같은 상황에서 시적 주체는 봄(신령)과의 접촉을 시도하는 것이다. 그러면 어디로 가며, 왜 걸어만 가는가? 이를 다시 제1연과 연결지어 보면, 신령을 맞으러 가는 것이다. 굿이 청신—대접·기원—송신, 청신—오신—송신, 또는 청신—공수—송신의 3단계[6]이든, 청배—신탁(공수)—오신—송신의 4단계[7]이든, 정화하는 부분—신을 부르는 부분—소원을 고하고 신의 대답을 듣는 부분—신과 함께 즐기는 부분—신을 돌려보내는 부분으로 5단계[8]로 구성되든, 그것은 그리 중요하지 않다. 우리는 이를 간단히 신을 맞이하는(청신) 단계, 신과 교섭하는(접신) 단계, 신을 보내는(송신) 단계로 설명할 수 있다. 그럴 경우 제1연은 문상의 심층구조가 호명과 질문을 통해 일종의 청신의 구조를 갖고 있다. 그리고 2연부터 10연은 접신의 과정을 보여주고 있다.

입술을 다문 하늘아 들아(3)

고맙게 잘 자란 보리밭아(5)

나비 제비야(7)

---

6 김태곤, 『한국무속연구』, 집문당, 1981, 409면, 조흥윤, 『한국무의 세계』, 민족사, 1997, 65면, 이희정, 「샤먼의 신령 접촉 형식에 관한 연구—한국, 시베리아, 북미 샤먼들의 의례를 중심으로」, 서울대 박사논문, 1998.8, 135면.

7 김인회, 「무속의 예절문화, 그 교육적 의의」, 『인문과학』 76·77, 연세대 인문과학연구소, 1997.11, 105~106면.

8 김진욱, 「무속의 정신 연구」, 『전통문화연구』 6, 조선대학교 인문학연구소, 1999.12, 84면.

작품에서 호격으로 처리된 부분이다. 시적 주체는 대상을 불러내어 직접 소통에 나선다. 그것은 일종의 대화이다. 나는 하늘과 들을 간절히 청해본다. 하늘과 들은 천신과 지령을 의미한다. 그러나 그들은 대답이 없다. 그렇지만 바람이 내 귀에 속삭이고, 종다리는 웃는다. 이들은 일종의 도움령인 것이다. 샤먼에게 세상의 모든 만물들은 하나의 정령으로 인식된다. 샤먼은 모든 것을 신으로 보는 만신의 개념을 갖고 있으며, 그것은 유신론적 세계관을 기반으로 한다. 그것은 시인에게 있어서도 마찬가지이다. 시적 주체는 또한 보리밭을 불러본다. 부른다는 것은 일종의 환기이자, 직접 호명하여 대화를 하기 위한 것이다. 그리고 보리밭으로 인해 나는 가뿐해진다. 그것은 정신적인 소통의 결과이며, 사물에 대한 응감이 아니던가. 이러한 응감을 통해 시적 주체는 신명으로 나아가게 된다. 도랑과 나의 어우러짐이 그것이다. 그러한 어우러짐에는 나비와 제비도 동참을 한다.

> 강가에 나온 아이와 같이,
> 짬도 모르고 끝도 없이 닫는 내 혼아
> 무엇을 찾느냐 어데로 가느냐 웃어웁다 답을 하려무나.

'온몸'과 달리 '혼'은 정신적 대상이다. 9연에 이르러 시적 주체의 혼이 육체와 분리된다. 그래서 시적 주체는 '내 혼'을 부르게 된다. 그것은 육체에서 분리된 혼이다. 그러므로 '무엇을 찾느냐…하려무나'는 육체의 통제를 벗어난 정신적 존재(혼)에게 시적 주체가 명하는 것이다. 이 시에 등장하는 나는 육체적 존재와 정신적 존재로 구분할 수 있다.

육체적 존재 : 온몸(2), 손(8), 발목(8), 온몸(10), 다리(10)

정신적 존재 : 맘(3), 귀(4), 머리(5), 혼(9), 신령(10)

손과 발, 다리는 온몸의 지체들이다. 그리고 귀와 머리는 육체의 부분이기도 하지만, 외부 사물을 깨닫고 인식하는 기관이라는 점에서 정신적 존재와 통한다. 물론 여기에 '눈'과 같은 기관도 포함될 수 있을 것이다. 나는 온몸에서 귀, 머리, 손, 발목을 거쳐 혼으로 나아간다. 그것은 전체에서 지체로, 육체에서 혼으로 나아가는 것이다. 정신적인 에너지가 극도로 고양된 상황에서 내 혼은 끝도 없이 내닫게 된다. 여기에서 일종의 영육분리의 현상이 나타난다. 그것은 굿으로 보면, 극도의 피로감과 엑스터시를 동반한 상황에서 발생하는 충분히 고양된 영이다. 이러한 영육의 분리는 영혼의 여행과 같은 것이다. 영혼의 여행이 일어날 때, 흔히 샤먼의 영육은 분리되며, 영은 신적인 차원으로 고양되는 반면, 육은 무력화되거나 영적 육신으로 나타나게 된다.[9] 시적 주체 역시 영은 고양되지만, 육은 무력화된다.

다리를 절며 하루를 걷는다 아마도 봄 신령이 접혔나 보다.

9 이희정, 「샤먼의 신령 접촉 형식」, 『샤머니즘연구』 2, 한국샤머니즘학회, 2000.2, 141면.

9연에서 마침내 영육의 분리가 일어나고, 10연에서는 시적 주체의 육신에 내재한 고양된 혼과 봄신령이 공존을 일으키는 신들림이 일어난다. 이희정의 언급처럼 영혼의 여행이나 신들림은 모두 샤먼의 신령 접촉이 이루어지는 형식이다. 시적 주체는 영육의 분리와 육체적 소진 상태에서 접신을 하게 된다. 여기에서 봄신령은 천신과 지령의 융합된 기(氣)라고 할 수 있다. 이러한 접신의 과정은 신명풀이와 흡사하다. 몸주가 몸밖의 신을 받아들이는 것도 신명풀이를 통해서만 그 빈자리를 내줄 수 있다.[10] 6연부터 9연까지는 바로 그러한 신명풀이의 과정을 담고 있다고 하겠다. 그리고 마침내 봄신령을 맞이함으로써 신들림이 일어난다.

그러나 지금은— 들을 빼앗겨 봄조차 빼앗기겠네.

마지막 11연은 1연에 대한 대답의 성격을 지녔고, 전체 내용을 마무리하는 성격을 지녔다. 10연까지 화자의 접신이 마무리되는 것이다. 마지막 단계는 송신의 단계이다. 나의 신령(혼)과 공존하던 봄신령은 내 몸으로부터 분리되어 나간다. 나의 넋두리 같은 무사는 10연에서 종결되고 다시 현실로 돌아오는 것이다. 그것은 또한 제1연의 물음(한)에 대한 대답(해한)의 성격을 지녔다. 이 시는 봄조차 빼앗길까 걱정하는 화자의 애절한 마음을 담고 있다. 그것은 달리 말해 봄만은 빼앗기지 않으려는 바람과 의지의 표현이다.

---

10 김헌선, 「한국문화와 샤머니즘」, 『시안』 18, 2002.12.

그렇다면, 봄이란 무엇인가? 박철희는 '빼앗긴 들과 대결하여 이루어낸 정신적 높이', 또는 '민족혼'으로 설명했다. 앞에서도 언급했듯 '빼앗긴 들'이 물질적 육체적 존재인데 반해, 봄(신령)은 정신적 가치임이 분명하다.[11] 이 시는 청신·접신의 과정을 마치고 현실로 돌아오는, 그래서 질곡과 고통의 현실을 다시 인식하면서 봄을 빼앗기게 될까 두려워하는 마음과 빼앗기지 않고 싶은 절절한 마음을 그린 것이다. 이 부분은 일종의 송신의 단계에 해당된다. 주체가 육체적 소진 상태에서 신들림을 마치고 현실로 돌아오는 것이다. 시적 주체는 다시 본연의 주체로 돌아오며, 시적 주체의 자기 확립이 일어난다. 이것은 본질적으로 일제에 대한 저항이라기보다 식민지 현실에 대한 주체적 인식을 통해 극복의 의지로 나아가고 있음을 보여주는 것이다.

4. 신령주의와 민중 문학

이상화 문학에서 「빼앗긴 들에도…」는 하나의 커다란 변화를 보여준다. 사실 그의 문학의 변환점은 1925년경으로 잡을 수 있다. 이상화는 1922년 프랑스 유학을 위해 일본에 갔다가 1923년 9월 관동대진재 때 일제가 재일 조선인에 무차별적으로 가하는 학살의 참상을 목격하였으며, 그 역시 붙잡혀가는 도중 구사일생으로 살아났다

11 박철희, 「이상화 시의 정체」, 신동욱 편, 『이상화의 서정시와 그 아름다움』, 새문사, 1981, 105면.

고 한다. 이듬해 그는 바라던 프랑스 유학도 포기하고 귀국하였다. 이상화에게 그 사건은 식민지 조선과 조선 민중의 비참한 현실을 인식하는 계기로 작용했다. 그는 1925년 8월에 카프에 가담하였다. 당시 그의 문학적 변화를 오롯이 보여주는 글이 있다.

> 책임이라 함은 다른 것이 아니라 자신이 그 나라 사람으로써 그 나라말로 그 나라의 추구(사람의 모든 노력을 아울러 영원한 추구라 할 수 있다)하는 바를 말하는 사람이 되었으면 그에게는 그 나라 사람으로써 글 쓰지 않는 사람들보다 무엇 한 가지 더 가질 책임이 있다 …(중략)… 다시 그런 결함 있는 자리를 보담 더 완미한 마당으로 만들 수 있다는 설계도를 꾸밀 만한 관찰성 관찰안 관찰력과 및 그를 계속할 성실을 의미한 책임이다. 책임 한 가지를 더 가진다 함은 그 책임한 만치 한 가지의 노동(맘으로나 몸으로나)을 더함이다. 여기서 글 쓰는 사람이 즐겨하는 희생적 향락이 있고, 이로서 문단의 존재가 있다고 할 만한 정명적 의식을 가지게 된다 …(중략)… 어떤 나라에서든지 그들의 생활이있고 그들의 언어가 있는 이상 그들의 생활이 천국살이가 아니고 대지로 밟은 이상 그들의 언어도 사람의 감각과 배치하는 괴물이 아니고 사랑('사람'의 오식: 인용자)의 통양을 지시하는 표현이라면 그들에게도 추구하려는 울음이 있을 것이오, 미화하려는 부르짖음이 있을 것이다. 그 울음과 그 부르짖음을 얻어듣지 못하고 그 울음과 그 부르짖음을 그대로나마 기록하래도 못하는 사람이 그 나라의 생명을 표현하는 작가가 되었다면 글 쓸 사람의 의식을 못 가진 죄가 얼마나 클 것이며 작

자 자신의 본질을 빼앗긴 허물은 어찌나 될 것인가.[12]

이 글의 부제가 「생활·언어·작가」이다. 여기에서 이상화는 '그 나라말로 그 나라의 추구하는 바를 말하는 사람'으로서 작가의 책임에 대해 거론하고 있다. 아울러 작가는 '결함 있는 자리를 보담 더 완미한 마당으로 만들 수 있다는 설계도를 꾸'며야 한다고 했다. 그는 여기에서 작가의 '관찰성 관찰안 관찰력'을 강조했다. 곧 '사람이 된 개성이 어찌 살까?' 하는 것은 관찰성이며, '개성(사람)이 살 사회가 어떠한가?' 하는 것은 관찰안이며, '사회가 선 시대가 어떠한가?'는 관찰력이라는 것이다. 작가는 개성에 대한 관찰성과 사회에 대한 관찰안, 시대에 대한 관찰력을 지녀 시대의 결함을 극복할 설계도를 꾸밀 책임을 가져야 하고, 그것이 작가의 정명적 의식이라는 것이다.

그러므로 작가는 그러한 책임을 갖고 사람의 통양, 사람들의 울음과 부르짖음을 기록해야 한다고 했다. 그것은 철저히 시대 사회에 대한 관찰과 작가 정신을 바탕으로 한다. 이를 당시의 시대 상황과 결부시켜보면 이상화가 말하는 작가의 책임은 더욱 분명해진다. '우리나라의 추구하는 바'와 '결함 있는 자리'는 일제 강점의 현실과 관련이 있다. 그는 이 글에서 '글 쓸 사람의 의식'을 분명히 했다. 바로 기층 민중들의 현실과 그들의 울부짖음을 표현해야 '나라의 생명'을 표현하는 작가가 된다는 것이다. 그는 이러한 관념 아래 「가장 비통한 기욕(祈慾)」을 발표했다.

---

12 이상화, 「문단측면관」, 『개벽』, 1925.4, 38~39면. 밑줄은 강조를 위해 인용자가 함.

아, 가도다, 가도다, 쫓아가도다
이즘 속에 있는 간도(間島)와 요동(遼東)벌로
주린 목숨 움켜쥐고, 쫓아가도다
진흙을 밥으로, 해채를 마셔도
마구나, 가졌더면, 단잠은 얽맬 것을 —
사람을 만든 검아, 하루 일찍
차라리 주린 목숨, 뺏어 가거라!

이 시는 「가장 비통한 기욕」(1925.1)으로 「문단측면관」보다 3개월 앞서 발표되었다. 이 시의 부제는 「간도 이민을 보고」이다. 일제의 억압과 수탈로 인해 땅을 잃고 간도로 떠나가는 유이민의 비참한 모습을 형상화한 것이다. 그들에게 삶다운 삶이란 없다. 비록 진흙을 밥으로 해체를 숭늉으로 마셔도 마구나 가졌다면 단잠이 들겠지만, 그러지도 못하고 비통하게 살아간다. 여기에서는 「문단측면관」에서 말한 사실주의적 '관찰'을 통해 조선 민중들의 비참한 참상을 표현했다. 이 시기 그는 구루마꾼·엿장수·거지(1925.6) 등 민중들의 삶을 노래하기도 했다. 작가의 관찰과 의식이라는 말은 식민지 조선의 현실을 그리는 것이며, 또한 거기에 '보다 완미한 세상'에 대한 설계, 곧 미래 세계에 대한 희망도 담아야 한다.

「가장 비통한 기욕(祈慾)」에서 조선 민중들의 현실은 가장 비통하다. 그래서 '차라리 주린 목숨 뺏어 가거라!'라고 비는 것이다. 이는 민중들을 굶주림에 방치한 검(신)에 대한 반항의 표현이자, 목숨(육신)과 영혼을 분리함으로써 영혼의 구원을 비는 것이다. 즉, 육체적 고통에서 벗어나 영혼의 안식을 추구하는 것이다.

> 밤새도록, 하늘의 꽃밭이, 세상으로 옵시사 비는 입에서나,
> 날삯에 팔려, 과년해진 몸을 모시는 흙마루에서나
> 앓는 이의 조으는 숨결에서나, 다시는,
> 모든 것을 시들프게 아는, 늙은 마음 위에서나,
> 어데서, 언제일는지,
> 사람의 가슴에, 뛰놀든 가락이, 너무나 고달파지면
> 「목숨은 가엾은, 부림꾼이라」 곱게도 살찌게, 쓰담아 주려
> 입으론 하품이 흐르더니 — 이는 신령의 풍류이어라
> 몸에선 기지개가 켜이더니 — 이는 신령의 춤이어라[13]

인용한 시는 「본능의 노래」(1926.1)의 일부로, 「빼앗긴 들에도…」보다 5개월 앞서 발표되었다. 이 시에서 시인은 세상에 하늘의 꽃밭이 오(구현되)기를 빌었다. 비는 입과 과년해진 몸, 조는 숨결, 늙은 마음, 가슴에 뛰놀던 가락이 고달파지면 목숨은 가여운 '부림꾼'이 된다. 그것은 목숨, 즉 육체가 주체의 통제를 벗어나 더 이상 자신의 의지로 움직이지 않고 다른 사람의 부림을 받는 노예가 된다는 것이다. 다른 사람은 무엇인가. 그것은 「가장 비통한 기욕」의 '검'과 같은 존재로, 이 작품에서는 '신령'으로 제시된다. 곧 신령에 지핀 바가 된 것이다. 이는 샤머니즘 사상의 일단을 보여준다.

---

13 이상규 편, 『이상화시전집』, 정림사, 2001, 134면.

그리고 그러한 신령주의의 저변에는 민중의 고통과 한이 자리해 있다. '날삯에 팔려 과년해진 몸', '앓는 이' '시들픔' '고달픔' 등이 그러한 것을 보여준다. 시적 주체는 비는 행위를 통해서 접신을 한다. 그래서 입으로 나오는 하품은 신령의 풍류가 되고, 몸의 기지개는 신령의 춤이 되는 것이다. 그것은 하나의 신명풀이로서 '넋과 몸이 어울어지는 때'에 일어난다. 육체적 소진의 상황에서 신내림과 더불어 신명풀이가 이루어지는 것이다. 이러한 상황은 1926년 4월에 발표된 「시인에게」에서도 보인다. 바로 "마음과 몸이 갈려 사는 줄풍류만 나와보아라"라는 구절이 그러하다. 시인은 몸과 마음, 즉 영육이 분리된 상황에서 풍류(또는 줄풍류)만 나와보라고 노래하였다. 여기에서 풍류란 결국 신령의 지핌이자 신명풀이가 아니던가.

이상화는 민중들의 고통스러운 현실을 표현하면서도 그러한 현실을 극복하는 방안으로 신령의 지핌, 또는 신명풀이를 제시하였다. 이상화가 언급했듯 결함이 있는 자리를 완미한 마당으로 만드는 것, 그것은 육체적인 패배가 아니라 그것을 극복한 정신적 승리를 구하는 것이다. 그의 저항성은 여기에 있다. 바로 한과 한풀이의 구조이다. 봄 신령을 맞이하여 그 신령이 지피는 것, 나의 목숨이 검의 부림꾼이 되는 것은 바로 우주와 인간의 합일 상태를 말해준다. 여기에 천인합일, 물아일체, 천인상관론, 감응론의 세계가 형성된다.[14] 인간의 육체는 영육으로 분리되고 신령이 지피기도 한다. 이상화의 문학

14 J. Needham, 이석호 외 역, 『중국의 과학과 문명 II』, 을유문화사, 1986, 山田慶兒, 김석근 역, 『주자학의 자연학』, 통나무, 1996.

은 이처럼 유신론적 세계관과 영육이원론적 사유라는 우리 민족 고유의 무속 사상에 기저를 두고 해한을 추구하고 있다.

5. '검'과 현실 저항

이상화의 「빼앗긴 들에도…」는 식민지 현실에 대한 주체적 인식과 더불어 봄을 빼앗기지 않으려는 바람과 의지를 노래하였다. 이 작품은 당시 민중들의 생활을 지역의 언어로써 노래했다는 데 중요성이 있다. 그것이 이상화가 높이 평가되는 이유이다. 특히 이 작품은 사상적으로는 천지인의 구조 및 우주의 운행원리라는 주자학적·유기체적 세계관을 토대로 한다. 이 작품을 천지인의 구조로 보면 하늘(天)—바람—구름—비/흙(地)—도랑—깅가—풋내/니(人)—땀 혼—신령이 되며, 물질과 기화(정신)라는 측면에서 천지인의 원리를 도식화해 보면 하늘—흙—나/해살—풋내—혼(신령)의 구조가 된다.

그리고 우주는 정령을 지닌 존재로 인식되면서 유신론적 세계로 나아가고 있다. 하늘은 천신적 존재이며, 대지는 지령적 존재이다. 그리고 시적 주체인 나는 봄의 신령을 청한다. 주체는 온몸·지체/마음·혼 등으로 영육이 이원화되고, 육신에 내재한 혼과 봄신령이 결합하면서 신들림을 경험한다. 이러한 접신의 과정은 한과 해한(解恨)의 신명풀이와 관련이 있다. 일제 치하 땅을 빼앗긴 민중들의 한을 신명풀이와 접신을 통해서 풀어내는 것이다. 그것이 바로 천지와 인간이 합일을 이루는 천인합일, 물아일체의 신령주의가 아니던가.

그것은 결국 식민지 현실에 대한 주체적 인식과 그 극복의 방안이다. 이상화가 추구한 조선의 문학, 조선의 생명을 지닌 문학이란 신명, 또는 신령을 추구하는 문학이었다. 그것은 당시 동학사상과도 연결된다. 여기에 그의 저항정신의 일단을 발견할 수 있다. 그의 문학은 유신론적 세계와 영육이원론, 한과 신명풀이 등을 통해 새로운 신령주의를 구축하였다. 물론 여기에는 그의 문학에 나타나는 '검'과 '풍류' 사상도 포함된다.

제 12 장

에로스와 타나토스의 낭만적 승화
— 이상의 「절벽」론

1. 「위독」의 출현

이상은 「오감도」의 시인으로 주로 난해한 시인, 자의식의 시인 등으로 평가되어왔다. 대부분의 연구자들은 괴팍한 시인으로 이상의 명성을 드높인 「오감도」에 관심을 집중했다. 그 결과 「오감도」의 그늘에 가려 다른 시들은 제대로 빛을 보지 못하였다. 그러나 이상의 시 세계를 파악하려면 다른 계열의 시도 논의하여야 한다.

> 요새 조선일보 학예란에 근작시(近作詩) 「위독(危篤)」을 연재 중이오. 기능어, 조직어, 구성어, 사색어로 된 한글 문자 추구시험이오. 다행히 고평을 비오. 요 다음쯤 일맥의 혈로가 보일 듯하오.[1]

1 김주현 주해, 『증보 정본이상문학전집3』, 소명출판, 2009, 259면. 여기에서 한자는 한글로 바꾸고, 일부 한자는 해석의 편의를 위해 괄호 속에 넣으며, 띄어쓰기는 현재의 방식에 따르기로 한다.

이 예문은 이상이 김기림에게 보낸 서신 중의 일부이다. '한글 문자 추구 시험'이라는 작가의 언급처럼 이 작품은 언어 기호에 대한 이상의 실험의식이 그 어떤 작품보다 치열한 작품이다. 그러므로 이에 대한 분석과 검토가 필요하다. 과연 작가의 시도가 성공적이었는지 살펴볼 필요가 있다.

이제까지 '위독' 계열의 시는 별로 주목받지 못했다. 「절벽」의 경우 몇몇 연구자의 단편적인 논의나 구조적 접근이 이루어졌지만, 아직 그 의미조차 제대로 분석되지 못한 형편이다. 따라서 여기에서는 기호학적인 방법으로 「절벽」을 분석해보고자 한다. 먼저 시의 전문을 현대 표기체로 제시하면 아래와 같다.

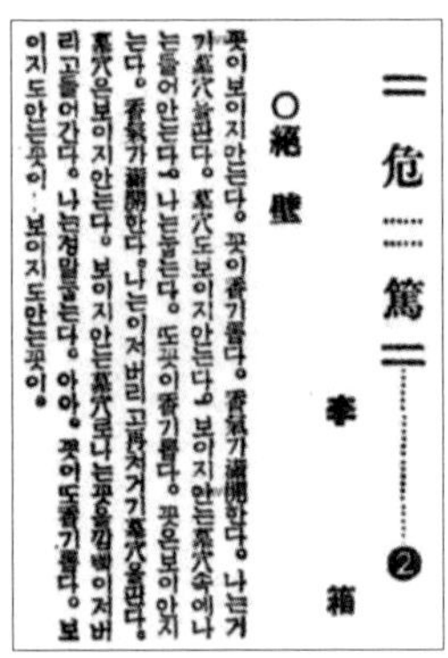
危篤 ②

○絶壁 李箱

꼿이보이지안는다。꼿이香기롭다。香氣가滿開한다。나는거기墓穴을판다。墓穴도보이지안는다。보이지안는墓穴속에나는들어안는다。나는눕는다。또꼿이香기롭다。꼿은보이지안는다。香氣가滿開한다。나는이저버리고再처거기墓穴을판다。墓穴은보이지안는다。보이지안는墓穴로나는꼿을깜빡이저버리고들어간다。나는정말눕는다。아아。꼿이또香기롭다。보이지도안는꼿이‥보이지도안는꼿이。

꽃이보이지않는다. 꽃이香기롭다. 香氣가滿開한다. 나는거기墓穴을판다. 墓穴도보이지 않는다. 보이지않는墓穴속에나는들어앉는다. 나는눕는다. 또꽃이香기롭다. 꽃은보이지않는다. 香氣가滿開한다. 나는잊어버리고再차거기墓穴을판다. 墓穴은보이지않는다. 보이지않는墓穴로나는꽃을깜빡잊어버리고들어간다. 나는정말눕는다. 아아. 꽃이또香기롭다. 보이지도않는꽃이—보이지도않는꽃이.[2]

이상의 「절벽」은 띄어쓰기도 하지 않은 채, 줄글 형태로 되어 있어 마치 산문처럼 보인다. 논의의 편의상 기존 연구자가 언급한 것처럼 이 시의 문장을 행으로 삼아 나열해 볼 필요가 있다.[3] 서로 대응하는 부분을 구분하여 그것을 다시 연으로 나눈 후 서로의 관련상을 제시하면 아래와 같은 시가 된다. 편의상 한자는 한글로 바꾸었다.

① 꽃이 보이지 않는다.
② 꽃이 향기롭다.
③ 향기가 만개한다.
④ 나는 거기 묘혈을 판다.
⑤ 묘혈도 보이지 않는다.
⑥ 보이지 않는 묘혈 속에 나는 들어앉는다.
⑦ 나는 눕는다.

②' 또 꽃이 향기롭다.
①' 꽃은 보이지 않는다.

2 이상, 「위독—절벽」, 『조선일보』, 1936.10.6. 현대 표기체로 바꾼 것임.
3 이승훈, 『이상시연구』, 고려원, 1987, 93~101면.

③′ 향기가 만개한다.

④′ 나는 잊어버리고 재차 거기 묘혈을 판다.

⑤′ 묘혈은 보이지 않는다.

⑥′ 보이지 않는 묘혈로 나는 꽃을 깜빡 잊어버리고 들어간다.

⑦′ 나는 정말 눕는다.

②″ 아아. 꽃이 또 향기롭다.

①″ 보이지도 않는 꽃이—보이지도 않는 꽃이.

위의 것은 줄글 형태의 시를 행과 연을 구분하여 다시 배열한 후 첫 7행을 기본으로 하여 나머지 행들에 번호를 붙여 정리한 것이다. 위와 같이 나열한 이유는 전체적인 구도나 기호, 문장의 배열이 잘 드러나기 때문이다. 이를 바탕으로 작품을 분석해 보기로 한다.

2. 시의 통합축—변형과 첨가, 확장

위의 시를 통합적인 축에 따라 나열해 보고, 그 통합의 양상을 다음 몇 개의 유형으로 구별하여 설명하고자 한다. 먼저 변형의 예이다.

① 꽃이 보이지 않는다.→ ①′ 꽃은 보이지 않는다.→ ①″ 보이지도 않는 꽃이—보이지도 않는 꽃이.

⑤ 묘혈도 보이지 않는다.→ ⑤′ 묘혈은 보이지 않는다. → ⑥′ 보

이지 않는 묘혈로 나는 꽃을 깜빡 잊어버리고 들어간다.

위에서 ① → ①′와 ⑤ → ⑤′는 단순히 주격 조사가 바뀐 것이다. 이러한 변화가 전체에 미치는 영향은 미미하지만, 동일한 반복으로 형성되는 운율의 무미건조함으로부터 벗어나게 해준다. 이것은 ③ → ③′의 단순 반복과는 다르다. ① → ①″는 주어와 서술어의 도치적 구문으로, 마지막 구절에서 도치로 인한 새로운 변화감을 부여하고, 이제까지 반복되어오던 구절의 리듬이나 내용을 쇄신하며 시를 마무리한다. 이러한 변화는 ⑤ → ⑥, ⑤′ → ⑥′로 건너가는 과정에서도 나타난다.

첨가 역시 반복되는 리듬이나 문장의 의미를 새롭게 하는 역할을 한다.

② 꽃이 향기롭다.→ ②′ 또 꽃이 향기롭다.→ ②″ 아아. 꽃이 또 향기롭다.

⑦ 나는 눕는다.→ ⑦′ 나는 정말 눕는다.

위에서 ② → ②′, ⑦ → ⑦′는 모두 부사의 첨가로 문의 변형을 시도한 것이다. 전자는 '또'라는 부사를, 후자는 '정말'이라는 부사를 넣어서 의미를 강조하였다. 그리고 ②′ → ②″는 '아아'라는 감탄사를 넣어서 시의 종결을 유도하고 있으며, '또'라는 강조부사의 위치를 바꾸어 변화감을 주고 있다. 첨가는 단순히 내용의 반복뿐만 아니라 강조 및 재환기의 역할까지 한다. 그리고 감탄사 '아아'는 이제까지의 고조되던 감정이 절정을 지나 하강하는 모습을 보여준다. 그것은 곧 "의식의 소멸을 그리는 궤적의 한 정점"[4]이자, "정서적 고양과 해결의 구조"[5]로서 '아아'라는 감탄사를 통해 정제된 시적 마무리를 한다. 이 부분에 이르러 이제까지의 고조되던 분위기는 하강하며 마무리된다. 이러한 예는 신라의 향가나 조선 시대의 시조에서부터 한용운의 「님의 침묵」, 이육사의 「청포도」에 이르기까지 광범위하게 나타나는, 우리 시의 한 전통이자 특성이기도 하다.

> ④ 나는 거기 묘혈을 판다.→ ④′ 나는 잊어버리고 재차 거기 묘혈을 판다.
> ⑥ 보이지 않는 묘혈 속에 나는 들어앉는다.→ ⑥′ 보이지 않는 묘혈로 나는 꽃을 깜빡 잊어버리고 들어간다.

위의 두 예문은 앞의 변형이나 단순 첨가와는 다른 양상을 띠고 있다. 무엇보다 단문을 복문화하거나 복문을 이중복문 형식으로 바꾸어 의미를 전개했다. 먼저 ④ → ④′에로 건너올 때는 반복과 더불어 '잊어버리고 재차'가 추가되어 의미가 확장된다. 그리고 ⑥ → ⑥′에는 부사절의 조사가 '속에'에서 '로'로, 서술어 '들어앉는다'는 '들어간다'로 각각 변형되었다. 게다가 '꽃을 깜빡 잊어버리고'를 추가하여 ① ②, 또는 ①′ ②′와 상호 관련을 시키고 있다. 이는 단순 반

4 이승훈, 앞의 책, 97면.
5 김흥규, 『한국문학의 이해』, 민음사, 1997, 40면.

복이 아니라 적층과 확장이 동시적으로 이루어진 것이다. 또한 꽃과 나와 묘혈을 한 구문에 끌어들여 서로 의미를 연결하였다.

3. 시의 계열축－주어 및 서술어 대체

① 꽃이 보이지 않는다.	①′ 꽃은 보이지 않는다.
⑤ 묘혈도	⑤′ 묘혈은

서술어 '보이지 않는다'는 구절에서 주어가 처음에 '꽃'으로 나왔다가 다시 '묘혈'로 치환된다. 그리하여 나에게 있어 묘혈과 꽃은 모두 추구의 대상으로 동일화할 수 있는 가능성을 갖게 된다. 꽃과 묘혈은 의미상 거리가 멀지만, 서술어의 일치를 통해서 연결되고 있는 것이다. 두 구문의 주어의 대체는 곧 두 대상 간 의미의 대체도 가능하게 해준다. 말하자면 보이지 않는 것은 꽃일 수도 묘혈일 수도, 아니면 그 둘 다일 수도 있다. 둘 다 부재하는 듯하면서 현존하는 대상이다. 주어의 대체는 그러한 속성을 동시에 제시하는 기능을 한다.

④ 나는 거기 묘혈을 판다.
⑥ 　묘혈 속에 들어앉는다.
⑦ 　　　눕는다.

위의 ④⑥⑦은 각각 나의 행위를 나타내는 서술어이나, 내용의 전개에 따라 서술어를 바꾸었다. 이들 문장은 각각의 행위가 '묘혈'과 관련되어 있음을 보여준다. 그리고 이것은 다시 반복되면서 아래와 같이 변화를 겪게 된다.

④' 나는 잊어버린다/
   재차 거기 묘혈을 판다.
⑥' 보이지 않는 묘혈로 나는 꽃을 깜빡 잊어버린다/
   들어간다.
⑦' 나는 정말 눕는다.

위 구절 ④' ⑦'의 서술어는 '판다', '눕는다'로, 앞에서 제시한 ④⑦의 서술어와 동일하다. 그러나 행이 다시 쓰이면서 '판다' 앞에 '잊어버린다'가 들어갔고, 또한 '들어앉는다'가 '들어간다'로 바뀌었다. 그리고 '잊어버린다'가 '꽃을 깜빡 잊어버린다'로 제시되는데 이것은 개별적이던 나와 꽃, 묘혈을 한 문장으로 흡수해 버린다. ④'와 ⑥'로 말미암아 나의 행위는 '잊어버린다', '판다', '들어간다', '눕는다'가 된다. 이 밖에도 ①의 '꽃이 보이지 않는다'의 문장 기저부에 들어 있는 동사 '보다'('보이다'의 능동형)를 전제하면, 이들 서술어 가운데에서 '보다'가 가장 선행한다. 그러나 그것을 차치하고라도 서술어는 3~4개로 대체된다. 이 동사들은 독립적인 것이 서로 결합되어 나의 행위 또는 의식(儀式)을 보다 분명하게 제시한다.

① 꽃이 보이지 않는다.

② 향기롭다.

여기에서 서술어의 변화는 부재와 현존의 의미를 확실히 해준다. '보이지 않는다'는 부재의 가능성을 시사해 주지만, '향기롭다'는 존재의 실재를 보다 분명히 해준다. '향기'는 꽃에 부속된 존재이다. 그러므로 ①과 ②, 또는 ②'와 ①'가 서로 결합되어 전자는 보이지 않지만 실재함을, 후자는 실재하지만 보이지 않음을 나타낸다. 나열 순서를 뒤바꾸어 의미의 변화를 시도한 것이다.

4. 시의 수사적 맥락－연쇄, 반복과 확장

② 꽃이 향기롭다.→ ③ 향기가 만개한다.

③ 향기가 만개한다.→ ④ 나는 거기 묘혈을 판다.

④ 나는 거기 묘혈을 판다.→ ⑤ 묘혈도 보이지 않는다.

②와 ③은 연쇄적 효과를 일으킨다. 그것은 ②의 서술어 '향기롭다'에서 '향기'가 다시 ③의 주어로 갔기 때문이다. 어쩌면 ③은 ②를 내포하고 있는 문장으로 이해할 수 있다. 그것은 ③의 '향기'를 '(꽃의) 향기', '(향기로운 꽃)향기', 또는 '향기(로운 꽃)' 등으로 볼 수 있기 때문이다. 이 가운데 마지막의 경우 '꽃이 만개한다'는 것은 어의상 적절하지만, ①에서 꽃은 '보이지 않는다'고 했으니까 좀 어색해진다. 그렇다면 첫 번째나 두 번째의 경우가 되는데, 둘 모두 ②를

내포한 의미를 지니고 있다. 첫 번째나 두 번째로 쓰지 않은 것은 단어의 연쇄에서 오는 효과를 충분히 살리기 위해서일 것이다.

③ → ④로의 시행의 전환도 연쇄의 효과를 일으키는 것으로 보인다. 그것은 ④의 '거기'가 문맥상 ③의 '향기가 만개하는 곳'으로 읽히는데, 이는 내포문의 형식이 대명사로 치환된 것으로 이 역시 연쇄의 효과를 일으킨다. 그리고 ④의 목적어 '묘혈'은 다시 뒷문장 ⑤에서 주어의 자리에 위치함으로써 같은 효과를 일으키고 있다. 이러한 효과는 내용들을 하나의 흐름으로 전개시켜 전체 리듬의 형성에도 기여한다.

> ① 꽃이 보이지 않는다.→ ①′ 꽃은 보이지 않는다.→ ①″ 보이지도 않는 꽃이—보이지도 않는 꽃이.
>
> ② 꽃이 향기롭다.→ ②′ 또 꽃이 향기롭다.→ ②″ 아아. 꽃이 또 향기롭다.
>
> ⑦ 나는 눕는다.→ ⑦′ 나는 정말 눕는다.

위의 ①②⑦은 모두 반복 점층적 효과를 잘 드러낸다. ① → ①′는 단순한 반복을 통한 강조를 보이지만, ①″에 이르면 도치적 변형을 통한 강조 이상의 의미를 지니게 된다. 그것은 어의상 점층의 효과도 띤다. ② 역시 ②′에서 강조 의미의 '또'가, 그리고 ②″에서 '아아'라는 감탄사가 제시됨으로써 감정의 고조를 드러낸다. ⑦′ 역시 '정말'을 첨가함으로써 의미의 단순한 강조 이상, 즉 화자의 확고한 의지와 행위의 실질적 재연이라는 의미를 띠게 된다. 일반적으로 시에서 단어의 중복은 자동적인 개념의 중복이라기보다는 오히려 그 내용의 또 다른, 새로운 복잡화를 함축하기 마련이다.[6] 시에서의 이러한 반복들은 이미 알고 있는 것의 재발견이라는 쾌락의 원천으로부터 형성된다.[7] 시에서 단어나 구절들을 반복함으로써 이미 인식된 것을 다시 확인하고 그 의미를 강화하는 것이다.

> ④′ 나는 잊어버리고 재차 거기 묘혈을 판다. + ⑥ 보이지 않는 묘혈 속에 나는 들어앉는다.→ ⑥′ 보이지 않는 묘혈로 나는 꽃을 깜빡 잊어버리고 들어간다.

앞에서도 설명했듯 ⑥에는 ⑤ '묘혈도 보이지 않는다'가 '보이지 않는 묘혈'로 내포됨으로써 문장의 전체적인 도치 반복 및 연쇄 효과를 일으킨나. 그것은 ⑥'에 다시 거의 그대로 반복된다. 반복뿐만 아니라 ④'의 문장에서 '나는 잊어버리고'를 결합하고, '꽃을 깜박'을 추가하여 의미의 확장을 시도했다. 그리하여 적어도 3개의 문장이 하나의 문장에 결합하는 양상을 보여준다.

> ① 꽃이 보이지 않는다. + ②″ 아아. 꽃이 또 향기롭다. → ①″ 보이지도 않는 꽃이—보이지도 않는 꽃이.

---

6 Y. M. Lotman, 유재천 역,『예술텍스트의 구조』, 고려원, 1991, 193면.

7 S. Freud, *The Complete Psychological Works of Sigmund Freud*(Ⅷ), trans. by J. Strachey, London, The Hogarth Press and The Institute of Psychology Analysis, 1960, p.122.

이미 ①"가 ①의 주술 도치형 문장임은 언급했다. 이것이 단순히 '보이지도 않는 꽃'에서 끝나지 않고 전체 주어로 제시됨으로써 뒷 문장이 생략된 것처럼 느껴지게 한다. 그것은 그 기저부에 바로 앞의 문장이 닿아있으므로 '꽃이 또 香기롭다'와 그대로 연결된다. 그렇다면 시는 "보이지도 않는 꽃이—보이지도 않는 꽃이(또 향기롭다.)"로 끝맺게 된다. 이 역시 문장의 표면상의 구조에는 나타나지 않지만 심층 구조상으로는 도치 반복과 연쇄를 통한 의미확장을 보여준다. 그것은 이 시의 ⑤→⑥, 또는 ⑥'를 고려한다면 충분히 이해할 수 있다. 또한 처음 ①②가 ②'①'로, 그리고 마지막에 ②"①"로의 행 배열의 뒤바꿈 역시 정형적인 규칙을 파괴함으로써 시적 의미를 새롭게 한다.

5. 기호의 의미 – 꽃과 묘혈, 그리고 행위동사

그동안 이 시에 나타난 '꽃'의 의미는 제대로 다루어지지 않았다. 이어령은 꽃을 묘혈, 즉 죽음과 대응관계에 놓인 生의 모서리로[8], 김주연은 '여성 혹은 성관계와 같은 관능적인 상황과 밀접한 관련'을 지닌 것으로, 그리고 이승훈은 향기를 지닌 일상적 꽃으로 설명했다. 꽃은 이상이 많이 쓰는 비유 중의 하나이다.

---

8 이어령 교주, 『이상시전작집』, 갑인출판사, 1978, 129면.

(가) 목부용(木芙蓉)은 인사하듯 나가버렸다. 이젠 그 이상 그는 참을 수가 없다. 그도 그 뒤를 좇아서 나간다.[9]

(나) 십팔 가구에 각기 별러 들은 송이송이 꽃들 가운데서도 내 아내는 특히 아름다운 한 떨기의 꽃으로 이 함석지붕 밑 볕 안 드는 지역에서 어디까지든지 찬란하였다.(2권, 265면)

여인은 일반적으로 꽃에 많이 비유된다. 이는 이상에게도 마찬가지이다. (가)는 「불행한 계승」의 한 구절이다. '목부용(木芙蓉)'은 꽃의 일종으로, 이 작품에서는 '금홍(蓮心)'을 뜻하는 것으로 보인다. 그녀를 「날개」(나)에서는 '아름다운 한 떨기 꽃'으로 묘사하고 있다. 김주연은 「절벽」의 꽃을 금홍과 결부시키고 있는데, 위에 인용한 두 작품이 모두 금홍을 형상화하였다는 점에서 그 가능성은 적지 않다.

이상이 여인을 꽃으로 비유한 작품은 이것 말고도 많다. 특히 「실화(失花)」에서 '꽃을 잃다'는 곧 여인을 잃는다는 중의적 의미로 사용된다. 이어령은 「실화」의 꽃을 "여성의 사랑이나 그 정절을 상징"한다고 했다.[10] 또한 이상은 시 「I WED A TOY BRIDE」에서 "이것은 작난감 신부 마음속에 가시가 돋아있는 증거다. 즉 장미꽃처럼……"이라 하여 여인을 장미에 비유하기도 했다.[11]

---

9 김주현 주해, 『증보 정본이상문학전집2』, 소명출판, 2009, 205면. 이하 이 장에서 이 책의 인용 시 인용 구절 뒤 괄호 속에 2권 면수만 기입함.

10 이어령, 「이상 연구의 길찾기—왜 기호론적 접근이어야 하는가」, 권영민 편, 『이상문학연구 60년』, 문학사상사, 1998, 24면.

11 김주현 주해, 『증보 정본이상문학전집1』, 소명출판, 2009, 127면. 이하 이 장에서 시 작품의 인용 시 인용 구절 뒤 괄호 속에 면수만 기입함.

꽃이 향기롭다.

향기가 만개한다.

보이지 않는 묘혈로 나는 꽃을 깜빡 잊어버리고 들어간다.

꽃의 향기는 번식을 위해 벌을 불러들이는 역할을 한다. 김우종은 꽃이 식물의 생식기임을 들어 이것을 여성기와 관련시키고 있는데 이 역시 고려해 볼 문제이다.[12] 왜냐하면 이상의 유고 시 가운데 "땀이 꽃 속에 꽃을 피우고 있었다. 폐문 시각이 지나자 열풍이 나의 살갗을 빼앗았다"(173면)와 같은 구절이 있기 때문이다. 향기를 내는 기관, 그리고 번식을 위해 열매를 맺는 기관인 꽃은 더 나아가 여인의 생식기로 비유될 수도 있다. 그러므로 성(에로스)적 이미지라 할 수 있다.

묘혈은 죽음과 관련되는 이미지이다. 이를 비극적이고 황홀한 자의식의 세계로 설명하는 이도 있지만,[13] '자살 모티프'(이어령), '죽음의 세계 체험'(이승훈) 등으로 해석하는 것이 당연하다. 죽음에 관련된 이미지는 '위독' 계열의 시 가운데서 특히 「절벽」 바로 앞에 발표된 「침몰」과 유서에 대응하는 소설 「종생기」에 잘 드러난다.

(가) 죽고 싶은 마음이 칼을 찾는다. 칼은 날이 접혀서 펴지지 않으니 날을 노호(怒號)하는 초조가 절벽에 끊치려든다. 억지로 이것을 안에 떠밀어놓고 또 간곡히 참으면 어느 결에 날이 어디를 건

12 김우종, 「이상론」, 『현대문학』, 1957.5, 237면.
13 이창배, 「모더니스트로서의 이상(李箱)」, 『심상』, 1975.3, 71면.

> 드렸나보다. 내출혈이 뻑뻑해 온다. 그러나 피부에 상채기를 얻을 길이 없으니 악령 나갈 문이 없다. 가친 자수(自殊)로 하여 체중은 점점 무겁다.(119면)
>
> (나) 정희, 간혹 정희의 후틋한 호흡이 내 묘비에 와 슬쩍 부딪는 수가 있다. 그런 때 내 시체는 홍당무처럼 확끈 달으면서 구천을 꿰뚫어 슬피 호곡한다.(2권, 393면)

이들 시와 소설은 1936년말에 쓰인 것들인데, 모두 그 시기 이상의 내면을 잘 보여준다. 그것은 임박한 죽음에 대한 공포와 자살에의 충동이다. 「위독」 계열의 또 다른 시 「문벌」에서는 '분총(墳塚)', '백골(白骨)' 등 죽음의 이미지가 제시된다. 이 밖에도 이상의 많은 시에 등장하는 '데드마스크' 역시 죽음의 이미지와 관련이 있다. 「절벽」의 '묘혈'은 (나)의 묘비와 더불어 죽음의 직접적인 이미지로서 제시된 것이다. 그리고 묘혈을 파고 들어가는 것은 (가)에서 칼을 찾는 행위처럼 죽음 또는 자살 행위와 관련된다.

「절벽」에서 묘혈을 파고 들어가는 행위는 죽음, 그리고 꽃은 에로스적 욕망과 관련된다. 이들은 이상의 본능 또는 욕망의 대체물이라 할 수 있다. 그것에 대해서는 프로이트의 설명이 유효하다. 그에 의하면, 인간에게는 두 개의 전혀 다른 본능 —전자는 생명 연장을 향한 에로스 본능이고, 후자는 죽음을 향한 타나토스 본능이다— 이 있고, 이들은 경우에 따라 융합되기도 하고, 분열되기도 한다.[14] 「절

14 S. Freud, 박찬부 역, 『쾌락의 원칙을 넘어서』, 열린책들, 1997.

벽」에서 전자는 꽃을 통해, 후자는 묘혈을 통해 표상되어 있다. 그리고 묘혈의 '혈'이라는 말은 여인의 생식기와 유사한 이미지를 지니고 있다는 점에서 에로스적 속성을 지닌다. 그것은 묘혈이 꽃과 치환된다는 사실에서도 확인된다.

「절벽」에서 '꽃이 보이지 않는다'는 '묘혈도 보이지 않는다'로, 또는 '보이지 않는 묘혈'은 '보이지도 않는 꽃'으로, 꽃과 묘혈의 대체 또는 치환은 두 이미지의 미분화 내지 혼융을 시사하는 무의식의 언어라고 할 수 있다. 그리고 '보이지 않는 묘혈로 나는 꽃을 깜빡 잊어버리고 들어간다' 역시 그러하다. '잊어버리다'는 '고의로·의도적으로'와 '무의식적으로·실수로'라는 의미를 띨 수 있다. 전자는 '잊어버리기로 하고'라는 체념·단념의 의미가 있는데, 수식어 '깜박'이 있는 것으로 보아 후자의 의미가 적절할 것으로 보인다. 그것은 '망각하다'는 의미에 가깝다. 여기에서 시인은 나와 꽃·묘혈의 관계를 직접적인 양상을 피하고 간접적인 양상으로 동시에 제시하고 있다. 그리하여 꽃과 묘혈 이미지에는 현존과 부재, 망각과 기억이 중첩되고 혼융되어 있다. 이들은 각각 화사함과 음습함, 밝음과 어두움, 생과 사 등의 긍정적 이미지와 부정적인 이미지를 각각 대변한다. 이들 이미지는 두 가지 본능처럼 분열되기도 하고 융합되기도 한다. 이들의 차이나 대립성은 에로스적 이미지라는 측면에서 동일성으로 극복된다.

한편 「절벽」에는 '보이지 않다', '잊어버린다', '판다', '들어앉는다', '들어간다', '눕는다' 등의 동사가 나타난다. 이 가운데 특별히 의미를 지니는 것은 '판다'와 '들어간다', 또는 '들어앉는다'와 '눕는다'

로 전개되는 능동 행위동사이다. 이것들은 나의 행위를 규정할 뿐만 아니라 나와 객관적 대상물인 꽃, 묘혈, 향기를 연결하는 역할을 한다. 그것은 시적 화자가 대상과 관계하는 방식이자 시의 전반적인 의미를 규정하는 것이기도 하다. 그러므로 이 서술어들을 대상과 관련시켜 논의할 필요가 있다. 먼저 동사와 직접적인 관련이 있는 '묘혈'·'꽃'과 나의 관계양상을 살펴보기로 한다.

> 나는 거기 묘혈을 판다.
> 나는 잊어버리고 재차 거기 묘혈을 판다.
>
> 보이지 않는 묘혈 속에 나는 들어앉는다.
> 보이지 않는 묘혈로 나는 꽃을 깜빡 잊어버리고 들어간다.
>
> 나는 눕는다.
> 나는 정말 눕는다.

위의 구절에서는 외면상 묘혈을 파고 들어가서 눕는, 말하자면 죽음의 행위가 그대로 드러난다. 그러나 그것은 단순한 죽음 행위와는 구별된다. 왜냐하면 거기에는 꽃이라는 대상이 실재하고 꽃의 향기가 드리우기 때문이다. '향기가 만개한 곳에 묘혈을 판다', '꽃을 깜박 잊어버리고 묘혈에 들어간다' 등은 꽃과 묘혈의 관계양상을 잘 보여준다. 여기에서 객관적 대상으로서 꽃은 새로운 의미를 부여받고, 묘혈 역시 단순한 죽음의 장소 이상의 의미가 된다. 묘혈과 꽃은 시적 주체인 나에게 있어 죽음이나 성적 욕망과 결부되어 있다.

이 시에서 '묘혈을 판다→거기에 들어간다→눕는다' 등 동사의 배열 순서는 에로스적 욕망의 실현행위와 일치한다. 묘혈을 파는 행위는 분명 타나토스의 본능이지만, 거기에 에로스의 본능 내지 욕망이 개입되기에 이른다. 그것은 꽃을 매개로 더욱 구체화된다. 그리고 '보이지 않는 묘혈로 나는 꽃을 깜빡 잊어버리고 들어간다'에서는 성적 행위와 죽음 행위가 서로 겹치는 상황을 제시한다. 이들 동사의 반복적 사용은 욕망의 반복 강박적 특성과도 결부될 수 있다.

결국 '꽃이 향기롭다…… 보이지 않는 묘혈 속에 나는…… 눕는다'는 타나토스와 에로스적 욕망이 융합된 상황을 그린 것이다. 묘혈과 관련된 행위 동사는 성행위와 관련된 것이고, 한편으로 묘혈은 꽃과 대치되기도 한다. 이는 타나토스 본능에 에로스적 욕망이 포함되어 있을 뿐만 아니라 이 둘은 동시적임을 말해준다. 이상에게는 이러한 이미지가 적지 않다.

> (가) 이것이 엔간치 않은 힘으로 그의 정신생활을 섣불리 건드리기 전에 다른 가장 유효한 결과를 예기하는 처벌을 감행치 않으면 안 될 것을 생각하고 좀 무리인 줄은 알면서 놀음하는 세음 치고 소녀에게 Double Suicide를「프러포즈」하여 본 것이었다.(2권, 293면)
>
> (나) 나는 때때로 이삼 인의 천사를 만나는 수가 있다. 제 각각 다 쉽사리 내게 '키쓰'하여 준다. 그러나 홀연히 그 당장에 죽어버린다. 마치 웅봉처럼.(137면)

(가)는 「단발」에, (나)는 「실낙원」에 각각 나오는 내용이다. 이 작품들은 그의 생애 말기에 속하는 것들로서, 두 예문 모두 성행위와 죽음이라는 에로스와 타나토스 본능이 동시에 제시되어 있다. 또한 이러한 것은 「행복」, 「혈서삼태」, 「불행한 계승」, 「실화」 등 수많은 작품에 '정사(情死)'의 이미지로 제시되기도 한다. 이상은 죽음이 임박하면서 그것을 낭만적으로 수용하려고 한다. 죽음의 한 가운데에서 살아있다는 자기 현시와 자기 확인을 위해 그는 예술에 집착하거나 에로스에 탐닉하는 것이다. 그에게 있어서 여인과의 정사는 죽음에 대한 공포를 초월하면서 그것을 낭만적으로 승화시킬 수 있는 유일한 방법이었다.

「절벽」은 이러한 시적 주체의 욕망을 그리고 있다. 「절벽」은 사실 '더 이상 나아갈 수 없는', '무척 험하고 급한' 낭떠러지이다. 그것은 큰 제목 '위독'과 결부시키면 삶에 있어서 막다른 골목과 같은 곳이다. 그것은 생의 마지막 종착지 묘혈로 제시된다. 죽음은 비극적이다. 그러나 꽃의 개입으로 낭만적으로 인식될 수 있다. 꽃에 대한 나의 욕망은 에로스적이며, 묘혈에 대한 그것은 타나토스적이다. 이들이 융합되는 무의식의 세계를 이 시는 표출하고 있다. 이러한 것은 각혈 속에서의 사랑 행위라는 이상의 실재 삶의 모습에서도 발견된다. 결핵은 죽음에 대한 선고유예로서 이상이 하나의 '메타포'로 제시한 것이다. 따라서 이 시는 죽음의 처절함을 에로스적 욕망과 융합시켜 하나의 비극적 낭만의 미학으로 제시한 것이다.

6. 이상 시의 또 다른 성취

이상의 시 「절벽」은 뛰어난 구조를 갖고 있다. 전체적으로 복합 구조의 모습을 띠고 있는데, 각 행의 단어들은 변형과 첨가, 확장과 대체가 적절하게 운용되어 시의 묘미를 다하고 있다. 또한 각 행은 다시 연쇄와 반복 점층의 효과를 잘 활용하고 있다. 그러나 이보다 중요한 것은 이 시에서 꽃과 묘혈이라는 시적 대상을 서술어와 절묘하게 결합함으로써 에로스와 타나토스적 본능 내지 욕망을 연계시키는 데 성공하고 있다는 점이다. 그리고 이 시는 이상 시 가운데서 형식미와 내용미를 두루 갖춘 뛰어난 작품이다. 그러므로 '위독' 계열의 시는 「오감도」와 더불어 이상 문학의 또 다른 성취라고 할 수 있다.

이상의 시에는 난해한 구절들이 많다. 그의 시에서는 환유적 문장도 어렵게 느껴진다. 그것은 기표에 대한 기의가 표면적인 의미 하나로 한정되지 않기 때문이다. 이제까지 이상 시 연구의 주류를 이루었던 구조주의나 심리주의 방법으로 접근하는 데에는 한계가 따르기 마련이다. 이제 이상 연구는 다시 언어 기호에서부터 출발해야 한다. 이상은 자신의 문학 내에 이미 해석의 가능성을 열어두고 있다. 그의 난해한 구절은 그의 텍스트 내 다른 구절들을 통해서 해석의 실마리를 구하고, 많은 작품의 다성적 기호들은 원전의 의미를 파악한 후 해석을 해야 한다.

제 13 장

해체와 전위
— 장정일의 「길안에서의 택시잡기」론

1. 해체, 그 새로움

장정일을 알게 된 것은 1992년 전역한 이후 비평을 공부할 때이나. 소설을 전공했기에 내가 관심을 가졌던 것은 장정일의 소설이었다. 장정일의 첫 소설 『아담이 눈뜰 때』를 접하면서 그를 알게 되었다.[1] 그리고 『너에게 나를 보낸다』를 읽었고,[2] 외설 논란의 중심이 된 『내게 거짓말을 해봐』도 읽었다.[3] 소설가로서 장정일은 내게 큰 여운을 남기지 못했다.

그를 제대로 알게 된 것은 시선집 『지하인간』을 읽으면서부터이다.[4] 그의 시들에서 비루하고 속된 것도 거리낌없이 드러내는 시인

1 장정일, 『아담이 눈뜰 때』, 미학사, 1990.
2 장정일, 『너에게 나를 보낸다』, 미학사, 1992.
3 장정일, 『내게 거짓말을 해봐』, 김영사, 1996.
4 장정일, 『지하인간』, 미래사, 1996.

의 모습을 볼 수 있었다. 그것은 『아담이 눈뜰 때』에서 시작된, 성애를 추구하는 그의 소설과는 또 다른 모습으로 다가왔다. 그리고 언어와 화법, 형식에 이르기까지 다양한 실험을 통해 시적 장르를 넘어서 시적 진실에 이르려는 시인의 열정을 보았다.

그의 시 작품론을 쓰려 했지만, 그것은 끊임없이 유예되었다. 그러다가 오랜만에 다시 『햄버거에 대한 명상』(1987), 『길안에서의 택시잡기』(1988), 『서울에서 보낸 3주일』(1988) 등 그의 시집들을 찾아 읽게 되었다.[5] 그리고 이전부터 쓰고 싶었던, 두 번째 시집의 표제작이기도 한 「길안에서의 택시잡기」에 주목했다. 왜 하필 「길안에서의 택시잡기」인가. 아니 왜 「길안에서의 택시잡기」란 말인가?

2. 「길안에서의 택시 잡기」의 구조

「길안에서의 택시잡기」는 총 21연이나 되고 9페이지에 달하는, 장정일 시 가운데 가장 긴 시이다. 이 시 전체를 나열하지 않고 이해하려면 일단 구조적으로 접근하는 편이 수월하다.

5 장정일, 『햄버거에 대한 명상』, 민음사, 1987, 장정일, 『서울에서 보낸 3주일』, 청하, 1988.

길안에 갔다.
길안은 시골이다.
길안에 저녁이 가까워왔다. 라고
나는 썼다. 그리고 얼마나
많이, 서두를 새로 시작해야 했던가?
타자지를 새로 끼우고, 다시 생각을
정리한다. 나는 쓴다.

> 길안에 갔다.
> 길안은 아름다운 시골이다.
> 그런 길안에 저녁이 가까워왔다.
> 별이 뜬다.

이렇게 쓰고, 더 쓰기를
멈춘다. 빠르고 정확한 손놀림으로
나는 끼워진 종이를 빼어,
구겨버린다. 이놈의 시는
왜 이다지도 애를 먹인담. 나는
테크놀러지와 자연에 대한 현대인의
갈등을 추적해보고 싶다. 종이를 새로
끼우고, 다시 쓴다.[6]

---

6 장정일, 『길안에서의 택시잡기』, 민음사, 1988, 86면. 이 시는 86~94면까지 실렸으며, 이 시의 인용 시 인용 구절 뒤 괄호 속에 연수만 기입함.

인용한 부분은 「길안에서의 택시 잡기」 제1연에서 3연까지이다. 일단 이 시는 홀수연과 짝수연으로 구분되며, 짝수연은 마치 인용 문단처럼 들여쓰기가 되어있다. 두 번째 연 '길안에 갔다 …… 별이 뜬다'가 그러하다. 이것은 시인이 쓴 원래 시이다. 1연은 뒤에서 다시 살펴보겠지만, 다른 홀수연처럼 시 쓰는 과정에 대한 설명이다. 2연과 3연을 대비해보면 그러한 차이는 분명하다. 시인에 의해 쓰인 시는 2연, 4연, 6연…18연, 20연 등 짝수연으로 전개되어 간다. 그 사이 3연, 5연, 7연 …… 19연, 21연 등 홀수연은 쓴 시(짝수연)에 대해 분석하고 비평하는 시인의 반성적 사유가 깃든 글쓰기이다. 여기에서 1,3,5연 등 바깥 텍스트는 바깥시, 2,4,6연 등 안 텍스트는 안시로 통칭하기로 한다. 안시는 일반적인 시이며, 바깥시는 시 쓰기에 대한 시, 곧 메타 텍스트에 해당한다.

한편 21연으로 이루어진 이 시를 크게 4개 부분으로 나눠 살펴볼 수 있다. 특히 일반 시라고 할 수 있는 짝수연을 중심으로 시를 구분할 수 있다. 2연에서 시적 주체는 '나'라는 시인 자신의 페르소나이다. 이 주체를 중심으로 전체를 4개의 단락, 흔히 말하는 기승전결로 나눠볼 수 있다.

기 1~7 시적 주체는 나

승 8~13 시적 대상은 여행자

전 14~19 시적 주체는 나

결 20~21 시적 대상은 무전여행가

기에서 안시는 2,4,6연으로 모두 첫행이 '길안에 갔다'로 시작된다. 이는 '(나는) 길안에 갔다'이며, 시적 주체는 숨겨진 '나'이다. 이 '나'는 시적 주체이자 화자로 문맥 속에 숨어 있지만, "모든 도시에서 나는 택시를 잡았었다"(4연 4행), "나는 모든 도시에서 택시를 잡았건만"(6연 3행)처럼 그 모습을 드러내기도 한다.

구분	홀수연	짝수연	시적 주체 또는 시적 대상	표현 방식
기	1			
		2	(나)	주관적 고백
	3			
		4	나	주관적 고백
	5			
		6	나	주관적 고백
	7			
승		8	여행자	객관적 관찰
	9			
		10	여행자	객관적 관찰
	11			
		12	50대	객관적 관찰
	13			
전		14	나	주관적 고백
	15			
		16	(나)	주관적 고백
	17			
		18	나	주관적 고백
	19			
결		20	여행가	객관적 관찰
	21			

> 여행자는 독일빵같이 커다란 슈트케이스를 / 길가에 내려놓고, 택시를 기다린다.(8연)
> 여행자는 갑자기 / 심한 부끄럼에 휩싸인다.(10연)
> 고향에서 떠나 도시에서 사십년 간 살았던 / 한 오십대가 있어 오랫동안 찾아보지 않았던 / 고향에 온다. 길안…….(12연)

그런데 승에 이르러 시적 주체는 8연과 10연에서 숨겨지고, 시적 대상 '여행자'가 제시되다가, 12연에서는 '오십대'로 제시된다. 시적 대상이 여행자로 제시되면서 화자의 태도에 변화가 온다. 여행자는 시적 대상으로 시적 주체에 의해 관찰되는 대상이기도 하지만, 시적 주체인 나와 동일시되기도 한다. 나/여행자의 분리는 시적 주체와 대상의 분리이기도 하고, 시인의 입장에서는 주체의 동일성과 타자성을 보여주는 것이다.

> 길안에 갔다. / 길안이 아름다워 나는 울었다.(14연)
> 길안의 바깥에 있을 때 자동판매기에서 커피 빼먹던 생각을 한다.(16연)
> 나는, 너는, 모든 길들은 / 어디로 가게 되어 있는 것일까?(18연)

그러나 14연에 이르면 기에서처럼 다시 시적 주체는 '나'로 복귀한다. 그리고 16연에서는 숨겨진 자아로 나타나지만, 18연에서는 다시 '나'로 나타난다.

> 택시는 보이지 않았고, 그렇다고 / 여행가가 쉽게 포기할 것 같지 도 않았다.(20연)

다시 20연에서 시적 대상은 무전여행가/여행가로 제시되는데, 바로 승의 '여행자'와 연결된다. 전체적으로 홀수연과 짝수연은 밧줄처럼 연결되고, 기는 전으로, 승은 결로 지그재그로 연결되어 있다. 그에 따라 기와 전에서 시는 '나'라는 시적 주체의 독백으로 구성되고, 승과 결에서는 시적 주체와 동일시되기도 하고 분리되기도 하는 '여행자'의 외적 관찰로 이뤄져 있다. 이렇게 구분해놓고 시의 전반을 분석하기로 한다.

1) 기 - 반복과 차이 1→1'→1"

위에서 언급한 것처럼 2연이 실제 시이지만, 그것은 1연에서부터 출발하고 있다.

> 길안에 갔다.
> 길안은 시골이다.
> 길안에 저녁이 가까워왔다.(1연 전반부)

> 길안에 갔다.
> 길안은 아름다운 시골이다.
> 그런 길안에 저녁이 가까워왔다.

별이 뜬다.(2연)[7]

위에 인용한 것은 「길안에서의 택시잡기」 제1연의 일부이다. 여기에서 1연과 2연을 비교해보면 2연은 1연의 반복과 부연, 첨가를 통해서 이루어졌음을 알 수 있다. 1연에서 2연으로 가면 1연의 전반부는 버려지고 2연으로 대체된다. 1연의 2·3행은 2연의 2·3행으로 건너오면서 '아름다운', '그런' 등이 첨가된다. 그리고 제4행 '별이 뜬다'가 추가된다. 그렇게 2연이 원시가 된다.

길안에 갔다.
길안에서 택시를 기다린다.
길안에 택시가 오지 않는다.
모든 도시에서 나는 택시를 잡았었다.
그러나 길안에서 택시잡기 어렵다.(4연)
길안에 갔다.
길안에 택시가 보이지 않는다.
나는 모든 도시에서 쉽게 택시를 잡았건만
길안에서 택시잡기 어렵고
어느새 어두워진 길목마다 별이 쏟아진다.
문득 길안이 불편하게 느껴진다.(6연)

7 밑줄은 강조를 위해 인용자가 함. 이하 동일.

다시 2연을 4연과 비교해보면 그 차이가 드러난다. 2연은 4연으로 대체된다. 1연에서 3행이던 시가 2연에서 4행으로 늘어나고, 4연에서 5행으로, 6연에서 6행으로 늘어난다. 이것들은 모두 시 제1연의 쓰기이다. 1연부터 2연 4연 6연까지 제1행은 그대로 반복된다. 그런데 1연에서 2연, 4연, 6연으로의 변화는 차이를 바탕으로 한다. 더하고(1연→2연, 4→6연), 빼고(2연→4연, 4연→6연), 바꾸면서(2연→4연, 4연→6연) 1연을 완성해가는 과정을 보여준다.8 이러한 시작 과정은 이상의 「절벽」에서 이미 보여준 방식이기도 하다. 「길안에서의 택시잡기」의 1연 쓰기는 6연까지 전개되는데, 길안의 (자연의) 아름다움과 (문명의) 불편함을 그렸다. 그러나 기는 이것으로 완성되는 것이 아니라 2연 4연이 그러하였듯 완성되자마자 버려진다. 그래서 승에서 시는 새롭게 시작된다.

2) 승 - 결합과 단절 1+2-3

길안에 산이 높고
그 물이 맑다. 길안에 나무가 푸르고
나뭇가지 위에 비둘기떼가 지어올린 흰구름은
마치 건축같이 아름답고 웅장하다.

---

8 반복을 통한 시적 전개는 「주근깨 얼굴의 여자」(『서울에서 보낸 3주일』, 60~61면)에서도 나타난다. 이 시에서는 정원의 풍경이 기-두 사람의 포옹, 승-두 사람이 노려봄, 전-두 사람이 등을 돌림, 결-두 사람이 사라짐을 그렸다. 동일한 장소와 시간의 흐름에 따른 장면 변화가 시적 전개로 이루어졌다.

멀리서 바라봄이 아니라 길안 가운데 있을 때
길안은 얼마나 아름다운가?
여행자는 독일빵같이 커다란 슈트케이스를
길가에 내려놓고, 택시를 기다린다.(8연)

웬일인지 꽤 오랫동안 택시가 오지 않고
택시를 기다린 시간만큼. 저녁이 가까워왔다.
이름 모를 잎새들의 흔들림,
여행자는 자신이 혼자임을 느낀다.
이름 모를 새떼가 햇빛 한 조각씩을 물고
서쪽으로 지고, 연이어
모래단지를 엎지른 듯 이름 모를 별들이 흩어졌다.
사십년 간의 도시생활이 어린 시절 시골에서 익힌
동식물과 별자리 이름을 깡그리 잊게 했다. 모두가
이름 모를 것들. 여행자는 갑자기
심한 부끄럼에 휩싸인다.(10연)

고향에서 떠나 도시에서 사십년 간 살았던
한 오십대가 있어 오랫동안 찾아보지 않았던
고향에 온다. 길안…….(12연)

8연에서는 다시 시를 쓰기 시작해서 10연을 결합하여 2연까지 쓴다. 물론 그것은 다시 새로운 연을 쓰면서 무너진다. 여기에서 특징적인 것은 길안에서 택시를 기다리는 '여행자'가 등장한다는 점이다. 여행자는 시적 대상이자, 시적 주체 '나'와 동일시되는 존재이다. 8연 6행 '길안은 얼마나 아름다운가'를 느끼는 주체를 '나'로 볼 수도 있고, '여행자'로 볼 수도 있기 때문이다. 한편 1~6행의 숨겨진 자아(나)와 7~8행의 드러난 대상(여행자) 사이의 균열이 느껴진다. 이는 시적 주체(나)가 여행자(시적 대상)를 관찰하며 묘사하는 형국이지만, 한편으로는 여행자는 시적 주체의 또 다른 모습(분신)이기도 하기 때문이다.

한편 앞의 2연(8연, 10연)은 1차적으로 완성된 시이다. 물론 그것은 3연(12연)에 의해 부정된다. 여기에서 자연과 문명, 길안과 도시의 대비는 분명하다. 길안의 자연은 '나뭇가지 위에 비둘기떼가 지어올린 흰구름', '이름 모를 새떼가 햇빛 한 조각씩을 물고 서쪽으로 지고', '모래단지를 엎지른 늦 이름 모를 별들이 흩어졌나'에서 보듯 아주 아름답게 묘사되어 있다. 그러나 흰구름은 건축으로, 여행용 가방(슈트케이스)은 독일빵으로 비유된다. 그리고 시적 주체는 도시 생활에 익어 택시가 오지 않는 자연에서의 삶이 불편하고, 고독과 외로움을 느낀다. 사실 길안이라는 지명은 상서롭고 안온한 곳이라는 의미를 지녔다. 장정일은 「슬픔」에서 길안을 유토피아의 또 다른 이름으로 제시했다.[9] 여행자가 부끄럼에 휩싸인 것은 결국 어린 시절의 유토

---

9 장정일은 「슬픔」에서 "곤경에 빠진 현대인이 되돌아가고 싶어하는 〈좋았던 한 시절〉을 의미할 때 …… 그곳이 프랑스 파리면 어떻고 경북 길안이면 어떠랴. 어짜피 파리, 텍사스는 에덴동산이거나 무릉도원이거나 유토피아의 또 다른 이름일 것이다"(『햄버거에 대한 명상』, 134면)고 언급했다. 이 밖에도 「전파 나무 나무 전파」(위의 책, 131면), 「길 잃은 사람들」(『길안에서의 택시잡기』, 25~28면), 「산 위에서 내려온 바보」(위의 책, 65면), 「슬픔」(위의

피아를 망각한 데 따른 것이 아니겠는가. 여기에서 도시는 안락함과 편안함을 주는 대상으로, 길안은 불편하고 고독을 느끼게 만드는 장소로 길안과 도시의 의미 역전이 일어난다. 그 사이를 이어주는 택시는 문명의 대명사이지만, 부재로 인해 존재론적 고독을 유발시키는 문명의 이기인 것이다.

3) 전 - 연쇄와 결합(더하기)의 시 1+2+3

2연까지 작성되었던 시는 모두 버려진다. 그리고 시인은 총 3연의 새로운 시를 쓴다.

> 길안에 갔다.
> 길안이 아름다워 나는 울었다.
> 길안에 어둠이 내렸다.
> 길안에 택시가 보이지 않는다.
> 길안 바깥에서 나는 기다리고 있을 사람들 생각을 한다.
> 길안이 불편해진다.
> 길안이 내 모든 약속을 퍼지르고 앉았다.
> 길안이 불안하다.(14연)
>
> 길안의 바깥에 있을 때 자동판매기에서 커피 빼먹던 생각을 한다.

책, 134면) 등에서 길안을 그리고 있다.

길안을 빨리 벗어나고 싶다.
길안 벗어날 수단이 없구나.
길안이 불가해하게 느껴진다.
길안의 산과 물이 역겨워진다.
길안의 나무들이 유령같이 곤두섰다.
아아 상종 못할 자연
이해 못할 자연이다.
길안의 비문명이 공포스럽다.(16연)

그러나 나는 어디로 가게 되는 것인가?
내가 가야 할 거기가 어딘가?
택시를 쉽게 잡기 위해
택시잡기 어려운 이곳으로부터 빠져나가야 할
그곳은 어딘가?
과연, 길안을 떠나 다시 길안으로 돌아올 수 있겠는가?
길안에서 처음으로
길안 바깥이 불안으로 닥쳐온다.
나는, 너는, 모든 길들은
어디로 가게 되어있는 것일까?
우리 있을 데가 없다.(18연)

이 시는 총 3연으로 1연부터 3연까지 연쇄적으로 결합되어 있다. 곧 1차적으로 완성된 시이다. 이미 앞서 살펴보았듯이 1연(2~6연)이

완성되지만 버려지고, 다시 1~2연(8-12연)이 완성되지만 버려진다. 그러다 마침내 14~18연에서 1~3연의 시가 완성된 것이다. 길안에서의 불편과 불안은 역겨움과 공포로 바뀐다. 그리고 길안에서 비롯된 공포는 길안 바깥의 불안으로 확대된다. 그래서 우리라는 존재가 있을 데가 없다고 마무리한다. 그런데 이 시는 완성되자마자 또 다시 버려진다. 시인은 다시 이 시를 부정하고 새로운 시를 향하여 나아간다.

4) 결 - 버리고 다시 시작하기

풀이 우거진 자리에
한 무전여행가가 검은 슈트케이스를 든 채
택시를 기다리고 있었다.
늬엿늬엿 해가 지고 있었지만
택시는 보이지 않았고, 그렇다고
여행가가 쉽게 포기할 것 같지도 않았다.(20연)

다시 시는 1연부터 시작된다. 여기에서는 길안이라는 장소성도 사라지고, 시적 주체가 겪는 불편함과 불안, 고독과 부끄러움도 더 이상 존재하지 않는다. 시적 주체는 마지막 구절 '포기할 것 같지도 않았다'에 옅은 그림자를 드리우고 있다. 무전여행가 여행가라는 표현으로 볼 때 그것은 승과 연결되어 있다. 다시 시인은 여행가를 내세워 시를 시작한 것이다. 여행가의 운명이란 어딘가에 머물 수 없는 것, 또 다른 목적지를 향하여 가야 하며, 그래서 여행은 끝날 수 없다. 여기에서 여행가는 시인의 운명과 닮아있다. 그래서 새로운 여행의 출발은 새로운 시의 시작이기도 하다. 여행가가 여행을 포기할 수 없듯 시인의 시 쓰기도 마찬가지이다. 다시 새로 쓸 수밖에 없는, 그래서 시가 끝나는 곳에서 시 쓰기는 다시 시작될 수밖에 없다.

3. 「길안에서의 택시 잡기」의 내용

1) 시공 병치와 주체 분열

짝수연과 달리 홀수연은 시 쓰기에 대한 시이다. 그래서 메타시의 특성을 그대로 보여준다. 여기에서는 주로 홀수연을 중심으로 분석해보기로 한다.

> 길안에 갔다.
> 길안은 시골이다.
> 길안에 저녁이 가까워왔다. 라고
> 나는 썼다. 그리고 얼마나
> 많이, 서두를 새로 시작해야 했던가?
> 타자지를 새로 끼우고, 다시 생각을
> 정리한다. 나는 쓴다.

이것은 1연이다. 설명의 편의를 위해 네모 속에 1연 일부를 넣은 것이다. 1연의 전반부(안시)는 2연으로, 후반부(바깥시)는 3연으로 각각 연결되며, 1연을 시작으로 짝수연과 홀수연이 병치되어 있다. 짝수연은 안시로 원시이며, 홀수연은 시작을 하는 과정을 보여주는 바깥시이다. 마치 짝수연에 시 내용을 인용하고, 홀수연에서 그것에 대해 설명하고 분석하는 것과 같다.

> "(①나는) 길안에 갔다. 길안은 시골이다. 길안에 저녁이 가까워 왔다."
> 라고 ②나는 썼다.
> 그리고 (②나는) 얼마나 많이, 서두를 새로 시작해야 했던가?
> 타자지를 새로 끼우고, 다시 생각을 정리한다. 나는 쓴다.

1연을 문장으로 표현하면 위처럼 된다. 곧 첫 문장 '길안에 갔다'부터 세 번째 문장 '길안에 저녁이 가까워왔다'까지는 따옴표 " " 속에 넣을 수 있는 인용문과 같은 것이다. 안시에서 시적 주체는 ①나이다. 여기에서 라캉의 설명을 참조할 필요가 있다. 라캉은 "I said, 'I am lying.'"이라는 문장을 두고 앞의 I는 발화의 주체, 뒤의 I는 발화된 문장 속의 주체로 설명했다.[10] 위 인용문의 시적 주체는 " " 속의 주체로 길안에 간 행위자(곧 여행자)이다. 여기에서 첫 번째 문장처럼 시적 주체인 '나'는 종종 생략된다. 이것이 완전한 문장이 되려면 "(①나는) 길안에 갔다"가 된다. 한편 바깥시에서 시적 주체는 '나는 쓴다'에서 보듯 글 쓰는 주체이다. 라캉식으로 말하면, 발화 주체가 된다. 이 두 주체는 발화 주체와 발화된 것의 주체처럼 일치하

---

10 A. Lemaire, 이미선 역, 『자크 라캉』, 문예출판사, 1994, 118면.

지 않는다. 이러한 시적 실험은 「험프리 보가트에 빠진 사나이」에서 이미 나타난다.[11] 사실 두 작품 모두 시 쓰기에 관한 시, 곧 메타시를 실험한 것이다. 그런데 「길안에서의 택시잡기」는 그러한 시적 실험이 더욱 고도화되었고 치열하게 전개되었다.

인용문과 인용문 밖의 세계, 곧 전자는 길안에서 여행하는 주체의 세계이며, 후자는 그것을 방안(?)에서 타자기로 시화하는 주체의 세계이다. 그런데 바깥시의 주체, 곧 쓰는 주체②는 "그리고 (②나는) 얼마나 많이, 서두를 새로 시작해야 했던가?"라고 했다. 괄호 속 주체②는 쓰는 나(행위 주체)를 응시하는 사유 주체이다. 여기에서 시적 주체의 자기 해부와 자의식, 자기반영성이 두드러지게 나타난다. 그런데 이 주체는 시를 쓰고 그것을 비평하는 등 시 쓰는 행위 전반을 관장한다. 그런 면에서 숨겨진 시인이라고 할 수 있다. 마지막으로 '나사시를 새로 끼우고, 다시 생각을 정리한다. 나는 쓴다'에서 쓰는 주체로 복귀한다. 여기에서 행위 주체와 사유 주체, 서술 주체와 서술된 것의 주체, 드러난 자아와 숨겨진 자 아의 분열상을 볼 수 있다. 이는 다음 연에서 보다 구체적으로 드러난다.

> 길안에 갔다.
> 길안은 아름다운 시골이다.
> 그런 길안에 저녁이 가까워왔다.
> 별이 뜬다.

---

11 장정일, 『햄버거에 대한 명상』, 88~90면.

> 이렇게 쓰고, 더 쓰기를
> 멈춘다. 빠르고 정확한 손놀림으로
> 나는 끼워진 종이를 빼어,
> 구겨버린다. 이놈의 시는
> 왜 이다지도 애를 먹인담. 나는
> 테크놀러지와 자연에 대한 현대인의
> 갈등을 추적해보고 싶다. 종이를 새로
> 끼우고, 다시 쓴다.(2~3연)

이것은 2연과 3연의 모습이다. 작가는 2연을 들여쓰기를 함으로써 인용문처럼 배치했다. 여기에서 3연의 '나'는 시를 쓰는 시인과 시를 사유하는 시인의 모습으로 중첩된다. '이놈의 시는 왜 이다지도 애를 먹인담'이라는 문장은 앞에서 언급한 사유 주체의 모습이다. 1연 '타자지를 새로 끼우고, 다시 생각을 정리한다. 나는 쓴다'에서 '다시 생각을 정리한다' 자체를 빼도 무방하듯, 3연에서도 '이놈의 시는 왜 이다지도 애를 먹인담'은 없어도 그만이다. 그러나 시인은 시 쓰는 주체와 시를 사유하는 주체로 공존 내지 병치시켰다. 사유 주체의 출현은 주체의 분열을 가져오고, 그로 인해 시인은 자신의 시혼을 더 고도화하여 드러낼 수 있었다. 장정일은 시 쓰기의 과정 전체를 보여주고 있다. 일상의 서정시가 하나의 사진이라면, 이 시는 사진과 사진을 찍는 과정까지 보여주는 동영상이다. 그렇게 시는 마치 하나의 서사처럼 단계적으로 발전한다.

2) 시인과 독자의 대결

> 길안에 갔다.
> 길안에서 택시를 기다린다.
> 길안에 택시가 오지 않는다.
> 모든 도시에서 나는 택시를 잡았었다.
> 그러나 길안에서 택시잡기 어렵다.
>
> 쓰기를 다시 멈춘다. 너무 딱딱하지
> 않은가? 모든 문장이, 다.
> 로 끝나는 것이 이상하게도 번역투의
> 냄새를 풍긴다. 그렇지 않아도
> 나는 그런 지적을 많이 들었지 않은가?
> 쓰던 종이를 빼어 구기고, 한 장의 종이를
> 다시 끼웠다. 나는 쓴다.(4~5연)

이것은 4연과 5연이다. 5연에서 쓰는 주체의 모습은 '쓰기를 다시 멈춘다 …… 쓰던 종이를 빼어 구기고, 한 장의 종이를 다시 끼웠다. 나는 쓴다'로 제시된다. 그리고 사유 주체의 모습은 '너무 딱딱하지 않은가? 모든 문장이, 다. 로 끝나는 것이 이상하게도 번역투의 냄새를 풍긴다. 그렇지 않아도 나는 그런 지적을 많이 들었지 않은가?'에서 드러난다. 사유 주체의 활동이 뚜렷해진 것이다. 시가 진행될수록 시적 사유는 고도화되고, 아울러 시인의 고뇌도 깊어진다.

시인은 3연에서 '테크놀러지와 자연에 대한 현대인의 갈등을 추적해보고 싶다'고 언급했다. 곧 그러한 주제의 시를 쓰겠다고 언급한 것이다. 이를 제시한 것은 시인의 의도와 시적 결과(곧 쓴 시)가 일치하지 않기 때문이다. 한마디로 쓰고 싶은 대로 시가 나가지 않는다는 것이다. '이놈의 시가 애를 먹인담'이라는 말은 의도와 결과의 불일치, 또는 부조화로 인한 시인의 고뇌를 말해준다. 그런데 시인이 주제를 언급하고 시에 개입한 것은 독자와의 소통을 겨냥한 것이다.

그러한 모습은 5연에서 '모든 문장이, 다.로 끝나는 것이 이상하게도 번역투의 냄새를 풍긴다. 그렇지 않아도 나는 그런 지적을 많이 들었지 않은가?'에서 명료해진다. 여기에서 '번역투의 냄새를 풍긴다'는 것은 이 시에 독자(비평가)를 공개적으로 끌어들인 것이다. 이것이 실제적 독자이든 가상의 독자이든 상관없다. 결국에는 시가 독자와의 소통 속에 존재하기 때문이다. '그런 지적을 많이 들었다'는 것을 상기함으로써 시인은 독자(비평가)를 호출하고 그와 대결을 벌인다. 그러한 모습은 연을 거듭할수록 더욱 구체화된다.

> 다시 쓰기를 멈추었다. 좀더
> 매끄럽게, 좀더 구체적인 풍경묘사로부터
> 서두를 전개할 수 있어야 한다.
> 아름다운 길안의 시골 풍경을 묘사한 다음
> 택시가 서지 않는 곳에서 택시를 기다리는
> 여행자의 자신만만한 모습을 묘사해내야 한다.
> 나는 종이를 빼어 구기고, 새로운 종이를

끼워, 이렇게 쓴다.(7연)

이쯤에서 쓰기를 잠시 멈춘다.
마음에 들진 않지만 시작으로서는 적당히
내 구미를 돋우는 것 같고, 독자로 하여금
계속 읽어 내려가게 할 만큼 경쾌하다.
이제 길안에 밤이 내려오며, 나는 이 여행자를
존재론적 자기인식에 이르게 할 작정이다. 나는 쓴다.(9연)

쓰기를 더 멈춘다. 여행자의 고독이
너무 비현실적이다. 그는 어디서 왔으며
어디로 가고자 하는가? 사십 년 간의 도시생활이,
생경스레 튀어나온 것은 아닌가? 나는 출판사의 사장이자
시인인 한 선배로부터, 비약이 심하다는
평을 들은 적이 있다. 사실 구체적이지 않은 시는
내 자신이 질색이다. 지금껏 쓴 것을
빼어 버리고, 다시 종이를 끼운다. 그리고
구체적으로 쓸 결심을 한다. 나는 쓴다.(11연)

위 내용은 7연, 9연, 11연이다. 시인은 비평적 사유를 통해 시를 전개하고 있다. 그는 독자 내지 비평가의 입장에서 지도비평을 한다. 그것은 '구체적인 풍경묘사', 그리고 '여행자의 자신만만한 모습을 묘사' 등에서 나타난다. '……해야 한다'는 것은 당위성을 품은 명

제로, 마땅히 그렇게 해야 한다는 것이다. 비평가가 작가에게 내리는 일종의 지도이다. 작품 밖에 있는 비평가(독자)의 시선이 작품으로 흘러들고 그것이 시작에 영향을 미치는 것이다. 사실 일반적인 시의 경우 그것은 시인의 사유 속에 머물 뿐 언어로 형상화되지는 않는다. 대부분의 시는 그러한 사유를 거친 결과물만 제시할 뿐이다.

그런데 장정일은 가상적 독자를 시에 끌어들여 시인과 독자의 대결 구도로 이끈다. 가상 독자의 모습은 "마음에 들진 않지만 시작으로서는 적당히 내 구미를 돋우는 것 같고, 독자로 하여금 계속 읽어 내려가게 할 만큼 경쾌하다"라는 구절에 드러난다. 이는 독자 지향의 글쓰기라고 할 수 있지만, 시인은 독자와 대결을 벌이는 것이다. '여행자를 존재론적 자기인식에 이르게 할 작정'이라는 언급도 그러한 측면에서 이해된다. 시적 주체는 쓰는 주체와 사유 주체 사이를 오가며 복화술사처럼 1인 2역을 하는데, 시인과 비평가 사이를 오가는 연기를 함으로써 독자를 시 쓰기에 참여시키는 것이다.

또한 시인은 '그는 어디서 왔으며 어디로 가고자 하는가? 사십 년간의 도시생활이, 생경스레 튀어나온 것은 아닌가?'라고 말하고 있다. 이것은 시인이 어느 사이 '나'를 '그'(여행자)로 치환하여 이 둘 사이의 분리 및 거리두기를 시도한 것이다. 아울러 "나는 출판사의 사장이자 시인인 한 선배로부터, 비약이 심하다는 평을 들은 적이 있다. 사실 구체적이지 않은 시는 내 자신이 질색이다"고 했다. '선배' 독자를 내세우고, 그에 대응하는 시인 '나'를 내세웠다. 그것은 나와 선배의 대결이며, 시인과 독자의 대결인 것이다. 시인은 끊임없이 독자에게 자신의 패를 보여주고 있다. 작품 속에 (숨겨진) 시인은

(가상) 독자와 대결하는 연기를 펼치고, 작품 밖 독자는 시인과 대결하며 작품 속 연기를 참관하게 된다.

3) 시적 경계 허물기

'나'는 다시 시를 쓴다. 그런데 이번에는 주제에 대한 고뇌로 이어진다. 그것은 쓰고 싶은 것과 쓰인 것, 시적 의도와 결과의 불일치에 따른 것이다.

> 나는 한숨을 쉰다. 종이를 홱
> 빼어 던진다. 이놈의 시가 나를 골탕먹이는군.
> 나는 테크놀러지 이용에 대한 이율배반의
> 모순성을 갈파하고자 한다. 즉 테크놀러지를 이용할
> 때의 편리성, 그로 인해 그것에 종속되어가는
> 현대인들을. 그리고 덧붙여, 테크놀러지에
> 노예화됨으로써 테크놀러지를 이용할 수 없는
> 자연적인 상황에 부딪쳤을 때 보이는 현대인의
> 초조한 반응을 묘사하고 싶었다. 어떻게 될까?
> 그런 상황 앞에서 비로소 테크놀러지의 불편함을
> 느끼기도 하겠고, 도리어 테크놀러지화되지 않은
> 자연에 대해 신경질 부릴 수도 있겠지.
> 새로운 종이를 끼우고, 나는 쓴다.(13연)
>
> 연을 띄우고 잠시 쉬기로 한다. 여행자는 이미

충분히 불안해졌고, 그는 테크놀러지화되지 않은
길안의 자연상태에 대하여 추악을
느끼고 있다. 그러면 이쯤에서
그가 가야 할 곳에 대한, 현대인의 회의를
끄집어내면서 이 시를 마무리하자. 나는 쓴다.(17연)

시인은 '이놈의 시가 나를 골탕 먹이는군'이라고 말했다. 이것은 3연에서 "이놈의 시는 왜 이다지도 애를 먹인담"의 반복된 형태이다. 시인이 추구하려고 했던 것은 '테크놀러지와 자연에 대한 현대인의 갈등'이었다. 13연에서는 '테크놀러지 이용에 대한 이율배반의 모순성'으로 제시했다. 곧 '테크놀러지를 이용할 수 없는 상황에서 보이는 현대인의 초조한 반응을 묘사'하고, '테크놀러지의 불편함'을 기술하는 것이다. 다시 17연에서는 '테크놀러지화되지 않은 길안의 자연상태에 대하여 추악'함과 '현대인의 회의'를 드러내는 것으로 제시했다. 그러한 의도로 마침내 3연의 시를 완성했다. 그것은 14, 16, 18연의 시이다.

여기에서 짝수연의 시와 홀수연의 시는 서로 대화적 관계를 형성한다. 말하자면 어디까지가 시이고, 어디까지가 시가 아닌지 그 경계가 모호해진다. 일반적으로 짝수연이 시이고, 시 쓰는 과정을 기술한 홀수연은 시의 밖이다. 그런데 홀수연이 액자 역할을 하면서 시의 안과 시의 밖이라는 경계가 사라진다. 시 밖의 시도 시의 일부로 뫼비우스띠처럼 안시와 연결되어 있기 때문이다. 시인과 여행자, 길안과 길안 바깥의 경계도 마찬가지이다. 18연에서 "길안에서 처음으로 길안 바깥이 불안으로 닥쳐온다"고 했다. 길안에서의 불안이 길안 바깥으로 이어지면서 길안과 길안 바깥의 경계도 무너진다. 그리고 "나는, 너는, 모든 길들은 / 어디로 가게 되어 있는 것일까? / 우리 있을 데가 없다"로 마무리했는데, 나와 너가 독자를 포함하는 '우리'가 됨으로써 시적 경계는 허물어진다. 그리하여 나의 불안이 현대인의 불안과 회의로 확장된다. 그러나 시는 이것으로 마무리되지 않는다.

4) 시적 진실 찾기를 위한 도정

새로운 시를 쓰고 싶은
열망은 우표수집가가 자신의 스토크 북 속에
없는 볼리비아산 나비 우표를 간직하고 싶어하는
그 열망 이상의 것에 다름 아닐 것이다. 우표
수집가가 아무리 구하기 어려운 귀한 우표를 구해
간직했다 한들, 그 때문에 세상이 바뀌지 않듯
시인이 아무리 좋은 시를 쓴들, 또한 세계는 변함
없는 것. 우표수집가와 시인 가운데 어느 쪽이 더
위대한가, 우열을 가릴 수 없을 때 우리는 우표수집가의
그, 성취의 기쁨을 위해 시를 써야 한다.(15연)

유년시절에
계집애들이 하던 고무줄놀이가 아닐까, 시 같은

것은. 점점 새로운 세계로 나가는 것. 자꾸
고무줄 높이를 높이면서 고통을 즐기는 것,
고통을 즐기는 것! 이 밤 기어이, 길안에서의
택시잡기를 쓰고야 말겠다. 나는 무섭도록 새하얀
종이를 끼운다. 다시 쓴다.(19연)

장정일은 이 시에서 시인을 우표수집가, 시 쓰기를 고무줄놀이에 비유했다. 그는 '우표수집가가 아무리 구하기 어려운 귀한 우표를 구해 간직했다 한들, 그 때문에 세상이 바뀌지 않듯 시인이 아무리 좋은 시를 쓴들, 또한 세계는 변함없는 것'이라 했다. 시가 세상을 바꾸지는 못할지언정, '성취의 기쁨을 위해 시를 써야 한다'는 것이다. 시를 쓴다는 것은 새롭고 희귀한 것에 대한 열망과 성취의 기쁨 때문이다. 또한 시 쓰기란 고무줄놀이처럼 단계를 높여가면서 고통을 즐기는 것이라 했다. 그 단계란 자신의 한계를 넘어 새로운 지평을 여는 것을 의미한다. 시 역시 쾌락을 동반한 것이며, '점점 새로운 세계로 나가는' 놀이와 다를 바 없다는 것이다.

풀이 우거진 자리에
한 무전여행가가 검은 슈트케이스를 든 채
택시를 기다리고 있었다.
늬엿늬엿 해가 지고 있었지만
택시는 보이지 않았고, 그렇다고
여행가가 쉽게 포기할 것 같지도 않았다.(20연)

여기까지 쓰자 아침이 밝고, 나는 세수를 하러 일어선다.
하룻밤 꿈을 꾼 듯. 밤샘한 어제가
어릿하다. 더운물에 찬물을 알맞게
섞는다. 생각이 떠올랐다.
물과 물이 섞인 자리같이
꿈과 삶이 섞인 자리는, 표시도 없구나!
나는 계속, 쓸 것이다.(21연)

결국 시인은 이제까지 지은 모든 시를 버리고 새롭게 시를 시작한다. 마지막 부분에서 앞선 여행자는 '무전여행가'로 바뀐다. 무전여행가는 일반 여행자와는 달리 세상의 모든 고난과 불편을 감수해야 한다. 자본으로 얻을 수 있는 문명의 혜택을 포기해야 한다. 그렇지만 그 어느 여행자보다 열망이 강렬하며, 예정되거나 정해진 경로가 아니라 돌발적이며 예측할 수 없는 길을 가게 되고, 그래서 새로움과 성취감을 느끼게 된다. 이러한 여행을 시인은 시 쓰기로 치환한다. 그는 밤새도록 시를 쓰다가 마침내 혼몽한 상태가 되었다고 했다.

그것은 꿈과 현실이 구분되지 않는 호접몽의 세계이다. 여기에서 시속의 세계와 시밖의 세계, 길안과 길밖(방안)의 세계, 여행자와 시인의 경계가 사라진다. 여행가가 여행을 쉽게 포기하지 않는 것처럼 시인은 '나는 계속, 쓸 것이다'라고 말했다. 시인은 여행가처럼 끊임없이 진정성을 추구하며 목적지를 향하여 간다. 무전여행이 고난과 불편을 감수한 낯설음과 우연의 연속이듯, 시인은 낯선 것, 새로운 것을 찾아 떠난다.

이처럼 「길안에서의 택시 잡기」는 시적 진실을 찾아가는 지난한 도정을 시화하였다. 이 시에서 여행가와 시인, 과거와 현재, 시골과 문명, 상상과 현실은 뫼비우스띠처럼 연결되어 있다. 장정일은 현대 문명으로 인해 겪게 되는 개인의 고독과 불안, 공포와 초조를 그려 냈다. 그것은 장정일 개인을 넘어 현대인의 회의와 불안 의식으로 확장된다. 그리고 썼다가 지우는 과정을 적나라하게 보여줌으로써 끊임없이 언어를 연마하는 연금술사의 도저한 열정을 보여주었다.

4. 20세기말의 비예, 그리고 전위

이제까지 「길안에서의 택시 잡기」를 살펴보았다. 그러나 분석이란 이름 아래 작품을 도해만 해놓았다. 오히려 작품 전체를 통합하고, 또한 거리를 두고 바라보아야 한다. 이제까지의 논의는 비평을 위한 좌표 찾기에 불과하다. 그러니 비평은 다시 시작될 수밖에 없다.

> 그게 모기든, 벌레든, 개든 간에 일단 화자를 인간이 아닌 변신물들 속에 넣고 나면, 작가는 알레고리 뒤에 안전하게 숨어 있을 수 있게 되니까 …(중략)… 모든 변신물은 변신이라는 고도의 조작을 통해 현실이라는 지평을 더 높은 곳에서 세계를 내려다보고 관찰하고자 하는, 낭만주의 술책일 수도 있는 거야.[12]

---

12 장정일, 「모기」, 『장정일 화두, 혹은 코드』, 행복한책읽기, 2001, 267면.

장정일은 화자의 역할과 의미에 대해 잘 알고 있었다. 그래서 그는 화자를 다양하게 변조했다. 화자를 사람 대신에 사물인 커튼(「실크 커튼」)이나 요리책(「요리책」)으로 제시하거나 모기(「모기」)와 같은 곤충으로 보여주기도 했다. 그는 인간을 대상화·타자화함으로써 인간의 속물적 모습을 비판 폭로하였다. 알레고리처럼 사물이나 생물을 화자로 내세움으로써 인간을 풍자하기에 더욱 유용했던 것이다. 이는 그의 시에서 취한 또 다른 변신이며, 그러한 변신은 그의 말처럼 '현실이라는 지평을 더 높은 곳에서 세계를 내려다보고 관찰'할 수 있는 계기로 작용한다.

장정일은 이러한 실험의식을 고도화함으로써 전위적이고 실험적인 작품을 탄생시켰다. 그는 시적 실험을 가장 많이 한 시인이라 할 수 있다. 시적 화자의 대변신, 다초점과 초점 변화의 활용, 메타시, 타 장르(극 및 시나리오)의 수용, 속어 및 언어유희 활용 등 시에서 할 수 있는 다양한 시적 실험을 극대화하였다. 1930년대의 이상처럼, 그는 1980년대의 또 다른 이상이었다.

> 이 「마루노우찌」라는 「빌딩」 동리에는 「빌딩」 외에 주민이 없다.
> 자동차가 구두노릇을 한다. 도보하는 사람이라고는 세기말과 현
> 대 자본주의를 비예(睥睨)하는 거룩한 철학인—그외에는 하다못해
> 자동차라도 신고 드나든다.
> 그런데 내가 어림없이 이 동리를 오분 동안이나 걸었다. 그렇면
> 나도 현명하게 「택시」를 잡아 타는 수밖에—
> 나는 「택시」속에서 이십세기라는 제목을 연구했다. 창밖은 지금

> 궁성(宮城)호리 곁—무수한 자동차가 영영(營營)히 이십세기를 유지하노라고 야단들이다. 십구세기 쉬적지근한 내음새가 썩 많이 나는 내 도덕성은 어째서 저렇게 자동차가 많은가를 이해할 수 없으니까 결국은 대단히 점잖은 것이렸다.[13]

1936년 이상은 27세에 기대와 꿈을 안고 동경에 갔다. 그가 동경에서 마지막으로 쓴 수필이 「동경」이다. 당시 동경은 현대문명의 첨단도시였다. 빌딩이 가득하고 자동차가 가솔린 냄새를 내뿜으며 거리를 활보하는 동경은 이상에게 더 이상 동경의 도시가 아니었다. 그는 동경 시내를 걸어 다니는 사람은 '세기말과 현대 자본주의를 비예하는 사람'뿐이고, 나머지는 자동차를 신고 다니는 사람들이라고 했다. 이상 역시 어쩔 수 없이 현대(문명)를 수용하지만, 그는 철학인처럼 현대 자본주의를 비예했으며, 현대문명에 환멸을 느꼈다.

이상이 동경에서 생을 마치고 반세기가 지난 시점에서 장정일은 「길안에서의 택시잡기」라는 시를 썼다. 장정일의 나이 27세, 그는 시에서 길안의 비문명을 노래했다.

> 풀이 우거진 자리에 한 무전여행가가 검은 슈트케이스를 든 채 택시를 기다리고 있었다. 늬엿늬엿 해가 지고 있었지만 택시는 보이지 않았고, 그렇다고 여행가가 쉽게 포기할 것 같지도 않았다.[14]

---

13 김주현 주해, 『증보 정본이상문학전집3—수필 기타』, 소명출판, 2009, 145~146면.
14 장정일, 『길안에서의 택시잡기』, 94면.

이렇게 보면 이것은 여느 산문이나 다름없다. 시인은 길안에서 어두워진 길목마다 쏟아지는 별과 나뭇가지 위의 흰구름, 황혼녘에 서쪽으로 날아가는 세떼들을 보지만, 오히려 불편함과 불안함을 느낀다. 그는 길안의 아름다운 풍경을 비예한다. 길안은 아름답지만 고독하고, 심지어 부끄럽기까지 하다. 그곳에는 커피자판기가 없고, 택시가 없기에 길안의 비문명이 공포스러울 뿐이다. 이상의 표현으로 보면, 여행가는 어릴 적 동식물과 별자리의 이름을 망각한 채 자동차를 신고 다니는 사람이다. 그는 문명의 이기 속에 살아온 도회인이기 때문에 오지 않는 택시를 기다린다.

장정일은 '택시는 보이지 않았고, 그렇다고 여행가가 (여행을) 쉽게 포기할 것 같지 않았다'고 마무리했다. 그리고 "나는 계속, 쓸 것이다"라고 부연 설명을 했다. 오지 않는 택시를 기다리며 여행을 계속하겠냐는 것은 달리 말해 시를 꼭 이루겠다는 열망을 보여준다. 그것은 환멸을 넘어선 반항이다. 세상을 향한 비예와 일상에 대한 반항, 그것이 전위시를 낳게 한 동인일 것이다. 장정일이 가장 이상(李箱)스럽지만, 장정일로 남을 수 있었던 것은 그러한 반항으로 나아간 데 있지 않을까? 끊임없이 이전 시인들과 시적 형식에 도전과 실험을 일삼은 반항아, 그렇기에 그는 해체와 전위의 시인 장정일이 될 수 있지 않았을까.

계 몽 과 심 미 제4부

원전과 정전

제 14 장

원전에 대한 비판적 검토

1. 사사미 짐대에 올라서

1995년 대학원 수업시간에서였다. 권영민 교수는 우리 문학연구에서 논란이 많은 「청산별곡」의 '시ᄉᆞ미 짒대에 올아셔 ᄒᆡ금(奚琴)을 혀거를 드로라'라는 구절에 대해 언급했다. 여기에서 '사사미'는 사슴이며, '녹촌(鹿村)은 '사사미골(고을)', '사사미말(마을)'로 불린다는 것이다. 그래서 '사슴이 짐대에 올라서'가 아니라 '사슴짐대에 올라서'라고 읽어야 한다고 했다. 그리고 '사슴 짐대'에서 '짐대'는 키를 크게 보이려고 ㅓㅏ 자형으로 만든 '발돋움' 도구이며, 전통 놀이에 흔히 등장하는 것이라고 했다. 사슴 짐대라는 것은 발을 올려놓는 가로 막대를 사슴뿔 모양으로 만든 발돋움 도구를 의미하는 것일 거라는 의견이었다.

사실 이 부분에 대해 다양한 해석이 나왔다.

① 사슴으로 분장한 광대가 장대에 올라가 해금을 연주하는 것(산대잡희 놀이를 하는 것)[1]

② 사람이 장대를 타고 올라가 재주를 부리는 것('사ᄉᆞ미'를 '사ᄅᆞ미'의 오각(誤刻)으로 봄)[2]

③ 사ᄉᆞ미는 아주 높은 가죽 나무 등에 잘 붙어 우는, 매미 중에서도 아주 몸이 작은 쓰라미(蟬)를 일컬으며, 매미가 쭉 뻗은 높은 가지에서 노래 부르는 것을 형용[3]

④ 사슴의 형상이 장대 끝에 올려지면 악공이 해금을 연주하는 것[4]

기존 연구자들은 '사사미'를 '사슴+이'로 보고, '사슴'의 해석에 치중하였다. 그리하여 그냥 '사슴', '쓰르라미', 또는 '사람', '가면을 쓴 광대', '간신배'[5] 등 다양하게 해석했다. 왜 연구자들은 '사사미'를 '사슴+이'라는 문법으로만 읽고, 사슴을 '올라서'와 해금을 '켜는' 주체로만 본 것일까. 그러다 보니 '산대잡희를 하는 광대 중에 사슴으로 분장한 사람이 장대에 올라가서 해금을 켜는 것을 듣노라'라거나 '못난 속세 사람들이 잘난 체하며 뽐내는 꼴을 할 수 없이 보노라'라는 해석이 나왔다. 곧 '사슴이 짐대에 올라서 해금을 켜는' 상황에 꿰맞추거나 문맥 자체를 은유로 본 것이다.

---

1 김완진, 「「청산별곡」의 사슴에 대하여」, 『낙산어문』 1, 서울대학교 국어국문학과, 1966.11.
2 김형규, 『고가요주석』, 일조각, 1968.
3 유영창, 「「청산별곡」신석고」, 『상서』 12, 한국고전문화연구원, 1992.1.
4 이종덕, 「「청산별곡(靑山別曲)」의 한 해석」, 『한말연구』 11, 한말연구학회, 2002.12.
5 김언종, 「청산별곡 재진단—그 Nihilism의 표백」, 『고황논문집』 1, 경희대 학도호국단, 1977.1.

그 후 김소월의 시집을 살피던 중 「초혼」에서 "사슴이의 무리도 슬피운다"[6]는 구절을 발견했다. 그것은 '사슴'이 평안도 지방에서는 '사슴이'로 사용되었다는 것을 말해줌이 아니던가. 실제로 평안도 방언을 살펴보니 사슴은 사스미, 사시미, 사심 등으로 사용되었다.[7] 그러한 사례는 다른 지역에서도 발견된다.[8] 곧 '사ᄼ미'가 '사스미'로 전이되었을 가능성을 보여준다. 그렇다면 이 문장은 '(시적 화자인 '나'는 어떤 사람이) 사슴 짒대에 올라서 해금을 켜는 것을 듣노라'로 읽어야 하질 않겠는가? 짐대는 전통적으로 솟대나 돛대를 의미한다. 그러나 이 문맥에서는 다른 의미로 쓰였을 가능성도 있다. 조심스럽긴 하지만 여러 가지 가능성이 충분히 검토될 필요가 있다.

2. 원선 오독에 내한 비판

우리가 흔히 알고 있는 『신데렐라』에서 공주가 신은 것은 원래 유

---

6 김소월, 『진달내꽃』, 매문사, 1925, 165면. 김소월은 「무신(無信)」에서 "애처롭게도 우는 山의 사슴이/내 품에 속속드리 붓안기는 듯"(『진달내꽃』, 210면)에서 '사슴이'를 쓰고 있다. 기존의 대부분의 소월시집에서 「초혼」의 '사슴이의'는 '사슴의'로 현대 표현으로 바꾸면서, 「무신」의 경우 '사슴이'를 그대로 둠으로써 '사슴+이'의 문법체계로 이해하도록 하였다. 그러나 '사슴이'는 '사스미'로 보는 것이 옳을 듯하다. '사스미'를 '사슴'으로 표현하면 율격미는 많이 상쇄되고 만다.

7 김영배, 『평안방언연구—자료편』, 태학사, 1997, 153면.

8 네이버 지식검색에 확인해 본 바에 따르면, 실제로 제주도에서는 소록산(小鹿山), 소록봉(小鹿峰)을 일컬어 원래 '작은 사스미'로 부르고 있고, 대전 동구 마산동에 있는 마을은 지금도 '사스미골'이라 불리는데 '녹동(鹿洞)'으로 표현한다. 그리고 경기도 남양주시 광릉 산채마을 입구에는 '사스미 고개'가 있으며, 포천군 소흘면 직동리에도 골짜기 이름으로 '사스미'가 있다.

리 구두가 아니었다고 한다. 프랑스 동화에서 신데렐라는 원래 '털가죽으로 만든 구두(pantoufles en vair)'을 신었다. 그런데 14세기부터 이 동화 속에 털가죽(vair)이라는 말이 쓰이지 않았고, 샤를 페로가 1697년에 이 이야기를 다시 쓰면서 털가죽(vair)을 '유리(verre)'의 잘못으로 알고 유리구두로 고쳤다고 한다.[9] 그래서 수많은 독자들이 신데렐라가 유리구두를 신었던 것으로 알고 있다. 그런데 우리의 「콩쥐팥쥐」는 어떻게 된 것일까? 샤를 페로 이전의 동화 '털가죽신을 신은 신데렐라'가 들어와서 '가죽신을 신은 콩쥐'가 된 것일까, 샤를 페로의 '유리구두를 신은 신데렐라'가 우리나라의 실정에 맞게 '가죽신을 신은 콩쥐'로 번안된 것일까? 아니면 그것과는 전혀 상관없이 생겨난 것일까? 어쨌든 신데렐라는 샤를 페로가 '유리구두'로 바꾼 판본이 정전처럼 인식되고 있다. 유리구두를 신은 신데렐라가 더 어울리든 그렇지 않든, 그녀가 원래 털가죽신을 신었다는 사실에 주목할 필요가 있다. 두 가지 판본이 모두 의미를 갖고 있지만, 샤를 페로 때문에 원래의 동화가 무시되어선 안 된다. 그것은 원래의 동화와 같이 놓고 볼 때, 그 의미나 지향성이 잘 드러나기 때문이다. 이 장에서는 문학작품의 원전이 오독되어 그것이 정전처럼 자리하고 있는 것들을 하나씩 살피기로 한다.

1) 뫼와 매—신채호의 「꿈하늘」

신채호의 「꿈하늘」은 유고로 발견되어 북한의 『룡과 룡의 대격

---

9 W. Krämer & G. Trenkler, 박영구·박정미 역, 『상식의 오류 사전』, 경당, 2000, 188면.

전』에 실렸다가 이후 우리나라에서 『단재신채호전집』 등에 소개되었다. 그런데 김병민에 따르면, 이러한 유고들이 첨삭 및 윤색되었다고 한다. 사실 그러한 모습은 여러 군데 발견된다.

> 올흔손이 졀잇졀잇 하더니 차차 커져 어데꺼지 뻐쳣는지 그 끗흘 볼수 업고 손가락 다섯이 모다 손 한아식 되여 길길히 길어지며 그 손가락 끗헤 다시 손가락이 나며 그 손가락 끝에 다시 손이 되여 아들이 손자를 나며 손자가 증손을 나니 한손이 멧 만(萬)손이 되고 왼손도 여보라 드시 올흔손대로 되여 또 멧 만손이 되더니 올흔손에 딸린 손들이 낫낫히 풀은 긔를 들며, 왼손에 딸린 손들은 낫낫히 불근긔를 들고 두편을 갈너 싸움을 시쟉하는대 풀은 긔 밋헤 모힌 손이 일졔히 범이 되여 아가리를 딱딱 벌리며 달녀들더니, 불근긔 밋헤 모힌 손들은 노루기 되여 달아나더라. 달아나다가는 큰물이 압헤 꽉 막키여 할일 업는 디경이 되니 노루가 일제히 고기가 되여 물속으로 들어간다. 범들이 배암이 되어 쪼치니 고기들은 꿩이 되여 껄껄 푸두둑 꿩이 되여 물밧긔로 항하야 날더라.
> 배암들이 다시 매가 되여 쪼친즉 꿩들이 늘흔들에 가 나려안저 큰 뫼가 되니 배암들이 이에 불덩이가 되여 뫼에 대고 탁 튀여 뫼는 쪼각쪼각 부서지고 왼바닥이 불빗치 되더라.
> 부서진 뫼조각이 하늘로 날아가며 구름이 되여 비를 퍽퍽 주니 불은 꺼지고 바람이 닐어 구름을 헤치랴고 천지를 뒤집는다.[10]

10 김병민 편, 『신채호문학유고선집』, 연변대학출판사, 1994, 26~27면. 이하 이 장에서 이 책의

이것은 김병민이 편한 『신채호문학유고선집』에 실린 것이다. 현재로서는 원본을 그대로 필사하였다고 하는 이 선집이 가장 완전한 판본이라고 할 수 있다. 그런데 위의 구절에서 '왼손에 딸린 손들은 붉은 기'에서 '붉은 기'를 『룡과 룡의 대격전』에서는 '검은 기'로 잘못 쓰고 있다. 그리고 그것을 토대로 한 『단재신채호전집』은 그것뿐만 아니라 '붉은 기 밑에 모인 손들은 노루'에서도 '붉은 기'를 '푸른 기'로 쓰고 있다. 그런데 오른손 : 푸른 기, 왼손 : 붉은 기로 보면 유고선집의 원문이 정확한 것으로 보인다. 나머지 오류는 옮기는 과정에서 발생했을 것이다. 이뿐만 아니라 북한의 선집이나 남한의 전집 모두 마지막 두 단락은 아래와 같이 변형된다.

> 뱀들이 다시 매가 되어 쫓은즉, 꿩들이 넓은 들에 가 내려앉아 큰 매가 되니 뱀들이 이에 불덩이가 되어 매에 대고 탁 튀어, 매는 쪼각쪼각 부서지고 온 바닥이 불빛이 되더라.
>
> 부서진 매조각이 하늘로 날아가며 구름이 되어 비를 펄펄 주니 불은 꺼지고 바람이 일어 구름을 헤치려고 천지를 뒤집는다.[11]

여기에서 중대한 잘못이 발견된다. 그것은 '뫼'를 '매'로 옮기면서 발생하는 문제이다. 유고선집의 내용을 정리하면 아래와 같이 도식화할 수 있다.

인용 시 인용 구절 뒤 괄호 속에 『유고선집』, 면수를 기록하였으며, 내용 가운데 확실한 오식은 바로잡아서 제시하였다. 그리고 밑줄은 강조를 위해 인용자가 하였으며, 이하 동일함.

11 단재신채호전집간행위원회 편, 『개정판 단재신채호전집(하)』, 형설출판사, 1995, 185면. 이하 이 장에서 이 책의 인용 시 인용 구절 뒤 괄호 속에 『개정판 전집』, 면수를 제시함.

푸른 기편 손	→	범 (추적)	→	뱀 (추적)	→	매 (추적)	→	불덩이 (공격)	→	바람 (공격)
		↓		↓		↓		↓	↖	↓
붉은 기편 손	→	노루 (도망)	→	물고기 (도망)	→	꿩 (도망)	→	뫼 (도망)	→	구름·비 (대응)

그러므로 제대로 쓰자면 위의 구절에서 '뱀들이 이에 불덩이가 되어 매에 대고 탁 튀어'는 '뱀들이 이에 불덩이가 되어 뫼에 대고 탁 튀어'가 정확하며, 또한 뒷부분도 '뫼는 쪼각쪼각 부서지고', '부서진 뫼조각'이 옳다. 옮겨지는 과정에서 글자 모양의 유사성으로 인해 오류가 빚어진 것이다. 이러한 실수는 자형 및 음가의 유사성에 따른 오류이다. 그것은 아랍어의 원어 'gamta(밧줄)'을 'gamla(낙타)'로 잘못 번역하여 '밧줄이 바늘귀를 통과하는 것이 부자가 하늘나라에 들어가는 것보다 쉽다'를 '낙타가 바늘귀를 통과하는 것이 부자가 하늘나라에 들어가는 것보다 쉽다'(「마태복음」 19:24)로 쓰는 것과 같다.[12]

(가) 「동무와 함께 가거라」 하거늘, 울어도 홀로 울고 우서도 홀로 우서 사십 평생에 동무 한아 업시 자라난 한놈이 이 말을 들으매 스사로 눈에 눈물이 쑥 드는다.(『유고선집』, 44면)
(가)' 『친구와 함께 가거라.』 하거늘, 울어도 홀로 울고 웃어도 홀로 웃어 사십 평생에 친구 하나 없이 자라난 한놈이 이 말을 들으매 스스로 눈에 눈물이 핑 돈다.(『개정판 전집』, 189면)

12 W. Krämer & G. Trenkler, 앞의 책, 62면.

(가)는 유고선집에, (가)'는 『단재신채호전집』에 실린 것이다. 북한의 『룡과 룡의 대격전』 역시 (가)의 내용을 그대로 북한의 현대 문체로 옮겨놓았다. 여기에서 하나의 특이한 현상이 발견된다. 그것은 남한의 전집에서 '동무'를 '친구'로 바꾸고 있다는 사실이다. 이는 이데올로기적 개입이다. '동무'라는 말이 북한 사회에서 일반화되어 있었고, 우리에게는 일종의 금기시된 단어였기 때문에 손질을 가한 것이다. 이것을 편찬자들이 고쳤는지, 교열자들이 그렇게 한 것인지는 알 수 없다. 어쩌면 서슬 퍼런 독재 치하에서 알아서 그렇게 고친 게 아닌가 하는 생각이 든다. 이뿐만 아니라 『단재신채호전집』에서는 '인민'을 '민중'으로, '언니'(충청도 사투리로 형을 지칭)를 '형'으로 고쳐놓기도 하였다. 그 시대에 기휘하는 단어나 사투리를 다른 단어, 또는 표준어로 대체했음을 보여주는 대목이다. 「꿈하늘」에서는 잘못된 것이 더 있다.

(나) 한놈의 동행에 둣놈은 고개를 쉬기고 탄식하되「인제는 님의 나라가 고만이러고나. 나는 어대로 가노」 하더니 청산백운 간에 사슴의 친구나 차저 간다고 봇짐을 싸며 닷놈은 왈칵나서며「장부가 엇지 이러케 적막히 살수야 잇나 종질이라도 하며 세상에서 어뎡거림이 올타」 하고 적진으로 향하니(『유고선집』, 50면)

(나)' 한놈의 동행인 닷놈이 고개를 숙이고 탄식하되, 《이제는 님의 나라가 고만이로구나, 나는 어디로 가노?》 하더니 청산 백운 간에 사슴의 친구나 찾아간다고 보'짐을 싸며, 셋놈은 왈칵 나서며,

《장부가 어찌 이렇게 적막히 살 수야 있나, 종살이라도 하며 세상에서 어정거림이 옳다.》 하고 적진으로 향하니라.[13]

한놈은 여섯 한놈(두놈, 세놈, 네놈, 다섯놈, 여섯놈, 일곱놈)과 함께 길을 떠난다. 그런데 가시밭길에서 일곱째놈이 고통에 못 이기어 나가떨어지고, 황금산에서 여섯째놈이 황금에 마음이 바뀌어 떨어지고, 새암에 이르어 네놈이 세놈을 시기하여 총으로 쏘아서 죽인다. 그리고 네놈 또한 그 처벌로 죽임을 당한다. 그리하여 나머지 한놈, 두놈, 다섯놈이 계속하여 도령군놀음곳을 향하여 간다. 그런데, 신채호의 유고를 두고 두 개의 텍스트가 나왔다.

(나) 구절은 전혀 문제가 없다. 두놈이 봇짐을 싸서 떠나고, 닷놈은 적진을 향하여 가고 한놈만 남기 때문이다. 그런데 (나)' 구절에서 '셋놈'은 오류이다. 그는 이미 새암에서 넷놈의 총에 맞아 죽었기 때문이다. 만일 닷놈이 봇짐을 싸서 떠났다면 남은 이는 두놈이다. 그러므로 '셋놈'은 '두놈'으로 바뀌어야 한다. 이 부분에 대해 (나)와 (나)' 가운데 어떤 것이 보다 정확한지 신채호의 자필 유고를 볼 수 없는 현재로선 확인하기 어렵다. 만일 원전이 (나)라면, (나)'는 편집자의 오류로 볼 수 있다. 그런데 둣과 닷을 비슷하여 실수할 수 있겠지만, 둣과 셋, 또는 닷과 셋은 실수하기에는 그 음가상, 또는 자형상 거리가 있어 보인다. 그러므로 김병민이 원문의 오류를 발견하고 고쳤을 가능성도 있다. 어쨌든 단재의 유고를 확인해야 보다 정확한

13 신채호, 『룡과 룡의 대격전』, 조선문학예술총동맹출판사, 1966, 47~48면.

결론을 내릴 수 있을 것으로 보인다.

2) 막걸리와 막덕—채만식의 「치숙」

채만식의 「치숙」 판본은 두 가지가 떠돈다. 그러나 그 판본들에 대한 구체적인 설명이 없어 혼란이 가중될 따름이다. 두 판본은 전체적으로 큰 차이는 없지만, 부분적인 차이가 있다. 그러면 어느 것이 원본이고, 또 다른 판본은 어떻게 된 것인가?

> (가) 우리 아저씨 말이지요? 아따 저 거시키, 한참 당년에 무엇이냐 그놈의 것 머? 사회주의라더냐, 막걸리라더냐, 그걸 하다가 징역 살고 나와서 페병으로 시방 알어 누엇는 우리 오춘 고모부(姑母夫) 그 양반….[14]
>
> (나) 우리 아저씨 말이지요? 아따 저 거시키, 한참 당년에 무엇이냐 그놈의 것, 사회주의라더냐, 막덕이라더냐, 그걸 하다 징역 살고 나와서 폣병으로 시방 앓고 누었는 우리 오촌 고모부(姑母夫) 그 양반….[15]

(가)는 『동아일보』에 실린 최초 발표본이고, (나)는 1948년 『잘난 사람들』에 실린 것이다. 「치숙」의 첫 부분인데 단순한 표기법의 차

---

14 채만식, 「치숙」, 『동아일보』, 1938.3.7. 이하 이 장에서 이 작품의 인용 시 인용 구절 뒤 괄호 속에 『동아일보』, 면수만 기입함.

15 채만식, 『잘난 사람들』, 민중서관, 1948, 248면. 이하 이 장에서 이 작품의 인용 시 인용 구절 뒤 괄호 속에 『잘난 사람들』, 면수만 기입함.

이 말고도 중요한 차이가 발견된다. 그런데 각종 선집이나 전집에 두 판본 가운데 하나가 실렸다.[16] 그렇다면 어느 것이 참된 것인가? (나)의 개변을 어떻게 설명해야 할 것인가? 채만식은 1950년 6월에 폐결핵으로 영면하였다. 그러니까 (나) 역시 채만식이 살아생전에 나온 것이다. 그러면 '막덕'으로 표현한 것은 작가인가, 아니면 출판사의 오류인가? 이를 확인하기 위해서는 『동아일보』 최초 발표본과 『잘난 사람들』에 실린 작품을 좀 더 자세히 비교해볼 필요가 있다.

> (다) 그래 아무튼 그 양반은 필경 때여가서 오년이나 전중이를 살엇지요.(『동아일보』, 1938.3.7)
>
> (라) 글세 그놈의 짓이 그러케 세상 망처놀 화단인 줄은 모르고서 가난한 놈들—(『동아일보』, 1938.3.9)
>
> (마) 그리고 말도 죄선말은 씩 깉어치우고 내지이만 쓰고…요.(『동아일보』, 1938.3.10)

1948년본에서 (다)는 "그래 그 뒤에, 그 양반은 필경 붙들려 가서 오년이나 전중이를 살었지요"(『잘난 사람들』, 250면)로, (라)에서 '화단'은 "장본"(257면)으로, (마)의 '내지어'는 "국어"(259면)로 바뀌었다. 이것은 출판사에 의한 단순 오식이 아니라 작가가 일부 개작을 했다는

16 시중에 나와 있는 판본은 대부분 『잘난 사람들』에 실린 것을 대상으로 '막덕'으로 쓰고 있다. 『채만식전집7』(창작과비평사, 1989), 『채만식 풍자소설—잘난 사람들』(이병렬 편, 보고사, 1996), 『한국현대대표소설선3』(창작과비평사, 1996) 등이 그러하다. 그러나 『채만식 중·단편 대표소설선집』(방민호 편, 다빈치, 2000)은 첫 발표작을 원작으로 삼아서 '막걸리'로 되어 있다.

것을 말해준다. '막덕'이라는 것도 작가가 고친 것으로 보인다. 이들 두 텍스트 간 시간적 거리는 10년 정도가 되는 셈인데, 작가는 해방 이후 첫 발표본을 수정 보완하여 두 번째 판본을 만들어낸 것이다.

그렇다면 '막덕'의 의미는 무엇이고 왜 하필 막덕이인가? 채만식 전집에서는 "여기서는 마르크스주의를 믿는 사람이나 행위를 낮추어 부르는 말"[17]이라고 설명했다. 그리고 이후 많은 선집이나 『채만식어휘사전』에서도 이 의견을 따르고 있다.[18] 과연 그러한가.

> 또 그러고, 시방은 원수의 독립인지 막덕인지 때문에, 다 그렇게 되었다지만, 아무튼 두달전까지도 어느놈 그앞에서 기침 한번 크게 못하든 백(白)부장=훈八등에 ××경찰서 경제계주임이던 백부장의 어르신네신 이 백(白)주사가 아닌가.[19]

이것은 「미스터 방」의 일부인데, 동일한 낱말인 '막덕'이 사용되고 있다. 이렇게 볼 때 '막덕'이와 '사회주의'는 거리가 있어 보인다. 「미스터 방」에서 '막덕'은 사회주의와는 상관없는 문맥에 사용되었다. 그러면 무슨 의미란 말인가. 이를 위해 두 작품을 더 살펴보기로 하자. 「치숙」에서는 아래와 같은 구절이 나온다.

---

17 전광용 외 편, 『채만식전집7』, 창작과비평사, 1989, 571면.

18 이병렬 편, 앞의 책, 370면 및 임무출, 『채만식어휘사전』, 토담, 1997, 217면.

19 채만식, 「미스터 방」, 『대조』, 1946.6, 258면. 이하 이 장에서 이 작품의 인용 시 인용 구절 뒤 괄호 속에 『대조』, 면수만 기입함.

사회주의라더냐 막덕이라더냐

사회주의인지 지랄인지는…(『동아일보』, 1938.3.10)

사회주의인지 급살마질것인지나…(『동아일보』, 1938.3.10)

아ㅡ니 그럼 아저씨두 사회주의가 부란당인 줄은 아시는구려?(『동아일보』, 1938.3.12)

이것은 '지랄', '급살', '불한당'처럼 막덕 역시 부정적인 의미로 썼다는 말이다. 그리고 「미스터 방」에도 다음과 같이 제시된다.

시방은 원수의 독립인지 막덕인지 때문에…

독립은 우ㅡ라진다구 독립을 헌담.(『대조』, 260면)

여기에서 '독립'은 부정적으로 서술되었는데, '막덕'과 '우라지다'라는 의미가 대동소이하게 사용되었음을 알 수 있다. 이 막덕은 사전에도 제대로 나오지 않는 말이다. 판소리 「무숙이타령」에는 노복 '막덕'이 나온다. 이뿐만 아니라 서고청의 설화에는 서고청을 낳은 어머니 천비 '막덕'이 나온다. 그리고 『청구영언』에도 "재 너머 막덕(莫德)의 어마네 막덕이 쟈랑 마라 내 품에 드러셔 돌곗잠 자다가 니 갈고 코 고오고 오좀 사고 방귀(放氣) 뀌니 맹서개지 모진 내 맛기 하즈즐하다 어셔 다려니거라" 하여 막덕이 제시된다.[20] 그것은 서민층에서 많이 불리던 이름으로 천덕꾸러기 막동이를 지칭하지만, 한편

20 김천택 편, 『청구영언』, 조선진서간행회, 1948, 118면.

으로 덕이 없고 막된 아이를 뜻한다. 막덕이는 매우 비천하고 하찮은 대상으로 천덕꾸러기, 또는 막난이(망나니)[21]의 의미에 가깝다.

그리고 막걸리에서 막덕이로 바꾼 것은 음의 유사성에 따른 것인데, 사회주의(막시즘)의 비하에는 막걸리보다는 막덕이 더 잘 어울린다. 그것은 이상의 「날개」의 '맑스 말사스 마도로스'처럼 언어유희이다. 그러나 '말사스, 마도로스'가 사람에서 비롯된 언어유희라면, '막걸리' '막덕'은 맑시즘(사회주의)에 대한 언어유희로 풍자적 의미를 담고 있다. 이를 통해 사회주의에 대한 냉소적 시선과 폄하의식을 드러내고 있다.

3) 70리와 80리—이효석의 「메밀꽃 필 무렵」

이효석의 「메밀꽃 필 무렵」도 두 가지 텍스트가 있다. 봉평에서 대화까지의 거리가 텍스트에 따라 차이가 있다.

> (가) 이즈러는 졌으나 보름 가제 지난 달은 부드러운 빛을 흔붓히 흘니고 있다. 대화까지는 칠십 리의 밤길 고개를 둘이나 넘고 개울을 하나 건너고 벌판과 산길을 걸어야 된다.[22]
>
> (나) 이지러는 졌으나 보름을 갓 지난 달은 부드러운 빛을 흐뭇이 흘리고 있다. 대화까지는, 팔십 리의 밤길, 고개를 둘이나 넘고 개

21 「미스터 방」에는 "요 막난아, 반해 가지군 이럭허구 찾아가는 고년이 어떤 년야? 응?"(『대조』, 1946.6, 261면) 하는 구절에서 '막난이(망나니)'가 사용되고 있다.

22 이효석, 「모밀꽃 필 무렵」, 『조광』, 1936.10, 298~299면.

울을 하나 건너고 벌판과 산길을 걸어야 된다.[23]

먼저 (가)는 『조광』에 실린 최초 발표본으로, 여기에서 봉평에서 대화까지의 거리가 칠십리로 제시되어 있다. 그런데 (나)에 이르면 '팔십리'로 바뀌게 된다. 그리고 80리로 된 텍스트는 이것 말고도 여러 개 더 있다. 그러면 어떻게 이러한 개변이 이루어졌는가? 이효석의 「메밀꽃 필 무렵」이 선집에 가장 먼저 실린 것은 『현대조선문학전집 단편집(上)』(조선일보사출판부, 1938)일 것이다. 여기에는 띄어쓰기 및 맞춤법에서 조금 차이가 있으나 (가)와 거의 일치한다. 1946년 박문출판사에서 나온 『이효석단편선』도 마찬가지이다. 이효석은 1942년 5월에 사망하였고, 사망 후 나온 텍스트에도 70리로 되어있다. 그렇다면 80리는 분명 후인들에 의한 개변인데, 언제 왜 그러한 개변이 일어났는가.

텍스트의 첫 개변은 1958년에 나온 「메밀꽃 필 무렵」[24]으로 보이며, 이듬해 이효석선집[25]과 전집[26]에 개변된 '팔십 리'가 그대로 실림으로써 텍스트 오류가 일반화되었다. 이후 이들 텍스트를 바탕으로 한 새로운 선집, 전집에서도 동일한 오류가 반복된다. 그렇다면 왜 80리인가. 이 작품의 다른 문장 "밤을 새며 육칠십 리 밤길을 타박거리지 않으면 안 된다"(295면)에서는 모든 텍스트들이 '육칠십 리'

---

23 이효석, 「메밀꽃 필 무렵」, 『한국단편문학전집3』, 문성당, 1977, 129면.
24 이효석, 「메밀꽃 필 무렵」, 『한국단편소설전집2』, 백수사, 1958.
25 이효석·유진오, 『한국문학전집8 —화분·화상보·기타』, 민중서관, 1959.
26 이효석, 『효석전집1』, 춘조사, 1959.

로 그대로 옮기고 있다. 그것을 '육팔십 리', 또는 '칠팔십 리'로 쓰기는 어려웠을 것이다. 왜냐하면 60과 70은 가깝지만 60과 80은 멀고, 7,80리처럼 두 글자를 한꺼번에 잘못 옮기기는 어렵기 때문이다. 그렇다면 '칠십'과 '팔십', 또는 '칠'과 '팔'이 혼동된 결과이다.

봉평에서 대화까지의 70리 여로는 허생원의 인생 여로를 뜻한다. 80이라는 숫자는 인생 여정을 잘 드러낸다. 그것은 '세살 버릇 여든까지 간다'에서도 보듯 한평생을 의미하는 뜻으로 사용된다. 이전에 우리는 일생을 70평생, 또는 80평생이라고 구별 없이 썼다. 또 하나 칠과 팔의 인접성, 또는 유사성을 생각해볼 수 있다.

> 칠난팔고(七難八苦), 칠전팔도(七顚八倒), 칠전팔기(七顚八起)
> 칠칠찮은 사람, 칠칠이, 칠득이 / 팔푼이, 팔삭둥이, 팔득이

'칠난팔고'는 무수한 어려움을 뜻하고, '칠전팔도'는 무수히 넘어지고 또 넘어지는 것을, '칠전팔기'는 무수히 넘어졌다가도 마침내 일어서는 것을 의미한다. 여기에서 일곱과 여덟이라는 수는 '많음'을 뜻한다. 그리고 칠득이, 팔푼이는 '칠'이나 '팔'이란 음가와 관련된 어휘들인데, 서로 비슷한 의미로 사용되고 있는 것들이다. 그것들은 칠과 팔의 인접성과 유사성을 드러낸다. 편집자나 식자공들이 숫자적 인접성 또는 의미적 유사성으로 말미암아 오류를 범한 것으로 보인다.

4) 섞은과 성근—정지용의 「향수」

다음은 정지용 「향수」의 다섯째 연이다.

한울에는 석근 별
알 수도 업는 모래성으로 발을 옴기고,
서리 까막이 우지짓고 지나가는 초라한 집웅,
흐릿한 불비체 돌아안저 도란도란 거리는 곳,[27]

하늘에는 성근 별
알 수도 없는 모래성으로 발을 옮기고,
서리 까마귀 우지짖고 지나가는 초라한 지붕,
흐릿한 불빛에 돌아앉아 도란도란거리는 곳,[28]

위의 것은 『조선지광』(1927.3)에 실린 것이고, 아래 것은 오늘날 널리 알려진 것이다. 여기에서 문제가 되는 것은 아래 것이 원전 '석근'에 대한 의미해석을 담고 있기 때문이다. 글자를 '성근'으로 고쳐 씀으로써 아예 '성근'으로 보여주거나, 아니면 석근=성근으로 설명하고 있다. 그래서 대부분의 해설서에는 '성근 : 드문드문한'으로 되어 있고, 좀 더 상세한 곳은 '석근 : 성근(기본형 : 성기다, 성글다-공간적으로 드문드문하다)'로 되어 있다. 그런데 '석근'을 '성근'으로 제시하는 것은

---

27 정지용, 「향수」, 『조선지광』, 1927.3, 14면.
28 정지용, 『한국대표시인100인선집—향수』, 미래사, 1991, 41면.

문제가 있다. 그것은 텍스트의 오독으로 볼 수 있다. 정지용은 '성근'으로 쓰지 않았을 뿐만 아니라 '석근'은 다른 해석의 가능성을 갖고 있기 때문이다.

> (가) 그리하야 어서 밧비 고향에 도라가 사랑하는 친구와 얼싸 안기워가며 그립든 형제와 석기워가며 몃날 남지 안이한 나의 여생(餘生)을 보내고 십흔 마음이 좀더 깁쁨과 우슴과 안일한 가운데에서 보내고 십흔 마음이 날이 가면 갈사록 최근에 일으러서는 일층 더하야 가는 것일세[29]
> (나) 조곰 가만히 잇스라고 앙뿌을르의 씨워진 채로 잇는 봉투를 벗겨 노흔 다음 책상우에 잇는 여러 가지 책을 하나식 둘식 셋식 넷식 트람프를 석글 째와 갓치 석기 시작하는 것은 무엇을 찾기 위한 석근 것을 차곡차곡 추리는 것이 그럿케 보히는 것이지만 얼른 나오지 안는다[30]

(가)는 이상의 「12월 12일」에, (나)는 「지도의 암실」에 나온 예문이다. (나)의 '석근 것'은 '섞은 트럼프'가 된다. 이들 예문의 '석근', '석기' 외에도 「12월 12일」에는 '석긴'이 나온다. 여기에서 이 단어들의 기본형은 '섞다'이다. 특히 네이버 뉴스라이브러리(1920~1930년대)에서 '섞은'이 '석근'으로 표현된 점을 고려하면 석근 별은 '성근 별'

29 이상, 「12월 12일」. 『조선』, 1930.4, 120면.
30 비구, 「지도의 암실」, 『조선』, 1932.3, 113면.

이 아니라 '섞은 별'이 된다. 2행의 모래성을 은하수로 본다면 오히려 띄엄띄엄 있는 별보다는 막 뒤섞여 있는 별이 더 적합하지 않을까.

3. 원전 오류에 대한 해독

근대문학에서 작가의 실수로 많이 회자되는 작품이 「표본실의 청개구리」이다. 바로 "청개고리를 해부하야 가지고 더운 김이 모락모락 나는 오장을 차례차례로 끌어내어"[31]라는 구절 때문이다. 개구리는 변온동물로 체온이 변화하기 때문에 해부하여도 더운 김이 모락모락 날 이유가 없다. 이것은 작가의 객관적 관찰과 해부적 묘사라는 자연주의 정신의 발로이겠지만, 오히려 비과학적이고 비사실적인 묘사로 귀결되고 말았다. 이처럼 작가는 자기도 몰래 작품 속에 여러 가지 실수를 범할 수 있다.

1) 20년과 10년—「병신과 머저리」

「병신과 머저리」는 이청준의 작품으로 지식인의 무능과 비굴을 다룬 수작이다. 전쟁으로 인한 마음의 상처를 가진 형과 뚜렷한 환부 없는 지식인 '나'의 일상을 통해 전후 지식인들이 겪는 부조리와 무기력함을 다루고 있다. 그런데 이 작품에는 다음과 같은 부분이 오해를 낳고 있다.

---

31 염상섭, 「표본실의 청개고리」, 『개벽』, 1921.8, 118면.

> 그런데 내가 놀랐다고 한 것은 형이 그 소설에서 그토록 입을 다물고만 있던 십년 전의 패잔(敗殘)과 탈출에 관한 이야기를 쓰고 있었다는 것이다.
> 형은 자신의 말대로 윗과의사로서 찢고 자르고 따내고 꿰매며 이십년 동안 조용하게만 살아온 사람이었다.[32]

형은 한국전에 참여하여 강계 북쪽까지 올라갔다가 탈출해온 사람이다. 작품 가운데 "의무대의 들것 조립에 쓸 통나무를 베어 들고"(484면), "부상병을 나르던"(486면) 등의 표현으로 보아 의무병으로 복무한 것으로 보인다. 이 작품은 1967년에 발표되었는데, '십년전 패잔과 탈출'이라는 내용으로 보아 1960년경을 배경으로 하고 있다. 그것은 구체적으로 강계에서의 패잔과 탈출을 의미하는데, 국군이 강계까지 올라간 시기는 1950년 10월 하순이며, 중공군의 기습을 받은 것은 11월초이기 때문이다. 그런데 여기에서 하나의 문제가 생긴다. 그것은 찢고 자르고 따내고 꿰매며 외과의사로서 살아온 '이십년 동안'이라는 구절 때문이다. 이것은 판본에 따라 "이십 년 동안"[33], 또는 "20년 동안"[34]으로 되어 있다. 그렇다면 대략 1940년부터 외과의사의 삶을 살았으며, 1960년 현재 형의 나이가 마흔을 넘는 것으로 봐야 한다. 그런데 형의 친구이자 개업의가 혜인과 결혼

---

32 이청준, 「병신과 머저리」, 『창작과 비평』 1-4, 1966.10, 477면.
33 이청준, 『병신과 머저리』, 삼중당문고, 1975, 198면, 이청준, 『매잡이』, 민음사, 1996, 190면. 기타 대부분의 선집에서 '이십 년 동안'으로 쓰고 있다.
34 이청준, 「병신과 머저리」, 『정통한국문학대계38』, 어문각, 1994, 274면.

을 한다는 데서, 그리고 형이 10년쯤 전에 군에 입대한 것으로 봐서 형의 나이를 30대 초중반 정도로 보아 무리가 없을 것이다. 그럴 경우 형은 10살 무렵부터 외과의사의 삶을 살아왔다는 것인데 이것은 작가의 단순한 실수인가.

여기에서 '이 십년'이라는 표현이 '십년 전 패잔과 탈출'에 걸린다고 보아야 한다. 그렇다면 '이 십년'은 '이(러한) 10년 동안'의 의미가 된다. 사실 이 작품에는 "열한 시가 조금 지났을 때"(496면)처럼 숫자를 한글로 쓸 때는 붙여쓰고 있다. 그렇다면 '이 십'이 '이십(20)'이 아니라는 말이 된다. 앞 대문 "근 십년 동안 구경만 해 오면서도 그쪽에 전혀 무지하지만은 않은 나의 생각이 그랬다"(476면)에서도 그쪽은 '수술'을 의미하며, 동생인 '내'가 형의 수술을 근 10년 보아왔다는 것이다. 따라서 형이 외과의사로 수술을 한 지 20년이 아니라 10년 정도라는 말이다. 그렇다면 어떻게 된 것인가. 이를 알기 위해 텍스트 간의 대조가 필요하다.

> 그런데 내가 놀랐다고 한 것은 형이 그 소설에서 그토록 입을 다물고만 있던 십년 전의 패잔(敗殘)과 탈출에 관한 이야기를 쓰고 있었다는 것이다.
> 형은 자신의 말대로 외과 의사로서 째고 자르고 따내고 꿰매며 이 십년 동안 조용하게만 살아온 사람이었다.[35]

35 이청준, 「병신과 머저리」, 『한국단편문학대계12』, 삼성출판사, 1969, 323면.

이청준은 이 작품을 『한국단편문학대계』에 다시 실으면서 '찢고'를 '째고'로 고치는 등 조금 손을 보았다. 그런데 '이 십년'은 오히려 '이십년'으로 공고화되기에 이른다. 이것은 편자나 출판사의 오류일 듯한데 작가가 그러한 오류를 눈치채지 못한 것으로 보인다. 그는 이 작품을 자신의 작품집에 실으면서 "…십 년 전……이 십 년 동안…"[36]으로 손보았다. 그러나 '이 십 년'은 '이(러한) 10년'으로 볼 수 있지만, "열 한시를 조금 지났을 때"(115면)의 표기처럼 '20년'으로 볼 수 있어 혼란스럽다. 이후의 책들에서 '이 십'이 아예 '이십'으로 되어 있고, 그것은 20을 의미하는 것으로 이해할 수밖에 없다.

이청준은 처음 '패잔과 탈출 후 10년 동안'을 의미하기 위해 '이 십년 동안'을 쓴 것이다. 그러나 편집자나 교열자가 잘못으로 '이십년 동안'이라 썼고, 작가도 그러한 오류를 발견하지 못하였다. 그것은 명백히 출판사쪽의 잘못으로 보이지만, 작가도 그 오류에서 예외일 수 없다. 비록 출판사쪽에서 실수를 하였더라도 작가는 그 오류를 잡아내서 교정할 책무가 있다. 그럼에도 이후 전집에서 버젓이 '이 십 년'으로 제시함으로써, 작가가 '20년'을 공고화시킨 것이나 다름없다.

2) 열냥과 스무냥—「논 이야기」

「논 이야기」는 해방 공간에 나온 채만식의 풍자소설이다. 이 작품에도 숫자의 오류가 발견된다.

---

36 이청준, 「병신과 머저리」, 『별을 보여드립니다』, 일지사, 1971, 95~96면.

한덕문이 빚을 이리 틀어 막고 저리 틀어 막고, 오늘로 밀고 내일로 밀고 하여오던 끝에, 마침내는 더 꼼짝을 할 도리가 없어 논을 팔기로 작정을 대었을 무렵에 그러자 용말(龍田) 사는 일인 길천(吉川)이가 요새로 바싹 땅을 많이 사, 드린다는 소문이 들리었다 그리고 값으로 말하여도 썩 좋은 상답이면 한말직이(二百坪)에 스무냥으로 스물닷냥(二十兩以上二十五兩=四圓以上五圓)까지 내고 아주 박토라도 열냥(二圓) 안짝은 없다고 하였다.

땅말직이나 가진 인근의 다른 농민들도 다들 그러하였지만 한덕문은 그중에서도 귀가 반짝 뜨였다.

시세의 갑절이었다.

고래실 논으로 개똥뱀이 상지상답이라야 한말직이에 열냥으로 열두어냥(二圓–二圓四, 五十錢)이요 땅 나뿐 것은 기지개 써야 닷냥(一圓)이었다.

(팔자!)

한덕문은 작정을 하였다.

일곱말직이 논이 상지상답은 못 되어도 상답은 되니 잘하면 열냥(二圓)은 받을것. 열냥이면 이칠십사 일백마흔냥(二十八圓).

빚이 이럭저럭 한 오십냥(十圓) 되니 그것을 갚고 나면 아흔냥(十八圓)이 남아.

아흔냥을 가지고 도로 논을 작만해. 판 일곱말직이만한 토리의 논을 사드래도 아홉말직이를 살 수가 있어.[37]

---

37 채만식, 「논 이야기」, 『협동』, 1946.10, 110~111면.

이 작품은 1946년 처음 『협동』에 발표되었다가 1948년 『해방문학선집』(종로서원)에 수록되었다. 여기에서 문제가 되는 부분은 '열냥(二圓)은 받을 것. 열냥이면 이칠십사 일백마흔냥(二十八圓)'이다. 일곱 마지기 논이 일백마흔냥이면 한 마지기 당 스무냥이 된다. 그에 대한 설명은 '썩 좋은 상답이면 한 마지기(二百坪)에 스무냥으로 스물닷냥(二十兩以上二十五兩=四圓以上五圓)까지 내고, 아주 박토라도 열냥(二圓) 안짝은 없다'에 이미 제시되었다. 그리고 시세의 갑절로 고래실 논은 상답은 열냥에서 열두어냥(2원~2원4,50전)이며, 나쁜 것은 닷냥(1원)인 것이다. 그렇다면 상답은 마땅히 스무냥(2원)이 된다. 이렇게 볼 때 위의 내용은 당연히 '열냥(二圓)은 받을 것. 열냥이면 이칠십사 일백마흔냥(二十八圓)'이라는 내용은 작가의 잘못이며, 이는 '스무냥(四圓)은 받을 것. 스무냥이면 이칠십사 일백마흔냥(二十八圓)'으로 되어야 할 것이다.[38]

3) S군과 B군—「소설체로 쓴 김유정론」

「소설체로 쓴 김유정론」은 이상이 김유정과 S군, B군이 함께 어울려 싸우게 된 사건을 그린 소설이다. 조용만 역시 「이상 시대, 젊은 예술가의 초상」에서 이 사건을 다루었다.[39] 그런데 이 작품에서 그 싸움의 과정이 매우 혼란스럽게 그려져 있다.

---

38 다행히 방민호는 앞의 책 주석에서 이 구절의 잘못을 밝히고, 본문을 '스무 냥(4원)은 받을 것. 스무 냥이면 이칠십사 일백마흔 냥(28원)'으로 교정하였다.

39 조용만, 「이상 시대, 젊은 예술가의 초상」, 『문학사상』, 1987.4~6.

나는 소독저까락으로 추탕(鰍湯) 보새기전ㅅ을 갈기면서 장단을 맞어 좋아하는데 가만히 보니까 한쪽에서 S군과 B군이 불화다. 취중 문학담이 자연 아마 그리된 모양인데 부전부전하게 유정(裕貞)이 또 거기가 한목 끼이는 것이다. 나는 술들이나 먹지 저 왜들 저러누, 하고 서서 보고만 있자니까 유정이 예의 그 벙거지를 떡 버서 덮이드니 두루막이 마고자 저고리를 차례로 버서제치고는 S군과 맞달라붙는 것이 아닌가.

싸홈의 테—마는 아마 춘원의 문학적 가치 운운이든 모양인데 어쨋든 피차 어지간히들 취중이라 문학은 저리 집어치우고 인제 문제는 체력이다. 빰도 치고 제법 태견도들 한다. S군은 이리 비철 저리 비철하면서 유정의 착의(着衣) 일식(一式)을 주서들고 바－로 뜯어말린답시고 한가온데가 끼어서 꾸기적꾸기적 하는데 가는 발길 오는 발길에 이래저래 피해가 많은 꼴이다.

놀란 것은 주파(酒婆)와 나다.

주파는 술은 더 못 팔아도 좋으니 이분들을 좀 밖으로 모서내라는 애원이다. 나는 B군과 협력해서 가까수로 용사들을 밖으로 끌고 나오기는 나왔으나 이번에는 자동차가 줄다서 왕래하는 대로 한복판에서들 활약이다. 구경군이 금시로 뫃여든다. 용사들의 사기는 백열화(白熱化)한다.[40]

위의 내용을 보면 먼저 'S군과 B군이 불화'를 일으키고 그 싸움에

40 채만식, 「논 이야기」, 『청색지』, 1939.5, 92면.

유정이 한몫 끼게 된다. 그리하여 유정과 S군이 한판 싸움을 벌이게 된다. 그렇다면 '이리 비철 저리 비철하면서 유정의 착의(着衣) 일식(一式)을 주서 들고 바—로 뜯어말린' 사람은 당연히 B군이 되어야 한다. 그러므로 두 번째 단락의 'S군'은 'B군'으로 바꾸는 것이 옳다. 작가의 오류인지 식자공의 오식인지는 분명치 않으나, S군은 잘못된 것이다. 그리고 나는 싸움을 보다가 뜯어말리는 B군과 합세해서 용사들(유정과 S군)을 끌고 나온다. 임종국의 『이상전집』은 전자를 제대로 수정(S군을 B군으로)하였으나, 마지막 단락 '나는 B군과 협력해서'까지 '나는 S군과 협력해서'로 고치고 있는데, 이는 잘못이다.[41] 왜냐하면 내가 B군과 협력해서 유정과 S군을 끌고 나왔기 때문이다.

4. 오독의 정전화(正典化) 해체를 위하여

1986년 여름 한 학술대회 발표장에서였다. 한 교수가 인사말에서 「다리 밑에서 주워온 우리 아이들」[42]을 언급했다. 그 글에서 '다리 밑'은 '여성의 자궁'을 의미하며, '다리 밑에서 주워왔다'는 것은 아이들에게 출생의 비밀을 수월하게 숨김없이 표현하는 어른들의 지혜가 담긴 말이라는 해석이 재치있고 뛰어나다는 것이었다. 나는 그 자리에서 일어나 그렇지 않다고 논박했다. 그 말은 '청다리 밑에서

41 임종국 편, 『이상전집3』, 태성사, 1956, 154~155면.
42 임재해, 「다리 밑에서 주워온 아이들」, 『전통문화』, 1986.7.

주워왔다'에서 연유한 것으로, 일반 백성들이 양반 유생들의 도덕적 문란을 일깨우고 경각심을 주기 위해서 한 말이라는 논지였다.

조선 시대 순흥의 서원에는 글을 배우러 오는 유생들로 북적거렸고, 그에 따라 주막이 생기고 기생들도 모여들었다. 유생들과 어울린 기생이 아이를 낳게 되면 청다리 밑에 버리곤 했다. 그래서 그곳 백성들이 길에서 유생들이 지나가면 아이더러 '너 청다리 밑에서 주워 왔다!'고 하였단다. 그것은 유생들의 위선과 무책임함을 꾸짖고 풍자하는 말이었다. 이것이 '○○다리 밑에서 주워 왔다'는 말의 시초가 된 것으로 보인다. 여기에서 '○○'은 변이가 자유로운 화소이고, '다리 밑에서 주워 왔다'는 고정된 화소이다. 그래서 서울에서는 '청계천다리'가 되고, 대구에서는 '신천다리'가, 안동에서는 '개목다리'가 되기도 한다. 청자가 알고 있는 인근 다리의 이름으로 옮겨갔기 때문이다. 그런데 '○○다리'에서 구체적인 다리 이름을 빼버리고, '여자의 다리 밑(성기 또는 자궁)'으로 보는 것은 오독의 산물이 아닐까? 과연 어린아이들이 그 말을 듣고 자신이 어머니의 자궁에서 태어났다고 느낄까?[43] 화행이론을 굳이 언급하지 않더라도 의미생성이란 문맥의 내적 논리와 화자—청자 간 상호작용을 통해서 형성

43 이육사는 「연보」(『시학』, 1939.3)에서 "「너는 돌다리목에 줘 왔다」든 / 할머니 핀잔이 참이라고 하자 // 나는 진정 강언덕 그 마을에 / 버려진 문받이였는지 몰라"라고 노래했다. '할머니의 핀잔'이라는 말은 자신을 놀리는 것을 뜻하며, 육사가 '버려진 문받이였는지 몰라'라고 한 것은 할머니의 말처럼 자신을 '주워 온 아이'라고 인식했다는 것이다. 그러므로 '어머니의 자궁으로부터의 출생'과는 거리가 멀다. 만일 어린아이가 '나 어디로 태어났어'라고 물었을 때 '다리 밑에서 주워 왔어'라고 했다면, 그것은 '출생 비밀'을 간접적으로 일러주는 말일 것이다. 그러나 '○○다리 밑에서 주워 왔다'라는 말을 할 때, 화자는 그러한 의도를 전혀 갖고 있지 않으며, 청자 역시 그 말을 듣고 출생의 비밀을 깨치지 못한다. 그리고 '○○다리'에서 '○○'을 빼고, '다리 밑에서 주워 왔다'는 것으로 해석하는 것도 잘못이다.

되는 것이다. 오늘날에도 어른들은 그 말을 함으로써 아이가 당황하고 쩔쩔매는 모습을 즐긴다. 아이를 놀림의 대상으로 하여 일종의 쾌감을 느끼는 어른들의 모습에서 예전의 풍자적 의미는 사라지고 없다.

해석은 해석자에 따라 다양하게 나타난다. 게다가 오독은 또 다른 해석을 양산한다. 백석의 「쓸쓸한 길」은 해석의 편차가 심한 작품이다. 그것은 시어의 애매함도 한몫하지만, 연구자들의 어휘 이해력도 한몫한다.

> 거적장사 하나 山뒤ㅅ 녚비탈을 올은다
> 아—딸으는 사람도 없시 쓸쓸한 쓸쓸한 길이다
> 山가마귀만 울며 날고
> 도적개ㄴ가 개하나 어정어정 따러간다[44]

'거적장사'란 무엇인가. 김영배는 '지게에 거적대기를 덮어 지내는 초라한 장사(葬事)'로 설명했다.[45] 그러나 송준은 '짚으로 엮거나, 새끼와 짚으로 걸어서 자리처럼 만든 물건을 팔러 다니는 장사꾼'[46]으로, 김영익도 짚이나 새끼 등으로 만든 자리 등을 팔러 다니는 사람(장사)으로 보았다.[47] 이에 반해 이명찬은 "아이들이 죽었을 때, 제

44 백석, 『사슴』, 자가본, 1936, 43면.
45 김영배, 「백석시의 방언에 대하여」, 『한실이상보박사회갑기념논총』, 형설출판사, 1987, 664면.
46 송준, 『백석시전집』, 학영사, 1995, 240면.
47 김영익, 『백석 시문학 연구』, 충남대학교출판부, 2000, 152면.

대로 장례를 치르는 것이 아니라 거적에 말아 지게에 지고 가서 묻는 일은 그리 오래되지 않은 습속"으로 설명했다.[48] 해석이 서로 엇갈리면서 전개된 것이다. 백석의 시에는 이명찬의 지적처럼 「넘언집 범같은 노큰마니」에서 "행길에 아이 송장이 거적뙈기에 말려 나가면"[49]이라는 구절이 있다.

> 고려사 열전(列傳)에는 유숙(柳淑)이 중 신돈의 무고로 사형을 당하자 그 집안사람들이 뼈를 거두어 거적으로 싸서 장사를 지냈다는 기록이 있다 …(중략)… 조선왕조실록을 보면 거적이 얼마나 다양하고 또 광범위하게 사용되었는가를 알 수 있다. 조선시대에는 전염병이 돌면 흔히 줄초상이 났고, 심하면 한마을이 몽땅 사망하는 경우도 있었다. 치우지 못한 시체는 쌓이고, 부패하는 시체는 전염병의 창궐을 부추겨 정부에서는 부득이 이런 때 거적을 대량으로 방출했다. 시체를 싸서 매장하기 위해서였다. 이것이 바로 위에서 말한 고장이다. 고장은 거적장 또는 거적장사라고도 했고, 거적에 싼 시신은 거적시체, 거적주검, 꺼치송장이라고 했다 …(중략)… 거적장사는 중죄인이나 거지 또는 아주 가난한 사람들에게 하던 장법(葬法)이었기에 일반적으로 수치스러운 것, 비참한 것으로 인식되었다.[50]

48 이명찬, 『1930년대 한국시의 근대성』, 소명출판, 2000, 98면.
49 백석, 「넘언집 범같은 노큰마니」, 『문장』, 1939.4, 124~125면.
50 http://www.zipul.com/library/libr_03.asp

거적장사는 고장(藁葬)이라 하며, 고려시대부터 그것에 관한 기록이 나오고, 조선시대 박지원의 「광문자전」에도 나오는 등 그것의 역사가 오랠 뿐만 아니라 무척 광범위하다. 그런 점에서 '그리 오래되지 않은 습속'이라거나, 또는 거적장사의 대상을 '아이'로 한정하는 것은 문제가 있다. 아이일 수도 있지만, 그렇지 않을 수도 있기 때문이다.

「쓸쓸한 길」은 산까마귀가 울며 날고 도적개가 따르는 거적장사의 을씨년스러운 모습을 읊은 것이다. 우리 조상들은 예부터 호화로운 장사를 미덕으로 여기질 않았던가. 그런데 장사(葬事)에 따르는 사람이 없으니 쓸쓸하기 그지없다. 그래서 「쓸쓸한 길」인 것이다. 이렇듯 한 단어에 대한 오해는 전체 시에 대한 오독으로 이어질 수 있다. 그러므로 문학연구에 있어서 원전에 대한 오류와 오독을 찾아내어 비판적으로 해독하는 작업이 필요하다.

제 15 장

신채호 문학과 정전의 문제

1. 단재의 문필, 단재의 설화

정인보는 단재가 "청구사가(靑丘史家)의 제1인자임은 물론이요, 만일 '문장의 호(豪)'를 동시(並時)에 구한다면 수지(首指)를 단재에 굴함은 또한 공론(公論)일 줄 안다"[1]고 말했다. 그리고 원세훈은 그를 "한 문학계의 태두며, 대도활부(大刀活斧)적 평론가"로, 심훈은 "불세출의 문재"라고 규정했다. 단재는 당대에 문장가 또는 평론가로 이름을 드높였다. 그리고 그의 몇몇 글은 하나의 정전으로 당시 사람들에게 회자되었다.

(가) 선생의 문명은 13세에 칠서(七書)를 다 읽은 신동이라 한 것과 성균관 수학시대로부터 그 뒤 한국 말년에 『대한매일신보』 주필

1 정인보, 「단재와 사학」, 『동아일보』, 1936.2.28.

로 있을 때에 벌써 조선 천지를 뒤흔들었던 것은 말할 필요도 없거니와 선생은 언제나 붓을 들어 사물을 논하게 되면 신이 동한다.[2]

(나) 〈여상고비(如喪考妣)〉라 하는 문자는 옛날(古者)에 성군요제(聖君堯帝)가 돌아간 때에 쓰던 문자라 하여 일반 독자층에서의 질문과 비난이 부절(不絶)하였다. 동(同) 신보사(申報社)에서는 이를 변해하는 데 사설 3회를 게재하였으되 일반의 오해는 조금도 풀리지 못하고 소란하였었다. 이 어려운 때를 당하여 단재는 문제의 사설에 대한 변해문을 사설로 쓴 것이니 그의 장한 고증학적 필봉은 일반독자의 회의를 영해(永解)게 하였다. 청년 단재는 이 논설 1편으로 그의 심오한 학식과 그 불세출의 문재(文才)를 세상에 알리게 된 것이었다.(서세충, 「단재의 천재와 애체(礙滯) 없는 성격」, 『전집』 하, 463면)

(다) 중국에서 가장 권위 있는 중화보의 사설을 쓰고 생계를 해나가던 때이건만 오자 1자 내었다 하며, 그날로 단연 집필을 거절하였다.
그 오자 한 자란 문의를 상하는 오자가 아니라 〈의(矣)〉자였건만 조선 사람에 대한 우월감에서 나온 행동이라 하여 수차 마차를 타고 사죄 온 중화보 사장을 질책하고도 영영 집필치 않았다.(신석우, 「단재와 〈矣〉자」, 『전집』 하, 465면)

---

2 이극로, 「서간도 시대의 선생」, 『개정판 단재신채호전집(하)』, 형설출판사, 1977, 476면. 이하 이 장에서 이 전집을 인용 시 인용 구절 뒤 괄호 속에 저자명, 글명, 전집 상·중·하·별집, 면수를 기입함.

(라) 단재도 일찍 북경에서 중국 모신문사에 논문을 써서 보내고 그 논문으로 인하여 그 신문의 발행부수가 4,5천부나 증가되어짐을 따라서 윤필료, 다시 말하면 원고료가 예외로 특별히 후하였다. 다른 신문사에서도 그의 논문을 후한 원고료로 살려고 하였지만 불허하였을 뿐만 아니라 그 쓰던 신문에도 글 몇 자 고쳤다는 것을 잘못이라 하여 다시 투고치 아니하고 생활의 고초를 감수하였다.(원세훈, 「단재 신채호」, 『전집』 별집, 395면)

(마) 그때 마침 〈천고〉라는 잡지를 주간하였었는데, 희미한 등하에서 모필로 붉은 정간을 친 원고지에다가 철야 집필하는 것을 목도하였다. 그 창간사인 듯
『천고, 천고여. 한 번 치매 무슨 소리가 나고, 두 번 뚜드리매 어디가 울린나.』는 의미의 글인 듯이 몽롱하게 기억되는데, 한 구절 쓰고는 소리 높여 읊고, 몇 줄 또 써 내려가다가는 붓을 멈추고 무릎을 치며, 위연히 탄식하는 것이 마치 글에 실진한 사람같이 보였다.(심훈, 「단재와 우당」, 『전집』 별집, 411면)

(가)에서는 단재가 어린 시절부터 신동이었으며, 『대한매일신보』 주필 시절 문명을 드날렸다고 했다. (나) 역시 단재가 철저한 고증학적 필봉으로 불세출의 문재(文才)를 세상에 알렸다고 했다. 서세충이 말하는 논설은 「석호(惜乎)라 우용택씨의 국민대한(國民大韓) 양마보(兩魔報)의 응견(鷹犬)됨이여」(『대한매일신보』, 1909.6.27)이다. 이 논설을 통해 단재의 문장은 더욱 알려지게 되었다. (다)와 (라)는 중국신문

에서도 단재의 글이 진가를 발휘했음을 말해준다. 마지막으로 (라)는 북경에서 발간한 잡지 『천고』에 대한 지적이다. 심훈은 「천고창간사」의 집필상황을 위와 같이 서술했다. 단재의 글은 당시 많은 사람들에게 글쓰기의 전범으로 자리했고, 하나의 정전으로 자리했다.

그가 썼던 작품을 모아 발간하려는 시도는 예전부터 있었다. 그러나 그의 글들이 발간되는 데에는 어려움이 뒤따랐다. 그것은 그의 작품들이 정전으로 자리하는 데 여러 가지 억압적 상황들이 자리했음을 의미한다. 존 길로리는 "정전 형성의 역사는 일종의 음모, 즉 사회적으로 혹은 정치적으로 강력한 집단에 속하지 않는 자들이나 그 작품이 명시적으로나 묵시적으로 지배 집단의 이데올로기를 표현하지 않은 자들의 작품을 암암리에 혹은 고의적으로 억압하려는 시도로서 나타날 것"[3]이라고 지적했다. 정전에는 그것을 결정하는 자들의 사회적 지위나 신념, 특히 이데올로기가 반영된다. 이 글에서는 단재 문학의 정전 형성 문제를 살펴보려고 한다. 정전화 과정에서 드러난 이데올로기적 요소와 그 억압의 실상들을 살펴볼 것이다.

2. 단재 문학과 정전의 형성

일제 당국은 단재의 저작을 검열의 대상으로 선포하였다. 『조선총

3 "Cannon", *Critical Terms For Literary Study*, ed. by F. Lentriccbia & T. McLanghlin, The University of Chicago Press, 1990, p.237, 박찬부 외 역, 『문학연구를 위한 비평용어』, 한신문화사, 1994, 304~305면.

독부관보』 69호(1910.11.19.)에는 당시 금서로 정한 51종의 목록이 실려 있다. 그 가운데 신채호가 번역한 『이태리건국삼걸전』과 그의 창작 『을지문덕』, 한글 번역본 『을지문덕』 등 총 3권의 저서가 금서로 규정되었다. 그것은 당시 국수주의적 성격을 띤 단재의 저작들이 배제의 정전으로 자리했다는 것을 말해준다.[4] 일제 강점기 단재의 저작이 국내에서 발간된 것으로는 『조선사연구초』(조선도서주식회사, 1929)가 유일하다. 그는 민족주의자로 낙인이 찍혀 국내에서의 저술 발간이 쉽지 않았다. 그의 유고들에 대한 발간계획은 단재의 옥사(1936) 이후 꾸준히 시도된다.

> 1942년 이때를 전후하여 한용운 박광 신백우 최범술 제씨(諸氏)가 『단재선생유고집』의 간항을 추진하였으나 일제의 감시로 실현되지 못함.[5]
>
> 1946년 중국에 신채호학사 설립. 중국인으로서는 세계사 대표 이석증, 중국학전관 대표 양가락, 상해 생물학연구소 대표 주세(朱說) 등과, 한국인으로서는 정화암 류자명 제씨(諸氏)가 상호협력하

---

4 애국계몽기부터 단재 저작물에 대한 정전화의 노력은 적지 않았다. 「수군 제일 위인 이순신」(『대한매일신보』, 1908.5.2~8.18)이 『이순신실기』(1908)로 필사되는가 하면, 「독사신론」(『대한매일신보』, 1908.8.27~12.13)은 다시 『소년』(「국사신론」, 1910.8)에, 『신한국보』(「독사신론」, 1910.9.26~1911.1.3)에 소개된 데 이어 단행본 『독사신론』(재미한인 소년서회, 1911.10)으로 발행되기도 한다. 「동국거걸 최도통」(『대한매일신보』, 1909.12.5~1910.5.27)이 1912년에 단행본(『최도통전』, 재미한인 소년서회)으로 발행되었으며, 조선총독부는 1913년 11월 25일 이 책을 발매 반포 금지도서로 규정했다. 그리고 1915년에 「대동제국사서언」과 「대한의 희망」, 「역사와 애국심의 관계」, 「을지문덕」을 묶은 유인판 『무애산고』가 발간되기도 했다.

5 「연보」, 『개정판 단재신채호전집(하)』 형설출판사, 1977, 505면.

여 선생의 유고를 한문과 영문으로 출간할 것을 계획함.[6]

이 둘은 모두 남북한 정부 수립 이전에 계획된 것들이다. 한용운 등이 유고집을 간행하려 한 것은 단재의 글쓰기를 높이 평가하여 그의 문학이 일제하 우리 민족을 일깨울 정전이 될 수 있다고 믿었기 때문일 것이다. 그러나 일제는 조선의 독립운동과 민족해방투쟁을 용납하지 않았기 때문에 유고집 발간은 절대 허용될 사안이 아니었다. 일제강점기에 단재가 주필을 맡고 있던 『대양보』, 『권업신문』, 『신대한』의 무수한 기사들이 검열 압수당한 것을 보면 쉽게 알 수 있다. 결국 단재 문학의 발간은 어렵게 된다. 그러나 1946년 1월경 중국 상해에 조선학전관과 더불어 신채호학사가 설립되고 여기에 중국측 인사로는 이석증, 오치휘, 양가락, 주세 등이 참여하였으며, 파금(巴金), 장성백(張誠伯), 서황우(徐晃宇) 등이 학전관 운영에 도움을 주었다고 한다. 신채호학사는 한국의 석학으로서 신채호를 세계에 널리 소개하려 했으며, 그 일환으로 단재의 전집 간행을 도모했던 것으로 보인다. 다만 "1949년 중국의 본토 석권과 국민정부의 대만 철수"로 인해 그러한 일들은 좌절되고 말았다.[7]

그러면 해방 후 국내의 상황은 어떠했는가? 당시 남한은 격심한 이데올로기적 갈등으로 내홍을 겪고, 미소의 신탁통치로 인해 민족의 분열이 심화되었다. 이러한 상황에서 단재의 역사물인 『조선사

---

6 위의 책, 506면.

7 정화암, 『이 조국 어디로 갈 것인가』, 자유문고, 1982, 244~248면.

론』(광학서포, 1946)과 더불어 『조선상고사』(종로서원, 1948)가 발행된 것은 그나마 다행이 아닐 수 없다. 그리고 1955년에 이르러 『을지문덕』 한글 번역판이 '단재유고출판회'에 의해 출간된다.

한편 단재는 1960년대에 들어와 새로운 평가를 받는다. 1962년 단재는 제3공화국으로부터 대한민국공로훈장을 받는다. 1,2공화국에서 홀대를 받은 것과는 대조적이다. 그렇다면 왜 제1,2공화국에서 단재는 충분한 가치를 인정받지 못한 것일까? 그리고 기껏 『을지문덕』의 번역 정도만 이루어진 것일까? 단재는 임정 시절 이승만과 다른 노선을 걸었다. 그리고 이승만이 대통령에 선출되자 임정을 뛰쳐나와 『신대한』을 창간하여 임정의 노선을 비판하였다. 특히 그는 이승만의 위임통치론을 강하게 비판하며 국민대표회의 소집을 요구하였다. 단재에게 있어 이승만은 아직 나라를 찾기도 전에 있지도 않은 나라를 팔아먹은, 이완용보다 더 큰 역적이었던 것이다. 그런 이유들로 단재의 작품들이 이승만 치하에서 정전화되기는 어려웠을 것이다. 그런데 새로 수립된 군사정권에 의해 단재의 권위가 회복되고, 나아가 엄연한 국가 유공자로 자리하게 된다.

이 시기 북한에서는 유고가 발견되어 단재 연구에 새로운 전기가 마련된다. 신채호의 유고는 1964년부터 소개된다. 먼저 김하명의 해설과 함께 유고 「룡과 룡의 대격전」, 「금전, 철포, 저주」, 「선언」(『조선문학』, 1964.8)이 소개되고, 이후 주룡걸의 「탁월한 작가 신채호의 문학에 대하여」와 함께 소설 「꿈하늘」(『문학신문』, 1964.10.20.~11.3)과 시 「매암의 노래」, 「너의 것」, 「61일 계단의 회고」, 「나비를 보고」, 「새벽의 별」, 「고려영」, 「임술년 가을에 읊노라」, 「계해년 10월 초2일에」(『조선문학』, 1964.12) 등이 소개된다. 그리고 안함광의 「신채호와 그의 문학」과 함께 「리해」, 「정육과 애국」(『조선문학』, 1965.2) 등의 수필이 실렸다. 한편 1966년 북한에서는 단재의 문학 유고들을 묶어 『룡과 룡의 대격전』이라는 선집을 발간하였다.

> 신채호의 문학적 업적에 있어서 정론은 중요한 자리를 차지하며 그 주제도 다양하다 …(중략)… 역시 신채호가 그의 활동의 후기에 와서는 사회주의 사상의 긍정적 영향을 일정하게 받고 있었다는 사정을 알리여 준다. 이 정론(「선언」 : 인용자)은 중심적 골자는 자본 계급이 역사적 무대에 등장하여 권력기관과 문화적 수단들을 장악하여 무산대중을 억압해온 력사적 과정과 자본주의를 반대하는 무산 계급의 혁명 투쟁의 전개와 그 승리는 정권을 쟁취하는 데서만 가능하다는 사상을 담고 있다. 이 정론은 내용이 풍부할 뿐만 아니라 이 시기 신채호의 민족주의 사상이 극히 선진적인 사상의 햇발을 받고 있었다는 사실을 알리는 점에서 의의가 크다 …(중략)… 신채호의 문학작품들은 우리나라 문학의 애국주의적이며 인민적인 전통의 보물고에 귀중한 재산을 기여한 것으로 된다. 따라서 그의 작품들은 오늘의 인민 대중을 교양함에 있어서와 오늘의 문학을 발전시킴에 있어서도 귀중한 역할을 수행한다.[8]

『룡과 룡의 대격전』에 실린 안함광의 「해제」는 선언적인 의미를

8 안함광, 「해제」, 『룡과 룡의 대격전』, 조선예술총동맹출판사, 1966, 15~16면. 밑줄은 강조를 위해 인용자가 함. 이하 동일.

띠고 있다. 그는 단재를 "열렬한 애국투사이며, 력사학자이며, 계몽 사상가였을 뿐만 아니라 탁월한 작가"라고 규정했다. 단재는 이 유고집의 간행과 더불어 '탁월한 작가'로 규정된다. 아울러 그의 문학은 '애국주의적이며 인민적인 전통의 보물고에 귀중한 재산을 기여한 것'으로 평가받는다. 북한에서 단재를 부각시킨 까닭은 위 내용에 충분히 들어있다. 그것은 북한의 정치적 상황의 변화와도 관련이 있다.

> 김일성 수상은 1965년 4월 반둥회의 10주년을 기념하기 위해 인도네시아를 방문하여 알리 아르함 사회과학원에서 연설하면서 '사상에서의 주체, 정치에서의 자주, 경제에서의 자립, 국방에서의 자위'라는 주체사상의 4대 원칙을 천명했었다. 그러나 사실상 북한 내부에서는 1955년 사상에서의 주체를 시작으로 1956년에는 경제에서의 자립, 1962년에는 국방에서의 자위, 그리고 1966년에 외교에서의 자주노선을 표명하기에 이르는 일련의 주체사상의 체계화가 진행되었다.[9]

단재를 부각한 것은 북한 사상의 흐름과도 무관하지 않다. 박종원과 류만은 『조선문학개관』에서 1961년 이후의 문학을 "사회주의의 전면적 건설과 사회주의의 완전 승리를 앞당기기 위한 투쟁 시기"로 규정했다. 이 시기 안함광은 「도덕」, 「꿈하늘」, 「룡과 룡의 대격전」

9 김용재, 「김정일 통치체제와 권력구조」, 『북한이해』, 통일부 통일교육원, 2004, 21~22면.

등 단재 작품에서 주체의 사상을 포함, 강조, 고취하였다고 강조했다.[10] 그리고 김하명은 단재의 "정론과 소설 작품들은 인민들의 심장을 격동시키고 투쟁에로 고무하였다"고 평가하였다.[11] 단재가 민족주의(국수주의)를 내세워 민족적 주체성을 앙양했다는 사실은 북한에서 강조하기에 충분한 조건이다. 그의 사상은 북한의 주체사상 형성에도 기여한 것으로 보인다. 유고집의 발간과 더불어 단재 문학은 새로운 정전으로 부상하게 되었다.

한편 남한에서는 1970년 '단재신채호전집편찬간행위원회'가 결성되고 전집 출간 사업을 추진하게 된다. 이들은 1972년에 『단재신채호전집』 상·하권을 출간하였는데, 상권은 주로 역사물 중심으로, 하권은 영웅전기, 논설, 역사 관련 글로 구성되었다. 역사가와 정론가로서의 단재의 모습을 부각한 셈이다. 그리고 1975년에는 보유편을 간행하였다.

> 이 보유에 편입된 유고 정 자료들은 전서(全書)를 편찬할 때 누락된 몇 편의 글과 그 후에 하나씩 수집해둔 글들이다. 마침 만해 한룡운 스님과 경부 신백우 선생 등이 단재유고집을 편찬하고져 준비해 오든 자료보따리가 나와 거기에서 소설 「꿈하늘」(夢天)을 비롯한 몇 개의 유고와 또 선생의 저작목록 일부가 나와 목록에 나오는 제목을 갖고 구한말의 신문 잡지에 필자의 이름이 씌어져 있

---

10 안함광, 「신채호와 그의 문학」, 『조선문학』 210, 1965.2, 111~116면.
11 김하명, 「「룡과 룡의 대격전」에 대하여」, 『조선문학』 204, 1964.8, 44면.

는 논설들 가운데에서 찾아내기도 하였다. 「일본의 삼대 충노」, 「동양주의에 대한 비평」 등이 그것이다. 아직 제목만 알고 본문은 찾지 못한 것이 적지 않지만, 그보다도 본문 내용으로 보아 단재 선생의 글로 심증(心證)이 가나 확증 자료가 없어 보류해둔 자료들이 훨씬 많다. 특히 최근에 선생의 장남 신수범 씨가 이도(移徒)를 하면서 낡은 세간을 챙기다가 윤세복 씨가 정리해둔 단재 선생의 미간(未刊) 유고들을 발견하게 되었다. 「류화전」을 비롯한 몇 개의 소설과 「선언」을 비롯한 몇 개의 논설이 그것이다. 윤세복 씨는 단재 선생과 중국 및 만주 일대에서 독립운동을 함께 한 동지로써 대종교 2대 교주를 지낸 분이다. 윤세복 씨는 단재 선생의 「조선사」, 「조선상고사」 등도 모두 청서(淸書)하여 보관해두고 있는데 아마도 귀국 후에 역시 단재집의 출간을 준비했던 것이 아닌가 여겨진다.[12]

단재전집간행위원회에서는 여러 편의 글을 추가적으로 발굴하여 보유편에 실었다. 그것을 편집한 김영호는 자료의 입수 경위를 밝혔다. 곧 「꿈하늘」은 신백우로부터, 그리고 「류화전」·「선언」 및 기타 소설은 윤세복으로부터 구했다는 것이다. 그런데 그것들은 북한에서 발간된 『룡과 룡의 대격전』에 실렸던 작품들이다. 『룡과 룡의 대격전』에 실린 작품 가운데 보유편에 다시 실린 것으로는 「꿈하늘」, 「류화전」, 「백세 노승의 미인담」, 「일목대왕의 철퇴」, 「이괄」, 「박

12 김영호, 「해제」, 『단재신채호전집(보유)』, 형설출판사, 1975, 557~558면.

상희」, 「○○○부원군으로 간 견자」, 「철마 코를 내리치다」 등의 서사물과 「선언」, 「실패」, 「차라리 괴물을 취하리라」 등 수필 15편이 있다.

과연 전집간행위원회는 신백우와 윤세복으로부터 자료를 구한 것인가? 왜 『룡과 룡의 대격전』에 실려있는 작품들을 그들로부터 구했다는 것인가?

> 이 『별집』에 수록하고 있는 문품들로 말하면, 첫째 문예류로서, 소설 시 시조 수상 서한 등과 『천고』지에 게재된 문품들인데, 이것은 특히 일본 동경 무장대(武藏大) 도부학(渡部學) 교수가 보관하고 있던 것을 제공받은 것입니다.
> 이것이 비록 작은 것 같지마는 일본인 학자로서 양심있는 학문인은 이같이 선생의 문품을 소중히 받드는 것임을 생각하면, 새삼 느꺼운 마음을 금치 못함과 아울러, 그분에게 감사의 뜻을 표하는 바입니다.[13]

1977년 단재전집간행위원회는 다시 개정판을 내었다. 그리고 거기에 단재신채호선생기념사업회 회장인 이은상의 「간행사」를 실었다. 개정판의 「간행사」에서 자료의 입수 경위가 그대로 드러난다. 그것은 바로 "일본 동경 무장대(武藏大) 도부학(渡部學) 교수가 보관하고 있던 것"이라는 구절이다. 북한에서 발간된 『룡과 룡의 대격전』

13 이은상, 「간행사」, 『개정판 단재신채호전집(별집)』, 형설출판사, 1977, 3면.

은 소설과 수상, 시, 시조, 서한 등으로 구성되어 있다. 이 구절에서 『룡과 룡의 대격전』을 와타나베 마나부로부터 건네받았다는 사실을 알 수 있다. 김영호가 신백우·윤세복을 내세운 것은 북한에서 유입된 자료라는 논란을 없애기 위한 도회에 불과했던 것이다. 단재전집 간행위원회는 『룡과 룡의 대격전』을 입수했고, 이것을 전집에 실은 것이다.

『룡과 룡의 대격전』은 북한에서 발간된 것이었고, 당시 북한을 주적으로 간주하던 한국 현실에서 북한 운운하며 자료를 발간할 수는 없는 상황이었다. 그래서 그 일부를 '보유'편에 실었다가 다시 전면적으로 수용하여 '개정판'을 내기에 이른 것이다. 여기에는 '보유'편에서 언급한 미확정의 자료들도 상당수 포함된다. 이를 통해서 단재의 문학이 남한에서도 정전화되었다. 그리고 그의 문학은 김윤식, 이재선, 임숭빈 등에 의해 집중 조명을 받게 된다.

이후 단재 문학에 대한 정전화 작업은 중국쪽 연구자인 김병민에 의해 이루어진다. 1988년 올림픽을 계기로 한국정부는 공산권 국가들과 문호를 개방하고, 월북 문인들의 문학에 대한 해금조치를 단행하였다. 이러한 영향으로 1988년 12월 김병민의 『신채호문학연구』가 출간되기에 이른다. 김병민에 의해 북한의 단재 유고의 실상이 제대로 알려진 것이다. 김병민은 신채호의 유고를 소개하는가 하면, 전집이 갖고 있는 문제점을 지적하고 직접 유고집을 간행하여 원전 확정뿐만 아니라 연구에도 많은 기여를 하였다.[14]

14 김병민, 「신채호의 문학창작유고에 대한 자료적 고찰」, 『한길문학』, 1991.11, 김병민, 「고

> 신채호의 유고가 발견된 이후 1966년 2월 국립중앙도서관 민족 고전부에서는 문학유고들만을 선택하여 윤색, 삭제, 편집을 거쳐 『룡과 룡의 대격전』이란 책명으로 세상에 내놓았다.[15]

김병민은 단재의 자료 소개에 중요한 역할을 했다. 그는 단재의 유고가 북한에서 윤색, 삭제, 편집되어 간행된 사실을 목도하고, 직접 유고를 필사하여 『신채호문학유고선집』이라는 이름으로 소개하였다. 또한 「신채호 문학유고에 대한 자료적 고찰」을 통해 『룡과 룡의 대격전』의 오류를 열거하였다. 그로 인해 『단재신채호전집』의 오류도 여실히 드러나게 되었다.

3. 단재 문학의 정전화 과정에 나타난 문제점

단재의 작품집으로 우리는 세 가지를 만날 수 있다. 단재의 작품집은 북한에서 먼저 간행되었다. 먼저 단재 작품집의 모습을 보기로 한다.

(1) 『룡과 룡의 대격전』, 조선문학예술총동맹출판사, 1966.

(2) 『개정판 단재신채호전집』, 형설출판사, 1977.

전·설화·역사를 문학적으로 윤색한 도덕경—신채호의 「아방윤리경」, 『문학사상』, 1992.5, 김병민 편, 『신채호문학유고선집』, 연변대학출판사, 1994.

15 김병민 편, 『신채호문학유고선집』, 연변대학출판사, 1994, 2~3면.

(3) 『신채호문학유고선집』, 연변대학출판사, 1994.

북한에서 나온 『룡과 룡의 대격전』은 신채호의 유고를 김하명, 주룡걸, 안함광 등이 정리하여 펴낸 책이다. 이는 북한에서 일찌감치 단재에 대해 관심을 갖고 있었다는 것을 말해준다. 이 책에 실린 작품들은 여러 면에서 중요한 의미를 지닌다. 그것은 우선 신채호의 미발표 유고를 정리했다는 점에서 의미가 있다. 그러나 이 책은 여러 가지 문제점을 안고 있다. 그것은 비교적 유고에 가까운 김병민 편 『신채호문학유고선집』만 보아도 쉽게 드러난다. 단재의 창작 유고와 북한의 선집 사이에는 많은 차이가 있다. 김병민은 이에 대해 구체적으로 지적했다. 그 가운데 가장 큰 문제점은 「꿈하늘」에는 제2장에서 4,000자, 제3장에서 10,000자가량이 삭제되었다는 점이다. 실제로 「꿈하늘」은 20면가량이 누락되어 있다.[16]

> 「백세 노승의 미인담」은 모두 9개 부분으로 되어 있는데, 편집자는 4개 부분으로 재구성했으며, 1만 7000자 좌우되는 소설을 1만 5000자 좌우의 소설로 줄였다. 여기에 편집자의 삭제와 더불어 재구성의식이 짙게 반영되어 있다 …(중략)… 물론 줄이거나 재구성한 데는 편자로서의 고려가 있었다고 보아지는 바 소설 자체의 유기적인 구성체계를 보여주자는 데 있었을 것이고, 또한 편집자의

16 김주현 편, 『백세 노승의 미인담(외)』, 범우사, 2004. 이 책을 기준으로 134~153면이 누락되어 있다. 이하 이 장에서 이 책의 인용 시 인용 구절 뒤 괄호 속에 『백세 노승의 미인담』, 면수를 기입함.

> 정치적 견해가 작용한 듯 싶다.[17]

김병민은 『룡과 룡의 대격전』이 편집자들에 의해 삭제, 윤색, 그리고 편집되었다고 지적했다. 여기에는 미학적인 고려뿐만 아니라 '편집자의 정치적 견해'도 작용한 듯하다고 평했다. 이 작품들은 국한문체에서 국문체로 옮겨졌으며, 「백세 노승의 미인담」과 같은 작품은 일부 윤색되었다. 그는 그 까닭으로 정치적인 견해 운운하였지만, 구체적으로 설명하지 않았다.

> 엽쁜이 로승더러 〈오천 명 군사 중에 노예군 잡류군이 오분의 사나 되며 또 이것들이 가장 용감하나 매양 노예라 잡류라 하는 이름을 싫어하여 힘을 다하지 아니하오니 이 위급한 때를 당하여 명분만 지키려다가는 나라의 강토를 잃고 부로의 치욕을 면하지 못할지니 먼저 노예와 잡류의 문건을 불사르고 싸움을 이긴 뒤에 동등의 대우를 한다는 명령을 내리시소서. 이것이 오늘의 국경을 보존하는 다시 더 없는 방법이올시다.〉 하기에 로승이 그 말을 들어 그대로 군중에 령을 내리었더니 노예와 잡류들이 가로 뛰며 세로 뛰며 우리가 인제야 나라를 위하여 죽을 때라 하고 사람마다 죽음을 무릅쓰고 삼일을 혈전하여 다섯 갑절이나 되는 몽고병을 물리

17 김병민, 「신채호의 문학창작유고에 대한 자료적 고찰」, 『신채호문학유고선집』, 연변대학출판사, 1994, 6~7면. 이하 이 장에서 이 책의 인용 시 인용 구절 뒤 괄호 속에 『유고선집』, 면수를 기입함.

치었습니다.[18]

〈모두 나아가 싸우자 싸우다가 이기면 다행이요, 죽어도 영광이다. 남녀로소 할 것 없이 다 나아가 싸우자〉 웨치고 싶지만 그러나 이 때야 쓸데 있는 말입니까[19]

이 두 예문은 원작에는 없던 것을 편집자가 추가한 것이다. 위의 예문에서 예쁜이의 계책은 그녀가 몽고를 물리칠 방안으로 노승의 아버지에게 제시한 것이기도 하다. 그러나 그것이 실행되지 못하고 고려는 몽고에 패하여 능욕을 당한다. 그런데 북한의 편집자들은 계급폐지를 통해 몽고를 격퇴한 사례를 서두 부분에서 제시하였다. 그것은 한편으로 외세 격퇴 후 평등사회 실현이라는 북한 사회주의 형성 논리를 제시한 것이다. 그리고 노승은 아내를 잃은 후 민족적 주체의식에 이른다. 편집자들이 지닌 평등사상과 민족적 주체의식의 정립이 작품 속에 투영된 것이다. 이뿐만 아니라 여기에는 "위대한 력사적 사건들을 줄거리로 하여 조선혁명의 발전과 함께 자라나는 투쟁 속에서 주인공들의 전형적인 모습을 그려 …… 혁명적 랑만주의 정신으로 교양"[20]해야 한다는 김일성의 교시도 작용한 것으로 보인다. 북한에서는 단재의 선집 발간(1966) 이후에 '주체의 시대'(1967~)로 접어든다. 단재선집은 그러한 시대 변화 속에 탄생했고,

---

18 신채호, 「백세 로승의 미인담」, 『룡과 룡의 대격전』, 조선문학예술총동맹출판사, 1966, 63면. 이하 이 장에서 이 책의 인용 시 인용 구절 뒤 괄호 속에 『룡과 룡의 대격전』, 면수를 기입함.

19 위의 책, 64면.

20 사회과학원 문학연구소, 『조선문학사(1959~1975)』, 과학백과사전출판사, 1977, 15면.

어쩌면 민족 주체의 상징으로 제시된 것으로 보인다. 안함광 등은 특히 단재의 작품들을 정전화하면서 그러한 사상들을 강화시키고 있다.

이뿐만 아니라 북한 선집에서는 일부 탈락, 삭제, 첨가를 통해 유고를 개변 또는 훼손하였다.

> (가) 십년 전에 돌아단이든 지사는 모다 애국자러니 금일은 모다 공산당이며 십년 전에 빅우랴든 청년은 거의 병학(兵學)이러니 금일은 거의 문학이로다.(『유고선집』, 177면)
>
> (나) 자유하자면 평등이 안 되고 평등하자면 자유가 안 됨은 엇던 균산(均産)학자의 개탄한 바라(『유고선집』, 181면)

(가)에는 공산주의에 대한 단재의 비판이 들어 있는데, 북한 선집은 의도적으로 이 부분을 빼고 있다. 그리고 (나)는 자유와 평등을 추구하는 사회주의 취지와 모순이 되기에 삭제한 것이다. 이러한 것들은 이데올로기로 인해 개변된 것이다. 이처럼 북한에서는 편집자가 개입하여 새로운 정전을 만든 것이다.

그런데 북한의 선집이 남한에 수용되면서 다시 변화를 겪게 된다. 이미 앞에서도 살펴본 바이지만, 개정판 전집에서 무엇보다 신경을 쓴 것은 북한 선집의 수용 문제였다. 당시 국가보안법과 반공법이 위세를 떨친 기간이라 이념의 금제로부터 자유로울 수 없었다. 김영호가 초판 '보유'편에서 신백우와 윤세복을 끌어들인 것도, 1977년 개정판에서 일본인 와타나베 마나부를 내세운 것도 북한의 선집으로부터 비켜가고자 한 수사였다. 그러기 위해 전집간행위원회에서는 새로운 텍스트로 정전화를 기도한다. 국문으로 된 『룡과 룡의 대격전』의 작품들을 다시 국한문으로 바꾸고, 또한 일부 내용에 이데올로기적 색깔을 지우기도 하였다.

> (다) 「동무와 함께 가거라」 하거늘, 울어도 홀로 울고 우서도 홀로 우서 40 평생에 동무 하나 없이 자라난 한놈이 이 말을 들으매 스스로 눈에 눈물이 핑 돈다.(『룡과 룡의 대격전』, 41면)
>
> (다)' 『친구와 함께 가거라.』
> 하거늘, 울어도 홀로 울고 웃어도 홀로 웃어 사십 평생에 친구 하나 없이 자라난 한놈이 이 말을 들으매 스스로 눈에 눈물이 핑 돈다.(『전집』 하, 189면)

전집간행위원회는 인용문처럼 '동무'라는 말을 '친구'라는 말로 바꾼다. 「꿈하늘」과 「백세 노승 미인담」 등이 그러한 데, 전자에서는 무려 13군데에 걸쳐 고의적으로 바꾸었다. 그러나 「새벽의 별」에도 1군데 '동무'가 있지만, 미처 '친구'로 바꾸지 못한 채 남아있다. '동무'라는 말은 북한에서 사회주의적 평등성을 의미하는 것으로 사용되었지만, 남한에서는 일종의 금기시된 단어였다. 이러한 이데올로기적 간섭은 "존화주의를 위하여 조선이 존재하며, 삼강오륜을 위하여 인민이 존재하며"(「낭객의 신년만필」, 『동아일보』, 1925.1.2)에서도 드러난다. 이 구절을 단재전집은 "존화주의를 위하여 조선이 존재하며, 삼강오륜을 위하여 민중이 존재하며"(『전집』 하, 33면)로 쓰고 있다.

‘인민’을 ‘민중’으로 바꾼 것이다. 그 시대에 기휘하는 단어를 다른 용어로 대체했음을 보여주는 대목이다.

전집은 북한의 선집을 가져왔지만, 이데올로기적 개입의 증거들이 여실히 드러난다. 월레 소잉카는 정전화 작업이 “당대의 이념적 성향에 좌우되기 마련”[21]이라 하였는데, 남한의 전집 작업 역시 당시 유신체제의 반공 이념으로부터 자유로울 수 없었던 것이다. 불완전한 북한의 선집을 가져왔지만, 그것마저 이데올로기로 인해 개변되고 말았다. 이것 외에도 국문을 한문으로 고치는 과정에서 잘못 들어간 한자 어휘들이 많아 단재의 원전과는 멀어지는 오류를 범하고 있다.[22] 또한 단재 전집은 이후 보다 많은 논란을 야기하게 된다.

> 그리고 다음으로 사론 평론 논설 등 40여 편을 수록했는데, 이것은 진작 김영호 교수가 제공해 준 것 이상에, 특히 선생의 영식 수범 군이 직접 나서서, 피나는 정성으로 옛날의 묵은 신문들을 장장이 뒤져, 찾아낸 것이므로 구름 깊은 곤산(崑山)에서 옥을 캐어오고 안개 짙은 여학(驪壑)에서 구슬을 찾아낸 것 같아 얼마나 귀한지 모릅니다.(이은상, 「간행사」, 『전집』 별집, 2~3면)

21 W. Soyinka, 장경렬 역, 「문학의 서쪽을 향한 정전, 동쪽을 향한 정전」, 『경계를 넘어 글쓰기—다문화세계 속에서의 문학』, 민음사, 2001, 18면.

22 최옥산은 死灰復燃→社會復緣, 趑趄→焦燥, 走狗→主構, 曙光→瑞光, 遲鈍→至鈍 등 여러 예를 들고 있다. 이는 한글을 무리하게 국한문본으로 바꾸는 과정에서 음가적 동일성, 또는 유사성에 따른 오류를 범한 것들이다. 최옥산, 「문학자 단재 신채호론」, 인하대 박사논문, 2003.8.

개정판에 실린 상당수 논설, 특히『대한매일신보』소재 논설 가운데에서 6편은 김영호 교수가 찾은 것이고, 그 나머지는 신수범이 찾은 것으로 보인다. 이것은 단재의 여러 글을 찾아내었다는 점에서 의미가 크다. 특히 신채호의 또 다른 성취 가운데 하나이자, 개화기 가장 중요한 평문인「천희당시화」를 전집에 포함시켰는데, 그 의의는 자못 크다.[23] 그런데 개정판에서는 단재의 저작이 아닌 글들이 포함되어 있어 정전으로서의 가치를 떨어뜨릴 뿐만 아니라 연구의 난맥상을 형성하고 있다.

서호자,「서호문답」(1908.3.5~18)

사벽생(史癖生),「역사에 대한 관견(管見) 이칙(二則)」(1908.6.17)

연단생(鍊丹生),「소회 일폭으로 보고동포」(1908.8.21)

열혈생,「20세기 신동국지영웅」(1909.8.17~20)

「서호문답」은 서호자의 글이다. 김윤재도 그것이 단재의 글이 아니라는 지적을 했지만, 이것은 성격상 단재의 글이 아니다. 그리고 아래 세 편은 모두 기서란에 실렸는데, 단재가 논설 주필을 맡고 있던 시기 발표된 글들이다. 그 시기 단재는 주필로 있으면서 외부 사람들이 투고한 글을 기서란에 실었다. 이 밖에도『조선일보』의「만리장성이 뉘 것이냐」(1932.12.9~14)를 단재전집에 포함시켰는데, 이는

23 김주현,「국문 창제 요의설을 통해 본「천희당시화」의 저자 규명」,『어문학』87, 한국어문학회, 2005.3 및「「천희당시화」의 저자 확정 문제」,『우리말글』33, 우리말글학회, 2005.4.

박용태가 단재의 글에다가 자신의 의견을 보탠 것이다. 이처럼 단재전집간행위원회는 단재의 작품을 일일이 발굴하여 실은 장점은 있지만, 작품의 개변이나 다른 사람의 작품, 또는 저자 불명의 작품을 포함시키는 등 적지 않은 문제를 안고 있다.

이런 점에서 김병민이 필사본으로 만든 『신채호문학유고선집』은 정전으로서 보다 유리한 지점에 놓여 있다. 왜냐하면 원전에 가장 근접할 뿐만 아니라 이렇다 할 개변이 이뤄지지 않았다는 점 때문이다. 그런데 이 유고선집도 얼마간의 문제점을 안고 있다. 먼저 그것은 「이순신전」, 『을지문덕』, 「최도통전」 등의 작품들이 실리지 않았을 뿐만 아니라 단재 문학 유고 가운데에도 포함되지 않은 작품들이 있다. 또한 崔瑩→崔榮(35,38면), 國威→國尉(38면), 神誌秘史→神誌詩史(38면), 貧且賤者→負且賤者(188면), 沙法名→沙法石(242면 *괄호 속은 유고선집 페이지)처럼 표기하는 등 여러 오류들이 발견되고 있다. 게다가 누락된 부분도 적지 않다.

> (라) ……하는 뜻이 있어 걱정스러운 낯을 가지며, 어떤 사람은,
> "죄를 지면 지었지 지옥밖에 더 왔겠나."
> 하는 뜻이 있어 아무렇지도 않은 듯한 낯을 가지며, 어떤 사람은,
> "애고머니, 인제는 큰일났구나! 내 죄야 있는지 없는지 모르겠다만 순옥사자가 아마 덮어놓고 죽이실 걸."(『백세 노승의 미인담』, 168면)
> (라)′ ……하는 뜻이 잇서 걱뎡실어운 낫흘 가지며, 엇던 사람은,
> "애고먼니, 인제는 큰일낫고나 내 죄야 잇는지 업는지 몰으겟다만 巡獄使者가 아마 덥퍼놋코 죽이실 걸."(『유고선집』, 53면)

(마) ……하고 부채로 썩 가리우니 모든 옥수가 어디에 가 있는지 하나도 안 보이더라.

한놈이 모든 옥수가 어디에 있는지 보지는 못하나 마음에 그 참형 당할 일에 애달퍼 강감찬의 앞에 나아가 매국적 같은 큰 죄는 할 수 없거니와 그 나머지는 다 놓아 보냄을 청하니 강감찬이 한놈의 등을 만지며(『백세 노승의 미인담』, 174면),

(마)′ ……하고 부채로 썩 가리우니 모든 옥수가 어대 잇는지 보지는 못하나 마음에 그 참형 당할 일에 애닯어 강감찬의 압헤 나아가 매국적 갓흔 큰 죄는 할 수 업거니와……(『유고선집』, 57면)

위에서 보듯 김병민의 유고선집에는 한 줄씩 건너뛰어 필사를 한 것들이 있다. 가장 완전한 것으로 보이는 유고선집의 「꿈하늘」도 이렇게 밑줄 친 부분이 두 군데나 누락되어 있다. 그리고 「금전, 철포, 저주」의 두 군데, 「선언」의 세 군데가 누락되어 있다. 유고선집은 유고의 존재를 확인시켜주었을 뿐만 아니라 원전에 가장 근접한 텍스트를 보여주었다는 점에서 큰 의미가 있다.

최근 본 연구자는 기존에 나온 『룡과 룡의 대격전』과 전집, 유고선집을 토대로 『백세 노승의 미인담(외)』(범우사, 2004)를 편했다. 이것은 '범우비평판 한국문학'의 제1권이라는 점에서 의미가 있다. 즉 근대문학의 시원으로 단재를 위치시킨 것이다. 그러나 이 선집 역시 문학편을 묶은 것으로 현대체와 일부 의역이 있어 일반 독자들이 이해하기에는 좋지만, 연구자들이 정전으로 삼기에는 한계가 있다. 다만 이를 통해서 단재 작품을 정전화하는 방법을 제시했다는 점에서

의의가 있다 하겠다.

4. 단재 연구와 문학의 정전화

앞에서도 언급하였지만 단재의 글들은 당대에 높은 평가를 얻었다. 그리고 그의 작품들은 해방 전에도 안자산이나 김태준, 임화에 의해 한편으론 역사소설로, 다른 한편으론 정치소설로 규정되어 그 의미를 평가받았다. 해방 이후 북한에서는 단재의 영웅전기가 높이 평가되었으며, 선집이 발간되면서 그의 문학 전반이 활발히 논의되었다. 신채호는 곧 문학사의 일부로 편입되어 정전화되기에 이른다.

> 이 시기에 『이순신전』, 『을지문덕전』, 『강감찬전』, 「최도통전」 기타 등 적지 않은 민족 영웅전기들이 출현하였다 …(중략)… 이러한 민족 영웅들의 전기의 출현—그것은 이 시기 앙양된 반제 반봉건 투쟁과 련결되어 있으며, 인민들의 민족적 자각과 자주 독립 사상의 장성의 표현이었다.[24]
> 박은식의 「교육이 불흥이면 생존이 부득」, 「구습개량론」, 「인민의 생활상 자립으로 국가의 자립을 성함」, 신채호의 「애국자」, 「력사와 애국심의 관계」, 「무능수론」, 장지연의 「시일야방성대곡」(이날을 목놓아 우노라), 박성흠의 「애국론」, 주시경의 「국어와 국문의 필

24 안함광, 『조선문학사』, 교육도서출판사, 1956, 21~23면.

요」 등은 이 시기 나온 애국적 정론의 대표적 실례이다.[25]

소설 「꿈하늘」(1916)은 신채호의 낭만적 열정과 환상이 자유분방하게 표현되고 있는 대표적 작품이다 …(중략)… 소설(「룡과 룡의 대격전」: 인용자)은 1920년대 우리나라의 불합리한 사회현실과 착취제도를 반대하는 인민대중의 투쟁을 낭만주의적 수법으로 반영한 작품으로서 의의를 가진다.[26]

첫 예문은 1956년 조선민주주의인민공화국 교육성의 비준을 받은 초판으로 당시의 문학관을 그대로 반영한다고 하겠다. 이 저서에서 안함광은 단재의 영웅전기에 대해 높이 평가하였다. 그는 『조선문학통사』(1959)에도 "민족적 긍지와 애국심의 고취"라는 영웅전기의 특성을 강조하였다.[27] 그리고 단재의 유고 발견은 단재의 평가에 대한 새로운 전기를 마련해 주었다. 북한에서는 단재의 정론과 더불어 「꿈하늘」, 「룡과 룡의 대격전」 등이 문학사에서 본격 논의되었다. 먼저 『조선문학사』(19세기말~1925)의 제4장 애국문화운동에 이바지한 문학 제1절 '애국문화운동론자들이 창작한 역사소설과 우화소설'에서 신채호의 정론 등이 논의되었다. 『조선문학개관』에서는 9장 1910~1920년대 전반기 문학 2절 반일애국문학의 창조발전의 한 항목이 '신채호와 그의 소설 「꿈하늘」'로 구성되어 있다. 그리고 『조선문학사』의 제2편 제2장 제1절 제2항 '자유, 독립에 대한

25 박종원·최탁호·류만, 『조선문학사(19세기말~1925)』, 과학백과사전출판사, 1980, 54면.
26 정홍교·박종원, 『조선문학개관1』, 진달래, 1988, 318~319면.
27 언어문학연구소 문학연구실 편, 『조선문학통사(하)』, 과학원출판사, 1959, 6면.

애국적 지향과 갈망을 반영한 문학'은 거의 대부분이 신채호론(후반부 일부가 조명희의 「파사」론임)이다. 그것은 북한문학사에서 단재가 확고하게 자리매김되었다는 것을 의미한다. 그러나 남한의 경우는 조금 다르다.

> 그리하여 고구려의 웅혼성의 상징으로서 을지문덕을 위시하여 강감찬·이순신·곽재우 같은 영웅들의 전기를 서술한 것이다.[28]
>
> 그런 상황을 타개하고 나온 획기적인 저술이 신채호의 『을지문덕』이다 …(중략)… 한문학의 전을 근대적인 전기문학으로 바꾸어 놓는 방향을 적극 모색한 작품이다.[29]
>
> 『무정』을 1910년대의 한가운데 놓고 집중 논의하는 것은 큰 작가만을 문제삼는 문학사 기술방식이다. 큰 작가의 존재가 가능할 수 있는 것이 군소작가들의 뒷받침 때문임은 새삼 말할 것도 없다. 우리는 지금 문학적 현상이나 사상적 사상의 흐름을 계량화하고자 하는 것이 아니라 질적 수준을 문제삼고 있는 만큼 이러한 논쟁점에 대해서는 잠정적인 유보의 태도를 취하는 터이거니와, 다만 『무정』을 둘러싸고 현상윤, 백대진, 양건식, 신채호 등의 작품이 놓여 있었음을 언급함으로써 이 과제를 넘어서고자 한다 …… 신채호의 「꿈하늘」(1916), 「룡과 룡의 대격전」(1926?) 등.[30]

---

28 이재선, 『한국현대소설사』, 홍성사, 1984, 182면.
29 조동일, 『한국문학통사4』, 지식산업사, 1986, 305면
30 김윤식·정호웅, 『한국소설사』, 예하, 1993, 81면.

이것을 차례대로 보면 이재선, 조동일, 김윤식의 문학사이다. 이재선의 문학사에서 신채호의 부분은 '단재의 사상'이라는 항목에서 아주 간단히 제시되어 있다. 그에 비하면 조동일은 중세문학에서 근대문학으로의 이행기 제2기 9절 9항 '시대적 각성을 위한 산문 갈래'에서 신채호의 정론과 「천희당시화」, 『을지문덕』, 「이순신전」, 「꿈하늘」, 「룡과 룡의 대격전」 등을 포괄적으로 논의하였다. 그에 의해 신채호는 제대로 자리매김되었다. 그러나 김윤식은 1910년대를 『무정』 중심으로 다루면서 단재는 작품명 정도만 언급하고 있다. 단재도 군소 작가의 한 사람으로 자리할 뿐이다. 그는 『한국근대문학사상사』(한길사, 1984) 제1장에서 단재를 "근대문학의 시금석"으로 규정했지만, 실제 논의에서는 그렇지 않다. 조동일의 논의를 제외하면, 단재는 근대문학사에서 외면을 받거나 겨우 자리에 끼여든 형국이다. 다행히 1990년대 후반에 들어 김영민은 『한국근대소설사』(솔, 1997) 제3장에서 단재의 역사전기 소설을 다루고, 제5장에서 "역사전기 소설의 새 단계 : 신채호의 소설들"로 단재의 문학을 다루었다. 여기에서 단재의 문학을 근대의 정전으로 자리매김하고자 한 노력을 엿볼 수 있다.[31]

또한 단재를 근대문학의 영역에 편입시켜 논의한 사람으로 김용직, 권영민, 최원식 등이 있다.[32] 이들에 의해 개화기라는 시대 속

---

31 김영민, 『한국근대소설사』, 솔, 1997.
32 김용직, 「개화기 문인의 의식 유형」, 『한국문학연구입문』, 지식산업사, 1982.
권영민, 『한국근대문학과 시대정신』, 문예출판사, 1983.
최원식, 『한국계몽주의문학사론』, 소명출판, 2002.

에서 문학인 또는 작가로서의 단재의 위치는 보다 확고하게 정립된다. 이뿐만 아니라 문학사적 관점에서 단재를 논의한 것들도 있다. 박희병은 단재의 문장이 조헌, 조식, 박지원과 같은 '기가 강고한 문장'의 전통을 잇고 있다고 평가하였으며, 김승환은 신채호, 신동엽, 김남주로 이어지는 한국문학의 혁명적 전통을 세우고자 하였다.[33] 강영주는 단재 등의 전기문학이 봉건시대 군담소설이나 전의 양식을 변용한 것이며, 후대 역사소설의 출현을 가능케 한 과도기적 문학이라고 규정하였다. 김영민은 강영주의 의견을 수용하여 전류 문학 및 군담계 소설→'인물기사'와 '인물고'→역사·전기소설로 전개되어왔음을 주장함으로써 신채호 등의 전기문학에 대해 문학사적 규명을 하였다.[34] 이들의 논문은 우리 근대문학사의 전개에 있어서 신채호 문학의 가치 및 그 중요성을 부각시켰다는 점에서 의미가 있다.

최근 들어 개화기에 대한 중요성이 인식되면서 개화기 문학 논의가 늘고, 또한 신문, 잡지 등에 대한 연구로 개화기의 신문 잡지 연구도 증대되고 있다. 한편 탈식민주의 이론으로 인해 개화기는 뜨거운 화두로 떠오르고 있다. 이제 단재에 대한 본격적 연구로 그의 위상을 재확인하고, 그의 문학을 근대의 정전으로 자리매김할 필요가 있다.

---

33 박희병, 「신채호의 근대민족문학」, 『관악어문연구』 22, 서울대 국어국문학과, 1997.12. 김승환, 「한국 근대문학과 절대주의」, 『한국현대문학연구』 7, 한국현대문학회, 1999.12.

34 강영주, 「한국근대역사소설연구」, 서울대 박사논문, 1987.2.

5. 새로운 정전을 위하여

이제까지 단재 정전의 형성 과정을 살펴보았다. 단재의 작품은 일제 당국에 의해 배제의 정전, 즉 검열의 대상이 되었으며, 그로 인해 일제강점기에 간행되기 어려웠다. 해방 이전에도 단재 전집을 간행하고자 하는 노력은 있었으나 이루어지지 못했으며, 해방 후에 비로소 그의 작품들이 발간되기 시작한다. 그러나 당시만 해도 역사물이 대부분이었다. 단재의 문학에 대한 정전화 작업은 1960년대에 와서 본격화된다. 북한에서 유고가 발견됨으로써 단재 문학의 정전화에 새로운 계기가 되었다. 단재선집의 발간과 더불어 본격적인 재평가 작업이 이루어진 것이다. 그리고 유고선집은 1970년대 남한에서 단재전집의 발간으로 이어진다. 그러나 이들 선집이나 전집의 문제가 있음은 중국쪽 연구사 김병민으로 인해 알려지게 되었다. 결론적으로 앞서 이루어진 전집, 선집, 유고집은 나름의 문제점을 지니고 있다고 할 수 있다.

단재문학의 정전화 작업은 2006년에도 이루어졌다. 그해 8월 12일 MBC '느낌표'에서는 단재의 독립운동 관련 사실과 더불어 『대한매일신보』 1905년 12월 28일에 실린 「시일(是日)에 우방성대곡(又放聲大哭)」을 대대적으로 보도했다. 이 글은 단재전집에는 물론이고, 단재선집 어디에도 실려 있지 않다. 그러나 허룡구(1985), 임중빈(1986), 오세창(1986), 배용일(2002), 신충우(2006) 등이 꾸준히 주장해온 것이다. 이 글은 을사늑약의 부당성을 폭로한 장지연의 「시일야방성대곡(是日也放聲大哭)」과 연속선상에 있으면서도 서로 다른 글이다. MBC

는 신채호를 독립운동가로 새롭게 자리매김하고, 그의 「시일에 우방성대곡」을 높이 평가했다. 이것은 장지연의 「시일야방성대곡」이 계몽기의 정론으로 정전화된 데 따른 반발과 단재의 정론을 새로이 정전화하려는 기획의 소산이다. 왜냐하면 장지연이 일제강점기에 친일을 한 흔적들이 여지없이 밝혀졌기 때문이다. 그러나 MBC의 시도는 원전확정에 실패함으로써 그 기획도 실패하고 말았다. 왜냐하면 「시일에 우방성대곡」은 박은식의 논설이기 때문이다.[35]

정전은 끊임없이 해체되고 재구성된다. 정전으로서의 개정판 단재전집은 해체되고 있다. 이제 새로운 정전의 구성이 필요하다. 보다 완전한 단재의 전집이 꾸려질 필요가 있다. 새로운 정전은 자료면에서 보다 완전하고, 또한 편집자들에 의한 개변이 없어야 한다. 이제 필요한 것은 보다 완전한 전집을 통해 그의 문학을 정전화하는 일이다. 아울러 그의 작품의 문예미학적, 문학사적 가치를 올바르게 규명해내야 한다. 그의 문학이 참다운 가치를 인정받을 때 근대문학의 새로운 정전으로 자리매김될 것이다.

35 김주현, 「신채호의 자료 발굴 및 원전 확정 연구—『대한매일신보』 소재 작품 중심으로(1)」, 『한국현대문학연구』 20, 한국현대문학회, 2006.12.

문학과 다른 장르

소설과 영화의 미적 차이

소설과 영화의 미적 차이

1. 재현으로서의 예술적 형식

영화는 독립된 예술인가? 이 질문을 새삼스럽게 던지는 까닭은 영화라는 예술이 지니는 특성과 의의를 다시 생각해보기 위해서이다. 영화는 1911년 카두노(R. Canudo)에 의해서 제7예술로 명명되었다. 바로 영화가 전통적인 예술, 이를테면 건축, 음악, 미술, 조각, 시, 무용에 이어 새로운 예술장르로 자리매김된 것이다. 그는 영화를 '조형(공간)예술과 리듬(시간)예술, 과학과 예술의 융합'으로 설명했다. 곧 영화는 건축(회화와 조각), 음악(시와 무용) 등 모든 예술의 특성을 종합한 예술장르라는 것이다. 제7예술이라는 지적에서도 알 수 있듯, 영화는 다른 예술보다 역사가 짧다. 하우저가 『문학과 예술의 사회사』의 마지막 장을 '영화의 시대'로 논의한 것도 이러한 의미가 담겨 있다. 영화는 현대에 가장 근접한 새로운 차원의 예술이었던 것이다.

영화는 근대과학의 산물이라고 할 수 있다. 예술과 과학이 만나는 자리에서 비로소 영화는 탄생할 수 있었다. 영화는 100여 년의 역사밖에 되지 않는다. 정통예술인 문학에 비한다면 손자뻘인 셈이다. 그러나 문학과 영화의 생성 역사의 차이에도 불구하고 이 두 예술장르가 본질적으로 삶을 재현한다는 공통점을 갖고 있다. 여기에서 재현으로서의 문학을 논한 플라톤의 언급을 살펴볼 필요가 있다.

> 「적어도 저로서는 이렇게, 즉 제작자들이 만드는 것을 모방하는 자라고 부르는 것이 가장 적당하다고 생각합니다」라고 그는 말하더군.
> 「그럼 됐네」하고 내가 말했네.
> 「그렇다면 자넨, 자연으로부터 셋째번 제품을 만드는 자를 모방자라고 부르는 것이겠지?」
> 「그렇고 말고요」하고 그가 말했네.
> 「그러고 보면 비극작가 역시, 만약 그가 모방자라면 본바탕으로 보아 이것, 즉 진리라는 왕으로부터 세번째로 생겨난 자가 되겠고, 다른 모든 모방자들도 마찬가질세.」
> …(중략)…
> 「그렇다면, 모방의 기술이란 것은 참다운 것으로부터 멀리 떨어져 있는 것이고, 그리고 또 그것이 온갖 것을 다 만들어낼 수가 있다는 것은 아무래도 하나하나의 것의 지극히 작은 부분에만, 그것도 나타나 보이는 허깨비에만 닿기만 하면 되기 때문이라네.」[1]

1 Platon, 조우현 역, 『국가·소크라테스의 변명』, 삼성출판사, 1982, 359~360면.

플라톤의 재현(모방) 논의는 사물의 본질 즉 이데아를 상정한다. 작가가 하는 일이란 화가처럼 손에 거울을 들고 이리저리 비춰가며 작품을 만들어내거나, 제작자들이 이데아를 따라서 만든 제품을 모방하는 것이다. 문학이 본질 그 자체를 모방하지 않고 사물의 외관이나 현상의 일부만을 재현한다고 해서 그 자체로 추방해야 할 대상은 아니다. 목수의 침상이나 화가의 침상 그림, 즉 현실세계나 작품 속에 형상화된 현실은 단순한 모방 관계에 그치는 것이 아니다. 이들의 존재는 서로의 차별성을 통해 또 다른 방식으로 본질에 이르려는 것일 수도 있다. 사실 우리가 살아가는 현실마저도 현상이자 외피일 수 있다. 문학은 이러한 삶 가운데에서 보다 본질적인 요소를 추구하고, 참된 삶에 이르려는 노력의 산물일지도 모른다. 우리의 삶 자체가 허상이나 환각을 추구하는 것이 아닌 것처럼, 문학 역시 그 본실에 이르려는 작가의 열정과 진정성이 결합되어 형성된 것이다.

소설이나 영화 모두 대상의 재현이라는 점에서 동일한 특성을 지니고 있다. 이들은 현실세계를 대상으로 하고 있고, 인간 행위를 재현한다는 점에서는 일치한다. 영화는 우리 시대에 가장 가까운 시기에 출현했다. 영화가 그 시기상 당대에 보다 밀접하다는 것은 여러 가지 점에서 시사적이다. 문학 장르 가운데서 근대의 서사적 삶을 표현하는 데 적합한 장르인 소설 역시 다른 장르보다 그 태동이 늦은 편이다. 이와 같이 소설과 영화는 당대의 삶을 표현하는 데 적합하다는 양식적 특징을 갖고 있다. 전통적 예술장르로서 문학, 그 가운데에도 근대의 서사시적 삶을 대표하는 소설과 고도의 과학 영상매체의 결합으로 이루어진 영화는 근대 예술로서 떼어놓을 수 없는 관계를 형성한다. 따라서 이 장르들이 지향하는 미의식을 고구함으로써 독립된 장르로서의 특성을 밝히고자 한다.

2. 문학과 영화의 차이

헤겔이 말한 5가지 주요 예술들, 건축, 조각, 회화, 음악, 시 예술이나 전통적 6가지 예술, 이를테면 건축, 음악, 미술, 조각, 시, 무용 가운데서 영화와 가장 밀접한 예술장르는 무엇인가. 우리가 공간예술, 시간예술, 시공간 예술로 나눌 때, 영화는 극예술과 더불어 시공간적 예술에 속하고, 문학은 시간예술에 속한다. 하우저는 영화와 다른 예술의 가장 근본적인 차이를 시간과 공간의 경계가 유동적이라는 점을 들고 있다. 영화는 "사물이 동시에 멀고도 가까운 상태, 시간적으로 서로 가깝고 공간적으로 먼 상태에서 처음으로 4차원적 시공이 구성되는데, 이러한 4차원적 시공—또는 말을 바꾸면 시간의 2차원성—이야말로 영화 본연의 세계이며 영화적 사물관의 기본 범주를 이루는 것이다"라고 지적했다.[2]

이는 영화가 시공간의 제약으로부터 자유롭다는 것을 말한다. 그는 영화뿐만 아니라 문학, 특히 프루스트나 조이스의 소설 역시 4차원적 세계를 지니고 있음을 언급하였는데, 이는 두 예술형식의 유사성을 보여준다. 무엇보다 영화가 시나리오로 형성되기 때문에 서사

2 A. Hauser, 염무웅·반성완 역, 『문학과 예술의 사회사』, 창작과비평사, 1984, 245면.

적 사건을 지닌 문학에 가장 밀접하다고 할 수 있다. 그래서 문학을 언어적 서사, 영화를 영화적 서사로 설명하기도 한다. 이러한 이면에는 이 예술들의 독자성이 존재한다. 우리가 영화를 말할 때 이는 시나리오, 촬영, 조명, 음악, 편집, 미술, 소품, 특수효과, 녹음 등의 총체를 일컫는다. 이 가운데서 영화 이야기를 구성하는 시나리오는 문학에 해당한다. 말하자면 문학작품, 특히 소설을 각색하여 영화화하는 경우가 많다. 그러면 문학과 영화의 차이란 무엇인가.

> 문학이 시간적이고 청각적인 데 반하여 영화는 보다 더 공간적이고 시각적이라고 할 수 있다. 문학은 내향적이요, 영화는 외향적이다 …(중략)… 영화가 구체적이고 직접적이기 때문에, 환언하면 문학이 추상적이고 관념적인 데 반하여 영화는 보다 더 감각적이기 때문에 그 가운데 문학에서 보는 듯한 고원(高遠)한 추상적인 사상을 내포할 수 없다고 생각하는 이가 있다. 복영무언(福永武彦)이라는 영화 비평가는 본래 사상이 없는 영화는 문학작품을 영화화함으로써 겨우 사상을 가질 수 있다는 의미의 폭론(暴論)을 토하였고 이태준(李泰俊)은 영화예술의 한계성을 결정하여 가로대 심리묘사를 주로 한 작품만이 고급영화라 하였다 …(중략)… 문학과는 표현양식이 다를 따름이지 영화도 사상이 있다. 문학에서는 인물의 〈모노로그〉 혹은 설명의 형식으로 표현하나 영화에서는 설명하고 서술하는 대신에 구성한다.[3]

3 오영진, 「영화와 문학에 관한 프라그멘트」, 『조선일보』, 1939.3.2~3.

이 글은 오영진의 「영화와 문학에 관한 프라그멘트」의 일부이다. 문학과 영화에 대해 원론적인 입장에서 차이를 설명하고 있다. 그가 문학을 청각적이라고 지적한 것은 문학의 구비문학적 가능성이나 문학의 퍼포먼스를 지적한 것이라 볼 수 있다. 대체로 문학은 청각적이기보다 시각적이다. 그러나 문학과 영화에서 전자를 시각적인, 후자를 시·청각적인 예술이라 할 때 두 장르의 공통성으로서 시각적인 것은 차이가 있다. 오영진이 문학을 청각적이라고 지적한 것은 바로 시각적인 것에서의 차이에 말미암은 것일 수도 있다.

이를테면 영화는 사진이나 회화처럼 회화적인 이미지(활동사진)를 가진 상(像)으로 제시된다. 이것은 조각이나 건축처럼 조형적인 상이 그 모든 것을 표현하는 것은 아니지만 시각을 통해 감지된다는 점에서 공통성을 지닌다. 시각적이라는 점에서 영화는 회화에 가깝다. 한편 문학은 언어를 매체로 전달된다. 특히 시는 리듬이 강조된다. 서정시가 음악에 보다 근접해 있다는 것도 바로 이러한 이유에서이다. 서구에서 광범위하게 재현되는 퍼포먼스 예술, 우리의 판소리 연행 따위는 문학이 청각적이라는 주장을 보다 설득력 있게 해 준다. 그러나 문학은 언어의 배열을 통해 하나의 상을 제시한다.

특히 묘사와 서술로 제시되는 사건은 언어가 가지는 특성인 이미지로 받아들인다. 영화가 몽타주를 통해 장면을 구성해내듯 문학은 독자에게 언어를 통해 사건 자체를 상적으로 재현해낸다. 이러한 것은 영화적 재현과 유사하다. 이를테면 '그는 그녀를 만났다'라고 할 때, 우리는 그와 그녀의 만남을 이미지로 그려낸다. 그것은 결국 영화의 상적 재현과 유사한 시각적 표현이라는 것이다. 물론 여기에서 그것이 청각적이냐 시각적이냐의 문제가 중요한 것이 아니다. 그것보다는 더욱 본질적인 재현의 방식, 곧 문학은 언어를 통해 대상 자체를 상적으로 인식하게 하고 영화는 보다 직접적이고 구체적으로 대상 자체를 드러낸다는 점이다. 어떻게 보면 문학은 독자의 상상력이 가미된 상적 재현을 함으로써 보다 다양하게 받아들여질 수 있다. 이는 문학예술이 지닌 특성이다. 그러나 문학이 영화화되면 관객은 배역을 통해서 각 인물들을 인식함으로써 보다 구체적이고 직접적인 느낌을 가질 수 있지만, 그 배우가 지닌 이미지에 의해 관객의 상상적 느낌이 제한되기도 한다.

> 장자가 조릉의 울타리가에서 노닐다가 이상한 까치 한 마리가 남쪽에서 날아오는 것을 보았다. 그 날개의 넓이는 일곱 자이고 눈둘레는 한 치나 되있다. 그놈은 장지의 이마를 스쳐 밤나무 숲에 앉았다. 장자는 혼자 생각했다. 「저놈은 어떤 새이기에 저렇게 넓은 날개를 가지고도 높이 날지 못하고, 저렇게 큰 눈을 가지고도 잘 보지 못하는가?」 이에 옷깃을 걷어 올리고 빠른 걸음으로 화살을 잡아 새를 겨누었다. 그러다가 문득 한 쪽을 보니, 매미 한 마리가 나뭇가지 그늘에 앉아 제 몸을 잊어버리고 즐기고 있었다. 그리고 그 곁에는 사마귀 한 마리가 풀잎에 숨어, 그 매미를 잡으려고 정신이 쏠려 제 몸을 잊고, 저 까치는 또 그 기회를 타서 그 사마귀를 잡으려고 정신을 잃고 있었다. 장자는 이것을 보고 놀랍고 두려워, 「아, 슬픈 일이다. 만물은 원래 서로서로 해치고, 이해(利害)는 서로서로 짝하는구나」하고, 화살을 던져 버리고 도망치듯

달아났다. 밤숲지기는 그것을 보자, 밤도둑이라 생각하고 뒤를 쫓으며 꾸짖었다. 장자는 집에 돌아와, 석 달 동안을 뜰앞에도 나앉지 않았다.[4]

위 글은 『장자』 「산목(山木)」 편의 일부이다. 이 이야기를 통해 문학과 영화의 차이를 확인해볼 수 있다. 먼저 이 이야기의 초점인물은 장자이다. 글을 읽은 독자들은 작가가 서술하는 대로 이야기를 읽어가면서 각각의 상황을 재연해낸다. 언어를 통해 이상한 새의 독특한 모습이나, 새의 어눌함, 그리고 화살을 겨눈 모습, 사마귀가 매미를 잡으려는 모습…… 장자가 도망하는 모습 등을 그려볼 수 있다. 독자는 서술자의 시각을 좇아가며 사건을 재구해내고 이해한다. 만일 이 장면이 영화화되면 어떠할까.

소설에서 서술자의 시점은 영화에서 카메라의 눈 곧 렌즈와 동일한 기능을 한다. 영화는 대상물을 초점화함으로써 보다 직접적으로 관객에게 전달한다. 먼저 카메라는 장자의 거니는 모습, 까치가 나는 모습, 까치의 모습, 화살 겨누는 모습…… 장자가 집에 들어와 두문불출하는 모습들을 하나하나 잡게 된다. 특히 까치의 모습, 그리고 사마귀가 매미를 잡으려는 모습 등은 클로즈업시켜 현장감을 확대할 것이고, 새가 밤나무숲을 날아가는 모습, 장자가 도망가는 모습은 원거리 촬영을 하여 배경과 함께 드러내며, 쫓고 쫓기는 장면들을 서로 오버랩시켜 보여줄 수 있을 것이다. 이때 서술자의 시점

4 莊子, 김달진 역, 『장자』, 고려원, 1989, 296~297면.

과 카메라 렌즈는 같은 기능을 하기도 하지만 서로 다른 기능을 하기도 한다. 이들이 서사를 전달하는 점에선 같지만 전달하는 방법은 다르다. 하나는 언어이고, 하나는 활동사진이라는 측면만이 전부가 아니다. 기술에서의 문제가 다르다.

서술자의 시점을 통해 전달되는 이야기가 카메라로 잡힐 때는 원경/근경에 의해 전지적으로 전달된다. 언어로 전달된 위 이야기 속에서 우리는 장자의 심리적 변화를 잘 읽을 수 있다. 이를테면 '저놈은 어떤 새이기에 저렇게 큰 눈을 가지고도 잘 보지 못하는가', '만물은 서로 해체고 이해는 서로 짝하는구나'와 같이 독백조로 된 진술을 통해 장자의 심리적 흐름을 파악할 수 있다. 그러므로 마지막에 '장자는 집에 돌아와, 석달 동안을 뜰앞에도 나앉지 않았다'라는 구절에서 장자 역시 제 몸을 잊어버리고 낮잠을 즐기는 매미나 까치가 공격해오는 줄도 모르고 매미 잡는 일에 정신이 팔린 사마귀, 화실의 과녁이 된 줄도 모르고 사마귀 잡는 일에 정신을 잃은 까치와 별반 다를 바 없다는 부끄러운 자의식을 읽을 수 있다. 그리고 우리는 상상을 더해 '나는 어떤 인간이길래 이렇게 큰 눈을 가지고도 사물을 제대로 깨닫지 못하였던가'라는 장자의 삶에 대한 철학적 통찰까지도 유추해낼 수 있다.

그러나 카메라의 눈은 그렇지 못하다. 이러한 상황들을 자세히 전달해 줄 수 있지만, 장자의 내적 심리를 전달하는 데는 한계를 지닐 수밖에 없다. 오영진은 앞의 글에서 심리묘사를 주체적 내면성 심리묘사와 객체적 외면성 심리묘사로 나누고, 전자를 "언어를 매개로 하는 시간예술인 문학에 한하여 가장 적당하고 우위적인 수법"

으로 인정했다. 달리 영화가 심리적 뉘앙스를 표현하는 데 어려움이 있음을 언급한 것이다. 이를테면 카메라는 배경의 생생함이라든가, 까치가 날아오는 장면, 사마귀가 매미를 잡아먹으려고 접근하는 장면, 밤 숲지기가 쫓아오는 장면 등을 보다 생동감 있고 현장감 있게 재현해낼 수 있다. 이러한 부분에 대해서는 영화가 문학보다 수월한 면이 있다.

영화는 구체적이고 감각적이기에 관객들에게 사건을 보다 쉽게, 보다 직접적으로 전달할 수는 있지만 복잡한 내면의 심리나 감정의 흐름을 전달하는 데 한계가 있고, 작품에 참여하는 독자(관객)의 상상적 공간을 제한하기도 한다. 특히 자유연상이나 의식의 흐름, 내적 독백 등은 영화가 쉽게 하기 어려운 문학의 장점이다. 물론 영화에서 각각의 장면 변환 속에 자막이나 독백을 투사시켜 기술적으로 이를 보완할 수는 있다.

> 영화의 카메라는 어떤 의미 있는 관점에서 건 〈묘사한다〉고 말해지지 않는다. 영화로 나타난 대상들의 수와 다양성은 제한적이며, 장면의 틀과 카메라의 포착범위 내에 제한된다. 그러나 영화화된 대상의 모든 속성들—색깔, 형태, 크기 등—은 〈즉시적 종합〉에서 하나의 전체로써 포착될 수 있기 때문에, 그 대상들은 하나의 〈강렬한 자율성〉을 획득한다. (혹자는 클로즈업이나 편집에 의해서 개별적 특성들을 분석할 수도 있고 하나의 대상을 다른 대상과 유사하게 보이도록 할 수도 있다.)
>
> 반면에 언어로 묘사된 대상들은 보다 느린 방법으로 독자의 의식

속에 들어온다. 우리는 모든 대상들의 속성을 단 한 번에 포착할 수 없다.[5]

채트먼은 영화카메라를 소설의 '묘사'와는 달리 '즉시적 종합'이라고 설명했다. 말하자면 언어로 묘사된 대상은 느린 방법으로 의식 속에 들어오지만, 영화화된 대상은 하나의 전체로서 포착된다는 것이다. 언어를 통한 이미지는 독자의 눈을 거쳐 머리 속에 이미지로 재생되지만, 영화는 이미지 자체를 실체로서 드러내기 때문이다. 그래서 영화의 이미지 자체는 직접적으로 그 모습을 실현하지만, 언어로 서술되거나 묘사된 장면들은 독자의 의식 속에 천천히 기억되는 것이다. 또한 영화는 짧은 시간 내에 관객들이 인식할 수 있는 사건들을 전달해야 된다는 부담감을 안고 있기 때문에 사건들이나 배경, 인물들에서 어느 정도 제한을 받는다. 물론 고전 연극에 비한다면, 영화는 매우 자유롭다.

영화는 시간적으로나 공간적으로 그리고 등장인물의 수에서 영화는 연극의 제한된 속박을 허물어뜨렸지만, 문학이 담을 수 있는 것처럼 무한히 열려있는 것은 아니다. 특히 대하소설이나 연대기, 기타 역사소설의 장구함을 재현하는 데 영화는 제한을 받는다. TV 드라마는 이러한 면에서 보다 적극적이고 개방적이다. 연속물로 방영함으로써 각 편이 갖는 긴밀감이나 장면의 확대, 서사적 사건의 나열 등을 보다 자유롭게 제시할 수 있기 때문이다. 그러므로 방송드

5 S. Chatman, 김경수 역, 『영화와 소설의 서사구조』, 민음사, 1989, 269면.

라마는 대하소설이나 역사소설 등 시·공간적으로 확대된 문학작품을 극화하는 데 보다 생산적인 역할을 한다.

한편 영화는 카메라의 눈을 통한 직접적 재현이라는 점에 있어서 사물의 운동성, 시간적 변화양태를 드러내는 데 보다 적합하다. 그래서 액션물처럼 박진감 넘치고 생동감 있게 보여줄 수 있다. 이러한 특성은 초기 무성영화에서 잘 확인할 수 있는데 채플린의 희극영화의 경우 빠른 행동 자체가 사건을 전달하고 감정을 표현할 수 있었다. 이러한 특성으로 인해 생물의 분포 및 성장과정, 삶의 양태를 담은 교육영화들이 만들어진다. 이러한 영역들은 영화의 장르적, 매체적 자율성을 획득할 수 있는 공간이기도 하다.

일반적으로 볼 때 이 두 예술장르는 긴밀한 상호작용을 갖고 있다. 비록 하나는 언어로, 하나는 활동사진으로 표현수단을 달리하지만 삶을 보다 적극적으로 재현한다는 점에서 일치한다. 카메라의 눈과 서술자의 시점을 통해 재현되는 세계는 모두 이미지로 우리의 머리속에 기억된다는 점에서 일치한다. 문학은 영화의 생성에 보다 본질적인 역할을 수행했는데 이 둘의 관계는 오늘에 이르러서도 지속된다.

3. 미적 커뮤니케이션의 두 형태

하버마스는 『현대성의 철학적 담론』에서 주체적 이성중심주의를 비판하고 언어능력과 행위능력을 가진 주체들 사이의 상호 이해, 상호주관적 이성이라는 새로운 패러다임을 주장했다. 그에게 있어 이성은 커뮤니케이션 구조 속에서 재구성되고 자기비판 당한다. 이성은 항상 커뮤니케이션 행위 속에 구현되고 커뮤니케이션은 언어에 의해 매개된다. 주체 중심적 이성으로부터 커뮤니케이션적 이성으로의 패러다임 전환은 인간을 주체 중심이 아니라 주체 사이의 상호관계 내에서 인식할 것을 요구한다. 예술 역시 이러한 커뮤니케이션 구조로 파악할 필요가 있다. 모든 예술은 인간사회에 있어서 하나의 커뮤니케이션 구조를 갖고 있고, 사회·경제 구조나 다른 상부 이데올로기들과 상호작용을 하기 때문이다.

> 미학적 의사소통의 특징은 바로 그것이 예술작품의 창조 속에서, 창조적인 수용에 의한 끊임없는 쇄신 속에서 충만하게 완수된다는 점과 그 외의 다른 객관화를 요구하지 않는다는 데 있다 …(중략)… 이 의사소통은 사회생활의 흐름에 통합되며 자기 자신 속에 일반적인 경제 하부구조를 반영하며, 모든 다른 종류의 의사소통의 형식들과 힘의 상호작용 및 교환의 관계에 들어간다. 우리의 임무는 시학적인 언술의 형식을 언어매체 속에서 실현되는 특수한 미학적 의사소통의 형식으로 이해하고자 노력하는 데 있다.[6]

바흐친에 따르면 미적 커뮤니케이션은 창조와 수용의 쇄신 속에

6 M. Bakhtine, 최현무 역, 「생활 속의 담론과 시 속의 담론」, 『바흐친—문학사회학과 대화이론』, 까치, 1987, 164~165면.

서 완수된다. 그는 "작품은 창조자와 수신자 사이에 일어나는 상호 과정 속에서만 진정한 예술작품"이 된다고 했다.[7] 커뮤니케이션 구조를 이야기할 때, 로만 야콥슨의 도식은 유효하다. 그는 언어 전달 구조를 '발신자—수신자' 구조를 상정하고, 이에 발신자가 수신자에게 보내는 '메시지'와, 이것이 전달되기 위한 '관련 상황'(context), 그리고 이 둘 사이에 공통적인 '약호 체계', 물리적·심리적 '접촉'을 커뮤니케이션을 지속할 수 있는 요소로 설명했다. 이러한 언어 전달 구조는 생활세계뿐만 아니라 언어를 매체로 하는 문학에도 적용된다. 웨인 부스는 이러한 모형을 서사적 전달모델로 제시하였는데, 이는 실제 작가 → 내포작가 → (서술자) → (피화자) → 내포독자 → 실제 독자이다.

이것은 간단히 작가 → 텍스트 → 독자의 구조로 모형화할 수 있다. 영화와 소설은 그 전달방식이 활동사진이든 언어이든 모두 이러한 커뮤니케이션 구조를 갖는다. 그러나 '창조', '수용', '상호작용과 교환'의 측면에서 차이를 노정한다. 작가 → 텍스트 → 독자로 형성되는 문학은 일반적으로 1 : 1의 대응관계를 이룬다. 작가는 독자적인 언어체계를 기반으로 독자와 소통을 펼치는 것이다. 그러나 제작자 → 영화 → 관객으로 형성된 영화의 커뮤니케이션은 보다 복잡하다. 영화는 프로듀서, 감독, 각색가, 카메라맨, 미술감독, 기타 각종 기술자 등 여러 사람의 힘을 합해 만들기 때문에 집단적 예술 창작이라고 할 수 있다. 영화에서 발신자 대 수신자는 다수 대 다수의 관

7 위의 책, 164면.

계이다. 문학에서는 서사를 전달하는 작가가 발신자의 전부이지만, 영화에서 서사를 전달하는 작가(그가 시나리오 작가이든, 소설 작가이든)는 전부가 될 수 없다. 거기에는 감독이나 카메라맨, 기타 기술자의 기술적 측면이 중요한 역할을 하기 때문이다.

> 서사가 작동하는 양상은 시각적이나 청각적 혹은 시청각적이다. 시각적 범주에는 비언어적 서사물들(회화, 조각, 발레, 연재만화, 마임 등등)과 쓰여진 텍스트들이 포함되며, 청각적 범주에는 음유시인의 노래, 음악적 서사물, 라디오극, 그리고 다른 구술 연행 등이 포함된다. 그러나 이러한 구분은 기술 텍스트(written text)와 구술 텍스트(oral text) 사이의 중요한 공통성을 드러낸다. 모든 기술된 텍스트들은 구술적으로 실현 가능하다. 이것들은 연행되는 것이 아니라 어떤 순간이라도 연행될 수 있는 것이다. 즉, 이것들은 본래적으로 연행하기 쉬운 것이다.
> 서사물이 연행을 통해서 경험되든 아니면 어떤 텍스트를 통해서 경험되든, 청중들은 해석을 지니고 반응해야 한다. 청중들은 그 관계에 참여하지 않을 수 없다.[8]

일반적으로 문학은 시각적 범주에 속한다. 음유시인의 노래, 구술 연행, 판소리를 포함한다 해도 청각적인 범주에밖에 이르지 못한다. 그러나 이것이 연행되면 연극이나 영화처럼 시청각 예술로서 자리

8 S. Chatman, 앞의 책, 31면.

잡게 된다. 사실 우리가 영화를 종합예술이라고 하는 것도 바로 이러한 이유 때문이다. 글로 쓴 모든 문학은 구술이 가능하다. 또한 이들 상당수는 무대·공간 예술로 전환할 수 있다. 그때 쓰여진 텍스트를 제외하면 문학이 아니다. 희곡과 시나리오가 연행되어 연극과 영화가 되면 그것은 또 다른 예술이 되는 것이다. 그러나 이들 서사물이 어떤 형태로 전달되든 미적 커뮤니케이션의 구조는 일치한다.

문학을 발신자 → 언어 → 수신자로 상정하는 것처럼 영화 역시 발신자 → 이미지 → 수신자로 간단히 지적할 수 있겠지만, 메시지로서의 이미지/ 언어라는 보다 복잡한 과정을 거치게 된다. 문학이 연행되면 행위나 몸짓이라는 공간적 요소가 개입되기 때문에 청중이나 관객에게 보다 직접적으로 전달된다. 이를 앞에서 '즉시적 종합'이라고 했는데 연극이나 영화가 관객의 영향을 많이 받는 것도 이러한 특성에 기인한다. 문학이 보이지 않는 독자에게 간접적으로 전달되는 반면, 영화는 실재 관객에게 직접 전달되기 때문에 대중매체 또는 대중문화의 속성을 많이 지닐 수밖에 없다. 영화는 제작 → 배급 → 상영을 통해 관객에게 전달되는데 이 과정에 제작 이전의 단계로서 원작 → 각색 → 영화의 측면과 전달자로서 제작자 → 배급업자 → 상영자의 측면이 포함된다. 이러한 커뮤니케이션 구조 속에 제작 배급·상영의 경제적 측면, 관객의 수용 심리적 측면, 영화의 효과와 관련된 사회적 교육적 측면 등이 작용하게 된다. 물론 이러한 측면은 예술의 생산, 수용이라는 보다 본질적인 문제와 관련이 있지만, 영화가 갖는 대중성, 오락성, 상업성 등 소비사회에서의 문화산업의 특성과 밀접한 관련이 있다.

소설과 영화는 커뮤니케이션의 구조로서 발신자와 수신자의 상호 관련성 내에서 보다 긴밀히 파악될 수 있다. 주디스 메인은 이 두 장르의 형성과 발전을 점검하면서 사적 소설, 공적 영화라는 용어를 채택하였는데,[9] 이는 커뮤니케이션의 구조 속에서도 동일하게 사용할 수 있다. 곧 문학은 작가와 독자가 개인적이고 사적인 관계로 의사소통을 하지만, 영화의 제작자와 관객은 공적인 커뮤니케이션을 지향하고 있다.

4. 소설의 영화화

영화는 문학을 필요로 한다. 영화의 제작을 위해서는 어떤 대상이나 사실이 선세되어야 한다. 그것이 시나리오화되어 영화로 만들이지는 것이다. 이때 원 텍스트는 문학작품, 그 중에서도 소설인 경우가 많다. 그리고 그것이 문학작품이 아닌 역사라던가 현실의 사건이라 하더라도 구성작가에 의해 제작되면 그 시나리오는 문학의 영역으로 들어오게 된다. 소설작품이 시나리오로 각색되어 영화화되는 일은 매우 흔한 일이다. 소설은 영화 발생에 주요한 역할을 했을 뿐만 아니라 영화와 관계를 맺음으로써 대중들에게 시각 매체를 통한 접근의 길을 열어 주었다.

9 J. Mayne, 강수영·류제홍 역, 『사적 소설 공적 영화』, 시각과 언어, 1994.

지금까지 많은 문예작품을 영화화하고 그것으로 어느 정도 영화를 질적으로 향상시키기는 하였으나 일방 그것 때문에 일부 지식인의 오해를 초래하게 되었다.

어떤 사람은 전술한 바와 같이 문학이 영화의 유일의 사상적 영양물이고, 문학의 힘을 얻은 후에야 비로소 영화도 사상을 획득할 수 있고, 문예영화만이 고도한 내용을 가질 수 있다는 편견을 가지고 있다 …(중략)… 문학작품에 대하는 영화작가의 태도가 초월적인 한 문학작품의 영화화는 결코 영화의 치욕도 아니고 사도(邪道)라고도 할 수 없다. '오리지널 시나리오'가 문학작품과 비견할 수 있는 정도의 순수한 예술성을 획득한 후라도 새로운 제재와 시야의 확대를 위하여 문예작품의 영화화는 계속할 것이요 (불란서의 유능한 영화작가의 현상) 또한 해야 할 것이다.[10]

오영진의 말처럼 문예작품이 영화의 질적 향상에 크게 기여하였으며, 또한 영화는 새로운 제재와 시야의 확대를 위해 문학작품을 수용해왔음은 주지의 사실이다. 우리는 영화사에서 문예작품이 영화화된 것으로 많은 작품들을 찾아볼 수 있다. 셰익스피어의 고전 원작에서부터 당대에 이르기까지 다양한 작품이 영화화되었다. 『햄릿』, 『로미오와 줄리엣』, 『노트르담의 꼽추』, 『춘희』, 『레미제라블』, 『죄와 벌』, 『전쟁과 평화』, 『부활』, 『파우스트』, 『쿼바디스』, 『벤허』, 『바람과 함께 사라지다』 등 이루 헤아릴 수 없다. 우리의 문예

10 오영진, 앞의 글, 『조선일보』, 1939.3.11.

작품도 『춘향전』, 『심청전』, 『운영전』, 『숙영낭자전』, 『장화홍련전』 등 고전 작품들과 「벙어리 삼룡이」, 「물레방아」, 『자유부인』, 「오발탄」, 『단종애사』, 『상록수』, 『김약국집 딸들』, 「잉여인간」, 「사랑 손님과 어머니」 등 수많은 근·현대작품이 영화화되었다. 그리고 근래에 들어서는 『서편제』, 『너에게 나를 보낸다』, 『태백산맥』, 「우리들의 일그러진 영웅」, 『영원한 제국』, 『헐리우드 키드의 생애』, 『남부군』, 『하얀 전쟁』, 『나는 소망한다 내게 금지된 것을』 …… 「벌레 이야기」, 『내게 거짓말을 해봐』, 『82년생 김지영』 등도 영화화되었다.

이런 영화들은 언어로 된 문예작품을 시각 매체로 영상화함으로써 대중들에게 새로운 향유방식을 제공한다. 물론 여기에는 소설뿐만 아니라 희곡, 논픽션 등도 영화의 원 텍스트로 활용된다. 그러나 문예작품을 영화화하는 과정에서 발생하는 몇 가지 문제를 지적하지 않을 수 없다. 주로 소설이 각색되면서 겪게 되는 문제들을 간략히 살펴보고자 한다.

> 각색 문제를 둘러싸고 발전해온 거대한 비평체계는 대개 영화와 소설이 서사 형식으로서 '당연한' 유사성을 가지고 있다는 가정에서 비롯되고 따라서 각색 분석(즉 소설을 원작으로 삼고, 영화를 원작에 '충실'하거나 '왜곡'된, '적절'하거나 '부적당'한 해석이라고 분석하는 것)은 비역사적이고 고립된 미학적 관심사에만 국한되는 경향을 띠고 있다 …(중략)… 베스트셀러뿐 아니라 전통소설들을 각색하는 데 있어 고전적 헐리우드 시네마는 독서를 통한 경험이 영화관에서 다시 경험될 것을 약속한다. 그리고 아마도 보다 근

본적으로는 전통소설을 스크린으로 각색해서 상영하는 것은 시네마를 중산계급의 오락물로서 규정하려는 시도와 일치할 것이다.[11]

각색은 원작의 의도를 충분히 반영할 수도 있지만, 제작자의 주관에 따라서 변형이 발생할 수 있다. 이를테면 임권택 감독이 만든 『태백산맥』은 그 줄거리의 요약뿐만 아니라 영화의 결말 자체를 한풀이의 정서로 이끌고 가는데, 이는 어쩌면 『서편제』(1993)의 흥행을 『태백산맥』(1994)의 서사적 매듭으로 이끌어 온 것으로 볼 수 있다. 사실 감독은 긴 서사물을 영화 상영의 제한된 시간 내에 소화해낼 수 없을 때 과감히 생략한다든가, 또는 대중적 흥미유발을 위해 스토리의 변화를 추구할 수 있다. 그러나 그것 자체가 원작의 의미를 크게 벗어나는 일이라면 일종의 해악이다.

우리는 더러 원작이 뛰어나다거나 영화가 뛰어나다거나 하는 말을 하는데 이 둘의 관계는 상호 보완적이고 충족적 관계로 기능한다. 원작 역시 각색된 시나리오와 하나의 커뮤니케이션적 구조를 지니기 때문이다. 물론 경우에 따라서는 원작이 별로 중요하게 취급받지 못하다가 영화로 상영되면서 알려져 원작 역시 중요한 것으로 취급되는 경우(이를테면 『서편제』), 또한 소설의 성공에도 불구하고 영화로서 빛을 보지 못한 경우(이를테면 『태백산맥』)를 보게 된다. 대개 베스트셀러를 영화화하는 것도 소설의 유명세에 힘입어 영화적 흥행을 이룩해보자는 상업적 의도 때문이다. 그러나 소설적 취향과 영화적

11 J. Mayne, 앞의 책, 138면.

취향은 동일한 것일 수 없다.

소설은 소설로서, 영화는 영화로서 그 나름대로 자율성을 갖고 있고, 매체적 특수성과 매체적 장단점을 갖는다. 그래서 소설의 성공과 영화의 흥행이 꼭 일치하지는 않는다. 또한 여기에는 제작자의 능력이나 기술적 어려움, 원작의 충실한 묘사 또는 재창조적 특성 등 다양한 변수가 작용하게 된다. 그러므로 소설의 예술적 독자성을 영화예술이 포용하는 데는 한계가 있을 수밖에 없다.

만일 리얼리즘 소설의 경우라면 그래도 영화화하는 데 적합하겠지만, 자기 고백, 의식의 흐름, 자유연상적 수법의 모더니즘 소설이나 사상, 철학적 깊이가 있는 관념소설 등은 영화가 쉽게 접근하기 어려운 부분이다. 영화가 상업성과 관련, 대중문화 취향적인 반면에, 순수문학은 고급문화를 지향한다는 점에서 둘 사이의 차별성이 노정된다. 오늘날의 영화는 대중성과 예술성을 동시에 추구해야 하는 부담감을 안고 있다.

5. 후기 산업사회에서 영화와 문학

1990년대 들어 문화의 위기 또는 문학의 위기라는 말이 종종 터져나왔다. 이것은 대중문화의 확산으로부터 예술 또는 문학을 보호하고 새로운 변화를 모색하자는 문화적 위기감으로부터 나왔다. 그래서 위기의 시대, 전환의 시대로 부르기도 했는데, 문학의 위기를 인식하고 그것을 극복할 새로운 패러다임으로의 전환을 모색할 시기로 파악한 것이다.

> 그래서 현실의 변혁과 진보를 꿈꾸던 운동과 문학이 방향을 잃고 동요를 한 것이고, 그러면서 본격문학의 위기가 뒤따른 것이지요, 자본주의적 문화산업이 팽창해가고 문학에서도 진지성을 아예 의도적으로 방기하는 상업성이 창궐하고 최근에는 그것을 '대중성의 발현'이라는 이름으로 찬양하는 흐름도 등장하기까지 했지요. 그러나 혼란의 시기는 곧 모색의 시기이기도 한데, 그 모색이 일정한 결실을 얻게 되면 꼭 부정적인 것만은 아닌 것이지요, 문제는 모색이라는 것이 결국 변화된, 변화되어가는 현실에 대한 총체적인 인식에 기반해야 한다는 사실입니다. 이러한 진지한 모색에 있어 무엇보다도 문학이 현실에 대해 구체적인, 그리고 주체·객체의 상호작용을 통한 이해를 가능케 하기 때문에 그 몫이 큽니다.[12]

신승엽은 위기의 이유를 사회주의적 실험의 실패, 세계 자본주의의 전일적 지배, 진보측의 동요로 파악하고 있다. 이러한 상황은 1930년대 후반 일제의 파쇼적 지배와 식민치하 지식인 사회의 전형기와 유사하다. 전환기, 또는 전형기라는 말은 새로운 패러다임으로의 정립이라는 다음 단계의 변화를 전제한다. 그러면 문학은 이러한 위기를 어떻게 극복해갈 것인가. 포스트모던 사회에서 고도 복제의 기술과 상업성이 문화를 압도하는 형국에서 문학이 어떻게 존재해

12 신승엽 외, 「90년대 문학의 현황 점검」, 『창작과 비평』, 1995.6.

야 하는가가 문제이다.

문화로서의 예술은 시대의 변화와 더불어 위축 또는 팽창되는 것이 사실이지만, 존재 자체가 위협적일 정도로 위기에 빠진 적은 없다. 영화가 나오면서 연극계가 타격을 받았지만, 연극은 모색과 실험이라는 자체 내의 생존방식을 통해 존재해 왔고, TV가 대중매체로 등장하면서 영화도 꾸준한 변화와 혁신을 통해 독립된 예술적 지위를 유지해 왔다. 우리가 당대를 문학의 위기로 파악하는 것은 이념적 좌표의 상실 때문이지 존재론적 위기 때문은 아니다. 오히려 문학적 글쓰기는 증가한 셈이다. 결국 이때에 문제되는 것은 상업적, 통속적, 대중적 문학이 예술성을 확보해가면서 문학적 자율성을 유지해가는 것이다. 이 시대에 위기를 극복하는 방법은 끊임없는 진정성 추구를 통해 예술로서의 설자리를 더욱 공고히 하는 것뿐이다.

흔히 당대를 포스트모던 시대라 한다. 이는 예술뿐만 아니라 문화 전반을 규정 짓는 용어이다. 하비는 "영화가 사진과 더불어 문화적 모더니즘 최초의 거대한 분출이라는 맥락에서 나타난 예술 형식"이며 또한 "모든 예술형식들 가운데 교훈적인 방식으로 시·공간의 뒤얽힌 주제를 다루는 가장 뛰어난 능력을 가지고 있는" 장르로 지적했다.[13] 시공간을 압축한 장르로서 문학과 영화는 서로에 영향을 미쳤다. 특히 영화나 모던/포스트모던 소설에 드러나는 몽타주, 컷백, 클로즈업의 기법, 4차원적 시공간, 장면 전개의 불연속성, 사건의 동시적 전개, 다성적 대화 등은 두 예술장르 사이의 상호 관련 양상을

---

13 D. Harvey, 구동회·박영민 역, 『포스트모더니티의 조건』, 한울, 1995, 374면.

보여주는 예이다. 이 둘이 고전적 사실주의에 입각하여 각각의 담론을 형성하고 있지만, 각각은 상호 영향 하에 있다.

> 극장 영화의 미래에 관한 생각을 할 때, 다른 매체에서뿐만 아니라 영화에서의 기술적 발전(특히 극장 스크린에서의 혁신), 일반적으로 전체인구의 규모와 인구학적 통계, 특별히 영화관객의 규모와 인구학적 통계, 영화와 사회질서에서 그들의 위치에 영향을 미칠 것으로 예상되는 경제적 추세 등 많은 요인이 고려되어야 한다. 그러나 앞으로 제시될 것들이 예측이 아니라 오히려 현 상황에 대한 시각에서 미래에 발생할 수 있는 것에 대한 제안임을 명심해야 한다.[14]

린톤과 조엘은 영화의 미래를 영화 커뮤니케이션의 구조 속에서 포착하려고 했다. 영화의 미래를 기술적 진보, 영화 인구, 영화의 사회적 경제적 요인 등 보다 현실적인 입장에서 파악하려고 했다. 이들은 영화를 단지 대중의 오락물이 아닌 미적 커뮤니케이션의 구조로 인식했다. 그들은 영화의 미래에 대해서, 첫째로 '군중 속에 존재하는 선천적인 흥분'을 이용하는 복수 매체(multimedia) 경험의 개발, 둘째로 시청자들이 그들의 좌석에 앉아서 특별한 효과를 창조하는데 참여하도록 하는 상호작용적 장치의 개발, 셋째로 영화에 연극과 생음악의 결합, 마지막으로는 현대의 자기도취적 태도를 유지하면서 극장에 입장하려고 기다리는 관객들을 로봇 카메라로 테이프

---

14 J. Linton & G. Jowett, 김훈순 역, 『영화커뮤니케이션』, 나남출판, 1994, 186면.

에 녹화할 수 있고, 적절한 시기에 상영 사이에 삽입하여 그들의 대형 스크린 비디오 확대를 사용하는 등[15] 네 가지 가능성을 제시했다. 여기에서 그들은 영화를 예술의 영역을 넘어 문화산업의 한 영역으로 설명했다. 대중매체로서의 기능과 관객이 영화에 참여하도록 하는 장치, 그리고 관객 역시 주체적 입장에서 영화의 제작에 참여하는 것 등은 모두 매체를 보고 즐기는 정적 기능에서 함께 참여하는 동적인 기능으로 새로운 매체적 변신을 말한다.

그들의 전략은 문화적 위기를 극복하기 위한 대안에 해당된다. 사실 영화는 1세기의 짧은 역사를 갖고 있지만, 기술적인 측면에서는 눈부신 변화를 가져왔다. 지금 이 순간도 각종 실험과 변화가 시도되고 있다. 이러한 변화의 가능성은 곧 영화의 미래와도 결부된다. 영화는 끊임없는 자기 혁신과 새로움을 추구하는 노력으로 대중의 미적 취향에 부응해갈 것이다. 물론 여기에는 커뮤니케이션의 구조로 단순히 보는 영화의 개념에서 함께 참여하고 누리는 방향으로의 변화가 요청될 것이다. 그리고 여타 예술장르와 보다 긴밀하게 협력하면서 그들의 자율성을 확보해야 할 것이다.

영화와 소설은 그들 장르가 가진 특수성으로써 여타 예술장르와 변별성을 유지하면서 항상 부단한 자기 실험과 혁신을 모색할 것이다. 이들은 독립된 주체로서 형성되고 존재하는 것이 아니라 다른 예술장르와 영향을 주고받으면서 상호관계 속에서 그들의 존재를 확인하고 지속시켜 나갈 것이다.

15 위의 책, 213~214면.

참고문헌

기본 자료

권영민 편, 『이상전집』(전4권), 뿔, 2009.
김기림 편, 『이상선집』, 백양당, 1949.
김동리, 『실존무』, 인간사, 1955.
김동리, 『등신불』, 정음사, 1967.
김동리, 『까치 소리』, 일지사, 1973.
김동리, 『김동리 역사소설 신라편』, 지소림, 1977.
김동리, 『김동리 전집』(전8권), 민음사, 1995~1997.
김동리 외, 『농민소설선집』, 대한금융조합연합회, 1952.
김병민 편, 『신채호문학유고선집』, 연변대학출판사, 1994.
김윤식 편, 『이상문학전집3』, 문학사상사, 1993.
김주현 편, 『백세 노승의 미인담(외)』, 범우사, 2004.
김주현 주해, 『증보 정본이상문학전집』(전3권), 소명출판, 2009.
김주현 주해, 『신채호문학주해』, 경북대학교출판부, 2018.
단재신채호전집간행위원회 편, 『단재신채호전집』(전4권), 형설출판사, 1972~1975.
단재신채호전집간행위원회 편, 『개정판 단재신채호전집』(전4권), 형설출판사, 1977.
대한민국임시정부자료집편찬위원회 편, 『대한민국임시정부자료집7－한일관계사료집』, 국사편찬위원회, 2005.
백　석, 『사슴』, 자가본, 1936.
송　준, 『백석시전집』, 학영사, 1995.
신채호, 『룡과 룡의 대격전』, 조선문학예술총동맹출판사, 1966.
이문열, 『사람의 아들』, 민음사, 1993.
이병렬 편, 『채만식 풍자소설－잘난 사람들』, 보고사, 1996.
이상규 편, 『이상화시전집』, 정림사, 2001.
이승훈 편, 『이상문학전집1』, 문학사상사, 1989.
이어령 교주, 『이상소설전작집』, 갑인출판사, 1977.
이어령 교주, 『이상수필전작집』, 갑인출판사, 1977.
이어령 교주, 『이상시전작집』, 갑인출판사, 1978.
이청준, 『병신과 머저리』, 삼중당문고, 1975.
이해조 등, 『한국소설문학대계－신소설』, 동아출판사, 1995.

이효석, 『효석전집1』, 춘조사, 1959.
임종국 편, 『이상전집』(전3권), 태성사, 1956.
장정일, 『햄버거에 대한 명상』, 민음사, 1987.
장정일, 『길안에서의 택시잡기』, 민음사, 1988.
조세희, 『난장이가 쏘아올린 작은 공』, 문학과지성사, 1986.
조세희, 『조세희소설집－시간여행』, 문학과지성사, 1990.
채만식, 『잘난 사람들』, 민중서관, 1948.
채만식, 『채만식전집7』, 창작과비평사, 1989.
최인훈, 『최인훈전집』(전12권), 문학과지성사, 1979~1994.
최인훈, 『화두 I II』, 민음사, 1994.
최인훈, 『최인훈전집13－길에 관한 명상』, 문학과지성사, 2010.
황순원, 『카인의 후예』, 중앙문화사, 1954.
황순원, 『황순원전집2』, 창우사, 1964.

참고 자료

단행본

경전연구모임 편, 『미륵상생경·미륵하생경』, 불교시대사, 1993
고 은, 『1950년대』, 청하, 1989.
국사편찬위원회편, 『대한민국사연표(상)』, 1984.
권영민, 『한국근대문학과 시대정신』, 문예출판사, 1983.
권영민, 『해방직후의 민족문학운동연구』, 서울대학교출판부, 1986.
김동리, 『사반의 십자가』, 일신사, 1958.
김동리, 『취미와 인생』, 문예창작사, 1978.
김동리, 『밥과 사랑과 그리고 영원』, 사사연, 1985.
김동리, 『생각이 흐르는 강물』, 갑인출판사, 1985.
김동리 외, 『소설작법』, 문명사, 1984.
김병민, 『신채호문학연구』, 아침, 1989.
김부식, 이병도 역주, 『삼국사기』(전2권), 을유문화사, 2000.
김성동, 『만다라』, 한국문학사, 1979.
김소월, 『진달내꼿』, 매문사, 1925.
김승환, 『해방공간의 현실주의문학 연구』, 일지사, 1991.
김열규, 『한맥원류』, 주우, 1981.
김영덕 외 편저, 『중국문학사』, 청년사, 1990.
김영민, 『한국근대소설사』, 솔, 1997.
김영배, 『평안방언연구－자료편』, 태학사, 1997.

김영익, 『백석 시문학 연구』, 충남대학교출판부, 2000.
김우창 외, 『경계를 넘어 글쓰기—다문화세계 속에서의 문학』, 민음사, 2001.
김욱동, 『이문열—실존주의적 휴머니즘』, 민음사, 1994.
김운태, 『해방삼십년사』, 성문각, 1976.
김윤식, 『한국근대문학양식론고』, 아세아문화사, 1980.
김윤식·정호웅, 『한국소설사』, 예하, 1993.
김인호, 『해체와 저항의 서사—최인훈과 그의 문학』, 문학과지성사, 2004.
김일성, 『김일성저작집』, 조선로동당출판사, 1992.
김주현, 『이상소설연구』, 소명출판, 1999.
김주현, 『김동리 소설 연구』, 박문사, 2013.
김주현, 『실험과 해체—이상 문학 연구』, 지식산업사, 2014.
김주현, 『계몽과 혁명—신채호의 삶과 문학』, 소명출판, 2015.
김주현, 『선금술의 방법론—신채호의 문학을 넘어』, 소명출판, 2020.
김천택 편, 『청구영언』, 조선진서간행회, 1948.
김태곤, 『한국무속연구』, 집문당, 1981.
김형규, 『고가요주석』, 일조각, 1968.
김흥규, 『한국문학의 이해』, 민음사, 1997.
문성숙, 『개화기소설론연구』, 새문사, 1992.
박종원·최탁호·류만, 『조선문학사(19세기말~1925)』, 과학백과사전출판사, 1980.
방민호 편, 『채만식 중·단편 대표 소설 선집』, 다빈치, 2000.
사회과학원 문학연구소, 『조선문학사(1959~1975)』, 과학백과사전출판사, 1977.
성백효 역주, 『주역전의』(전2권), 전통문화연구회, 2022.
성현자, 『신소설에 미친 만청소설의 영향』, 정음사, 1985.
송민호, 『한국 개화기 소설의 사적 연구』, 일지사, 1975.
신태관 역, 『역경정해』, JM중앙미디어, 2005.
안함광, 『조선문학사』, 교육도서출판사, 1956.
언어문학연구소 문학연구실 편, 『조선문학통사(하)』, 과학원출판사, 1959.
이규보, 민족문화추진회 편역, 『동국이상국전집3』, 민족문화문고간행회, 1984.
이명찬, 『1930년대 한국시의 근대성』, 소명출판, 2000.
이문열, 『영웅시대』, 민음사, 1984.
이문열, 『변경』, 문학과지성사, 1998.
이문열, 『황제를 위하여』, 고려원, 1986.
이문열 외, 『정통한국문학대계38』, 어문각, 1994.
이승훈, 『이상시연구』, 고려원, 1987.
이용남, 『이해조와 그의 작품세계』, 동성사, 1986.
이재선, 『한국현대소설사』, 홍성사, 1984.
이청준, 『매잡이』, 민음사, 1996.

이효석·유진오, 『한국문학전집8 ─화분·화상보·기타』, 민중서관, 1959.
임무출, 『채만식어휘사전』, 토담, 1997.
임형택 외 편, 『한국현대대표소설선3』, 창작과비평사, 1996.
장정일, 『서울에서 보낸 3주일』, 청하, 1988.
장정일, 『아담이 눈뜰 때』, 미학사, 1990.
장정일, 『너에게 나를 보낸다』, 미학사, 1992.
장정일, 『내게 거짓말을 해봐』, 김영사, 1996.
장정일, 『지하인간』, 미래사, 1996.
장정일, 『장정일 화두, 혹은 코드』, 행복한책읽기, 2001.
정다비 편, 『이상』, 지식산업사, 1982.
정영훈, 『최인훈 소설의 주체성과 글쓰기』, 태학사, 2008.
정지용, 『한국대표시인100인선집-향수』, 미래사, 1991.
정진규 편저, 『한국현대시인연구-이상화』, 문학세계사, 1993.
정홍교·박종원, 『조선문학개관1』, 진달래, 1988.
정홍교·박종원·류만, 『조선문학개관Ⅱ』, 인동, 1988.
정화암, 『이 조국 어디로 갈 것인가』, 자유문고, 1982.
조동일, 『한국문학사상사시론』, 지식산업사, 1978.
조동일, 『한국문학통사4』, 지식산업사, 1986.
조세희, 『침묵의 뿌리-조세희 제3작품집』, 열화당, 1985.
조흥윤, 『한국무의 세계』, 민족사, 1997.
최원식, 『한국근대소설사론』, 창작사, 1986.
최원식, 『한국계몽주의문학사론』, 소명출판, 2002.
한국단편소설전집간행회 편, 『한국단편소설전집2』, 백수사, 1960.
황순원, 『방가』, 동경학생예술좌, 1934.
황순원, 『황순원전집11-시선집』, 문학과지성사, 1993.

芥川龍之介, 서석연 역, 『삶과 죽음의 사색』, 정음문화사, 1986.
山田慶兒, 김석근 역, 『주자학의 자연학』, 통나무, 1996.
莊子, 김달진 역, 『장자』, 현암사, 1971.
朱伯崑, 김학권 외 역, 『역학철학사』(전8권), 소명출판, 2012.
黃堅 編, 최인욱 역, 『고문진보』, 을유문화사, 1983.
梁啓超, 『飮冰室合集』(全12卷), 上海: 中華書局, 1936.

Althusser, Louis, 김동수 역, 『아미엥에서의 주장』, 솔, 1995.
Anderson, Benedict, 윤형숙 역, 『민족주의의 기원과 전파』, 나남, 1993.
Barthes, Roland, 澤崎浩平 譯, 『舊修辭學』, 東京: みすず書房, 1989.
Baudrillard, Jean, 하태환 역, 『시뮬라시옹』, 민음사, 1995.

Bergson, Henri & Erikson, Erik H., 정석해·조대경 역, 『시간과 자유의지, 아이덴티티』, 삼성출판사, 1979.
Camus, Albert, 신일철 역, 『반항적 인간』, 일신사, 1971.
Chatman, Seymour, 김경수 역, 『영화와 소설의 서사구조』, 민음사, 1989.
Descartes, Rene, 권오석 역, 『방법서설, 성찰, 세계론』, 홍신문화사, 1993.
Descombes, Vincent, 박성창 역, 『동일자와 타자』, 인간사랑, 1991.
Eysteinsson, Astradur, 임옥희 역, 『모더니즘 문학론』, 현대미학사, 1996.
Foucault, Michel, 박홍규 역, 『감시와 처벌』, 강원대학교출판부, 1989.
Freud, Sigmund, 박찬부 역, 『쾌락의 원칙을 넘어서』, 열린책들, 1997.
Fukuyama, Francis, 이상훈 역, 『역사의 종언—역사의 종점에 선 최후의 인간』, 한마음사, 1992.
Girard, René, 김윤식 역, 『소설의 이론』, 삼영사, 1983.
Girard, René, 김진식·박무호 역, 『폭력과 성스러움』, 민음사, 1993.
Goethe, Johann Wolfgang von, 박환덕 외 역, 『젊은 베르테르의 슬픔·파우스트』, 신영출판사, 1987.
Gorkii, Maksim, 황보석 역, 『끌림 쌈긴의 생애 I II』, 열린책들, 1990.
Harvey, David, 구동회·박영민 역, 『포스트모더니티의 조건』, 한울, 1995.
Hauser, Arnold, 염무웅·반성완 역, 『문학과 예술의 사회사』, 창작과비평사, 1984.
Hegel, Georg Wilhelm Friedrich, 임석진 역, 『법철학』, 지식산업사, 1989.
Hegel, Georg Wilhelm Friedrich, 임석진 역, 『정신현상학 I II』, 지식산업사, 1993.
Hume, Kathryn, 한창엽 역, 『환상과 미메시스』, 푸른나무, 2000.
Jakobson, Roman, 신문수 편역, 『문학 속의 언어학』, 문학과지성사, 1994.
Jowett, Garth & Linton, James, 김훈순 역, 『영화커뮤니케이션』, 나남출판, 1994.
Kojeve, Alexandre, 설헌영 역, 『역사와 현실 변증법—헤겔 철학의 현대적 접근』, 한벗, 1981.
Krämer, Walter & Trenkler, Götz, 박영구·박정미 역, 『상식의 오류 사전』, 경당, 2000.
Lacan, Jacques, 권택영 편, 『자크 라캉 욕망이론』, 문예출판사, 1994.
Lemaire, Anika, 이미선 역, 『자크 라캉』, 문예출판사, 1994.
Lentricchia, Frank 외, 박찬부 외 역, 『문학연구를 위한 비평용어』, 한신문화사, 1994.
Lotman, Yuri M., 유재천 역, 『예술텍스트의 구조』, 고려원, 1991.
Lukács, Georg, 이영욱 역, 『역사소설론』, 거름, 1987.
Macdonell, Diane, 임상훈 역, 『담론이란 무엇인가』, 한울, 1992.
MacQueen, John, 송낙헌 역, 『알레고리』, 서울대학교출판부, 1981.
Mayne, Judith, 강수영·류제홍 역, 『사적소설 공적영화』, 시각과언어, 1994.
Maupassant, Guy de, 이정림 역, 『모파상단편선』, 범우사, 1991.
Needham, Joseph, 이석호 외 역, 『중국의 과학과 문명』(전3권), 을유문화사, 1986.
Nietzsche, Friedrich Wilhelm, 강수남 역, 『권력에의 의지』, 청하, 1988.

Platon, 조우현 역, 『국가·소크라테스의 변명』, 삼성출판사, 1982.
Popper, Karl Raimund, 이명현 역, 『열린 사회와 그 적들 I II』, 민음사, 1990.
Riffaterre, Michael, 유재천 역, 『시의 기호학』, 민음사, 1993.
Saussure, Ferdinand de, 최승언 역, 『일반언어학강의』, 민음사, 1990.
Shelston, Alan, 이경식 역, 『전기문학』, 서울대학교출판부, 1984.
Shklovsky, Viktor, 문학과 사회연구소 역, 『러시아 형식주의 문학이론』, 청하, 1986.
Todorov, Tzvetan, 김치수 역, 『러시아 형식주의』, 이화여자대학교출판부, 1988.
Todorov, Tzvetan, 최현무 역, 『바흐친—문학사회학과 대화이론』, 까치, 1987.
Waugh, Patricia, 김상구 역, 『메타픽션』, 열음사, 1992.
Weisgerber, J. Leo, 허발 역, 『모국어와 정신형성』, 문예출판사, 1994.

De Man, Paul, *Allegories of Reading,* Yale University Press, 1979.
Barthes, Roland, *Elements of Semiology,* trans. by A. Lavers & C. Smith, Hill and Wang: New York, 1973.
Bloom, Harold, *The Western Canon*, New York San Diego London: HarcourtBrace & Company, 1994.
Culler, Jonathan, *On Deconstruction, Theory and Criticsm after Structuralism,* Cornell University Press, 1982.
Freud, Sigmund, *The complete psychological Works of Sigmund Freud*(VIII), trans. by J. Strachey, London, The Hogarth Press and The Institute of Psychology Analysis, 1960.
Lentricchia, Frank & McLaughlin, Thomas, eds. *Critical Terms For Literary Study,* Chicago and London: The University of Chicago Press, 1990.
Lodge, David, *The Modes of Modern Writing,* Cornell University Press, 1977.

논문 작품 등

곽광수, 「사랑과 진리—기독교적 비극성」, 이문열, 『사람의 아들』, 민음사, 1981.
강영주, 「한국근대역사소설연구」, 서울대 박사논문, 1987.2.
강홍기, 「이상시의 구조양상」, 『국어국문학』 96, 국어국문학회, 1986.12.
구중서, 「자유종」, 『한양』, 한양사, 1965.8.
권영민, 「황순원의 문체·그 소설적 미학」, 황순원, 『말과 삶과 자유』, 문학과지성사, 1985.
권영민, 「개화기 애국계몽운동과 민족문학의 인식」, 『개화기문학의 재인식』, 지학사, 1987.
권영민, 「신채호의 소설론과 애국계몽운동」, 『한국민족문학론연구』, 민음사, 1988.
김동리, 「두꺼비 설화의 정신」, 『조광』, 1939.11.
김동리, 「나의 비망첩」, 『세대』, 1968.8.
김동리, 「샤마니즘과 불교와」, 『문학사상』, 1972.10.

김동리, 「〈전체〉와 〈부분〉이 전도된 개작」, 『독서생활』, 1976.1.
김동선, 「황고집의 미학· 황순원 가문」, 『황순원연구』, 문학과지성사, 1985.
김명인, 「한 허무주의자의 길찾기」, 『이문열론』, 삼인행, 1991.
김병걸, 「단재의 문학관」, 김병민, 『신채호문학연구』, 아침, 1988.
김병민, 「신채호의 문학창작유고에 대한 자료적 고찰」, 『한길문학』, 1991.6.
김병민, 「고전·설화·역사를 문학적으로 윤색한 도덕경－신채호의 「아방윤리경」」, 『문학사상』, 1992.5.
김병익, 「대립적 세계관과 미학」, 『문학과 지성』, 1978.11.
김봉군, 「단재 신채호의 문학사상」, 『국어교육』 73·74, 한국국어교육연구회, 1991.7.
김승환, 「한국 근대문학과 절대주의」, 『한국현대문학연구』 7, 한국현대문학회, 1999.12.
김언종, 「청산별곡 재진단－그 Nihilism의 표백」, 『고황논문집』 1, 경희대 학도호국단, 1977.1.
김영배, 「백석시의 방언에 대하여」, 『한실이상보박사회갑기념논총』, 형설출판사, 1987.
김영호, 「해제」, 『단재신채호전집(보유)』, 형설출판사, 1975.
김완진, 「「청산별곡」의 사슴에 대하여」, 『낙산어문』 1, 서울대 국어국문학과, 1966.11.
김용재, 「김정일 통치체제와 권력구조」, 『북한이해』, 통일부 통일교육원, 2004.
김용직, 「식민지 시대의 창조적 감각－「빼앗긴 들에도 봄은 오는가」의 이해」, 신동욱 편, 『이상화의 서정시와 그 아름다움』, 새문사, 1981.
김용직, 「개화기 문인의 의식 유형」, 『한국문학연구입문』, 지식산업사, 1982.
김우종, 「이상론」, 『현대문학』, 1957.5.
김윤식, 「단재소설 및 문학사상의 문제점」, 『논문집』 5, 서울대 교양과정부, 1973.4.
김윤식, 「〈우리 세대〉의 작가 최인훈」, 『최인훈전집9－총독의 소리』, 문학과지성사, 1980.
김윤식, 「단재의 사상과 문학」, 『단재 신채호와 민족사관』, 형설출판사, 1986.
김윤식, 「『난장이가 쏘아올린 작은 공』 이후 문학인식과 포스트모던한 상황」, 『90년대 한국 소설의 표정』, 서울대학교출판부, 1994.
김인회, 「무속의 예절문화, 그 교육적 의의」, 『인문과학』 76·77, 연세대 인문과학연구소, 1997.11.
김주언, 「우리 소설에서의 비극의 변용과 생성－최인훈의 『회색인』, 『서유기』를 중심으로」, 『비교문학』 28, 한국비교학회, 2002.2.
김주연, 「꽃나무」, 『한국현대시작품론』, 문장, 1981.
김주현, 「개화기 토론체 양식 연구」, 서울대 석사논문, 1989.8.
김주현, 「「종생기」와 복화술」, 『외국문학』, 1994.9.
김주현, 「이념 와해 시대에 진정성 찾기－최인훈 소설 『화두』론」, 『조선일보』, 1995.1.5.
김주현, 「이상 시의 상호텍스트적 분석」, 『관악어문연구』 21, 서울대 국어국문학과, 1996.12.
김주현, 「『카인의 후예』의 개작과 반공 이데올로기의 문제」, 『민족문학사연구』 10, 민족문학사학회, 1997.3.

김주현, 「이상 소설의 글쓰기 양상 연구」, 서울대 박사논문, 1998.2.
김주현, 「이상 문학의 기호학적 접근」, 『어문학』 64, 한국어문학회, 1998.6.
김주현, 「단재 신채호 문학의 연구 현황 및 전망」, 『단재의 문학, 단재의 정신—제7회 단재문화예술제전 학술대회 자료집』, 2002.
김주현, 「국문 창제 요의설을 통한 「천희당시화」의 저자 규명」, 『어문학』 87, 한국어문학회, 2005.3.
김주현, 「「천희당시화」의 저자 확정 문제」, 『우리말글』 33, 우리말글학회, 2005.4.
김주현, 「신채호의 자료 발굴 및 원전 확정 연구—『대한매일신보』 소재 작품을 중심으로(1)」, 『한국현대문학연구』 20, 한국현대문학회, 2006.12.
김주현, 「단재 신채호 문학과 정전의 문제」, 『현대소설연구』 36, 한국현대소설학회, 2007.12.
김주현, 「이상 시 「절벽」의 기호학적 접근」, 이상문학회 편, 『이상시작품론』, 역락, 2009.
김주현, 「최인훈 문학의 재현 방식 연구」, 『국어교육연구』 53, 국어교육학회, 2013.8.
김주현, 「「용과 용의 대격전」에 대한 새로운 읽기」, 『현대소설연구』 66, 한국현대소설학회, 2017.12.
김준오, 「한국 근대문학의 장르론에 대한 연구」, 계명대 박사논문, 1987.2.
김진옥, 「신채호문학연구」, 서울대 석사논문, 1993.2.
김진욱, 「무속의 정신 연구」, 『전통문화연구』 6, 조선대학교 인문학연구소, 1999.12.
김하명, 「「룡과 룡이 대격전」에 대하여」, 『조선문학』 204, 1968.4.
김헌선, 「한국문화와 샤머니즘」, 『시안』 18, 2002.12.
문덕수, 「이상화의 「빼앗긴 들에도 봄은 오는가」—조국 회복의 염원과 식민지적 현실인식」, 김용직·박철희 편, 『한국현대시작품론』, 문장, 1981.
문종혁, 「몇 가지 이의」, 『문학사상』, 1974.4.
박철희, 「이상화 시의 정체」, 신동욱 편, 『이상화의 서정시와 그 아름다움』, 새문사, 1981.
박희병, 「신채호의 근대민족문학」, 『관악어문연구』 22, 서울대 국어국문학과, 1997.12.
방연승, 「시인 리상화」, 윤세평 편, 『현대작가론1』, 조선작가동맹출판사, 1961.
백 석, 「여우난곬族」, 『조광』, 1935.12.
백 석, 「오리」, 『조광』, 1936.2.
백 석, 「넘언집 범같은 노큰마니」, 『문장』, 1939.4.
백기만, 「상화와 고월의 회상」, 『상화와 고월』, 청구출판사, 1954.
설혜경, 「최인훈 소설에서의 기억의 문제—『회색인』과 『서유기』를 중심으로」, 『한국언어문화』 32, 한국언어문화학회, 2007.4.
송상일, 「순수와 초월」, 『황순원전집7』, 문학과지성사, 1981.
송재소, 「민족과 민중」, 『단재 신채호와 민족사관』, 형설출판사, 1980.
송재영, 「꿈의 연구—최인훈의 초현실주의 소설」, 『작가세계』, 1990.2.
신경득, 「단재 신채호소설의 민족주의적 연구」, 『논문집』 7, 건국대대학원 학술연구회, 1978.2.

신동욱, 「「빼앗긴 들에도 봄은 오는가」의 율격미」, 『이상화의 서정시와 그 아름다움』, 새문사, 1981.
신승엽 외, 「90년대 문학의 현황 점검」, 『창작과 비평』, 1995.6.
신채호, 김병민 소개, 「아방윤리경」, 『문학사상』, 1992.5.
신춘자, 「여성의 토론과 사회현실의 수용—토론소설 「자유종」을 중심으로」, 『여성문제연구』 16, 효성여대 한국여성문제연구소, 1988.8.
안함광, 「신채호와 그의 문학」, 『조선문학』 210, 1965.2.
안함광, 「해제」, 『룡과 룡의 대격전』, 조선예술총동맹출판사, 1966.
염상섭, 「표본실의 청개고리」, 『개벽』, 1921.8.
염무웅, 「도시 산업화 시대의 문학」, 『민중 시대의 문학』, 창작과비평사, 1979.
오영진, 「영화와 문학에 관한 프라그멘트」, 『조선일보』, 1939.3.2.~3.11.
유영창, 「「청산별곡」신석고」, 『상서』 12, 한국고전문화연구원, 1992.1.
유인호, 「해방후 농지개혁의 전개과정과 성격」, 『해방전후사의 인식』, 한길사, 1980.
유재일, 「한국전쟁과 반공 이데올로기의 정착」, 『역사비평』 16, 역사비평사, 1992.2.
윤대석, 「최인훈 소설의 정신분석학적 읽기—『회색인』, 『서유기』를 중심으로」, 『한국학연구』 16, 인하대 한국학연구소, 2007.5.
윤흥길, 「장마」, 『문학과 지성』 4-1, 1973.2.
이 상, 「소설체로 쓴 김유정론」, 『청색지』, 1939.5.
이극로, 「서간도 시대의 선생」, 『개정판 단재신채호전집(하)』, 형설출판사, 1977.
이기서, 「이상화의 시와 그 미적 특질 I」, 신동욱 편, 『이상화의 서정시와 그 아름다움』, 새문사, 1981.
이기열, 「신채호 소설 연구」, 서울대 석사논문, 1984.2.
이남호, 「신의 은총과 인간의 정의」, 이문열, 『사람의 아들』, 민음사, 1993.
이상섭, 「문학적 현실 참여의 뜻」, 『말의 질서』, 민음사, 1976.
이상화, 「문단측면관」, 『개벽』 58, 1925.4.
이숭원, 「백석시의 난해 시어에 대한 연구」, 『인문논총』 7, 서울여대 인문과학연구소, 2000.12.
이승훈, 「「빼앗긴 들에도 봄은 오는가」의 구조 분석」, 『한국문학과 구조주의』, 문학과비평사, 1988.
이어령, 「몸과 보행의 시학—「빼앗긴 들에도 봄은 오는가」의 구조 분석」, 『시 다시 읽기—한국 시의 기호론적 접근』, 문학사상사, 1995.
이어령, 「이상 연구의 길찾기—왜 기호론적 접근이어야 하는가」, 권영민 편, 『이상문학연구60년』, 문학사상사, 1998.
이연숙, 「최인훈의 『회색인』과 『서유기』의 대비 고찰 연구—기표적 연작으로서의 두 작품 간 실재계 대비를 중심으로」, 『현대문학의 연구』 27, 한국문학연구학회, 2005.11.
이육사, 「연보」, 『시학』, 1939.3
이은상, 「간행사」, 『개정판 단재신채호전집(별집)』, 형설출판사, 1977.

이종덕, 「「청산별곡(青山別曲)」의 한 해석」, 『한말연구』 11, 한말연구학회, 2002.12.
이창배, 「모더니스트로서의 이상(李箱)」, 『심상』, 1975.3.
이청준, 「병신과 머저리」, 『창작과 비평』 1-4, 1966.10.
이청준, 「병신과 머저리」, 『한국단편문학대계12』, 삼성출판사, 1969.
이청준, 「병신과 머저리」, 『별을 보여드립니다』, 일지사, 1971.
이혜원·조현연, 「한국전쟁의 국내외적 영향」, 『한국전쟁의 이해』, 역사비평사, 1990.
이효석, 「모밀꽃 필 무렵」, 『조광』, 1936.10.
이효석, 「메밀꽃 필 무렵」, 『한국단편문학전집3』, 문성당, 1977.
이희정, 「샤먼의 신령 접촉 형식에 관한 연구—한국, 시베리아, 북미 샤먼들의 의례를 중심으로」, 서울대 박사논문, 1999.8.
이희정, 「샤먼의 신령 접촉 형식」, 『샤머니즘연구』 2, 한국샤머니즘학회, 2000.2.
임 화, 「조선신문학사」, 『한국문학사연구총서1』, 영인본.
임 화, 「언어의 마술성」, 『문학의 논리』, 서음출판사, 1989.
임상석, 「신채호 연구의 잃어버린 한 고리—「대동제국사서언」의 발견」, 『민족문화연구』 38, 고려대 민족문화연구소, 2003.6.
임재해, 「다리 밑에서 주워온 아이들」, 『전통문화』, 1986.7.
임중빈, 「단재문학의 영웅상과 민중상」, 『단재 신채호와 민족사관』, 형설출판사, 1986.
장수익, 「한국 관념소설의 계보—장용학, 최인훈, 이청준의 경우」, 문학사와 비평연구회 편, 『1960년대 문학연구』, 예하, 1993.
전광용, 「자유종」, 『사상계』 37, 1956.8.
전기철, 「개화기 논설·토론의 문학화고—「자유종」을 중심으로」, 『숭의논총』 14, 숭의여전, 1990.7.
전정구, 「이상화의 「빼앗긴 들에도 봄은 오는가」」, 『시안』 5, 1999.9.
정인보, 「단재와 사학」, 『동아일보』, 1936.2.28.
정지용, 「향수」, 『조선지광』, 1927.3.
정효구, 「「빼앗긴 들에도 봄은 오는가」의 구조시학적 분석」, 『관악어문연구』 10, 서울대 국어국문학과, 1985.12.
조남현, 「황순원의 『카인의 후예』」, 『한국현대소설의 해부』, 문예출판사, 1993.
조용만, 「이상 시대, 젊은 예술가의 초상」, 『문학사상』, 1987.4~6.
조형호, 「「초혼」과 「빼앗긴 들에도 봄은 오는가」의 공간 미의식 연구」, 『계명어문학』 5, 계명어문학회, 1990.2.
차옥덕, 「「자유종」에 나타난 페미니스트 의식 연구」, 『성신어문학』 9, 성신여대, 1997.2.
채만식, 「논 이야기」, 『청색지』, 1939.5.
채만식, 「논 이야기」, 『협동』, 1946.10.
채만식, 「논 이야기」, 『해방문학선집』, 종로서원, 1948.
최영호, 「작품 이해에 있어 그 해석과 평가의 객관성 문제—「빼앗긴 들에도 봄은 오는가」를 중심으로」, 『어문론집』 31, 민족어문학회, 1992.12.

최옥산, 「문학자 단재 신채호론」, 인하대 박사논문, 2003.8.
최인훈, 「문학과 현실」, 『최인훈전집12－문학과 이데올로기』, 문학과지성사, 1979.
최인훈, 「미학의 구조」, 『최인훈전집12－문학과 이데올로기』, 문학과지성사, 1979.
최인훈, 「세 사람의 일본 작가」, 『최인훈전집12－문학과 이데올로기』, 문학과지성사, 1979.
최인훈, 「소설을 찾아서」, 『최인훈전집12－문학과 이데올로기』, 문학과지성사, 1979.
최인훈, 「추상과 구상」, 『최인훈전집12－문학과 이데올로기』, 문학과지성사, 1979.
최인훈, 「인간의 Metabolism」, 『작가세계』, 1990.2.
최인훈, 「변동하는 시대의 예술가의 탐구」, 『최인훈전집13－길에 관한 명상』, 문학과지성사, 2010.
최인훈, 「기억이라는 것」, 『최인훈전집13－길에 관한 명상』, 문학과지성사, 2010.
최인훈-진형준 대담, 「상상에서 만난 사람들: 작가 최인훈－기억을 찾아서 가는 소설의 길」, 『상상』 4, 1994.6.
한계전, 「시학과 수사학」, 『현대시』 2, 1985.2.
한형구, 「최인훈론」, 권영민 편, 『한국현대작가연구』, 문학사상사, 1991.

Derrida, Jacques, 박성창 편역, 「기호학과 그라마톨로지」, 『자크 데리다－입장들』, 솔, 1992.
Derrida, Jacques, 김우창 역, 「인간 과학중심의 담론에 있어서의 구조와 기호의 놀이」, 『현대문학비평론』, 한신문화사, 1996.
Hassan, Ihab, 이충무 역, 「포스트모더니즘의 개념 정립을 위하여」, 김욱동 편역, 『포스트모더니즘의 이해』, 문학과지성사, 1991.
Rose, Margaret A., 문흥술 역, 「패러디/메타픽션」, 『심상』, 심상사, 1991.11~1993.3.
Soyinka, Wole, 장경렬 역, 「문학의 서쪽을 향한 정전, 동쪽을 향한 정전」, 『경계를 넘어 글쓰기－다문화세계 속에서의 문학』, 민음사, 2001.